Alain Peyrefitte

L'EMPIRE IMMOBILE

ou

LE CHOC DES MONDES

停滞的帝国

两个世界的撞击

L'Empire immobile
ou
Le choc des mondes

［法］阿兰·佩雷菲特 著

王国卿 毛凤支 谷炘
夏春丽 钮静籁 薛建成 译

生活·讀書·新知 三联书店

图书在版编目（CIP）数据

停滞的帝国：两个世界的撞击 / (法) 佩雷菲特
(Peyrefitte, A.) 著；王国卿等译. -- 4版. -- 北京：
生活·读书·新知三联书店, 2013.11 (2024.9重印)
ISBN 978-7-108-04729-8

Ⅰ. ①停… Ⅱ. ①佩… ②王… Ⅲ. ①中英关系 – 国
际关系史 – 史料 – 1793 ~ 1911 Ⅳ. ①D829.561

中国版本图书馆CIP数据核字(2013)第229498号

责任编辑 张 惟
装帧设计 罗 洪
责任印制 卢 岳
出版发行 生活·讀書·新知 三联书店
(北京市东城区美术馆东街22号)
邮 编 100010
网 址 www.sdxjpc.com
图 字 01-2019-1703
经 销 新华书店
印 刷 北京隆昌伟业印刷有限公司
版 次 1993年5月北京第1版 1995年8月北京第2版
2007年7月北京第3版 2013年11月北京第4版
2024年9月北京第16次印刷
开 本 720毫米×1020毫米 1/16 印张 33.5
字 数 544千字 图片1印张
印 数 70,501-74,500册
定 价 79.00元
(印装查询：01064002715；邮购查询：01084010542)

停泊在舟山群岛前，配备有64门炮的“狮子号”战舰（W. 亚历山大绘）

出巡外省的官船（W. 亚历山大绘）

英使抵天津（W. 亚历山大绘）

马戛尔尼在北京的住处：石舫（W. 亚历山大绘）

W. 亚历山大（当时滞留在北京）根据想象绘制的英使在热河觐见皇帝的场面。马戛尔尼跪膝呈送国书，小斯当东也效仿，接受皇帝赠品

W. 亚历山大根据帕里什中尉的速写绘制的热河行宫里的湖泊与花园

热河（承德），乾隆皇帝坐轿赴礼仪帐篷（W. 亚历山大绘）

身穿朝服的陪同官员：王大人和乔大人

1793 年 11 月 2 日，大运河上。英使船队受到一队清兵的欢迎 （W. 亚历山大绘）

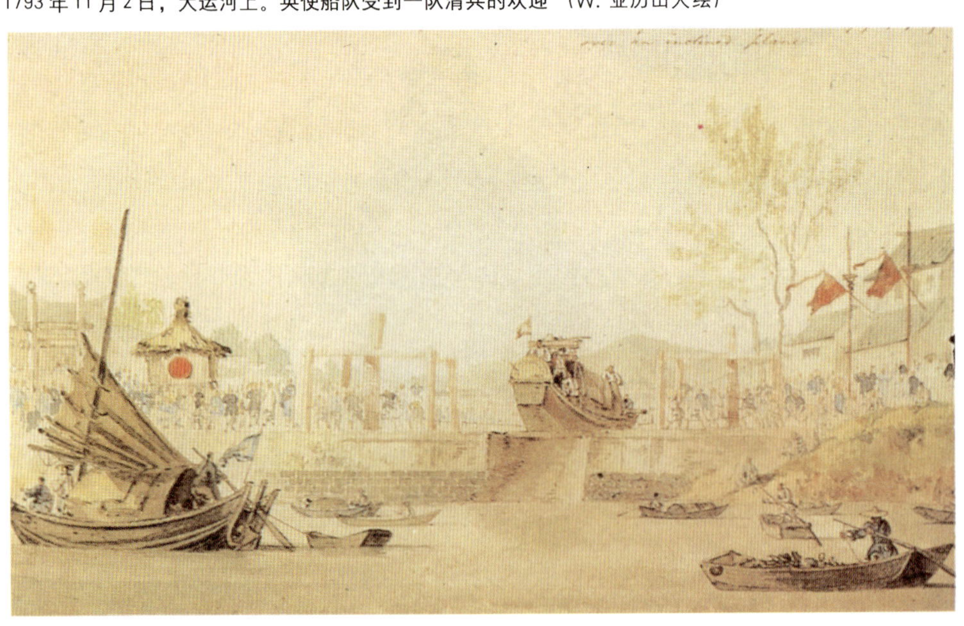

1793 年 11 月 16 日，通过大运河某船闸（W. 亚历山大绘）

正在吃饭的拉纤人
（W. 亚历山大绘）

全力以赴的拉纤人（W. 亚历山大绘）

扔骰子（W. 亚历山大绘）

中国人玩斗鹌鹑（W. 亚历山大绘）

大运河旁的军岗（W. 亚历山大绘）

大运河畔的官邸（W. 亚历山大绘）

身穿战袍的轻步兵（W. 亚历山大绘）

身穿军礼服的步兵（W. 亚历山大绘）

持火绳枪的狙击兵（W. 亚历山大绘）

罪与罚

（W. 亚历山大目睹并绘制）

法官审讯妓女

官员命施杖刑

枷刑

农民家庭：背着孩子抽烟的妇女
（W. 亚历山大绘）

女仆陪同下的贵妇人及其儿子
（W. 亚历山大绘）

风帆独轮车（W. 亚历山大绘）

鸬鹚捕鱼（W. 亚历山大绘）

杭州一景（W. 亚历山大绘）

苏州一景（W. 亚历山大绘）

葬礼（W. 亚历山大绘）

庙里祭供、烧香和叩头（W. 亚历山大绘）

作者在故宫清史馆。奏折上有皇帝的朱批（G. 博齐约摄）

作者在清史馆。徐艺圃馆长给作者看皇帝的朱批（G. 博齐约摄）

以我们欧洲人的准则来判断中国，没有比这更能使人犯错误的了。

马戛尔尼勋爵（1794年）

中华帝国是一个神权政治专制国家。家长制政体是其基础；为首的是父亲，他也控制着个人的思想。这个暴君通过许多等级领导着一个组织成系统的政府。（……）个人在精神上没有个性。中国的历史从本质上看是没有历史的，它只是君主覆灭的一再重复而已。任何进步都不可能从中产生。

黑格尔（1822年）

要批驳黑格尔关于中国处于停滞不变状态的观点很容易……然而，黑格尔是对的。

艾蒂安·巴拉兹（1968年）

纪念费尔南·布鲁代尔[1]，他为马戛尔尼勋爵出使中国所吸引，并认为那是文明与思想的比较史中一个具有独特意义的时刻；

并此纪念罗伯尔·胡尔曼[2]，他那渊博的关于中国的知识和对中国的热爱给了我极大的帮助。

① 费尔南·布鲁代尔，法国著名历史学家。——译注

② 罗伯尔·胡尔曼，法国著名汉学家。——译注

目 录

第五部分　峰回路转，希望复萌

（1793年11月—1794年9月）

第六部分 马戛尔尼之后的一系列不幸

译者的话

200年前，大英帝国以给乾隆祝寿为名向中国派出了马戛尔尼勋爵率领的庞大使团，分乘五艘船只，浩浩荡荡，经过10个月的航行，于1793年7月底到达天津大沽口外，并于9月14日在承德避暑山庄觐见了乾隆皇帝。

英国在率先实现工业革命之后当时已是西方的第一强国。它在世界各地拥有许多殖民地，形成了一个庞大的殖民帝国。而中国却一直是东方的第一大国，虽然鼎盛时期已过，但仍统治着疆域辽阔的领土，周围许多国家对这强大的邻邦还得俯首称臣。

资本主义迅速发展的英国急于向外扩张，以寻求原料与市场，自然觊觎这块远东的沃土。正是在这种扩张主义的战略下英国派团访华，希望同清政府谈判以改善两国的贸易，并进而建立经常的外交关系。

中国方面由于文化背景与政治观念的不同，认为“中央帝国”同异邦的关系只能是宗主国与藩属的关系，异邦只有岁岁来朝、俯首称臣。长期的闭关锁国使中国当时的统治者对外部世界的进步与西方的科学文明一概不知，而为自己处于“盛世”沾沾自喜。他们认为英国是仰慕中华文明才遣使远涉重洋为皇上祝寿的。

这场聋子的对话尚未开始就注定要失败了。学术界争论已久的马戛尔尼觐见时是否下跪的问题并不单纯是一场礼仪之争，而是两种文明的撞击，具有深刻的象征意义。

法国作家阿兰·佩雷菲特先生就这一主题在1989年5月出版了《停滞的帝国》一书。该书一出版就进入畅销书行列，半年内就售出了20万册。

佩雷菲特先生出生于1925年，先后在第五共和国的前三任总统戴高乐、蓬皮杜和德斯坦时代担任过七任部长。1977 年被选为法兰西学院院士，10 年后又以全部赞成的票数被选入道德与政治科学院历史部。1981 年任法国最大的报纸《费加罗报》的编辑委员会主席，同时还是国民议会议员与普罗范市的市长，在法国的政界与学术界都颇有影响。

佩雷菲特早在 50 年代就有写一本有关马戛尔尼的书的想法。他在波兰克拉科夫的一家旧书店里偶然购得沙皇亚历山大一世的外交部长恰尔托雷斯基收藏的一套游记，其中就有随马戛尔尼访华的斯当东与巴罗写的有关中国之行的书。法国人对中国的看法长期受到 18 世纪启蒙时期的思想家如伏尔泰等人的影响，以为中国是一个由开明君主治理得井井有条的国家；而英国人写的中国游记使佩雷菲特先生看到了另一个中国，他就想把这个中国介绍给他的同胞。

1971 年他率领法国议会代表团访华，回国后他出版了《当中国觉醒时……》一书（1973 年），到 1980 年该书出新版本时，仅法文版就售出了 150 万册。此书被认为是法国非汉学家写的关于中国最有分量的著作，奠定了佩氏作为中国问题专家的地位。

为写《停滞的帝国》，作者从 1980 年至 1988 年六次访华，参观了马戛尔尼使团走过的主要地方，搜集了 1.2 万多页原始资料；他打开了故宫的大门，研究了清朝廷有关接待英使的所有文件。同时他还从英国、法国、美国、日本、南非等地阅读了大量未发表的内部档案。

作为此书的附录，他准备出三本资料集：第一本为清室档案，1991 年底已全部译成法文，并以《中国人的观点》的书名出版；另外两本分别为英国外交部与东印度公司和天主教会的有关档案，现正在编纂之中。

作为政治家和历史学家，佩氏对马戛尔尼访华一事作出了这样的评论：

"如果这两个世界能增加它们间的接触，能互相吸取对方最为成功的经验；如果那个早于别国几个世纪发明了印刷术与造纸，指南针与舵，炸药与火器的国家同那个刚刚驯服了蒸汽，并即将制服电力的国家把各自的发明融合起来，那么中国人与欧洲人之间的信息和技术交流必将使双方都取得飞速的进步。那将是一场什么样的文化革命呀！"

闭关锁国只能导致文明与国家的衰退，无力抵御帝国主义列强的侵略。记取这一历史教训也可使我们今天更坚定地走改革开放的道路。

此书翻译的分工如下：

前言、小引　　毛凤支

第一章至第五章　　谷炘

第六章至第二十九章　　薛建成

第三十章至第四十三章　　夏春丽

第四十四章至第六十二章　　毛凤支

第六十三章至第八十章　　钮静籁

第八十一章至第八十八章、结论、附录　　王国卿

王国卿统阅全文。

本书翻译时得到了法国友人汤明毅先生及阿妮·吕埃女士、法国普罗旺斯—阿尔卑斯—蓝色海岸大区图书协会和设在阿尔城的国际文学翻译学院的帮助，特在此表示感谢。

本书的出版还得到了北京大学教授、北京外国问题研究会会长张芝联先生、北京大学教授侯仁之先生、国务院发展研究中心朱雍先生、北京社会科学院外国问题研究所曹增友先生的帮助与指教，在此一并表示感谢。

原著旁征博引，涉及的参考书籍极多，有些无法找到，只能根据佩氏所引的文字直译；书中所引的中文材料绝大部分都已找到原文，有个别因来源不明无法找到的只能从法文译回中文，几经周折当然就不会是原来的模样了，读者引用时务请注意。

1992 年 12 月

本书法文初版于1989 年，关于中国现状及世界格局的若干论述在今天看来已不尽切合实际情况，这是需要指出的。

2007 年 3 月

前　言

一次探索的冒险

历史中既充满了国王的见证，也同样充满了他们的仆从的见证。

伏尔泰

先进社会和传统社会相遇，我还从未听说过有比马戛尔尼出使中国时第一个爆发工业革命的国家和最杰出的文明国家之间高傲的相遇更有说服力的例子。大多数的文化冲突是“文明人”和“善良的未开化人”之间的冲突。工业化世界和第三世界之间——用今天委婉的说法就是“北南”双方——的争论，一开始就由于殖民征服而恶化了，殖民征服使殖民地人民的心灵遭受了无法忍受的创伤，那就是一种集体的自卑感；它使殖民者在一度陶醉于自己的统治后，由于掠夺行为而不断地产生着自罪感。但是在许多世纪内得到不同发展之后，自认为是世界上最文明的两个社会——它们有着充分的理由可以这样认为——的代表的这种相遇却是绝无仅有的。因此它更具有典型意义：它有着在实验室进行实验的纯正性。

在战后的波兰，人们能够轻而易举地买到被政权弄破产的大家族竭力要卖掉的古籍书刊。1954年，我从克拉科夫的一个旧书商那里购买了一套旅行丛书，这套书是由一个显赫门第的幸存者脱手的。这套探险记盖有亚当·耶日·恰尔托雷斯基亲王①的藏书印章，此人在1802年因波兰被瓜分而反常地当上了沙皇亚历山大一世的外交大臣。在一个半世纪内，俄国的入侵造成了先辈的荣升和后代的不幸。这些贵族遭遇到可怖的命运，从宫殿被投入卡廷的万人坑；一些历尽沧桑的书籍失而复得，真是不可思议……

① 我们在本书中可见到这位亲王所起的作用（第83章：“戈洛夫金”）。

这套藏书曾在两个意义上惹人注目。首先，在18世纪的后半叶，欧洲兴起长途旅行的狂热。这种狂热在15世纪末、16世纪初也曾在欧洲出现过。接着他们用两个半世纪的时间来消化自己的发现。这一次他们又跨出了新的一步：一个“有限世界”的时代即将开始。

其次，这些著作大多译自英文。在西班牙人与葡萄牙人，然后是荷兰人共同垄断远征的时代后，轮到英国人上场了——这是个人口不多，却如巨人般有力的民族。他们远远超过了布干维尔和拉佩鲁兹①的法国。他们无所不在；他们将去撞击大部分的古老社会，并迫使它们——尽管它们并不愿意，就是英国人自己也并非真正愿意如此——进入现代世界。随着他们殖民地的相继解放，英语成了世界通用的语言，这又有什么奇怪的呢？

“世上最强大的国家”面对“天下惟一的文明国家”

在所有这些记叙中，最吸引我的是跟随马戛尔尼勋爵的使团在中国与鞑靼的旅行纪实。其中一篇为使团的第二号人物乔治·斯当东所著；另一篇的作者是使团的总管，曾叙述过“邦蒂号兵变”故事的那位约翰·巴罗。我承认，这12卷书对我来说完全是新发现。对于18世纪的中国，我几乎一无所知，除了耶稣会士、莱布尼兹和伏尔泰曾经说过的：这是一个神奇的帝国，由一个欧洲人应该羡慕的“开明君主”极好地统治着。

您是否知道，正值法国大革命之际，英国人却派遣了一个浩大的使团前往中国，以使它对英国开放？您是否知道，他们就像面对巨人哥利亚的又一个大卫，尽管只有800万人，却认为自己是“世上最强大的国家”，并打算同一个拥有3.3亿人口——人类的三分之一——的国家平起平坐？而中央帝国——“天下惟一的文明国家”——竟粗暴地拒绝了他们所有的要求？

您是否知道他们的使节发现的是一个完全不同于在启蒙时期被理想化了的中国？您是否知道他们曾竭尽全力彻底摧毁这个神话，并指责天主教传教士的书信为欺骗？您是否知道这个“不可超越的榜样”开始在礼仪上显得僵化，并因虚荣而显得做作？

最为奇怪的是一件表面上微不足道的小事导致马戛尔尼最终的失败：他

---

① 布干维尔（1721—1811），拉佩鲁兹（1741—1788），均系法国航海家。——译注

拒绝叩头——即根据宫廷礼仪，在皇帝面前下拜叩头九次。这一插曲会使孟德斯鸠欣喜若狂，他曾用一件小事来解释恺撒之死：暴君违背惯例，忘了在全体元老院议员面前起立。以前最专断的行为也没有引起共和主义者的反应，但是这种傲慢的态度却导致了谋杀："没有比违反他人的习俗礼仪更得罪人的事了，因为这总是蔑视他人的一种标志。"

"天朝"被得罪了。皇帝缩短了使团逗留的时间。两国关系破裂引起了悲剧性的连锁反应：两个民族的对抗；中国的崩溃；19世纪英国在东南亚的统治；20世纪西方与第三世界间因仇恨引起的误解。

禁止革新

马戛尔尼及其伙伴是来提议进行交往和贸易的，但他们在中国社会里见到的却是一个封闭社会的典型。那里的制度犹如台球那样结实——它是那么完整、精确、苛求，以至想不服从就会冒很大的风险。要摆脱它要么靠贪污舞弊，或者靠惰性——即什么都不干，——而极少靠积极性来实现。禁止革新，只要参照惯例就够了。给予孔夫子启示的或孔夫子给以启示的"经文"包含对所有困难的解决办法。这本书里一切都说到了。要改变其中的任何内容都将是自负的表现。

为了不变，最好是避免交往。但是英国人已把买卖做到了从未有过的水平；他们还想更提高一层。他们明白通过贸易，卖方和买方双方都能获利；犹如两个情人，每人都不可能独自获得只有对方才能给予的满足。满清时的中国对商人十分蔑视，对经商极不信任，对外国的创造发明拒不接受，这些都无一不达到登峰造极的地步。尽管国内的市场经济相当发达，对外贸易却被官僚政权的控制和垄断所扼杀。马戛尔尼使华是自由贸易文化最发达的国家和对此最无动于衷的国家之间的相会。

这次远征使人深入了解到传统社会之所以"不发达"和先进国家"发达"的奥秘，它们之间的相会很可能将支配未来的世纪。

中国的不变性

1960年8、9月间，我从香港出发，对中国进行了第一次探索。我马上就吃惊地看到这个社会同马戛尔尼的伙伴们描写的社会十分相似，简直可以说每个中国人的基因里都带有乾隆帝国时的全部遗传信息。中国以十足的中国方式在造自己的反。要同过去决裂，它却从中寻找可以依靠的因素来证明自己的不变性。

它的人口一直过剩，并长期受到贫穷、混乱和分裂的威胁。在医学方面，它始终局限于针灸、草药及十二经络。尤其是因为生计无定，中国人仍然像过去那样依赖自己的集体：每个人应该或不应该想什么或做什么，这些都要由集体来确定。

1960年的中国人仍赞同乾隆对马戛尔尼使华团的看法，这突出地表现了这种连续性。历史教科书，大学课本，以及我与之交谈的知识分子都用马克思的语言支持传统的观点。马戛尔尼的态度是“帝国主义的”、“资本主义的”和“殖民主义的”。所有的人都赞同乾隆的严厉的回答：“朕无求于任何人。尔等速速收起礼品，启程回国。”

尽管大跃进导致了灾难，许多中国领导人仍认为中国比所有其他国家都优越；西方最多只能为它提供一些方法。120年来它遭受的那么多不幸是因为它遭到贪婪的民族掠夺的结果。错误不可能是由它自己造成的。它落后了，但它将在几年内赶上去，它将恢复已有数千年的优势。

英国人的看法

1973年我发表了对动荡中的中国的看法，其中多处提到马戛尔尼使团。许多读者询问我如何能得到那本书。我曾有过再版该书的想法，因为那次出使在法国罕有人知。诚然，斯当东和巴罗的两部纪行当时很快被翻译，一时取得了相当大的成功。拿破仑读过这两本书。它们启发他说出了这句名言：“当中国醒来时，世界将为之震撼。”但是，过后这段插曲就被我们忘却了。甚至连学术著作都对此只字不提；汉学家们限于人手，又都要专攻一个课题，所以对此尚未做出任何研究。于是便开始了一段搜集资料的漫长时期。

在英国，因为出使之事曾轰动一时，所以幻想也就烟消云散了。如果中国依然闭关锁国，就应当砸开它的大门！当时除了斯当东和巴罗的两份官方报告外，还发表过四份汇报。卫兵霍姆斯的日记十分天真。大使跟班安德逊的日记则被有倾向性的记者孔博“整理”过。亚历山大是两位随团画家——如同当今的摄影师——之一，他的日记同他的水彩画一样富有色彩。最后是赫脱南的日记，他是德国人，大使的见习侍童的家庭教师，遣使会在北京的传教士拉弥额特神父在谈到他时写道："不全是他发明的火药。"

后来又出版了两本纪行。一本为"天文学家"丁维提所著，他被"中国人的幼稚轻信"惊呆了。第二本是马戛尔尼勋爵亲自写的，很晚才出版了一部分：1908年海伦·罗宾斯意外地发现了手稿后出版的；1962年由克莱默—平教授出版了经过精心校勘的另一个版本。

偷懒重印这些著作中的某一部是否就够了呢？这些著作互相补充，互相修正。我继续寻觅，发现了从未出版过，甚至也从未被引用过的文章。如见习侍童的日记：小托马斯·斯当东出发时年仅11岁，他天真地记载了父亲和大使由于外交上的原因而掩饰的事情；他的学生作业当场揭露了成人叙述中的不准确之处。还有1817年他作为副手的第二个使团——即阿美士德勋爵率领的使团——的纪行。最后是他的回忆录，在1856年出版。又如指挥舰队的伊拉斯马斯·高厄爵士的手记。"印度斯坦"号船长马金托什写的航行日记，那是一位厉害的生意人，在远东的商业航行中久经考验。还有使团秘书，马戛尔尼的表兄弟温德的日记。随团医师吉兰博士的科学笔记。东印度公司在广州的代理人与伦敦的"先生们"之间的书信。马戛尔尼与内政大臣、波特政府的实力派人物敦达斯之间的书信。这样，我们就有差不多15位经历过英国使团访华的种种曲折的见证人。

难道不能将英国人的看法与其他西方人的看法加以比较吗？有一个瑞士人：夏尔·德·贡斯当，以及4个法国人，他们是：安特卡斯托骑士，他在1787年被路易十六派往广州；夏庞蒂埃·德·科西尼，此人在广州居住了相当长时间，1799年对斯当东的纪行作出了反应；1784年至1799年在广州负有使命的吉涅骑士；法国印度公司的代理人皮隆，他目睹了马戛尔尼途经澳门的情况。5个见证人中的后两位就英国人和中国人之间的别扭关系撰写了带有实质内容的报告，这些报告保存在法国外交部。

传教士的观点

当时生活在北京和澳门的传教士——法国的、西班牙的、意大利的、葡萄牙的——对使团的活动十分关注。著名的耶稣会神父钱德明生前写的最后一批信件涉及英国使华的事。耶稣会的档案中有数十封信，如果耶稣会没有在1773年被取缔的话，本来也会在《耶稣会士书简集》里发表的。天主教遣使会的档案同外国传教团的档案里也保存着这类信件。

在澳门，我有幸同葡萄牙最博学的历史学家戴西拉主教过往甚密。他年幼时便去中国，在有关葡萄牙历任总督与天主教传教会的资料堆里度过了漫长的一生。1966年时，他在葡萄牙老城领导的圣·约瑟神学院里有一百多位欧洲教士和中国学生……文化革命动乱一开始，所有人都逃往香港。他忧愁地对我说："如同一群麻雀。唉！寻求殉道的日子早已一去不复返了！"又只剩下了戴西拉神父和年纪最老的几个教士。他剩下要做的事就是致力发表《澳门史》。

按照他的说法，马戛尔尼的使命既是为了让中国开放通商，也是为了侦察一下澳门的情况。"英国人本性妒忌。小小的葡萄牙在澳门扎根已有250年了：英国人必须得到另一个澳门，否则就要夺走我们的澳门。马戛尔尼详细地记录了葡萄牙的防卫情况。传教士们没有为这种伎俩所欺骗！同中国一起总是可以融洽相处。而同英国人则毫无办法！"

多么荒谬啊！在革命战争与帝国的历次战争中，葡萄牙是英国的盟友。然而，它在中国的传教士却强烈地反对英国人——这些"傲慢的异教徒"。戴西拉主教只是把试图阻挡马戛尔尼出使的葡萄牙神父的争吵老调重弹而已。相反，当时法国和联合王国处于战争状态，北京的法国神父却在竭力帮助英国人……

戴西拉神父一面让我看他的研究成果，一面模仿马戛尔尼见乾隆时的情况："他倨傲地屈起一条腿，就这样。这对皇帝是种侮辱！葡萄牙教士整天叩头，即便人家不要求他们也叩！处于马戛尔尼的地位，我会不止叩一个头，而是十个、一百个头！这样才能有所进展！要是两个自大的家伙——马戛尔尼和80年前的铎罗红衣主教——没有把一切都弄砸了的话，西方和中国之间的关系本来是可以日趋密切的。铎罗红衣主教不但不去平息中国礼仪之争——他本可以轻而易举地做到这一点——，反而由于他愚蠢地毫不让步，使传教士在两个世纪内所作的努力毁于一旦。"戴西拉主教还夸张地模仿了教皇特使自命不凡的态度。他长长的胡须同他的袍子一样白，并同样被汗水所浸透，因为愤怒而微微颤动着。

我已能收集的出版的或未出版的著作共有1.2万页：全部出版是不可能的；如限于只出一本则令人十分遗憾。于是，我便着手以叙事作品的形式将这些见证归纳综合。《英国人的看法》与《传教士的观点》至少将摘录发表在两本附带的集子中。

中国人的见解

我还缺少中国人的见解。在1928年至1929年间，中国档案馆编了一份印数有限的简报。《掌故丛编》里面确实发表了若干有关这个使团的诏书，以前只是从英国的资料中才能读到这些文件。但是，我认为天朝的官僚政权不可能不就这个史无前例的使团频繁通信。

1980年，我要求北京大学一位历史学教授对我的研究工作给予帮助。他曾经校对过《法国病》的中译本①，他答应指导他的一名学生在内廷档案中去寻找有关英国使团的朝廷书信和官员的回忆录。

在此期间，即1981、1984、1986、1987和1988年，我对使团途经之处作了分段旅行：澳门，舟山群岛和宁波港，北直隶湾，天津，北京，在鞑靼地区直到热河（承德），从北京到广州的内陆旅行，途经苏州和杭州，再回到澳门。我有幸由侯仁之教授伴同作了热河之行，他是北京大学发掘清朝文物的专家。他熟知马戛尔尼及其伙伴曾经居住过的，或者是他们在北京、京郊或去鞑靼的路上可能见到的幸存的或已不复存在的建筑。在热河，我们用了两天时间来确定“避暑山庄”中使团下榻处周围的形形色色的建筑物。

1987年，在我的第七次旅行中，一件意想不到的事在等着我——一件对研究人员来说再高兴不过的事。一位年轻的大学生朱雍花了一年多时间在挑选堆积在紫禁城地下室里的文件。他收集的数量有420页之多，均用天朝官员的简洁语言工整地抄成。我就一头扎进这批珍贵的材料中去了。用墨写在许多卷宣纸上的一部分是朝廷文书——皇帝的亲笔诏书，或是以他的名义由总理大臣或五位大学士之一签署的谕旨；还有职位最高的官员直接写给皇帝的奏折。所有这些规格统一的文件都像手风琴似的折着。批注均为朱红色：这是皇帝亲笔写的批示，他每天用好几个小时批阅这些文书。纸张看来完好如新。简直可以说这些原件是在头天写的——并用熨斗熨去了皱痕。

---

① 武汉大学就该书（中译本的书名是《官僚主义的弊病》）开过一次研讨会，会上的结论是“法国病”和“中国病”完全一样……我还不至于这样看。再说这个观点在中国并不新鲜。严复在1895年就写过：“法国在大革命后，相继出现三个共和国，但是政府的专制权力却得到了加强。”

他们将文书原件的缩微胶卷复制版交给我时就像一位教士给我圣体一样小心翼翼，并向我指出从未有人收集到如此数量的宫内文书。“您优先得到这些文书的复制本表明，1978 年 12 月召开的三中全会通过的开放政策已扩展到档案领域。”这是一个十分敏感的部门：它们是中国人的集体记忆。

这批没有先例的天朝文书即将公诸于世。人们在本书中会见到若干有意义的片段。例如读者将会惊奇地发现“彩虹勇士”号事件在两个世纪前已经预先发生；您将了解到英国人曾向中国建议军事结盟反对法国。这些书信敲响了危险来临的警钟。我们看到庞大的组织开始制造抗体以便驱除敢于进入它内部的外来物体。

我在 1988 年进行了第八次旅行，这次又是双喜临门：收到了有关阿美士德使团的全部宫内文书；尤其是发现朱雍根据 1978 年历史性的抉择重新看待历史，他的论文对乾隆的政策作了非常严厉的评价——闭关自守及拒绝现代化。

沿途有 30 架摄影机

司汤达把小说看成是“一面沿途漫步的镜子”。读者下面读到的这个故事则是由一套 30 多面镜子，或确切地说是由 30 多架摄影机制作成的，它们被安放在书中某些人物的肩上，或被藏在使团路经的途中。我仅限于整理和核实这些见证。通常我只是让他们自己说。这些观点各式各样，以至两个世纪以后，我们能够首先勾勒出当时在场的人尚不清楚——当不是他们蓄意把事情真相弄得模糊不清时——的事情真相；我们还要把历史上这次不成功的约会所提出的重大问题揭露于世。

为什么中国直到 16 、17 世纪仍能以大量的发明和讲究文明领先于西欧而成为世界上最先进的国家？为什么随后它却让别国赶上，然后被人超过，而到 19 世纪它的部分领土竟像由停留在石器时代的部落居住的地方一样沦为殖民地呢？以至到了 20 世纪，它竟成了世界上最落后、最贫穷的国家之一？某些国家又是如何“觉醒”的，而其他国家——或者就是那些醒了又睡了回去的国家——为什么，又是如何“沉睡不醒”的？中国昔日的命运会不会有一天成为我们的命运呢？

在乾隆皇帝接见马戛尔尼的四分之三个世纪以前，彼得大帝想让俄国不惜代价去仿效西方。乾隆的祖父康熙——彼得大帝和路易十四的同代人——也隐约感到过这种需要。而在马戛尔尼使命失败后的四分之三个世纪，明治天皇更是强烈地感到日本也有这种需要。长期受中国文化影响的日本起飞了，而他们文化的故乡的文明之火却被自己的灰烬压着正在熄灭。不论从地理角度还是从历史角度来看都处于彼得大帝和明治天皇中间的乾隆皇帝为什么轻蔑地拒绝外国人向他提供的帮助呢？

交流是否会消除我们自身的特性呢？是否会导致种族和文化上的混杂，从而在可口可乐和胶姆糖的文明世界中产生眼睛稍带蒙古褶的、淡咖啡色皮肤的混血儿呢？这种单一化难道是面对必然导致闭关自守、社会动荡与完整主义的民族主义再次盛行能作的惟一选择吗？我们的儿孙们能否在传统与现代之间，在忠于自我和对人开放之间做出一种和谐的综合呢？

所有的人都在猜想这些问题将对各国人民的命运具有越来越大的影响。为了感受一下马戛尔尼使团事件如何会同全球的命运攸关，只须跟随见证人之一——托马斯·斯当东出游即可。他那分作三个阶段的故事将会对以上问题给予初步的回答；它向无人知晓的领域打开了一扇天窗。

小　引

三个时期的见证人

（1793年、1816年、1840年）

你们这些生活在，——尤其是刚开始生活在——18世纪的人应当为之庆幸。

夏特吕，《论公众幸福》

1793年9月14日，蒙古，清晨4时：天色依然漆黑。在朝廷避暑的热河行宫内，纸灯笼照耀着天子的帷幄。在庞大的英国使团中，被允许进入帷幄的惟有马戛尔尼勋爵，他的副手乔治·斯当东爵士，他的翻译李神父——那不勒斯一所神学院出来的一名鞑靼[①]教士——和托马斯·斯当东，他的12岁的见习侍童，乔治爵士的儿子。男孩一年前离开英国就是为了眼下这一时刻：他负责给大使提他身着的巴茨骑士斗篷的下摆。在旅途中，700个英国人中无一肯劳神学习中文，而他却不费力地做到了这一点：儿童的天赋为他提供了方便。

7点，皇帝终于驾临。所有的人——朝臣、鞑靼亲王、附庸国的使臣——都在叩头：屈膝下跪三次，每次俯伏三次，前额触地九次。所有的人都这么做，除了英国人，他们只将一条腿屈膝跪地：勋爵回避这个礼节，认为这是使他的国家丢脸的事。他希望以他称之为“大海的统治者”和“世上最强大的君主”的那个人的名义，成为有史以来世界各国第一个向天朝委派常驻使团的大使，第一个以平等身份同中国商谈事务的大使。

一个内侍为他引路。马戛尔尼由见习侍童提着斗篷下摆登上了皇帝帐篷

---

① 鞑靼一词如今仅在欧洲使用，它包括汉族中国人以外的中国北部各民族，主要是满人和蒙古人。自16世纪起，习惯上开始把“tatar”拼写成“tartare”，通过这一谐音将其视为可怕的人。（说明：tatar一词可能来自俄语，指居住在中亚与东俄罗斯的民族，后受拉丁语中Tartarus，即“地狱”一词的影响，有了现在的拼法tartare。——译注）

前的台阶。他用双手把一只装着乔治三世国书的精致的金匣高举额前。皇帝交给马戛尔尼一根由硬玉雕制成的白色权杖作为对乔治国王的馈赠；又给了大使本人另一根玉石节杖。马戛尔尼与见习侍童倒退着走下来。现在是乔治爵士由他的儿子陪同上去行屈膝礼。皇帝同样赐予他一块雕刻过的宝石。当他听说见习侍童会讲中文时，他解下挂在腰间的黄色丝织荷包，破例将它赐给孩子，他还表示希望听他说话。托马斯① 自如地向君主表示从他尊贵的手中接受馈赠时的感激之情。乾隆显得很高兴，似乎孩子得体的表现使皇帝忘却了他主人的失礼行为。

一个斯当东代替另一个斯当东

23 年后，1816 年 8 月 28 日，托马斯・斯当东既长了年龄，又升了职务，他正准备英国使团对天子的第二次觐见。皇帝已不再是乾隆，而是他的儿子嘉庆。托马斯也代替他父亲成了使团的第二号人物。新的大使名叫阿美士德勋爵。

英国人抵达北京时已疲惫不堪。因为有了 1793 年的先例，他们自进入中国领土起便不断表示其坚定不移的立场；他们不会叩头。

托马斯爵士已在澳门和广州居住了近 12 年，先是作为英国东印度公司的专员，后来成为该公司的代理人。作为第一个会讲中国话的英国人，他是向西方揭示曾被传教士的乌托邦主义所掩饰的中国的另一面的首批英国汉学家之一。与为马戛尔尼充当顾问的父亲相比，他更是阿美士德可贵的副手，因为他熟识中文和中国人。

然而，阿美士德勋爵和托马斯爵士深夜刚到北京，便被推入圆明园的一个院子里。中国人要让他们当场就俯伏在嘉庆的脚下。有人抓住他们的双肩。他们抵挡着别人的推推搡搡。他们拒绝见皇帝吗？于是马上就把他们赶了出去。

托马斯爵士，鸦片的代言人

又过了 24 年。1840 年 4 月 7 日，下议院正在进行激烈的辩论。在广州的

---

① 事实上他同父亲一样名叫乔治，托马斯只是他的第二个名字。不过，为了避免混淆，我们像他父亲那样称他为托马斯。

英国商人受到处死的威胁；正在准备对中国派遣远征军。一位受人尊敬的议员，托马斯·斯当东爵士起身发言。48 年前，他随前往中央帝国的第一个英国使团在朴次茅斯登船。他正是由朴次茅斯选出的议员。他说：

“我们进行鸦片贸易，是否违反了国际法呢？没有：当两广总督用他自己的船运送毒品时，没有人会对外国人也做同样的事感到惊讶。

“北京朝廷有权强化司法措施以制止鸦片贸易。但迄今为止对外国人最重的处罚是禁止经商或驱逐出境。现在它能粗暴地判处他们死刑吗？这种追溯既往的做法是对人权的不可容忍的侵犯。中国人要像对待他们的叛乱分子一样用剑刃来对待英国人，我们要小心！如果我们在中国不受人尊敬，那么在印度我们也会很快不受人尊敬，并且渐渐地在全世界都会如此！正在准备中的战争是一场世界性的战争。它的结局会产生不可估量的影响。根据胜负，这些影响又将是截然相反的。如果我们要输掉这场战争，我们就无权进行；但如果我们必须打赢它，我们就无权加以放弃。”

全场肃静，倾听他的这番讲话：所有人都知道，不仅没有一位议员，而且没有一个英国人比他更了解中国。几分钟后，大厅里响起了长时间的掌声以表示欢迎他的结论：“尽管令人遗憾，但我还是认为这场战争是正义的，而且也是必要的。”

1793 年，两个第一年

11 岁时作为英国派往北京的第一位特使的见习侍童；35 岁时成了新特使的副手；59 岁时当上了议员并极力主张进行鸦片战争：这便是那位有运气亲自参加了发生在半个世纪内的世界重大事件的见证人。

远东和中国的关系并非始于 1793 年，而要早得多。但是 1793 年是长期对抗的意想不到的起点，无论是中国还是西方都还没有停止对此承担后果。

1793 年：对法国人来说是个多么具有法兰西意义的年份！简直可以说历史在其他地方都停止了它的所有的能量，包括毁灭性的能量与创造性的能量都凝聚在巴黎发生的事件上。法国开始向欧洲开战，并非为了扩大一个省份，而是为了“打倒暴君”。

这同世界上另外两个更为强大的国家里的平静气氛相比形成了多么鲜明的对照呀！——在同一年，这两个强国以无事的方式将造就后两个世纪的历史！从表面上看，联合王国和中国什么都没有发生。英国人眼见成千上万惊恐不安的流亡者源源而来，尽管对法国发生的事迷惑不解，但多少还是置身事外。在中国，乾隆皇帝完成了他第58年的统治。他对国民公会和法兰西共和国一无所知。当消息最终传至北京时，除了像一则在不熟悉的海洋上空出现了龙卷风这样的无用新闻外，还会给他带来什么呢？

当时，英国是这样一个西方国家：尽管国土有限，人口不多，却由于商品经济、机械化及工业革命而取得了飞速的发展，所有这些在大陆欧洲则还处于摸索阶段。中国也达到了鼎盛时期。在乾隆皇帝漫长而辉煌的统治时期，中国本土的人口翻了一番还多①，它的领土面积也增加了一倍多，中国恩泽扩展到安南、交趾支那、暹罗、缅甸、尼泊尔、西藏……朝鲜、满洲里、蒙古、突厥斯坦及中亚直至咸海，甚至里海。从未有过如此多的人对同一个政权表示顺从。

在这两个人类取得丰硕成果的国家之间，直到那时仅有少量的贸易把它们联系在一起。如果这两个世界当时增加接触，能相互吸取对方最成功的经验；如果那个早于别国几个世纪发明了印刷术与造纸，指南针与舵，炸药与火器的国家同那个刚刚驯服了蒸汽，并即将制服电力的国家把各自的发明融合起来，那么中国人与欧洲人之间的信息和技术交流必将使双方都取得飞速的进步。那将是一场什么样的文化革命呀！……

这就是历史赋予远东和远西的机会。但是聋子——地球上最强大的聋子——之间的对话使这个机会付诸东流。两个傲慢者互相顶撞，双方都自以为是世界的中心，把对方推到野蛮人的边缘。

中国拒绝对世界开放，而英国人则不管别人愿意与否想让世界对所有的交流开放。欧亚大陆的两极在50年里将从文化冲突变成兵戎相见。

托马斯·斯当东是一个错过了重要机会的“带有倾向性的旁观者”。

---

① 根据当时的普查，并经历史人口学的最新研究证实，在乾隆统治前不久的1730年为1.4亿至1.6亿之间；1796年，在他内禅时，则为3.3亿左右。

第一部分

“地球上最强大的民族”

向中国驶去

(1792年9月—1793年6月)

海上的霸权常常给那些握有这种霸权的民族以一种自然的骄傲；因为他们觉得他们能够到处凌辱人。他们以为他们的权力就和海洋一样地广大无边。

孟德斯鸠，1748年

英国的计划是在中国沿海地区设立自由与独立的机构。

让—安托万·安特卡斯托，1787年

光是对自己有利又不践踏他人利益的事，一个人就有权去做。

埃德蒙·伯克，1790年

第一章

启程时的热情

（1792年9月26日—10月8日）

拥有64门火炮的战舰“狮子”号，东印度公司的容积为1200登记吨的三桅船“印度斯坦”号和一艘小型护卫舰“豺狼”号在早潮时起锚了。朴次茅斯港很快就被抛在后面。船队朝西航行。为了利用风向，马戛尔尼勋爵放弃了在韦默思停留。当时英王陛下合家都在韦默斯，事先曾约他在那里稍停。在“狮子”号的艉楼上，马戛尔尼深深地呼吸着海上的空气。他为这次冒险所陶醉：英国国君从未派过如此庞大的使团；欧洲国家也从未委派过同样规模的使团到中国。

马戛尔尼并非初出茅庐，他先后曾任驻俄国沙皇陛下处的公使、加勒比总督和马德拉斯总督。乔治·斯当东①也是位老手，在马戛尔尼担任上面所说的后两个职位时，斯当东辅佐他的工作，并表现出了聪明才干。他的上级如果发生意外，他将领导这个使团。国王乔治三世派遣到中国的都是些杰出的官员。使团人员多达近百人，包括外交官、英国青年贵族、学者、医师、画家、乐师、技师、士兵和仆役。算上水手则有近700人。光是上船登记就花了几天的时间。

报纸和邮件带来了法国的消息：废除君主制度，监狱里的屠杀，宣布共和国成立以及普鲁士人在瓦尔米战败。马戛尔尼很有经验，他猜想联合王国不会处于这场风暴之外。他想起他的朋友埃德蒙·伯克的大胆预言：“我发现我们正在经历着一场全面的动荡，它将把宗教、道德、传统以及对权力的尊敬都一起毁灭——这种畸形的变化将使人类回到未开化的状态。”

当时战争正在临近，但使团仍然出发去中国。这充分说明对于这次使命的重视。英国内阁知道自己将需要这些船只，也知道这三条船一旦出发就无法

① 在附录的第一部分有故事中涉及的欧洲人、中国人或鞑靼人的简介。

再召回来了。一位信使可以骑马赶上一支军队，但无法赶上一支舰队，船队一旦出发就只能听凭上帝的安排了。马戛尔尼还受命同远东各国的君主接触：日本天皇、安南皇帝、朝鲜国王，马尼拉、马鲁古群岛等。他还有权访问任何有助于他完成主要使命——为英国商业打开中国大门——的国家。大英帝国已是全球性的强国，它并不把全部赌注都押在一块大陆上。这是一个有长远规划的国家，它为未来而投资。

同一天，在世界的另一端，东印度公司的特派员4月份从伦敦出发，于9月20日抵达广州，他们要求广州安排他们与两广总督会面。他们要把公司董事长弗兰西斯·培林爵士的一封信交给总督。信中特别写道："英王陛下为了增进两个朝廷间的友好往来，为了发展于两国都有利的贸易关系，决定派遣他亲爱的中表——马戛尔尼勋爵为全权特使赴北京访问"，在平等的原则下进行交往。正值使团出发时，他们已把遣使的目的告诉了中国方面。

"豺狼"号失踪

有利的东风没有持续多久。风力增强了，海浪也越来越大。人们把高帆放了下来，收紧了缩帆。暴风雨把升降索吹得嘘嘘直响。一出海就不顺利。不知在中国海遇到台风时将是什么样子？

熟读伏尔泰小说的小托马斯担心这条船是否会像《老实人》中的船在里斯本港外海上那样被劈成两半，船队指挥伊拉斯马克·高厄爵士认为最好到托贝岛去躲避一下。

"狮子"号和"印度斯坦"号花了两天时间修理并等待在暴风雨中失踪的"豺狼"号。9月30日这两艘船不再等"豺狼"号便又启航了。10月1日从韦桑岛外的海上经过。一股不强的风不久便把船队送出了比斯开湾，约翰·巴罗发觉"这海湾就像岸上住着的居民一样：即使风平浪静时也是动荡的"。

是否航行得太快了？"狮子"号断了桅：前桅桅楼上的帆张得太大了。损坏的地方很快就修好了。小托马斯很赞赏水手在横桁与缆绳间作业时动作的敏捷。他的父亲对他充满了希望：小托马斯是他孩子中惟一的幸存者。他的举止无可指责；他能本能地琢磨出一个绅士阶层的年轻男孩应怎么做。他边玩边学习：报纸一过目他便能背诵下来。几周以来，他主要的精力就花在学习中文上。他寸步不离地跟着两位翻译，同他们只能用拉丁语交流。孩子用拉丁文表达了他的热情："Si matres nunc viderent!"（"假如妈妈看到他们就好了!"）

"狮子"号的乘客在估量这条远洋船的舒适程度。马戛尔尼一面听着由5名德国音乐家组成的乐队演奏韩德尔和海顿的作品，一面在想："豺狼"号万一连人带货全部遇难，幸好船上没有必不可少的翻译，也没有给中国皇帝的贵重礼品。

确实，使团最必需的是译员。找遍了全英国、瑞典和里斯本都未能找到。尽管有几个从中央帝国归来并精通中文的法国教士，但他们不愿要法国人。难道他们会不为我们永久的对手法国服务，而来为乔治三世服务吗？乔治·斯当东爵士不得不在去年冬天到意大利那不勒斯的中国学院招收了两名愿意回国的中国神父。他们是英国驻那不勒斯公使威廉·汉密尔顿——就是那位夫人曾当过妓女，并使纳尔逊爱得发狂的汉密尔顿——找出来的。李神父和周神父一个英文词也不会讲，但他们的拉丁文是相当好的。乔治爵士还答应让另外两位中国人——安神父与王神父——免费搭船去澳门，他们都受过足够的宗教训练，可以把福音传给自己的同胞。5个人在5月份就到了伦敦。

至于赠给皇帝的礼品，这是使团活动的中心，应使皇帝眼花缭乱。它们将证明英国是"地球上最强大的国家"，是文明程度最高的国家。斯当东事先检查了"狮子"号和"印度斯坦"号上的贵重礼品是否固定牢靠，它们将突出地表明英国人的才华。

鸦片，萦怀不忘而从不说出来的东西

我们所说的"东南亚"和"远东"，即从巴基斯坦到朝鲜这块地方在启蒙时代就像在哥伦布时一样总称为印度。对英国人来说，印度就是东印度公司。①公司面临着严重的困难。埃德蒙·伯克在1783年时宣布："说公司不行，就是说国家不行。"对公司好的就是对英国好的……

为了鼓励东印度公司独家经营的茶叶买卖和制止走私活动，皮特把关税降成原来的十分之一。两年之内从中国进口的茶叶增加了3倍。但这种贸易没有补偿物。中国人什么也不需要。东印度公司的一位经理写道："我说不出一件能在那儿获得成功的商品；我们把所有的东西都试了。"一件也没有？人们

---

① 还有荷兰、西班牙、瑞典和丹麦的东印度公司；另外一个法国的东印度公司。

避而不提鸦片这个词。贩卖鸦片已有几十年的历史，从1780年以来增加得更为急剧。人们对它念念不忘，但又不说起它。除了这件不光彩的商品外，中国市场被广州这个瓶颈卡死，仍是不对英国商品开放。伦敦当局最后明白只有更高级别的协议才能排除障碍。

早在1787年，皮特和他的朋友，东印度公司监督委员会主席敦达斯已经决定向中国派遣特使。在孟加拉军队中久经考验的凯恩卡特上校已满怀热情地扬帆启程了。但被咨询的东印度公司驻广州的代理人却直言不讳地说："中国政府对外国人一概蔑视，它对外国实力的无知使它过分地相信自己的强大。它认为派遣使团只是一种效忠的表示。"

事情进展得极不顺利：到好望角停靠前一直是气候恶劣，疾病流行；后来凯恩卡特也病倒了；他遥望着中国死去。当"万事安"号在1788年底回到伦敦时，马戛尔尼向皮特建议让他的合作者斯当东继续完成这一工作。这一问题在3年里一直悬而未决。外交家们在犹豫。企业家则加紧施加压力。但越来越多的人认为应把这一任务交给马戛尔尼本人并增加经费，因为马戛尔尼先后在俄国、加勒比地区和印度的许多困难使命中接二连三地取得成功，任命他就是这次使命成功的保障。敦达斯当时已成为内务部长，但仍关心着印度的事务，1791年10月他向马戛尔尼提出了这一建议。

让中国看看表现我们才华的作品

马戛尔尼接受了挑战。欧洲出现的纠纷将使军人在长时期里取代像马戛尔尼这样的外交官。最好还是率领一个豪华的使团到远离战场之外去捍卫英国的利益。圣诞节前三天，他向敦达斯提出了金钱、爵位以及权力三个方面的条件。他获得在离开英国期间1.5万镑的年俸①和晋升伯爵②的允诺——这是英国自古至今激励人们在各个领域为国效劳的令人敬佩的爵位。

他提出由他本人挑选使团的所有成员。他对敦达斯说："他们应该对谈判直接有用，或者能以他们的才能或知识来增加我们国家的威望。"先从他的副

---

① 等于1989年的900万法郎。

② 他的条件被接受了：他马上就升为德尔伏克的马戛尔尼子爵，德尔伏克是他在安提姆郡的领地的名称。他从中国回来时将升为伯爵。一半是订货，交货时付清。

手开始。凯恩卡特的经历不应该再重演了：只要有一个正式任命的候补人，使命就可以进行到底。马戛尔尼要求委任他的朋友斯当东为全权公使。至于礼仪需要的侍童，乔治爵士提出让他儿子来担任。托马斯在家庭教师的严格要求下学得一口漂亮的法语和拉丁语。这位德国家庭教师名叫赫脱南，也参加这次旅行。

特使有一名总管，叫约翰·巴罗，两名秘书艾奇逊·马克斯威尔和爱德华·温特，三名使团随员，两名医生吉兰与斯科特大夫，还有一队担任护卫的士兵与军官。但这对他来说还不够。他自信只有英国人的文明才能压下中国人几千年来自以为垄断文明的气焰。

他们还应该让中国人欣赏英国在和平时期和用于战争的技术力量。“天主教传教士未能把我们最现代的机器展示给中国人。把我们的最新发明如蒸汽机、棉纺机、梳理机、织布机介绍给中国人，准会让这个好奇而又灵巧的民族高兴的。”“许多曾去过东方的使团写的纪行使我们深信每个使团均应配备卫队。在皇帝面前迅速变换队形，表演现代炮兵的装备定会给人留下深刻的印象，因而支持我们的外交活动。”

他希望这些绅士和机器能起到在中国皇帝面前表现英国强盛的作用。敦达斯幽默地反驳说他“不是率领皇家学会的代表团”。马戛尔尼仍然坚持。他没有忘记英国商人在广州遭到的不公正待遇，也没有忘记他的国家很久以来就想打开大门的港口。他没有忘记为了建立一个长期货栈需要一块特许土地，更没有忘记要使英国商品打入中国市场。但是他的使团也应该是皇家学会的代表团。

因此使团就包括艺术家——亚历山大与希基这两名画家——和学者，为首的是擅长进行机械和光学示范表演的天文学家与物理学家丁维提博士。没有人比他更能叫中国人欣赏最新的热气球和复滑车的性能的了。

从中国榨取统治印度的钱财

马戛尔尼和斯当东是在东印度公司总部所在地伦敦商业区中心筹备他们的使团的。公司在伦敦的豪华建筑和它们在广州的不稳定地位形成了强烈的对比。

凯恩卡特未能开始的谈判，6 年之后马戛尔尼要在气氛更加沉闷的情况下去进行，所以东印度公司先是害怕这样做会更加激怒中国人而反对这一计划。它什么也不敢尝试了。组织使团是政治家而不是商人的想法。会不会由于奢望过高而影响到已在那里获得的地位——尽管这种地位并不让人舒服——呢？但是政治家取胜了。东印度公司不得不屈从。一旦作出选择，公司就竭力去使这次行动成功。它把所有情况都点滴不漏地告诉了马戛尔尼和斯当东。

这位马德拉斯前总督是把中国事务和印度事务串联在一起的合适人选。他了解广州的商业对公司的影响重大。印度这个帝国有些不稳定，那里饿殍遍野。法国人在最近一次同英国的战争中煽动一起印度王公造反，英国花了很大的力气才平息了叛乱。1783 年和约签订后，议会认为让一个贸易公司至高无上地统治人口如此众多的帝国是不可能的，因此把东印度公司置于王室的更紧密的控制之下。

马戛尔尼在当马德拉斯总督时产生的想法在伦敦不断地得到发展：他和敦达斯都认为，印度的前途取决于中国。征服中国市场将会帮助英国解决在印度行使主权的费用。

鸦片在印度的贸易中占有越来越重要的地位，这曾引起下议院激烈的辩论。可敬的菲利普·弗兰西斯曾谴责在印度扩大种植罂粟这种“世界上最有害的一种产品”。幸好有一位议会成员为了英国的荣誉对从这几乎等于慢性种族灭绝的事中牟取利润感到愤怒。敦达斯平静地回答说鸦片是亚洲的一种日常消费品，从印度向中国出口鸦片越多，英国为印度花的钱就越少。马戛尔尼原来想“能用大米或任何更干净的东西替代鸦片”。但他很快就听之任之了。

欧洲与亚洲的贸易逆差越来越大。除了一些小挂钟和小加工成品外，欧洲产品在中国几乎没有市场。而中国则向欧洲出口更多的茶叶、瓷器、丝绸和工艺品。因此欧洲不断增加的进口要用出口工业品来平衡。假如中国的大门打开了，就不必要从印度走私鸦片了。在这之前要用走私鸦片的收入来支付进口的茶叶。英国是从全球的角度，而不是从道德的角度来看待自己的贸易的。现在当工业大国向不发达国家出售武器时，情况又有多大改变呢？

第十六个使团，也是第一个使团

1792 年 9 月 8 日，敦达斯给马戛尔尼下达正式指示。一个庄严的开场白：“在中国经商的英国人多于任何其他国家，但其他欧洲国家的商人或是由使节，甚至由打入北京朝廷开明层的传教士陪同，而英国商人却无人帮助，与中国皇帝远远地隔开着。可以理直气壮地说我们的实力在中国表现得不够。”

英国内阁想了解广州对欧洲贸易限制的性质。是由于确定的政策，还是一般的排外情绪；是由于腐败，还是中央没能控制住的省里滥用权力？这一切都要靠特使的慧眼去发现了。“根据广州东印度公司最有经验的并目睹了我们在广州的商人受到欺负的人的推荐，我们选中了你这样一位要人。”

敦达斯还明确地说：“您一到便要受到接见，您要服从中国朝廷的礼仪，既不要损害自己君主的尊严，又不要被礼节上的小事束缚住手脚。您要尊重礼仪，尊重礼仪的同时又不损害我们的体面……”

下面是七点建议，马戛尔尼发现其中也有他自己曾给敦达斯写过的内容：

1. 为英国贸易在中国开辟新的港口。

2. 尽可能在靠近生产茶叶与丝绸的地区获得一块租界地或一个小岛，让英国商人可以长年居住，并由英国行使司法权。

3. 废除广州现有体制中的滥用权力。

4. 在中国特别是在北京开辟新的市场。

5. 通过双边条约为英国贸易打开远东的其他地区。

6. 要求向北京派常驻使节。

7. 最后的，但不是最不重要的一点，情报工作：“在不引起中国人怀疑的条件下，使团应该什么都看看，并对中国的实力作出准确的估计。”

透过这庞大的计划，已经可以觉察出某种殖民关系……

这次使团当然是有先例的。葡萄牙在1521年至1754年间已冒过5次险，以后40年里则没有再试。荷兰在1656年至1686年间曾试过3次，以后的100年里没有再派使团。俄国离中国最近也最积极，1656年至1767年间先后派过7个使团跨越沙漠去中国。法国从没做过尝试，它满足于派遣并不代表国家的传教士。总共有过15个使团，但丝毫没有可以夸耀的地方。

20年之后托马斯·斯当东是这样总结这15个“使团”的不妙处境的：“这个庞大的帝国过分相信自己的智力资源，所以不愿和欧洲各国建立关系。它幅员辽阔，所以别人无法强制它，它从不容许与西方发生任何关系。”马戛尔尼决心打破这些惯例。他的使团只是第16个吗？但它将是第一个名副其实的使团。

说实在的，只有俄国人曾真正与中国人谈判过。由于两国在鞑靼游牧民族来往的大片土地上互相争持，他们不可能互不了解。现在马戛尔尼要让中国感到西方出现了一个新的强国：英国的军舰打乱了地理布局，使英国和大草原另一边的“西方蛮夷”一样成为中国的邻邦。他的使命是使英国这个海上的邻国同陆上的邻国俄罗斯一样成为中国必须正视的国家。

第二章

“人类的主人”

(1792年10月9日—27日)

在我国，贸易引起了对财富的普遍追求，金钱取得了理所当然地归于知识与效能的荣誉。

塞缪尔·约翰逊，1759年

10月9日，英国人已经到了葡萄牙领地马德拉海域。“印度斯坦”号的船长马金托什上次过这里时连人带货都遇了难，他和厨师两人只是因为未在船上才得以幸免。岛上的总督接到里斯本的通知，船队到达时鸣礼炮致意。

遭英国人殖民的葡萄牙人

在岛上英国人受到尊敬。他们购买那里产的酒。英国人在那里共有二十几家商行，他们的资本及经营手段无人能与之竞争。葡萄牙人在他们自己的殖民地上被英国人殖民了。作为商业文明的使者，马戛尔尼和斯当东尝到了它胜利的滋味。葡萄牙人的贫困与英国代理行里异常的繁荣极不调和。

一路上都可以看到女人们背着当柴烧的染料木。“尽管她们还年轻，繁重的劳动使她们的相貌已是未老先衰。”大家都往街上随便扔垃圾，这使到处乱跑的猪极为满意。饮食差使许多穷人得了流行病和坏血病。而少数的富人又因为饮食过量而患痛风。但不管穷人和富人都得天花而成为麻子。我们的英国人都是虔诚的新教徒，他们便把这种明显的落后与罗马的天主教联系起来了。斯当东联想起他找来翻译的意大利南部；马戛尔尼则想起了爱尔兰和堪那马拉耕种小块土地的信天主教农民的落后贫困。

贸易帝国

在向世上最古老、最辽阔和人口最多的帝国航行的路上，马戛尔尼不断地想着自己将要向中国证明一个新的真理：英国是“地球上最为强大的国家”，乔治三世是“海上的君主”。特使的信件、笔记和报告中充满了这类字眼。当然他也设法婉转地表达让他主人不高兴的这一新发现：“东方”与“西方”的说法就是用来为此服务的。东方世界最高的是乾隆，而乔治三世则占了西半球的首位。但是他的行动本身就揭穿了这一纯属礼貌的让步：东方应向西方开放；西方的统治者以他们的实力和利益为借口提出只许有一个世界，一个他们可以自由行动和经商的世界。

在伊丽莎白一世时代，沃尔特·雷利爵士已经声称：“左右商业的人左右世界的财富，因此也就控制了世界。”所有英国人都早就记住了歌颂这种野心的歌词：

> 统治吧，英国，
> 英国，统治那浩浩的浪波。

800万英国人既然“统治了大海”，他们就能以主子的身份对3亿中国人说话了。

英国开始骄傲了。这是一个日益强盛的民族的骄傲，这个民族知道自己有着压抑不住的生命力，并把没有国境的海洋世界作为自己要征服的对象。七年战争胜利后，戈德史密斯不是已经这样描写他的同胞了吗？

> 桀骜不驯的目光，举止高傲，
> 我眼前走过了人类的统治者。

当亚当·斯密在1776年发表他不朽的著作《国富论》时，他在书中描写了观察到的一种商人，资本家与企业家在进行的贸易经济。和与他同时代的法国哲学家不同，他并不就一个理想世界的从未有过的组织形式进行抽象思辨，而是描写他周围那个现实而有效的体系。

斯密相信自然仁慈安排的幸运结果：供总能得到求。要是不足呢？创造精神就会得到发挥！他把一切都寄托在个人利益上，他认为有了个人利益的推动就会产生无限的智慧和发明。技术上相互启发，贸易的普遍性——这就是马戛尔尼准备“贩卖”给乾隆的思想……斯密的观点是官方的学说。1787年皮特举行盛大晚宴，苏格兰经济学家应邀参加。英国首相在入席时转向他说：“您先坐下吧，先生，我们都是您的弟子。”

早在1753年，爱咕哝而又着了迷的塞缪尔·约翰逊面对日益发展的消费社会，面对这些“昨天尚没有，今天已成为必不可少，而明天便将过时的消费品”，从道德上作了批评。这就是“工业革命”？这个说法成问题，它不能很好地概括经济创造力加强的现象；而只能把我们局限在早期机器轰轰作响的车间里。而整个18世纪英国爆发的经济革命首先依靠的是船只，就像运载使团的船只。另外，马戛尔尼在他整个外交生涯中也总把自己当作这场风帆革命——海上商业革命的代理人。

连锁反应

一个世纪内，供与求之间的复杂游戏使商船队的吨位增加了5倍，使国内建起了公路、运河、银行、矿井；使铁和羊毛的生产从手工阶段进入工业化阶段；出现了瓷器生产和棉纺业。手工作坊平地而起。机器倍增以及投资所需的款项使两种新人出现了：靠在工厂工作为生的工人和工业家。

大企业家受人尊敬，有人奉承，并常常被封为贵族，比如小罗伯特·皮尔或理查德·阿克赖特。1768年当韦奇伍德截去一条腿时，所有的伦敦贵族都打听他的消息。同欧洲大陆不一样，英国贵族不用担心丧失贵族资格，以从事经济活动为荣：一位公爵从事首批运河的开掘；一位爵士打乱了土地的轮作……英国出现了一个独特的阶层。既不是一下子，也不是按预先设计的阶段而产生的。而是无数相互作用力的总和；是一个连锁反应。

革命首先在头脑中进行——人的头脑同时想到一切。商业财富的积累，海上实力增强，金融发达，农业生产力提高，人口增长都相互促进。假如不出现一个崭新的现象，它们就会遇到一个极限。瓦特和鲍顿在1775年对乔治三世是这样介绍的：“Sir，we sell what the world desires：power.”（“先生，我们出售世界所渴望的东西：实力。”）他们在这里就实力这个既可表示“动力”又可表示“权力”的词做了文字游戏。这句话表明经济实力的时代来到了。驴推磨的平静景象已经一去不复返了：马力变成了蒸汽——人类征服的最有成效的东西。能同这相比的只有火的控制、农业的诞生，或中国没有能很好利用的印刷、火药、指南针等发明。没有蒸汽，便没有机器的广泛应用，而只能像中国那样出现一些聪明的但孤立的发明，而且得不到推广。

马戛尔尼一直关注着这一连串相互促进的发明创造。他在货舱内带去了许多样品。世界变了：是英国人改变了世界。

从贸易中产生的这种经济爆炸并不停留在岛上。是它把马戛尔尼推向大海。英国的繁荣早于殖民地，但并没有忽略它们——先从北美殖民地开始，1763 年又加上了法属加拿大。1783 年“十三个殖民地”的独立是一个考验，但也顺利经受了：英国对新成立的“合众国”的出口很快就得到了恢复。

从 17 世纪起，英国人在印度依靠孟买、马德拉斯和加尔各答 3 个商埠，它们控制着次大陆产品的输出，标志着一条向东方延伸的航线。他们勾画出一个腓尼基式的帝国：一个他们更喜欢的、没有殖民地的帝国。打开中国的大门是一个更全面的计划的一个部分。敦达斯努力说服荷兰人把新加坡对面的廖内岛让给英国。而首批英国移民——主要是苦役——则在澳大利亚安置下来。

通过这一系列的商埠，英国人要把联合王国的工人所纺织的、铸造的与加工的产品献给世界。就像在一块寓意的纪念章上，象征商业与工业的两个丰满的身影携手合作。

1763 年后不久，克莱夫勋爵在印度战胜了莫卧儿大帝和法国人之后曾建议伦敦用武力征服中国。老皮特否决了提议，理由是想让如此众多的人屈服的想法是不理智的。30 年后，外交手段是否会表现得更有成效呢？马戛尔尼对此抱有希望。

但是“进步”这个概念——当时还未称为“发展”——是否能用武力、诡计，甚至诱惑来强加给那些认为“子不语怪力乱神”的人们呢？孔夫子没有读过亚当·斯密的书。

大海的君主

从马德拉岛到加那利群岛的航行极为愉快。4 天以后，特那里夫岛突然出现在眼前。士兵霍姆斯感慨地说："这是世界上所有孤立的山峰中最高的一个。"

原先并没有计划在圣克卢斯镇停留，因为冬天在那里停泊的条件极差。但是伊拉斯马斯·高厄爵士认为在此停留有两个好处：使"豺狼"号有机会赶上来；为船上买些比马德拉更适于长途运输的酒。使团的随员发现最好的葡萄酒被称为伦敦特产都感到非常自豪。

马德拉岛、加那利群岛、佛得角群岛：伊比利亚半岛的居民在英国人之前就在这些地方停泊了。但到18世纪末时，他们好像仅仅是为了英国的贸易——或者说是为了盎格鲁·撒克逊人的贸易才保留了这块地方：因为美国人已到这里来购买英国人不买的酒了。

西班牙人态度谨慎，所以同该岛接触甚为困难。幸亏有许多英国人在他们的住处殷勤招待。当地的西班牙贵族整天忙于参加宗教活动。霍姆斯讽刺地说：难怪他们的买卖不兴旺。

几个英国人"手脚贴着悬崖峭壁试图爬上峰顶"。下个世纪中叶英国人将在瑞士和法国萨瓦省创造登山运动，但此时他们已表现出了他们的本性：对自己提出挑战，用体育运动来保持对冒险的爱好，奋斗意识和事业精神。

在锚地，一艘船的桅杆上挂着一面不寻常的旗帜：法兰西共和国的三色旗。船长向船队鸣炮致意。其实他是想对抗而不是表示敬意。有几颗炮弹溅得海水飞扬。"这位船长以为战争已经开始，他像加斯科尼人那样夸口说要向我们舷炮齐射，让我们遭到重创后再降旗！就是这些人在高喊反对我们行使海上霸权。"

一个既有运气又有性格的成功者

"马戛尔尼勋爵，德尔伏克子爵，陛下的特使"。西班牙和葡萄牙的小小的总督在他经过的每一个岛都用礼炮或盛宴对他表示敬意。因为他们都来自以贵族偏见维系的旧制度的欧洲，一见这些头衔不免肃然起敬。但他们只要阅读一下《绅士杂志》大概就会松一口气：马戛尔尼是一个新人，他的家谱并没有他的经历来得光荣。

他善于抓住接踵而来的机遇。最后一次是凯恩卡特的去世。他之所以会有这个机遇，乃是因为他有过其他的机遇：在圣彼得堡的外交经验，统治加勒比海的实践以及在马德拉斯获得的对东方的知识。假如不是第一位荷兰勋爵、难对付的巴黎条约的谈判者、显赫一时的亨利·福克斯的帮助，谁有办法把27岁的他派到叶卡捷琳娜二世那里当特使呢？假如马戛尔尼不在日内瓦遇到亨利·福克斯的儿子——赌遍欧洲大陆的斯蒂芬，他又怎么能得到这种友好的支持呢？

但是，偶然性并不足以造就一个命运。必然性还起着作用——内部必然性。他很有性格。在雷诺兹1764年给他画的肖像前，福克斯惊叹道：“啊！真是像极了！”他认出了热情洋溢的目光和自信的额头。而在热情和自信方面，他是个行家，他刚刚夺走了法兰西帝国的几乎所有的殖民地，并树立了英国在大海之上的霸权。

运气和性格，马戛尔尼的确需要它们才能在专挂先祖画像的短短的廊子里加上这张由一位著名画家画的年轻肖像。他只是一位名叫乔治·马戛尔尼的苏格兰移民的曾孙。他曾祖的绰号叫黑乔治，1649年来到信天主教的爱尔兰的一个居民区。黑乔治、他的儿子以及孙子用辛勤的劳动和巧妙的婚姻手段扩大了他们的方草场：房子、农场和磨坊。他们经营农业，政治上则参加人们开始叫作辉格党的活动，这使他们生活富裕并获得了好的名声。

黑乔治的儿子，即未来的马戛尔尼勋爵的祖父在1700年，年仅54岁时便在爱尔兰议会占了席位。晚年时，他把希望寄托在惟一的孙子，即本书主角的身上。人们关心他的教育。小乔治学了拉丁、希腊和法国的经典著作。家里让他到都柏林天主教地区的新教学校，著名的三一公学上学，当时他13岁，而他的同学都已十六七岁；家里隐瞒了他的年龄。

敲门砖

1757年秋，20岁的马戛尔尼到伦敦完成律师实习，但他丝毫也不想为谁诉讼。他到那里在一个欧洲大陆所没有的、被拿破仑称为“寡头集团”的圈子结交了一串朋友。这个圈子把人分成胜者和败者，即能成功地使自己出名的人和不能使自己出名的人。它把权势赋予那些善于攫取它的人。

英国精英的真正培养方法是“转一大圈”——到欧洲大陆旅行。1759年末，马戛尔尼坐船去加来。每年都有不少于4万名英国人根据自己的财力和介绍人的情况在欧洲大陆旅行2年至3年，甚至5年。一块敲门砖，但代价十分昂贵！在那里学习观察、判断、欣赏，最后体会到自己高人一等——只从获得全欧洲积累的文化财产这一点来看就是如此。

马戛尔尼22岁就继承了家产，但他真正交上好运是在瑞士。旅行仅6个月后，他于1761年1月在日内瓦与七年战争胜者的儿子斯蒂芬·福克斯成为朋友。马戛尔尼成功地使他的朋友免受诈骗，并不再迷恋赌博：从此他与斯蒂芬形影不离，并于7月份把他安然无恙地送回伦敦。福克斯一家充满了感激之情，并对这位年轻的爱尔兰人着了迷。同年末当斯蒂芬重返日内瓦时，他的父亲请马戛尔尼做他的良师益友。

这第二次旅行恰如具有魔法。所有的大门都为他们敞开。福克斯的名字使马戛尔尼会见了连做梦都想不到的人。他受到符腾堡公爵的接见，在纳沙泰尔见到了卢梭，在费尔奈见到伏尔泰。伏尔泰惊叹地问："这个年轻人是谁呀？小小年纪便了解这么多的学科，知道这么多的东西！"马戛尔尼给这个伟人留下强烈的印象，后者推荐他去见黎希留与舒瓦瑟尔这些当大臣的公爵以及爱尔维修与达朗贝尔等哲学家。伏尔泰给爱尔维修写道："我杰出的哲学家，这是一位非常有教养的年轻英国绅士，他跟您的想法完全一样：他感到我们的民族很好笑。"在这个自称为"启蒙"世纪的年代，马戛尔尼在它的发源地汲取着光的能量。

他找到了精神——也找到了金钱。和福克斯一家的接触使他进入一个有几千镑收入的圈子，而当时一个纺织工人两个星期也挣不到一镑。一个不用在候见室等候就可以见到要人的圈子。马戛尔尼尽管具有写作天赋与惊人的记忆力，尽管他熟练地掌握法语、拉丁语和意大利语，尽管他精力充沛、不知疲倦，并对成熟女人有着特殊的爱好，要是没有福克斯一家，他大概也不会有机会跻身于社会的最高层来。荷兰勋爵给了他这个机遇，而他又善于抓住不放。

年轻的马戛尔尼一下子进入了一个以全球为活动范围的英国巨富世界。海上贸易是寡头集团积蓄实力、考验成员和更新能量的中心。英国人成了五大洲的运输者。英国商船的吨位是法国的两倍，是荷兰、瑞典与丹麦的5倍，是西班牙的10倍。他们在巴达维亚出售在里约热内卢买到的商品，在欧洲出售在印度买到的东西，但这还不够，永远也不会够的。马戛尔尼出海正是为了说服乾隆让英国扩大贸易。

第三章

对中国着了迷的欧洲

（1792 年 10 月 27 日—11 月 30 日）

11 月 1 日已经可以望见佛得角群岛了。热带的干旱使这个群岛只能作为一个歇脚处。但是它们又表明了大英帝国在盟国领土上建立据点的实力：他们在伊比利亚人占有的地方有着众多的“非正式”殖民地。

可是在圣地亚哥港，又有一条挂着让人恼怒的蓝、白、红三色旗的法国船。但船的侧影让人想起了什么。什么呢？这以前是“决心”号，库克船长曾在第二次航行中满载盛誉，但在第三次航行中却丧了生……法国人修复了这艘船，重新命名为“自由”号！看到被“无套裤党”糟蹋了的这艘著名的船时，马戛尔尼和他的伙伴们表示了同样的愤怒。“怎么！这艘曾用于那么多崇高发现的船只竟然成了走私船！它还挂着‘法兰西共和国’的旗帜！我要是能随我们最伟大的探险家的船一起航行就好了！”

停泊 5 天后“豺狼”号还是没有来，人们只好扬帆启程不等它了。

两天以前，法兰西共和国在杰马普打败了奥地利人，开始占领比利时。

一名在外旅行的高级公务员

马戛尔尼的飞黄腾达总是围绕着贸易而实现的——这次仍然如此。

他是英国寡头集团的产物，反过来他也为这集团服务。在法国，一个步步高升的人先被任命为一个区的总监或行政法院的审查官；他的职业可以把他带到省里，但很快就又回到首都某地任职了。在英国，这种人先出国完成某个贸易使命。乔治·马戛尔尼爵士 1764 年被封为贵族，随即就被派到俄国重新谈判 1743 年两国签订的贸易条约。当外交大臣格伦维尔建议他带走 1651 年航海条例的复本时，他骄傲地回答道：“为避免增加负担，我把它全背下来了。”这样他在 27 岁时便当上了特使。

他将讨得叶卡捷琳娜二世和她的大臣帕宁的喜爱，他从他们那里得到了意想不到的好处。英国商人将交同俄国人一样的税率；他们有权在整个俄罗斯做买卖。法国外交大臣博赛侯爵得意地描述了事情的另一方面：在一次骑兵表演时马戛尔尼没有被安排在他认为是英国女王陛下的使节应该坐的位子上，他认为这是荣誉问题，因此也就是国家大事。礼宾问题在他的头脑里占有过分重要的位置。他开始令人不快了。

1767 年当他从俄国返回时，社交界授予他著名外交官的证书。此时他娶了前首相伯特勋爵的女儿为妻。对这桩婚事大家议论纷纷。伯特夫人说这桩婚事双方不般配。一些好心人则说新郎有野心，另一些人又说新娘长得太丑。马戛尔尼大概可以像一个世纪以后那位娶了一位有钱丑婆娘的巴黎花花公子那样说："从嫁妆看她还真不错。"——即使把洞房称作"赎罪的祭台"也不在乎。他们多次分别时，马戛尔尼在信的开头总称她为"我可爱的宝贝"。

他尝试过政治生活。当了几个月的议员。后来在 1769 年至 1772 年期间成为设在都柏林的爱尔兰内部秘书处处长，也就是事实上的总督。

1775 年他成了加勒比地区的总督。当美国独立战争使这群岛处于动荡之中时，他以有效的管理和勇敢的领导而著称。1779 年 6 月海军上将德斯坦率领 25 艘战列舰，12 艘三桅战舰和 6500 人出现在格林纳达前的海面上。马戛尔尼只有 24 门炮和 300 名志愿兵可以用来抵挡敌人。我们的海军档案保存着马戛尔尼在对方勒令投降时用法语作的精彩回答："马戛尔尼大人不知道德斯坦伯爵的兵力有多少，但他了解自己的兵力，并将竭尽一切努力来保卫他的岛屿。"他的兵力死伤过半，马戛尔尼当了俘虏。

1779 年 9 月 4 日他到了拉罗舍尔；然后又被送到里摩日软禁，在那里他很快就成了上层社会的红人。但是他对自己没有受到应有的尊敬而被迫投降仍感到受了伤害。他写信给他的大臣说："我不知道德斯坦海军司令如此违反常规的行为，他批准进行的掠夺，以及拒绝我们体面地投降是不是得到他的同胞们的赞成；但是他创立了一个令人痛苦的先例，法国人反过来也必为它付出代价。"他在尊严问题上从不让步。

9 月 9 日他致函路易十六的海军大臣萨蒂纳伯爵："如阁下不反对，我希望能和我的副官蒙特雷绍先生尽快去巴黎，我们两人都是俘虏。在格林纳达被占领时，我的财产被抢劫一空，因此巴黎之行对我来说是十分必需的。"萨蒂纳干脆就把马戛尔尼与英国俘虏的德韦蒂埃尔先生交换。于是他在1779年11月回到了伦敦。

但他仍是“凭其保证而假释的战俘”。乔治·斯当东在1780年为了他同法国王室进行了谈判，他然后才被“释放”，可以到印度任职。

印度：荣誉和铅弹

在马德拉斯，马戛尔尼将结识东印度公司，不久以后他将在中国同样捍卫该公司和乔治国王的利益：谁又能把两者分开呢？

首相诺思勋爵派他到马德拉斯主管公司三块“领地”之一，英国财富的这条战线同样受到了法国人的威胁。为了英国的利益他潜心处理必须长期保持的与印度王公和官员们的关系，因此他处于英国政府最关心的问题的核心。

马戛尔尼接受这一极受信任的使命并不后悔。马德拉斯总督的俸禄使他富了起来：3.5万镑①的积蓄。但他满足于此并抵挡住了“这个使成千上万人放荡不羁的好享受的危险国家”的诱惑。

在马德拉斯任职6年后，他能一尘不染心安理得地回国，这在当时是难能可贵的。皮特建议他做印度总督。马戛尔尼认为这个职位非他莫属，提出要当英国贵族院的议员，但他当时只是爱尔兰的男爵。这个要求过高了，他没能当成印度总督。

他的廉洁在议会赢得了荣誉：在下议院，人们称赞他在马德拉斯拒绝了卡纳提克地方长官为恢复权力而赠送的3万英镑。后者已骗过了公司。马戛尔尼成了惟一的障碍。他给上司写道：“如果违背指导我行动的准则而仍然决定恢复他地方长官的职权，我将立即辞职。”

他不妥协的品德当时却使他中了铅弹。他曾让斯当东逮捕犯有贪污罪的斯图亚特总参谋长，当他们返回伦敦后，斯图亚特提出与他决斗。马戛尔尼并不让步。面对一位受过长期训练的军人，马戛尔尼对自己使用武器的能力不抱任何幻想。他不怕死亡。这里有一封从私人藏品中奇迹般地找到的马戛尔尼给他夫人的信，——马戛尔尼夫人大概并没有读到过：

---

① 合1989年的2100万法郎。

我最亲爱的宝贝：

当您收到这封信时，我已不在人世了。此时，离开您是我感到的惟一的痛苦。但我相信我们会在另一个更美好的世界重逢。因为，尽管我将要迈出的一步应该得到您的宽恕，但我并不感到还有其他罪行。

乔治·斯当东爵士将把我的遗嘱交付给您，它将表明我对您的爱和信任一如既往。我冒昧请您照顾我的侄女芭拉杰小姐，乔治·斯当东爵士，本松上尉和艾奇逊·马克斯威尔先生。永别了。

马戛尔尼

1786年6月8日于伦敦

为自己的正直而感到自豪；百折不回的勇气；尽管他对一切教会均持怀疑态度，但对冥世仍充满了信仰；对他妻子细致入微的爱；对他三个朋友与合作者的忠诚，7年以后他将带着他们去中国；表达朴实，自我控制能力强：整个人格都体现在这封信里——同历史赋予他的使命相称。

这封信大概是在清晨4点前写的。苍白的晨曦笼罩着海德公园，两人站在那里，相距12步远。斯图亚特问这个距离对他的近视是否合适，并提醒他子弹没有上膛。交火之后，马戛尔尼受了伤。账该清了。不，斯图亚特坚持说：大人冒犯了他，光流血还不够。马戛尔尼同意决斗到一方死为止。但证人们最后把两个对手分开了。

变化的人在变化的英国

从印度回来后，马戛尔尼在爱尔兰恢复健康。公司同意给他1500镑[①]的年金。他在利萨诺尔的城堡里发现了乡村生活和自我修养的魅力。他有时到都柏林贵族院出席会议，但主要时间都用来读书。我们找到了他藏书的目录，从中可看出他的为人。目录里有英国经典著作和法国书籍——哲学书和反宗教的著作，有很多游记。全套耶稣会神父从中国寄来的书简集，[②]旁边放着《埃

① 合1989年的90万法郎。

② 耶稣教会在1735年至1776年间发表的有关传教的书信集。

及与中国哲学研究》。《法国纹章集，贵族纹章与贵族名册》和不成套的《绅士杂志》在我们描绘这位全靠手腕而成为有名贵族的人时则能起到画龙点睛的作用。

无论在利萨诺尔，在他曾买了柯森街上一幢房子的伦敦，还是在帕克赫斯特领地——他最后以帕克赫斯特的名字进入了令人垂涎的英国贵族院——，他都关注着从此紧密相连的王国和帝国的事务；并以行家的身份致力于东方事务。

一位变化的人在变化的英国。这个国家不仅有财富、勋爵和企业家，在新的工厂周围还聚集了一个新的无产阶级。伦敦有着随时准备举行残酷暴乱的下等人。这另一个英国还是英国：它精力充沛，在为生存而奋斗中经受了锻炼，而且极端的民族主义。"狮子"号和"印度斯坦"号的统舱里都是从这一个英国出来（不管他们是自愿还是被迫出来）的人：中国不会给他们留下印象。

当邻居法国在大革命中发生内破裂时，英国曾一度被新生事物所诱惑。英国却顶住了——大概因为它自身就有着新生事物的缘故。

中国模式

自佛得角群岛起，信风迫使船只绕了一个大弯。在赤道非洲的海面上正好顶风。所以几乎不得不经过里约热内卢：葡萄牙人卡布拉尔绕过非洲，但就这样发现了巴西。"狮子"号和"印度斯坦"号好似从球桌边弹回来的台球，直奔里约热内卢："绕过非洲"。

11月18日，船队穿过赤道。特使不适应赤道的气候：11月22日马戛尔尼痛风发作，并延续了1个月。他咬牙忍着。他的伙伴们一点也没有发觉。

在旅途的漫长白天中，马戛尔尼有许多书要读：他让人给"狮子"号的图书馆买了自一个世纪以来欧洲出版的所有关于中国的著作。东印度公司交给他的材料不下于21卷。另外他还埋头阅读关于中国的笔记。他原来总是仔细地记下各种谈话，当时并未想到中国后来会是他命运所系，今天他又重温起这些谈话来。

他可以想象已经到过中国。他用中国瓷盅喝中国茶。在他的中国漆器做的文具盒上镶着带蒙古褶眼睛的贝壳人物。他最有钱的朋友家的花园不用"法国式”的几何形图案，而学中国的园林艺术：人们可以在品种繁多的树木夹杂的美色中，在洁白的大理石小塔下，沿着那没用的拱形小桥跨越的小溪散步。整个欧洲都对中国着了迷。那里的宫殿里挂着中国图案的装饰布，就像天朝的杂货铺。真货价值千金，于是只好仿造。在布里斯托尔和里摩日等地都生产中国古玩。塞夫勒或梅森的瓷器，契本达尔的家具或里昂的丝绸使欧洲人的口味习惯“中国模式”。

在1708年，丹尼尔·笛福便嘲笑过这种风气：“女王本人喜欢穿中国服装出现。我们的屋里充满了中国的东西。”路易—塞巴斯蒂安·梅西埃则说：“中国瓷器是多么可悲的奢侈品！一只猫用它的爪子一拨比好几百亩土地受了灾还糟。”在18世纪的欧洲，怎么能不赶中国这时髦呢？

马戛尔尼是否猜到他同代人对中国执着的迷恋掩盖了他们对世界这另一部分了解不够呢？这些美丽的艺术品与他们所习惯欣赏的艺术品完全不同：是这种断裂而不是美在吸引着他们。他们经常把假的当成真的：中国人专门为这些远方的外行顾客制造成千上万古色古香像有几百年历史的花瓶……这种对异国情调的追求并不是解开中国之谜的钥匙。尽管中国在西方无处不见，但它对西方来说仍是完全陌生的。它不给西方任何信息。西方人以为在中国工艺品里读到的信息事实上并没有写在上面。

“极为神奇的中国”

对中国的迷恋已深入人心。马戛尔尼觉察出里面错误的地方。耶稣会士的圣火曾使“开明”人士对根据孔夫子的教导形成的风俗和信仰引起了注意。路易十四的家庭教师拉莫特·勒韦耶已经念诵道：“Sancle Confuci ora pro nobis”。（“圣人孔子，请为我们祈祷。”）莱布尼兹则建议西方君主都应该向中国学习，请中国的文人来，并派西方的文人去那里，以便发现普遍真理并从中产生奇妙的和谐。他曾给太阳国王写信请他仿造中国字创造出一种为各国人民所理解的象形文字。

奥利佛·戈德史密斯以《波斯人信札》的形式在1762年发表了《中国人信札》；“中国间谍”带着满清官员周游欧洲，使欧洲感觉到自己风俗的不适应的地方。

这种热情不管高低如何，均出自同一个信念：存在一种由人自己管理自己和由理性来管理人的模式。没有宗教，没有教会：自由思想的绿色天堂。这个模式只要照搬就可以了。它的盛誉传遍欧洲。伏尔泰肯定地说：中国君王的身边都是文人，在人民苛求的目光注视下，文人的意见，甚至是责备他都认真地听取。人们曾把这种热情编成两句韵文：

> 沃修斯[①]带来一本关于中国的书，
> 书里把这个国家说得奇妙无比。

像布兰维利埃这样的自命不凡之士则讥讽说："中国人不能得到神的启示，因此他们是瞎子。但是千年以来，他们的无知并没有剥夺掉他们这些令人赞叹的长处：富裕，工艺，研究，平静，安全。"

重点转到经济上来了；中国人在这方面也堪称楷模。更多的是给法国人而不是给英国人做榜样，因为英国人讲求实际，不需要任何人来帮助他们合并土地，采矿和开动纺织机器，而法国人只重理论。重农主义者吹捧中国的专制制度；魁奈发现他自己的体系与中国的天地和谐，突出农业，国家负责组织的概念完全相同。

启蒙时代的人对欧洲社会的一切都要求重新评价，但对中国社会却全盘肯定。他们的批评意识一方面是如此尖锐，对另一方面却迟钝了。无神论中国的理性天堂使他们能揭露服从于"无耻的人"——即教士的欧洲地狱。由此，他们对皇帝的残忍，对改朝换代引起的动乱，对焚书，对对反对派施加酷刑和对不断发生又总被血腥镇压的反叛都不在乎。当有人决定视而不见时，他会对任何证据都无动于衷。

聋子对话

必须到图书馆的无人问津的地方去寻找极少的不同意见。马戛尔尼是否读过 17 世纪末当皮埃船长写的已是无情的报道？贝克莱认为孔子的思想只是些简单化的教条，与基督的教导无法相比。笛福揭露了这个"竟敢声称可以自给自足，而把勇敢的英国商人视为不受欢迎的蛮夷"的民族。马戛尔尼是否也

---

① 沃修斯，17 世纪荷兰历史学家。——译注

读过他们的文章呢？反正他读过当时伟大的思想家中惟一坚持不懈地反对亲中国浪潮的孟德斯鸠的文章。后者主要是从耶稣会士富凯那里了解的情况（富凯口头上批评了他的同事写的文章）。他还指责耶稣会由于轻信而犯了错误："我从来都说中国人不像《耶稣会士书简集》里说的那样诚实。"

马戛尔尼读过《论法的精神》中对中国的严厉批评："中国是一个专制的国家，那里笼罩着不安全与恐怖。它的统治只能靠大棒才能维持……"还要靠因袭旧套："礼使老百姓服从安静。"改变一个礼仪，就将动摇导致顺从的整个建筑。

耶稣会士是否受骗了呢？没有。但是他们被迫只是发表那些使中国人读起来不至于感到不快的关于中国的文章——否则就会意味着他们传教事业的结束。他们的书简是有教益的：他们不但要在信中避免诋毁，还要坚持不懈地写下去，好让人称赞中国，支持他们的事业。许多杰出的汉学家在特殊的年代里为了不脱离自己的事业不也自觉不自觉地做了同样的事吗！

哲学家还中毒则更不可原谅。然而伏尔泰本人最终摆脱了他自己对中国的奇怪想法，也像孟德斯鸠一样——如果不是更甚的话——批评起中国来。零零碎碎的几个句子说明了这一点。1755年："我们吃尽千辛万苦到了中国，但中国人并不知道我们比他们优越得多。"16年后，他又揭露了中国文字的弱点："印刷一首诗需要几年的时间，而中国人假如愿意用其他民族的字母的话，只要两天便可以印好了。"最后中国科学被贬成是经验主义的："中国人在1500年前便发明了火药，对此我并不感到吃惊，他们的土地到处都是硝石。"

伏尔泰本可以在18世纪50年代便设法清除同代人思想中的毒素。他没有这样做，而以前他却那样满怀激情地去让他们中毒。为什么呢？同他一样的一个人，《中国人信札》的作者也许能给我们作出回答："伏尔泰一点事实都不写；他写书只是让书里充满了空话。"伏尔泰先后有过不同的信念，但他不屑于一一消除。他不够诚实，不愿公开修正以前经常使用的某个论据，如中国人证明人类可以没有神学，没有教会，甚至可以摆脱上帝。他最后同意少数头脑清晰的观察家的意见，但不肯公开认错。

这样，一场聋子对话便在继续进行下去：欧洲扮演一个滔滔不绝地说话的角色，自问自答，而中国扮演的却是一声不吭的哑巴。

第四章

在英国舰队的保护下

（1792年11月30日—1793年1月21日）

11月30日，两艘巨轮驶入“壮丽的里约港”。“沿岸布满了景色秀丽的村庄和茂盛的种植园。”我们的英国人感到一切都很美：用方石砌的房子，笔直的铺着路石的街道，由巨大的渡槽不断供水的喷泉，使这里变成了一个“令人愉快的居住地”。

这些新教徒对当地明显地追求享乐和严格遵守天主教信仰——这种天主教信仰因为富有异国情调而显得更为正宗——之间形成的对比感到吃惊：弥撒由钟声和鞭炮声宣布，夜里唱着歌的仪仗队伍，所有十字路口都有圣像。清教徒被激怒：“居民懒散而又放荡，他们迷信、无知、懒惰；而且喜欢炫耀。”

这里修道院很多；霍姆斯对里面发生的事作了恶意影射。马戛尔尼本人也揭露那里普遍的堕落：“女人们放荡可耻，男人们则有同性恋倾向。卫队的军官对我们几个准尉提出要求，但这些年轻人充满了英国式的尊严拔出了短剑。”

一条鲸鱼值七个黑人

从天主教的地区看，巴西在我们旅行家的眼中算是繁荣的：这令人感到奇怪！但他们自豪地发现巴西人紧紧依赖着英国海军。没有英国海军就没有抹香鲸——“它们的油”很珍贵。但“它们的精液〔原文如此〕龙涎香”更为珍贵。一艘英国的捕鲸船也在那里停泊，这只船捕获了“69条鲸鱼，每条平均值200镑①”。英国在南大西洋建立了一个真正的捕鲸帝国。

---

① 合1989年的12万法郎。

没有英国海军，也就没有贩卖黑人。“平均每个黑人值28镑[1]；1头鲸值7个黑人”。没有黑人就没有甘蔗种植业了。

我们的英国人去参观“从非洲海岸同类那里买来的”奴隶关押处。他们在那里看到一种特别有效的以次充好的把戏，但并没有感到不快：“他们给奴隶洗浴、涂油，将他们的疾病或身体缺陷遮盖掩饰起来，以便卖个好价钱。”每年运到巴西的奴隶就有“2万，仅里约一地就有5000名”。

是里斯本的英国公司承担了大部分的对外贸易。当时有一个人说：“巴西的所有金子都流到控制葡萄牙的英国去了。”肯定这些间接殖民地比直接殖民地更能带来财富，因为直接殖民地需要统治的费用。这就是可以推广到澳门，并为什么还能推广到全中国的一个十分有利的制度。

1792年10月17日他们起锚了。在巴黎，对路易十六的审判已经开始了。

见习侍童头脑灵活

托马斯的目光和他的声音一样清澈。他抬头看他的老师时既不胆怯又不放肆。在船上，他没有把精力都放在觐见时担任见习侍童的准备工作上。相反，他和“李子先生”努力学习中文。这个调皮孩子禁不住开心地这样称呼李先生，因为他的姓就是指这种水果。他和其他三位老师周先生、安先生和王先生学习书法。他的耳朵好，能分辨声调；头脑也能记住方块字的形状。

他的父亲开始也试着想听他儿子的课；但他已经56岁了，他那生锈的脑子跟不上机灵的托马斯。他很快便放弃了上课，而去“狮子”号的图书馆看书。他发现至少从公元前3世纪起便有一条可随沙漠骆驼队横穿中亚的丝绸之路。但地中海沿岸的居民却从未见过中国人。老普林尼是这样描述他们的：“做丝的人就像野人一样避免与人交往，只等着买卖上门。”

这就是出使的理由。因为，那时的贸易就已经像乾隆时一样困难。西方在那个时代已经对中国一无所知，但又离不开丝绸、皮货和香料等中国产品。塞内克[2]抱怨他的同胞“为了使他们的夫人能穿透明得令人害臊的纱衣而倾家荡产”。倾家荡产：因为中国那时什么也不需要。它只出口而不进口。罗马已

---

① 合1989年的1.68万法郎。

② 公元1世纪的罗马政治家、作家与哲学家。——译注

没有钱偿付了……蛮人入侵中断了这种单向贸易。丝绸之路中断了，并在很长时间里一直不通。但在不同文化的第一次较量中，东方占了上风。

第二次较量在中世纪，当时出现了新的陆上与海上的丝绸之路：结果还是一样。在诺曼底人坐着小船划桨沿海旅行时，中国人已掌握了舵和指南针。当加洛林王朝的誊写人还在手抄他们的经文时，中国人已经采用印刷术了。当英国还处于西方未开化的某个阶段时，中国的文明已达到尽善尽美、永恒不变的程度。乔治先生正在准备第三次较量。

15天后，船队在里约到好望角途中的一块升出海面的荒芜岩石特利斯坦·达空雅岛附近又遇到了鲸类："一大群抹香鲸在海面上蹦来蹦去。"1月7日，在离海岸100多海里的地方，船队绕过了好望角。尽管当时是南方的夏天，雾里好像还夹着雪。

圣彼得堡的一个晚会

1793年1月15日，"狮子"号在海浪微微的拍打下发出了轻微的嘎吱声。勋爵俯身在箱子里找出那本从1764年出发到圣彼得堡时开始记的日记。他翻阅着一个笔记本，它使他回忆起在彼得堡加利钦亲王家度过的一个夜晚。他在那里遇见了一个叫勃拉弟捷夫的人，他曾在伊尔库茨克任过要职，并到北京和中国人谈判过边界问题。这位少有的懂中文的俄国人对他解释说：同中国打交道就像"在雾中航行"一样。

俄国人是英国人在中国的惟一对手。葡萄牙人尽管有澳门，荷兰人尽管有巽他群岛，西班牙人尽管有菲律宾，但他们都在走下坡路。法国人本来可以在传教士播下种子的地方坐享其成，但他们不善经商，此时的动乱将使它长期远离通向世界之路。美国人的第一艘船只尽管在1784年便到了广州，但他们的力量仍然微不足道。俄国人在彼得大帝之前便向中亚大力扩张。但从18世纪20年代以来，他们的野心被满清皇帝制止了。

英国人便取而代之：由于印度，英国成了中华帝国或它的属国缅甸和西藏的邻国。在广州停泊的5艘深海船中有4艘是英国船。这是利用俄国人的后退和法国因动荡而造成的无能为力的最好时机。

勃拉弟捷夫还对他说过：中国人对一切中国之外的事情无知得令人难以相信。他们认为中国处于地球的中心；他们把地球想象成一个四方形，其他国家都被杂乱无章地扔在四周，只有向中国进贡或干脆不被人知的份儿。有一天利玛窦神父给中国人看一个地球仪，他们根本不信而不是感到窘迫。他们断然地说："中国显得太小了。"这个地球仪离他们所想象的中国在巨大的乌龟壳组成的拱形下占有中央位置的宇宙观实在相去太远了。

生的和熟的

在圣彼得堡的这个晚会上，马戛尔尼记住了一点：自有中国以来，中国高人一等就是一个无可争辩的原则。"文明"或"未开化"并不是人种问题。归顺的番人官话称为"熟番"；在这以前叫作"生番"。因此有三等人。他们自称为"黔首"，是惟一的文明人；熟番是服从天命的人；生番，是未能（这尚可原谅）或不愿（这不可原谅）分享文明成果的人。

今天我们从皇宫档案中得知，所有的外国使团都被登录在藩属使团中：古罗马的拉丁人商人；哥特时代教皇派遣的僧侣；连法国都被写成是进贡的国家，这是1689年法国耶稣会士到达时的事，尽管路易十四小心地没有给予委任。

任何东西都逃不过这种文明的吸引。生番一靠近中国这炉灶便开始煮东西吃，在那里一切都要加工，高岭土和人一样都要经过陶冶。不管他是否愿意，不管他是否知道。

马戛尔尼在向炉灶靠近。圣彼得堡的晚会又深深地印入了他的脑海。俯首称臣的事他是不会去做的。从今以后谈到所谓的中国优势时应该考虑实实在在的英国优势。

1月21日在巴黎，路易十六的头颅落在装着糠的筐里。国民公会议员用国王的血奠定了共和国的基础。圣詹姆斯王室戴上了孝。

第五章

中　国　味

（1793 年 1 月底—6 月 16 日）

又过了 15 天大洋中的孤独日子，2 月 1 日抵达阿姆斯特丹岛，这岛的沙滩上挤满了海豹。意想不到的是："有人在挥舞着一根绑着手帕的木杆"，——三个法国人①和两个英国人。人们把他们留在这荒岛上是为了准备"2.5 万张海豹皮的货运到广州去出售"。"中国人对修剪海豹皮有很高的技术，他们把长的和粗的毛剪掉，留下一层细软毛。"这五个人真是"污秽不堪"，"但没有一个人想脱离这种生活"。

就在这个 2 月 1 日，巴黎国民公会对英国国王正式宣战。当他们的国家互相打仗的时候，他们却在一起费劲地从 2.5 万个骨架上剥皮，并把尸体留在岸上任其腐烂。由于达官贵人的喜爱②，这股攫取皮货的狂热已经到达十分野蛮的地步——因为除了鸦片，皮货几乎是可以在中国售出的惟一商品。

第二天"狮子"号启程了。2 月 25 日抵达爪哇，在此之前它没有靠近任何一条能够认出它的船只。尽管库克嘱咐大家吃柠檬，船上还是发现了几例坏血病人。感到宽慰的是"狮子"号在爪哇西头找到了"印度斯坦"号。两条船曾分开了很多日子。

从巴西到爪哇走了两个月。两个月里没有碰到一条船，除了茫茫大海中两处无人的岩礁外，没有在其他地方停泊过。这两座岩礁是海豹的临时栖身之处——但在那里大家还是想到了贸易，想到了英国和中国。

漫长的白昼，长时间的阅读，久久的思索，还有促膝长谈。一开始，马戛尔尼并不太喜欢那 4 个教士，他们集中了中国人又像天主教徒和那不勒斯人

---

① 路易十六很关心皮货贸易，他在给拉佩鲁兹的指示中曾命令他去广州了解皮货业的情况。

② 这段情节使费尔南·布鲁代尔着了迷，他在《物质文明与资本主义》一书中用了很长的篇幅来加以分析。

的特点：这是上天给一个爱尔兰新教徒的考验！可是，又怎么能离开这两个翻译呢？李神父抽烟抽得嘴都黑了，可不管在哪里见他，他总是叼着一根长烟袋。周神父有时嗑嗑瓜子。这对一位绅士来说实在难以忍受。但是他们却对自己国家的历史了若指掌！马戛尔尼用拉丁语问他们问题。于是他又像在三一公学里那样感到自在了。

开放与闭关的交替

由于不断听神父介绍，加上大量阅读了图书室里的藏书，马戛尔尼最后对各个时期中国与西方关系有了一定的了解。这条中国龙时而安详地展开它的身躯，时而因不安而缩成一团。永远是同一个社会解体后又重新组成。治与乱的无休止的循环组成了一部不变的历史。同不断进步并想征服越来越多地方的英国恰恰相反。

在这千年的反复交替中，乾隆皇帝是更接近开放还是更接近封闭呢？他曾接待过传教士，后者为能在宫内身居要职而受宠若惊。但他也曾迫害过中国改宗的人和神父，残酷地镇压过起义，驱逐过欧洲人（除了对他有用的一小撮之外），把欧洲商人关在澳门和广州两个集中居住区，查禁一切批评满清王朝的东西，把两千种书列为禁书，焚烧了另外两千种书，杀掉了几百名作家。他扩大了中国的疆土，但没有让它开放。

马戛尔尼知道他将要去见一位耳聋的老人。传教士们不是已经告诉他这位老人想要一副助听器吗？但他是否会对“西方最强大国家”的主动接近不予置理呢？

满清鞑靼王朝本来可以像成吉思汗和忽必烈的蒙古鞑靼人在公元13世纪所做的那样打开中国的大门。但是在蒙古鞑靼人之后，明朝便重新关上了大门。满洲人继承了他们的做法也来个闭关自守。明朝最后一个皇帝崇祯受到农民起义的包围，他感到自己已被上天抛弃而自缢身亡。满洲人看到明帝国解体而夺取了政权。外族又一次统治了中国。但是马可·波罗赞颂的丰富多彩的中国却再也不存在了。

除了路易十四的同代人康熙大帝之外，所有的满清鞑靼皇帝变成主人后只想太太平平地享受他们的猎获物。这些外族所占领的中国已经有了三个世纪对世界封闭的历史。为了更好地占有中国，他们又加上了一道锁。

在中国大门外徘徊了4个世纪以后，马戛尔尼相信他了解自己要去的地方，也了解如何开锁。

第一次文化碰撞

1793年3月6日，船只停泊在巴达维亚（雅加达）。终于又回到了文明社会。中国离这里已显得特别近了。

英国人的远行使传统的对手荷兰人感到不安。“这些先生并不隐瞒他们驻广州的商业代理人想阻碍使团的活动”。马戛尔尼着手安抚他的东道主。最终双方一致承认两国贸易可以在中国这巨大的市场上共同繁荣。巴达维亚总督保证马上给广州发出和解的命令。

锚地停着无数挂着像蜻蜓翅膀一样的风帆的帆船，已经体现出一片中国气氛。“无法形容我们船上的中国人在见到他们祖国的第一艘船时所表现出的高兴情绪。”

第一个文化碰撞：很容易就可分辨出中国人的房子和荷兰人的房子。中国人的房子是用木板，有时是用灰砖造的，矮小而肮脏，住得十分拥挤。而荷兰人的房子是用红砖砌的，常常镶有大理石，里面还有清凉的喷水池，显得干净而宽敞。

可是意想不到的是“大部分漂亮的房子无人居住”。荷兰公司的船只长期停在锚地。马来或中国的海盗来袭击这些船只，甚至还想袭击城市：没有一艘战舰在那里保卫它们。另外，大家还担心从法兰西岛[①]来的法国人的袭击。城市完全无法应付这样的侵略：驻军的一半都在医院。

天子不承认那里的海外华人

中国人很久以来便侨居国外：中国人成批来到巴达维亚，寻找生财之道。在城市里他们是办事员、经纪人或零售商。在乡下，他们做佃农、耕种者或仆人。什么工作他们都不会讨厌，甚至连种植甘蔗这种给黑奴干的活他们都干。许多人做大买卖发了财。中国本土所采取的一切措施都不鼓励他们发挥这

---

① 毛里求斯岛，1712年起成为法国的殖民地。

种才能。从1793年到1978年，这种倾向十分严重。

他们的人数和取得的成功让人恐惧。东印度荷兰公司于1740年听到反叛的传闻便组织了对中国人的大屠杀。2万到3万人丧生：几个小时内10个圣巴托罗缪惨案①。“荷兰方面否认这次暴行，公司董事们深恐因此得罪中国皇帝”。他会不会对公司在广州的买卖——甚至对他们的人——进行报复呢？他们派了使团说明事由并对这一极端措施道了歉。意想不到的好事：皇帝毫不介意地让人答复说：“我对于这些贪图发财远离祖国，舍弃自己祖宗坟墓的不肖臣民并无丝毫的关怀！”

这个皇帝就是乾隆。他对商业、利润和国际贸易已经表现出同样的蔑视；对向往外国的中国人表现出同样的严厉态度；同样喜欢停滞不变——以后他将公开炫耀这一点……

同众多繁忙的中国人相比，荷兰人则显得十分可怜。传染瘟疫的沼泽，“由于不知道使用奎宁”，“循环热”第二次便使人丧生。“我们看到一位妇女全家11口人来到巴达维亚刚10个月，已经死了她的父亲，一个姊夫和六个姊妹。”尽管可以很快地发财，欧洲人在此定居的很少。

这里的风俗习惯也不能使他们增加活力。上午是喝葡萄酒、刺柏子酒和啤酒，并抽烟。“午餐主要是喝甜烧酒，然后喝咖啡”。接着睡午觉；这里从不让一个单身男子或过路游客单独睡觉，必须有一个年轻的女奴隶来陪伴“直到他入睡”。

一成不变的历史吗？不是对所有的人都是如此。一些法国商船在这里停泊。其中一条船的船员头脑里满是新思想，他们要求“饮食平等”：“他们认为神圣和不受时效约束的原则使他们可以要求同军官吃同样精美的晚餐——不必考虑谁来付账。水手们拿着他们的晚餐走进军官的餐厅，邀请长官们与他们共同分享。军官们要求巴达维亚总督派一支小分队，以提醒这些反叛者记住组成任何社会的基本规则。”

有势力的人，即使是交战国之间的有势力者马上就重新结成了联盟以共同对付这些“下等人”。法兰西共和国对英国和荷兰交战已经5周了。但是在

---

① 两个世纪之后，在苏加诺统治时，50万共产党员或被认为是共产党员的人（其中许多是华人）被屠杀：这并不是“第一次”发生这种事。——原注。圣巴托罗缪指1572年8月23日—24日夜里法国天主教徒对新教徒在巴黎进行的屠杀，共死3000人。——译注

巴达维亚却没人知道此事，因为消息传到这里需要6个月的时间。但是所有的人都感到这场冲突正在到来，它将持续22年之久。

死亡在中国海上袭击

使团在巴达维亚只停留了10天左右。他们3月17日起锚，以便趁有季风时进入邦加海峡。最后这一段路程开始很顺利。高厄和马金托什船长买下了一只法国双桅横帆船作供应船，为了纪念国王的兄弟海军上将克拉伦斯公爵，他们以公爵的名字命名该船。

而此时“豺狼”号却重新出现了，而且全体船员都安然无恙。朴次茅斯海面的风暴使它损坏得很厉害。所以不得不掉头回港口进行修理。它在马德拉岛然后在佛得角群岛都差一点赶上船队。它一口气绕过了非洲，沿途没有停泊。船上的水手每天只分得极少的食物，已经显得精疲力竭。大家向桑得斯海军上尉表示祝贺，他竟然能指挥这条护卫舰从世界的另一端来到这里。

好景不长。刮起了逆风。“由于船上卫生条件不好”，许多船员患了痢疾。他们等了近两个月想等风改向。相反，马来海盗可不改变他们的航向。海盗是这一地区的祸害，他们在海上抢劫，随时随地都会出现。“他们在海上武装行劫，与船队相交时，由于我们船舰的外表令人生畏，他们只得在远处徘徊”。

死亡袭击着船队。人们用醋洗甲板和中舱，用烟熏法消毒。马戛尔尼写道：“这简直不可相信，就像人类可适应各种不幸。由于死亡不断，加上水手特有的逆来顺受心理，大家对朋友的死去已习以为常，就像什么都没有发生一样。”健康的人和马来人做买卖，有的带着猴子，有的带着各种颜色的小鸟回到船上。

“4月28日，我们抵达中国海的入口邦加海峡。”这一次，他们走上了去中国的路。1793年5月10日，他们从另一个方向重新穿越赤道。尽管有阵雨，温度仍超过了摄氏35度。因为海水很浅，“克拉伦斯”号和“豺狼”号不停地测量水的深度。“只要没有新鲜空气和新鲜的食物，绝无希望制止痢疾流行”。“几个人从头到脚已不像人样，由于天气闷热，痛苦更加剧了。只是想到是在向北航行，我们才有自己的勇气。否则绝望早把我们变成了疯子。”

就是在这片海上今天还漂流着“船民”……

法国野心的墓地

船队很快便沿着交趾支那海岸航行了。这个名字是欧洲对整个越南的叫法。航行变得容易了，风也变得讨人喜欢了。种满庄稼的丘陵清楚可见。一路上遇到了帆船、舢板和渔船。5月25日船队向托伦湾（岘港）驶去，“到了中国大陆的最南端”。

事实上，“交趾支那”曾是中华帝国的构成部分。后来它从中国独立出来，但仍保持了附庸关系。安南的国君给他们的宗主天子磕头上贡。马戛尔尼认为它与中国的这种关系足以引起使团对它的兴趣。

靠岸可不容易。极不准确的航海图不可相信。于是只好招呼在近处交叉而过的小渔船。但它们都吓跑了。“印度斯坦”号派出一只小船追上了一条渔船，把一个吓坏了的老人带回船上。船上的人给他认得的几块西班牙元①，他就安定下来了。他用手指着航道：到了停泊处，老人拔腿就逃跑了。交趾支那人可能认为这是一次入侵：因为这个国家生活在无休无止的变革中。两派中的一派自信将会得到法国的帮助——而法国自己正在动荡不定，实在无力介入。

使团申明了自己的和平性质。当地的官员很谨慎，要等待首都的命令。船上只得到极少的供给。48小时后托伦的总督乘着两排桨的有甲板的帆船靠近了。后面跟着9条装着给养的小船。马戛尔尼被请上岸做客。当他们向马戛尔尼表示希望购买武器时，他明白了为什么受到这种款待。马戛尔尼不想太介入内战，借口急于去见大皇帝而推辞了：作为恭敬的进贡者，总督当然听懂了这话的意思。

至少他们接受了总督的宴请。“给每个客人的不是面包而是一大碗米饭。”

英国人高兴地参观了法国一次野心破灭的地方。1787年在凡尔赛宫签订了与安南安亲王联盟的条约，法国得到了托伦湾和昆仑岛。法国的保护使安亲

---

① 见书末附录“货币”部分。

王战胜了他的敌人。法国人在大占岛定居。斯当东评论说："他们只是把这看成是占领整个交趾支那的第一步。但是革命使这个国家在东方所做的一切努力都成了泡影。法国人计划实现的目标大概是以比欧洲人在中国本土便宜许多的价格获取中国商品。"①

法国的计划应该成为过去了。在马戛尔尼的眼里，未来是在中国本土——在一个对他开放的中国。船员经过休整，货舱装满了给养，马戛尔尼的船没有耽搁就向最后一站澳门方向前进了。

---

① 中国政府确实不向它的属国装在自己船上的商品征收出口税：但斯当东不是在把并非是法国人长处的经商才能赋予了这个民族吗？

第二部分

另一个星球

去中国觐见皇帝

(1793年6月—9月)

假如有某个外国人秘密进入中国，那么他就不准再回国，怕他万一在自己的同胞中间策划旨在颠覆中央帝国的阴谋。所以，凡未经皇帝同意，擅自和外国人交易或商谈者一律严惩。

金尼阁，耶稣会，1617年

当法律不准一个公民离开自己偶然出生的那块国土时，这个法律的含义是很明显的：这个国家管理得如此糟糕以致我们禁止任何人出境，免得所有的人都移居国外。

伏尔泰，1764年

鞑靼汉皇朝的政治目的仅仅是要人民安分守己，它极不重视和外国通商。只有那些被认为俯首归顺的外国使团才被中国接受。外国使团一旦被接受，使团的外交官员都由中国政府配备车夫、翻译和仆人。这些服务人员受某部尚书领导，并必须向他汇报情况。外国大使讲什么话没有不被汇报上去的。他们一步也不能离开指定的馆舍，他们只能接见属于礼仪性拜访的客人，外出拜访也只能是礼仪性的。他们也只能出席皇帝赏赐的宴会和演出。

钱德明，耶稣会，1789年

第六章

澳门，衔接两个世界的缓冲地

（1793年6月19日—23日）

葡萄牙人从澳门得不到任何利益。我们可以从他们手里把澳门买过来。如能买来，则对我们是一个极大的收获。

大卫·斯科特，1787年

英国人终于在出发9个月之后，即1793年6月19日看到了中国。第二天早晨，他们在澳门海面上停泊。中国就在那边，相距不远。但马戛尔尼不敢靠岸，生怕中国把他的船扣了。马戛尔尼拒绝从规定的口岸进入中央帝国，连澳门也不能吸引他，因为澳门虽已是中国，但它还不完全是中华帝国。英使只派斯当东去澳门，向英国东印度公司的代理人打听情况。

乔治爵士沿着一些荒芜小岛航行，并在一座殖民老城的城下靠岸。城里的房屋尽是浅绿色的斑斑点点。小巷曲曲弯弯，条条通向一座装备有大炮的城堡。他在这块非同寻常的共管地逗留了4天。这里由一名葡萄牙总督和中国官员共同管理。葡萄牙总督对欧洲人享有权威，而中国官员则对他们的同胞拥有司法权。中国人和葡萄牙人的区别在于葡人是被隔离的。他们不能离开这个半岛。这半岛被一堵带有门洞的围墙隔断，只有华人可以越过界线。中国官员则可以随意出入。

在这座中葡共管的城市里，远东和西欧的两种文化交融在一起，它成为所有欧洲商货公司和传教士的“大本营”。在将近两个半世纪里，澳门一直作为衔接两个世界的缓冲地，这个角色后来被香港取代了。

斯当东通过英国东印度公司收集有关北京意图的新情报。使团的英国人在巴达维亚时就从到那里的一位信使嘴里获悉公司的生意做得不错，但他们很想详细了解中国政府对他们即将到达的消息有什么反应。他们从朴次茅斯港出发的日子不正好是已抵广州的英国东印度公司代理人请求会见中国当局的日子吗?

10月11日,他们获准与海关监督会晤,18日与广东巡抚郭世勋会晤,后者代替正出征西藏的福康安总督。

非同一般的夷人

这些高级官员已经知道广州的英国人不像一般的外夷那么好对付。葡萄牙人、荷兰人和其他所有的商人或传教士都能随便磕头,而英国人则始终拒绝磕头。英国人不磕头也同样已成为一种习惯。正当中国人和英国人在海关监督那里开会时,突然听到一声炮响,这说明圣旨到。英国人于是就退避。他们是出于谨慎而回避的吗?不是,他们是为了避免在内装皇帝谕旨的黄色丝盒面前磕头。当海关监督接了圣旨后,英国人才再次被带进来。英国人和广州人之间达成的这种妥协办法,北京方面不一定知道。

今天,我们通过查阅内阁档案知道,广东巡抚向皇帝禀报了10月18日会晤的内容:"英吉利国夷人来广求赴总督暨粤海关衙门具禀事件,臣等当即会同传见。称系该国王前年大皇帝八旬万寿未及叩祝,今遣使臣马戛尔尼进贡。惟是外夷各国,凡遇进贡,俱由例准进口省份先将副表贡单呈明督抚。该国王又无副表贡单照会到臣,所递禀札仅据该国管理买卖头目差遣赍投,臣等未便冒昧遽行具奏。"

由商人这种卑贱小人来通知英王国使团的到来,这礼貌吗?呸!那东西是不能递给皇上的。中国官员们很清楚,如果转呈这种违背永恒礼仪的书信,他们是要冒很大的风险的。"据称该夷人起程之时贡船尚未开行,贡物尚在备办,伊等不知是何名目。又贡品繁重,由广东水陆路程到京纡远,恐有损坏。此时已由洋海径赴天津。若任由择地收泊,于事非宜;现在若再照会该国王,令其至粤候旨遵行,则洋海辽阔,往返无时。(……)请敕下浙闽及直隶省各督抚饬令所属查验放行,由天津进京。"

乾隆皇帝接到这份奏折后当即用朱笔批示:即有旨。

不多久,谕旨就发出了,但不是一次,而是两次。谕旨对英国使团的到来感到满意,认为它可能会"荣耀大皇帝的光辉"。

“臣实不胜踊跃欣忭之至”

乾隆皇帝是在1792年12月3日发出谕旨表示同意的，并由福康安总督亲自传旨到广州，当时福康安刚在西藏打败尼泊尔廓尔喀军队后回到京师。皇帝的谕旨是在1793年1月5日由公行①传到英国东印度公司的。在这方面，不存在任何违反礼仪的问题：商人本来就是应该和商人谈判的。

要好好接待英国人，但同时又要对他们严密监视的命令已发往中国沿海各港。沿海的所有督抚很快都回文表示接到皇帝的谕旨。下面是直隶总督梁肯堂的奏折：“臣仰见皇上德威远播声教覃敷，似此海隅外夷人亦不避重洋，输诚入贡。当航海献瑞之时，正劲旅凯旋之候。熙朝盛事，亘古罕闻。臣实不胜踊跃欣忭之至。伏查该使臣马戛尔尼等既由天津进口登陆，初履中华之土，得近日月之光，似宜量加犒赏，以励其向化之诚。”

以下是山东巡抚金简的回奏：“该国贡使如于该处口岸收泊，自应地方官加意照料护送，令其迅速进京。俾万里②航海远夷早遂瞻天嵩视之诚。臣③接奉谕旨遵即飞饬该管道府等就近督饬沿海各州县。臣一面奏闻并专派明了大员照料贡使先行进京，并将贡物等项起岸运送，不敢稍有守候耽延迟误。”

面对从地球另一端来的卑谦的朝圣者洋洋得意，同时由于对外夷总是存有戒心故而又对他们十分警惕：接待方针就这样定了。

至于斯当东，他已想好针对将来的困难作出解释和澄清的一套办法：作为回顾全部交往历史的官方发言人，他要揭露欧洲竞争者的嫉妒和地方贪官污吏的敌对态度。

的确，澳门和广州的一部分欧洲人是有忧虑的。从巴达维亚带来的信件使荷兰人平静了，但英国人必须对付来自葡萄牙人“利用其权力所设置的种种圈套”。自从谕旨下达后，中国官员变得比较合作。但就实质而言，他们“依

---

① 公行或hong（行——译注）是自1720年起有权垄断对外贸易的联合会。“公行”一词有可能使人理解错误。和中世纪的西方不同，hong并不是自由商人的联合组织，它是在某个国家机构严密控制下的一个组织。因此，它是一个官办商贸组织，其权力与任何其他权力一样都来自皇帝。

② 一市里等于半公里：这里的计算同实际相差很远。万就是我们所说的“无数”、“许多”。

③ 一般满蒙鞑靼官员对皇帝自称“奴才”，而汉族官员则自称为“臣”。中国人头脑里的官员，这概念并不指对草原君主的实力表示顺从的奴隶。

然像过去那样不乐意”。海关监督由于“深信英国使团的目的是要求对英国人所遭受的损害作出明确的赔偿，担心自己的行为会因此而被严肃追究”，于是，他一开始就设置种种障碍来进行阻挠。

门户全部敞开

马戛尔尼在写不供发表的日记时，他只想记下好的消息。斯当东在澳门待了4天后向他汇报的情况使他完全放心。中国皇帝给地方官员的指示已向他打开了中国所有的门户。暂时还能提出什么要求呢？斯当东告诉他，广东巡抚向英国东印度公司代理人强调指出，英国使团应像所有外国来客一样，在广州上岸，然后通过内陆进京。只是由于英国人“托词说送给中国皇帝的珍贵礼品极易损坏，不宜取陆路长途运输”之后，广东巡抚才作罢。

马戛尔尼饶有兴趣地听斯当东说，英国东印度公司代理人曾不得不提供有关英国使团带来的贡品详情，因为中国官员指出，如果没有一张贡品的详细清单，他们就无法把英国使团的到来禀奏朝廷。皇帝要根据贡礼的质量来“判断送礼的君王对皇帝的尊敬程度”。于是，英国商人开列了第一张贡品清单，其中有一半礼品是临时编造出来的：后来还要编造礼品清单。

如果英国船队在广州靠岸，中国官员肯定会再次施加压力，但他们无法阻止船队从海上经过，因为他们怎么能禁止中国皇帝已经批准做的事呢？因此，一切都很顺利。

我们现在谈中国制度的实质。在中央帝国各地，地方官吏代表皇帝：同时施行行政权、立法权和司法权。他们就是皇帝：“百姓的父母”。他们贯彻皇帝的旨意，而且往往容易做过头，因为做过头是不受惩罚的，而违抗谕旨则会受到严惩。此外，他们随意征收赋税。他们征收的赋税与上交的税款之间有一个差额。官吏越贪心，这个差额就越大。这个差额反映他们的实际权力：正是这个差额令人生畏，使人腐败。

在广州，公行拥有同欧洲贸易的垄断权。总督和海关监督把这个垄断权高价卖给商人以满足私利。他们强迫公行将其利润的一大部分上交给他们。其结果是，外国公司吃大亏。巴罗获悉“政府派遣的主要官员在上任时总是一贫如洗，到卸任时就已是腰缠万贯了”。事实上，由于外国商人不能向北京上诉，他们只能通过公行向地方当局送“礼”。

这就是启蒙运动时代人们对中国羡慕不已的天朝官僚制度。英国的英国人想抨击的正是这种制度。他们要的是一个门户开放的中国，而澳门和广州的英国人则喜欢和闭关自守的中国妥协——即使让他们的欧洲客户吃点亏也在所不惜。

当中国人害怕中国的时候

在澳门停留时，陪同英国使团一起来的 4 个中国神父突然分手了。安神父和王神父原先获准免费从朴次茅斯港搭船去中国，可他们到澳门时突然提出要上岸。周神父是两名翻译之一，和他们一样也要求上岸：尽管他上船后即成了每年可拿薪金 150 镑的雇员。这是在撕毁合同。

的确，这些译员的境况并不好。他们在巴达维亚看见中国帆船时胆战心惊，因为法律禁止中国人离开中国，除非有皇帝的特批。法律也不准中国人为夷人效劳。周和李犯有双重罪：一是未经允许擅自离开中国；二是为某个外国——甚至为两个外国效劳：先是罗马教廷，后是英国。

有时中国人的好奇心胜过恐惧心理："有的广州人去英国。但由于害怕被人发现，他们便一有可能就马上回广州，只字不敢提及他们去过英国的事。"

不顾斯当东的百般劝说，周还是辞别了。李答应留了下来。"他的处境和周相似，但他表现得比较坚定"。他是满族人，属于占统治地位的上等民族。他冒的风险是否少一些呢？他特别希望别人把他当作是个西方人。"这位鞑靼人丝毫不像中国人。他身穿一套英国军服，还佩带着军刀和绶带"。斯当东似乎没有发觉这些中国教士的压抑心理：他们现在的身份使他们不能留长发，但任何一个中国人都必须在脑后留一条辫子，这是满人的规定，违者有死罪。只有李长得像欧洲人，因而他可以不遵守这条可怕的规矩。

马戛尔尼是个很想得开的人，虽然周神父走了，他还是很宽心："他的伙伴留下来和我们在一起。他虽没有周神父知识渊博，但性格要好得多，而且相貌和善，对我们很有感情。"马戛尔尼把困难估计过低。李虽然有这些方面的好条件，但他的宫廷语言水平太差。在这个科举制度的国家里，当你只有小学毕业水平而要想写出博士水平的文字来是不可能的。

三个神父就这么离开了船队。但又有二人上了船：安纳神父和拉弥额特神父——他们是法国天主教遣使会教徒，在澳门等机会去北京，想作为数学家和天文学家为中国皇帝服务。两名神父先上了“印度斯坦”号，因为马戛尔尼显然不愿意法国人和英国使团的核心太接近。

正当“狮子”号、“印度斯坦”号、“克拉伦斯”号和“豺狼”号于6月23日启航时，澳门的许多教堂正钟声四起，召唤着信徒们去做弥撒。马戛尔尼和斯当东眼望着这个拥有众岛环抱的锚地的半岛渐渐从视野里消失。这个半岛如果属于英王和英国皇家海军管辖，那该有多好！

第七章

避开了广州

（1793 年 6 月 23 日—24 日）

船队沿着海岸航行，和陆地始终保持10海里左右的距离：马戛尔尼很想观赏一下珠江口。和其他所有来自西方的船只不同，他的船可以不必驶入。他感兴趣的是北京，而去那里最近、最自由的路线就是海洋。走海路的好处不仅比走陆路快一个多月，而且还可以免遭贪官污吏的坑害。他知道他们正贪婪地等着英国使团的到来呢。

斯当东在澳门时还曾听说，根据皇帝谕旨，每个港口都有领航人在待命，他们随时可带英国船队去天津，或任何一个英国人想去的港口。英国使团来华的消息已经在广州发生效应：贸易障碍减少，人们对英国东印度公司代理人的工作给予更多的尊重，甚至听说还要取消使澳门贸易十分困难的苛税。

这些消息证实了马戛尔尼的预感：要想改善广州形势，必须避开广州。这些消息也使马戛尔尼松了一口气：在这之前，所有收集到的有关广州的消息都曾使他焦虑不安。

出发前，马戛尔尼和斯当东在伦敦英国东印度公司总部向那些曾在广州经商的代理人提出大量问题。他们在马戛尔尼和斯当东面前把西方人居住区的生活描写得凄凄惨惨。既是商店、仓库、办公室，也是住所的外国商行代理处一家挨着一家，门前挂着他们的国旗。这些代理处实际上是老鼠出没的破房陋室。这些同中国搞贸易的英王陛下的臣民所过的生活“既和时代不相配，也和英国臣民的称号不相称”。西方人在那里不能和中国人有任何接触，中国人不准向夷人教授中文，违者问斩。每一次危机都对所有欧洲人构成威胁。

英国海军上将安森遭遇的挫折就是一例。1741 年，由于船舱里躺满了病号，他就把船开到珠江以便在广州获得补给。当局告诉他，他那艘装备有60门火炮的“百人队长”号战舰不能靠广州港。他获准乘坐小艇去广州。他希望能会见总督，但英国东印度公司的代理人劝阻了他：还是由他们直接和公行协商。

“百人队长”号取得补给后便重新启航了。在海上他截获了一艘西班牙船，便又领着需要补给的西班牙船回到广州。这一次，广东当局要索取两艘商船的关税。事情正要变糟时，广州一片木房着火了。多亏这场火灾，一切问题都得以解决，因为正是安森的水手们把火灾给扑灭了。

于是，总督接见安森，并向他表示感谢。安森便乘机就税款的高昂、官僚的苛刻以及各种各样的刁难提出了抗议。安森回国后便吹嘘说是他的强硬措辞获得了中国人的尊重。马戛尔尼当然很乐意借鉴这一经验，但他知道，安森的船一开航，英国商人便又遭到更恶劣的刁难。人们以为和中国人达成了协议，但冲突一过这种协议就等于从未存在过一样。安森的教训不正是说明这一点吗？谈判的地点不应该在广州，而是在北京。

假毒药与真诈骗

马戛尔尼还曾听说过一次不寻常的遭遇。那事发生在安森到中国后的28年。1769年，装载有英国东印度公司“金库”现款的“格兰比”号过海关。一些关员上船检查，但遭到一阵拳打脚踢，全都被扔到泥浆水中。于是，船被扣下。英国东印度公司代理人指出，装载金库的船是不受检查的，但毫无效果。“格兰比”号船被扣，船员们便上岸寻欢作乐去了。

一天晚上，一名代理人发现有几个水手喜欢按中国方式躺在码头上睡觉。当天夜里有3名水手死去。第二天，又有5名水手死了。船上人都惊呼是中国人下了毒，要报仇！尸体解剖时都没有发现任何中毒的症状。不过，中国当局大概是良心上感到不安，他们放弃了对“格兰比”号的追究。于是，船又启航了。

安森事件以火灾告终，“格兰比”号事件在8个人奇怪地死亡之后不了了之：在广州的欧洲人和中国人的关系中有着某种令人不安的阴影。相反，人们可以发现中国商人在他们的欧洲客户面前趾高气扬。啊！如果中国政府不对欧洲人采取恐怖政策的话，中国人该会多么可爱！

什么事都可能出问题。中国人禁止一个叫埃尔芬斯通的船长继续为他的船装货，原因是他竟敢把一名在马德拉斯碰上的长得娇小漂亮的印度姑娘带到英国代理行，并打算再把她带回英国当女婢用。这名船长大肆宣传中国人其实根本不重视禁止外国人带女人到中国的法律：他们看重的是他的钱。关于这一点，他的看法是正确的：他为此付了500美元。但他也错了：中国不允许有家庭或婚外的“重新组合”！只允许有单身汉：这是一种贞洁的愿望！在这方面，中国人很认真，是不肯作让步的。他们是不是想排斥比男蛮夷更危险的女蛮夷以保护中国人种的纯真呢？不管怎么说，他们坚持认为外国人不带女人居住在中国的状况将是暂时的。

马戛尔尼对欧洲人在中国的生活情况非常了解：没有任何自由，没有任何尊严，还受到穷凶极恶的官吏的敲诈勒索。那是一个令人生畏的地方。

洪仁辉船长的尝试

马戛尔尼的使命就是要跳过这块中国对外贸易的必经之地。在他之前曾有过多次尝试，但每次都以失败告终。最接近于成功的一次尝试比马戛尔尼正好早40年，冒险者是洪仁辉船长。

1753年，英国东印度公司要求洪仁辉船长在广州以北的中国海港宁波开设一个分公司。两年以后，洪仁辉船长和他的水手们抵达宁波，并受到热烈欢迎。回国时，洪仁辉船长带回了满舱的中国货物。第二年，他又来到宁波做生意。可在1757年，当他再次到达宁波时，中国人先让他等着，然后没收了他半船的货物，并不作任何解释就收缴了船上的所有火炮。

接着，乾隆皇帝发出谕旨，规定对外贸易只能在广州进行。中国又恢复其本性，重新把大门关上。皇帝把英国人再次推回到原出发地：广州。

浙江巡抚当即命令洪仁辉离开宁波。洪仁辉扬帆启航，但他却往北航行！他沿着白河一直开到天津——他是第一个进入天津的英国人。他打算去北京见皇帝，但他不得不放弃这一打算，满足于说服一名地方官员，请他把一份申请报告递交朝廷。洪仁辉便又从天津回到广州，等待皇帝的答复。

在广州等着洪仁辉船长的是总督的召见。英国东印度公司的代理人很不放心，便陪同前往。他们一进总督府，腰间的佩剑立即被摘下，并被推到总督面前，想强迫他们磕头，但遭到英国人的拒绝。洪仁辉被判流放澳门3年，不准再来中国。其罪名是他违抗皇帝旨意去了天津。至于那名好心替洪仁辉向朝廷转交申请报告的天津官员，听说被砍了头。

马戛尔尼对洪仁辉的做法持严厉的批判态度：“一个人只带很少一点人，

在没有安全通行证的情况下驾一条小船去告发广东巡抚的不法行径能会有什么结果呢?”这次，马戛尔尼有“海洋主宰”、“世界上最强大的”君主作后盾，他是受合法的委托，乘坐一艘大型战舰来中国的。

洪仁辉的尝试由于1760年清朝廷发布的法令而失败。这项法令使外贸条件变得更加困难：(一）外国人必须在春节离开广州，撤到澳门，直至秋天；(二）中国人不得同外国人做生意，也不得为外国人服务，否则判流放罪；(三）外国人不准学中文，他们只能同广州公行的翻译接触；(四）任何外国商船在中国领水停泊期间船上都必须有中国官员；(五）外国人不准携带武器，他们送寄信件都必须通过中国当局；(六）外国人如和中国人发生纠纷将按中国法律处理。

克莱夫勋爵将军是在听说中国皇帝这一法令后向英王内阁建议占领中国的。克莱夫勋爵当时是印度地区的总督。中国皇帝发布这一法令已有30年了，但这30年又算得了什么呢？中国在“四千年间”不管怎么变动、分裂、解体，最后总是恢复原来样子。直到这次英国使团抵达广州前，广州的情况依然是外国人受到压抑和侮辱。现在马戛尔尼奉命要结束这种状况。

马戛尔尼必须相信自己的好运气。他像过去熟记Navigation Act[①]那样熟记钱德明神父关于“鞑靼中国朝廷”的记述。钱德明神父是在中国资格最老的、著名的耶稣会传教士，马戛尔尼希望能在北京同他见面。钱德明在书中指出：“只有那些被认为俯首归顺的外国使团才被中国接受。”

马戛尔尼现已避开了广州这个陷阱，那么他也要设法避开北京朝廷里的那些荒唐规矩。船队离开珠江口，驶往公海。

---

① 航行条例。——译注

第八章

稀奇的怪物

（1793 年 6 月 26 日—7 月 5 日）

下一个停靠的地点是浙江省的舟山群岛。由于一路顺风，6 天时间航行了 700 海里——平均每天航行 200 公里。船上有 20 世纪初英国人绘制的航海图，那时英国人在宁波有一家分行。再往北去，就没有航海图作依据了。

第一次叩头

这期间，广东巡抚郭世勋于 6 月 26 日禀奏皇帝①：贡船“因风仍由粤省口岸收泊事未可料。臣郭世勋先经饬行澳门同知香山县并香山协一体查探。如遇该国贡船进口，遵照护送，列营站队，以示整肃。据香山协副将和澳门总口税务委员禀报，查该贡船既由澳门外海洋面顺帆驾驶，似系经由浙江一带外洋直达天津”。

马戛尔尼顺利地驶往舟山群岛。一封封急件送往北京。英国蜜蜂已经触及了天朝蜘蛛编织的丝网。

“狮子”号首先抵达舟山群岛的边缘。它选择一个地方抛锚，等待其他船只，后者再等 3 天就可全部赶到。数以千计的小帆船都驶来观赏这前所未有的壮观。异国情调是双向的：“一名中国领航员和他的几名同胞上了船。他们非常好奇地参观了船上的一切设备。当他们在英使会客室里看见他们的皇帝画像时立即跪下，十分崇敬地叩了好几个头。”

在一张画像前叩头！马戛尔尼见此觉得很有趣，但并未引起警觉。然而，英使见到的第一批中国的中国人的行为已向他表明了英国使团今后必须

---

① 斯当东抵达澳门一事，广州当局 6 天后才作出反应。不过，从澳门到广州并不是十分容易的——最顺利时也需要 3 天时间。

对付的主要困难。不过，他不愿加以考虑。早在 1792 年 2 月，他就曾收到过凯恩卡特使团随团医生的一个十分明确的报告：大使将必须行三跪九叩礼，而且还不一定被理解为归顺。勋爵耸耸肩说："没有任何新意。"他了解这个问题，但不愿承认。

"中国威尼斯"

不论在澳门还是在舟山，英使都把和地方官吏接触的任务交给了他的副手。他本人留在"狮子"号船内，船则停泊在离主岛 50 海里附近的安全处。乔治爵士登上"克拉伦斯"号。这艘双桅横帆船在舟山群岛行驶，首先停泊于六横岛。这是他们首次和中国陆地的真正接触——他们感觉似乎来到了另一个星球。

他们停靠在一个低海岸处："这块向海岸争夺过来的用堤坝保护的平原已完全开垦，遍地是水稻和纵横交叉的沟渠。"斯当东对如此精耕细作十分赞赏，但他马上发现"人粪熏臭了中国农村"。他指出在这些"令人作呕的粪便里"，"农民精心地浸泡种子。种子经过播种前的这番处理后容易生成，并能防止害虫"。从接触一开始他们就受到不同作物和不同文化的冲击。

一个农民向这些外星人走来。他身着蓝布衫，脚穿半长靴，头戴尖顶草帽，草帽带系在颚下。这个农民见到他们时先是一愣，然后把他们带进村子，并领到一农户家里。这家农户主人看见这些洋人，惊讶不已。"房子属木结构。房梁不是方形的，室内没有天花板，所以屋顶的稻草暴露无遗；地面是夯打结实的泥土地。从房梁上垂下一些草席把屋子分成若干个房间。"直到今天，大多数中国人还是一家人都生活在用草席隔开的一间屋子里。"屋里有二架纺车，但都停着，没人纺：妇女都已躲起来了"。到现在，有时农村的妇女还像过去那么害羞。

第二天，双桅横帆船终于驶进舟山首府定海锚地："那里的人早已知道'克拉伦斯'号要来了，这就是中国的警惕性。一名军官立即上船进行检查。"定海总兵的接待还算热情。检查归检查，态度仍然彬彬有礼：送食品上船，在总兵府设宴招待客人，并有戏剧表演。宽敞的宴会厅四周是红柱长廊。饰有各色流苏的挂灯把宴会厅照得通明：有些挂灯是用绣花薄纱做的，有的则是用角质薄片做的，十分透亮以致误以为是玻璃罩子。斯当东指出："把羊角放在滚烫的开水里泡软，然后展平、刮净、拉长。这种制作方法虽然简单，但除中国以外，在别国都未曾见过。”这是首次技术交流。定海镇还派专人请英使上岸，只是当英国人表示要立即谒见皇帝时，节日气氛才告结束。

由于定海总兵已接到清廷谕旨，所以他向英国人提供领航员，准备沿着中国海岸把他们领到下一个省，然后一省一省地照章办事，直到天津。但斯当东不愿意沿海岸航行，他告诉总兵他要从公海取捷径驶抵天津。这名中国官员听了十分震惊。“他从未想过还可以从公海驶抵天津。他要求考虑一下，第二天再给答复。”

经查阅中国档案，这名不知所措的中国官员名叫马瑀。英国人没有料到他们因此而给马瑀带来了灾难。这名总兵几天前曾见过一艘英国船，这艘船是由英国东印度公司怕英使船队有可能不经过澳门而派遣来定海迎接英国特使船队的。定海总兵对斯当东只字未提此事——对此，清廷是不会指责他的。但是，定海总兵对清廷也隐瞒不报。为此，他以后受到皇帝谕旨的谴责。马瑀“应严处”。可见，受监视的不光是英国人。

英国人利用停靠的机会游览市容。城内沟渠纵横，河上架有一座座弓形小桥。街道都十分狭窄，路面铺的是平板石。定海在英国人的眼里便是“中国威尼斯”。如果您去定海的话，您会发现这个比喻多少有点夸大：比作威尼斯是为了颂扬这次来访——以及来访者。

忙忙碌碌的蚂蚁群

在欧洲人眼里，一切都是令人惊异的。这里新奇的东西目不暇接，英国人真不知道先看什么好。“这里的房子都只有二层。曲线优美的屋顶上，彩瓦犹似兽皮。屋脊顶端上有一些怪兽塑像”。这些理性主义者能想象得到屋脊上的怪兽是用来驱赶邪魔的吗？

商店里摆满了衣服、食品、器皿，甚至油漆得很漂亮的棺材。摊位上摆着活的家禽，水缸里放着各种鱼和鳝鱼，市场上还可买到供食用的狗。供寺庙里焚烧用的香则到处可见。这是中国集市上常见的景象。

“男人和女人的衣着没有区别，一律都是蓝布衫，宽袍长裤。男人只留一绺长发辫外前额都剃光头。”17 世纪，征服中国的满族人强迫所有中国男人都必须留这根标志效忠的“猪尾巴”，违者往往处以极刑——这种惩罚一直执行到1720年。到了18世纪末，已经没有人会想违抗这种侮辱性的规定了。

“那里天气炽热，处处都是令人吃惊的忙碌景象。每个人都似乎必须努力工作，大家都像是忙得不可开交。”于是便有这么一种说法：“中国无闲人。街上也看不见有闲逛的人，因为人们没有时间闲逛。”无论是过去还是现在，这种蚂蚁般的忙碌景象使外来游客惊叹不已。

“街上没有一个乞丐。”法国目击者则说得不那么绝对：“乞丐是有的，特别是麻风病人。”拉弥额特神父指出：“英国人之所以没有看见乞丐，是因为乞丐都被藏起来了。”而赫特南的看法至今仍然是正确的。他说：“数以千计的穷人愿意用肩膀扛运车子所无法装载的东西。”任何一个中国人都随时愿意为挣到一枚铜钱或一团米饭而卖力气。此外，中国家庭有互助精神，同甘共苦是一种习俗。叔叔会对侄子这么说：“亲人之间，不必客气。”

经济繁荣，乞丐很少：18世纪的中国是繁荣的，但后来由于人口膨胀而衰败。

小脚与盆景

远远见到的中国女子的双脚都是残废的。“她们的脚趾好像都因伤而被切除。从小时候起她们的脚就被裹住，不让其长大。大拇脚趾保持正常位置，其他脚趾则被压紧，和脚掌形成一体。”做母亲的应该监视她们的女儿，“防止她们去掉令人痛苦的裹脚布。这些女孩子后来没有人搀扶就走不了路，她们走起路来颤颤巍巍的。”

习惯看法是不能改变的。“平民女子和农家妇女不裹脚，但别的女子非常看不起她们，认为她们只能干些最卑贱的活。”

中国女子要承受这种痛苦，这使斯当东产生一种想法：“像这样一种习俗并不能用暴力来让人接受。如果男人只是想把他们的妻子关在家里，那么他们完全可以用别的办法做到这一点。印度的妇女比中国妇女更不自由，但她们的脚并没有搞残。如此荒谬的习俗只有妇女自己也愿意才能得以普及和延续。男人鼓励她们这么做。就像在印度，男人鼓励一种更加野蛮的习俗，即妇女在丈夫去世后由于害怕公众的蔑视而不得不自焚。像这种观念必须经过许多世纪后才会被人们接受下来。”如果孟德斯鸠还活着的话，他也许会同意斯当东的这种比较社会学的观点。

马戛尔尼的看法则不那么绝对："也许我们的习俗没有弄到中国人那种程度。可是就只拿鞋子来说吧，我们不也是欣赏高跟鞋吗？"他揭开了纱幔的一角。一名传教士带着一丝宽容的微笑悄悄对他说："从爱情角度讲，一只娇美的小脚是非常撩拨人的。"今天我们知道，这种小脚性感很强。在吃了许多苦以后，小脚变成了使人意荡魂销的玩物。男人在做爱前必须首先抚摸女人的小脚。一个女子想要吸引男子的注意，往往会把穿着丝绣鞋的小脚——"金莲"——露出裙边。媒人会对风流男子说："您大胆地摸她的脚。如果她让您摸，这事就成了。"在中国的色情画里就有全裸女子只穿一双藏着受人崇拜的小脚的绣花软鞋的场面。

在定海总兵府里，斯当东发现另外一件怪事。"许多桌子上摆着矮树盆。有松树、橡树、结满果实的橘子树。所有这些灌木都不超过二尺高，然而看上去都显得非常苍老。盆里的土上点缀了几堆小石头，同这些矮树相比，可以称为岩石了。"

"盆景"的历史可追溯到公元4世纪，一千年后被日本人模仿，称之为Bonsai（盆栽）。盆景和小脚的区别只是前者属植物，而后者属人类。中国人精心制作盆景和小脚，其方法是相同的：用结扎捆绑的办法进行压迫，抑制生长。两者都由于娇小精致而出奇地引人注目。

反之，"黑发人"发现了"红毛人"。双方都为之惊异："他们蜂拥而至，把我们团团围住。人们走近我们时亲切但又不喧哗。""他们看见我们涂有发蜡、撒有香粉的头发不禁哈哈大笑。"英国人身穿窄得包身的欧洲服装，根本不适合亚热带的炎热天气；而他们周围众多的中国人则穿很薄的衣服。

一个人的初次印象是很起作用的。这些英国人叙述的见闻充满着热情的新鲜感。对他们来说，即使定海这么一个普通的港口也具有新事物的无与伦比的魅力。他们是在定海首次听到人们的哄笑声，他们后来在中国走到哪里都引起这种哄笑。他们以为自己是作为世界的主人来中国的，也正是在中国他们发现自己成了嘲笑的对象。

第九章

搜罗领航员

（1793 年 7 月 6 日—18 日）

第二天，即 7 月 6 日早晨，英国人再次受到定海总兵的接见。总兵穿的袍子上绣有一只雄狮，这是他军职的标志。陪同他接见的有两名文官和好几名下级官员。大家在铺有“英格兰猩红呢”的扶手椅里落座，然后按照传统习惯喝着中国茶。先是总兵打着手势发表讲话。“李子先生”把他说的要点归纳如下：“中国人自古以来都是沿着海岸从一个省到另一个省这么航行的，因而这是我们惟一可以采用的做法。”又是传统习惯。

斯当东答道：“英国船比中国船大，所以应该走公海。如果舟山无法提供领航员，那么我们就到宁波去找。”

总兵怎么能承认一个来华进贡的夷人的航海优势呢？但他看见斯当东决心已定便惊慌起来。他老老实实地承认说，如果英国人去别的地方寻找他所不能提供的领航员，别人一定会怪他接待工作没有做好，皇帝“可能会罢他的官”。他指指他帽上的一颗红珠——二品官的标志。“因为害怕丢官，他便派人满城寻找去过天津的人。”这名高级官员对皇帝显得如此敬畏，使英国人感到十分奇怪。

派出的士兵带回来“一些搜罗来的可怜虫。他们趴在地上回答问题。他们中有些人去过天津，但从未当过水手；还有一些人虽是水手，但从未到过天津港”。于是，总兵命令再次搜寻。派出的士兵终于抓到两个符合条件的男子，虽然这两个人已经很久不出海了。这两名男子跪在地上恳求放他们继续做生意，但怎么求也没有用。巴罗总管不禁为这两名男子鸣不平：“总兵非常严酷无情。他要求这两名男子准备好，即刻出发。”

“中国人那种令人难以置信的惰性”

巴罗最后写道，中国人千方百计“避免作长途旅行。沿海一个口岸到一个口岸的货运使大批中间商获益，因此运到京师的物品十分昂贵。同样，从亚洲到欧洲陆运的货物也由于通过商队一站站地转运而变得十分昂贵。运输网起点的商人和运输网终点的商人之间没有任何联系。”

因此，这些庞大漂亮的英国商船使人们惊愕得目瞪口呆：“从一些小港里驶出的帆船蜂拥密集，使英国船队很难在穿行时不撞坏几艘。可是，帆船上的中国人毫无惧色。”

巴罗惊奇地发现中国帆船很不结实。由于船只吃水太浅，无法抵御台风的袭击，然而船上仍装满供建筑用的木材。“所以好像只要一阵风就可使船只倾覆。”安德逊看了两个世纪以前的图画后发现：“帆船没有任何变化。”如果安德逊活到今天，他还会发现，到了20世纪80年代，帆船仍无变化；不过，越来越多的船已没有帆，而装上了马达。

航行技术是陈旧过时的。“他们没有任何手段来确定经纬度”。然而他们声称，他们有好几位古代航海家曾经出洋远航过，“靠的是刻在一只葫芦皮上的航海地图”。我们英国人虽很难相信，但不得不承认中国人发明了指南针，甚至“在欧洲尚未开化时”已会使用指南针。

奇怪的是，中国人发明了指南针，几个世纪过后，欧洲人从中国人那里借来了指南针，并依靠它出海远航，发现各大洲。另外一点也很奇怪，那就是早在欧洲人之前就曾远航至非洲海岸的中国人，就在欧洲人靠着他们发明的指南针来到远东时，他们却不曾再离开自己的海域了。为什么航海业经过宋、元和明初的盛世之后到了清朝便变得衰败了呢？

不过，中国人看指南针与欧洲人刚好相反。乾隆的祖父康熙皇帝的看法就很说明问题：“我听说欧洲人硬说指南针的磁针是朝北的。我们最早发明指南针的祖先说磁针是朝南的。我越想越坚信我们的祖先处处有理。”

在守旧派和现代派之间的无休止争论中，皇帝明确地表了态：“今天只是退化了的过去。”虽然皇帝是来自北方的满人，他的论据却是始料不及的：“在北方，一切活动在凋萎，在衰亡。吸引磁针的力量怎么可能来自北方呢？”的确，所有的宫殿、寺庙及紫禁城全都是朝南的。“力量、精气和繁荣都在南方”。今天，人们在作南北对比时，看法则相反了：南方不幸，北方走运。

然而，始终令人吃惊的是，虽然有指南针，中国船的构造根本不适应航海，但“居然能进行像驶往巴达维亚那样的危险航行”。另外，海难经常发生：“光在广州港一个口岸，每年海上遇难人数达1万至1.2万人。”每当一艘中国船准备启航去国外时，“人们认为它很可能会沉没”。

善于思考的马戛尔尼提出了一个很好的问题：“中国人首次看见欧洲船只至今已有250年，他们毫不掩饰对我们航海技术的赞赏。然而，他们从未模仿我们的造船工艺或航海技术。他们顽固地沿用他们无知祖先的笨拙方法。由于世界上没有一个国家能比中国更需要航海技术，因而中国人这种惰性就更加令人难以置信。”

中医“十二脉”

“克拉伦斯”号有一人因为吃水果吃得太多而腹泻。在那年代，病魔与死神不断降临到海船上。因此，稍有“拉稀”，人们都要认真对待。当时，“克拉伦斯”号上既没有医生也没有药品，只得向一名中国医生求救。“他神色庄严地抓住病人的左臂，对病情和病因不提任何问题。先是用四个指头，然后用三个指头、两个指头，最后只用一个指头号脉，并不断变换位置；他的手推前推后，好像在弹钢琴似的。他双眼注视地下，一言不发，似乎脉搏的跳动会显示出病的性质。他说，病的起因是胃（根据症状，这无疑是胃的毛病。上船前就应该有人告诉他病人的症状）。然后，他开了一副由病人自我调理的药方，病很快就好了。”

这种有教养的怀疑态度预示了后来两个世纪西方医生对中医的态度：在他们看来，除了西医这种科学和合理的医学外，世上没有任何其他办法可治病救人了。中国人的“十二脉”，他们的草药与针灸都是“江湖骗术”。

航行不靠领航员

定海总兵上双桅横帆船作回访。桅杆的高度以及爬在桅杆上收帆的水手都使总兵感到诧异。“中国水手干活时都不离开甲板”。“克拉伦斯”号带上中国领航员后便出发，和“狮子”号会合。

7月7日，“克拉伦斯”号和英国船队终于会合。两名中国领航员，一名安排在“狮子”号，另一名安排在“印度斯坦”号。斯当东自豪地说：“英国船队已到达欧洲航海家曾到达过的最远海岸。在没有航海地图的情况下，英国船队需要跨过十个纬度，只有那些沿海居民才了解的海洋：即介于中国、鞑靼和朝鲜之间的黄海。”

7月8日启航。中国领航员从看不见他们所熟悉的海岸线时起就没有什么用处了。“欧洲领航员一上船就俨然以主人的姿态发号施令起来，而这两位中国人一见到这种新的场面似乎惊呆了。”他们是否还认为中国位于世界中心，而周围的海洋则通向乌有呢？英国人毫不犹豫地驶往深海，“为了谨慎起见，他们让两艘双桅横帆船作先导。”测航仪器比领航员要更有用。

两种速度

英中双方的交错见证突出了双重文化差距。英船航速之快，且又是在中国人所不熟悉的海面上高速航行，这使朝廷大为吃惊。一位中国官员在报告里表示不明白为什么英国船能有如此水平。但是，正当英国船队驶往天津时，清廷驿传奇迹般地向北京报告英国船队的航行情况。中国驿夫骑着驿马从陆路奔驰。下一站的驿夫一听见前站驿夫到达的马铃声便立即跳上马，接过邮件。中国邮政超过英国邮政，就如英国船队超过中国船队一样。中国航海业停滞不前已有3个世纪。从16世纪起，英国选择了海洋，而中国则选择了陆地。它们在各自选择的领域里所取得的成就都是任何他国所没有达到的。

关于中国人不发展航海技术的原因，斯当东客气地指出：“需要是发明的最大动力。希腊人虽然以他们的众多发现而令人赞赏，但他们从来都不会确定一艘船在海上的位置，因为地中海上布满了无数的小岛。中国人具有同样的优越条件。欧洲人只是从他们必须作远洋航行时起才开始完善他们的航海技术。”

这种看法可说明许多问题，但为什么中国人没有感到这种“需要”呢？尤其是为什么中国人缺少促使西方人探索的激情呢？西方人的开拓精神并不来自于需要，而纯粹来自于一种探索新天地的求知激情，来自于一种不断进取的激情。

7月12日，“浓雾弥漫，站在船首不见船尾”。这片海域对西方人来说是完全陌生的。探险者的习惯是对发现的陆地加以命名。伊拉斯马斯·高厄爵士也不例外。他在航海地图上标上了新的地名：马戛尔尼角，高厄角，斯当东岛。幸亏中国人什么也没听说。否则，他们对这些象征性占领中华帝国海岸的“贡使”会怎么想呢？今天，由于民族主义和意识形态的原因，情况恰好相反：在“文化革命”期间，北京的“使馆区”取名为“反帝路”，苏联使馆所在的那条街取名为“反修路”。天津的维多利亚大街改名为“解放路”。出租车司机已把维多利亚岛叫作“香港”。为一件东西命名，就是要让它为自己诞生。

正当英国人得意地把中国的地方用自己的名字命名时，中国人则在准备把他们控制起来。由中堂和珅发出的朝廷谕旨通知直隶总督梁肯堂说：“查英吉利国贡船于五月十三日（即公历6月20日）经过澳门，二十七日即抵浙江定海。自属风色顺利，行走妥速。其行抵天津后，因贡船笨重，天津内洋水浅不能进口。必须另换驳船方能收泊内洋。前至内河又须再用小船。贡物甚多，辗转起拔，不无尚需时日。臣现又恭录谕旨，行知天津道等随同盐政徵瑞俟该贡使抵津后妥为应付。”

梁肯堂回奏说：“英吉利国贡物甚多，臣已饬令所属设法征租所有船只。”

7月17日，巴黎。马拉[①]被刺四天后，夏洛特·科黛[②]身穿杀害父母犯的红袍走上断头台。

---

① 马拉（1743—1793），18世纪法国大革命的杰出革命家。1792年选入巴黎公社和国民议会，很快成为国民议会中最有影响的代表之一。1793年7月13日被暗杀。——译注

② 科黛，暗杀马拉的女凶手。1793年7月13日，这名吉伦特派的支持者借机进入马拉的房间，把正在沐浴的马拉刺死。科黛当场被捕，并判以绞刑。——译注

第十章

“英国的名声”

（1793 年 7 月 19 日—31 日）

7 月 19 日。“狮子”号在芝罘抛锚。中国领航员以为是庙岛，其实庙岛位于北边更远的地方，这证明了英国人瞧不起他们是有道理的。

由于使团下船的时间临近了，马戛尔尼命人向四艘船的全体人员庄严地宣读关于行为准则的通告：“使节团任务的完成全赖能否取得中国人民的好感，而中国人民对英国的好感则又完全取决于我们在他们面前的言行表现。不幸由于过去在广州的少数英国人的不轨行为，在中国人的心目中英国人被视为欧洲人中最坏的民族（……）即使是一名最卑劣的中国人，当他和外国人发生争执时，中国当局也会站在中国人一边。如果中国人死了，那么中国当局会为他报仇①。在广州，一艘英国船的一名炮手因不慎打死了一名中国农民而被判死刑②。因此，即使对最贫贱的中国人也必须态度稳重、和善。”

因此特使要求使团全体成员为“光耀英国的名声”必须表现出有秩序、待人温和与守纪律。如果发生不端行为，他“认为有责任惩办任何违反者”。不仅如此，他“将让中国司法机关处理”。这是一个可怕的威胁！由于他的指示是为了避免他的同胞落到中国司法机关之手，所以万一出事，他会因为不得不这么做而懊悔不已。不过，他的随行人员没有见到这些指示……

未经他的允许，任何人都不准上岸。一旦上岸，不能离开驻地，尤其是绝对不能做生意。“当谈判进展到使团认为胜券在握时，特使阁下将很乐意取消这一规定。”

就这样，虽然这次出使完全是为了做生意，但在目的没有达到之前却不

① 最近还如此。如果在一次车祸中，一名在华工作的西方人不慎撞死一名中国人，即使他没有任何责任，也会被立即遣送回国。起决定作用的不是动机，而是结果。

② 根据其他消息来源，1784 年，“休斯夫人”号上的炮手打死了两名中国船工。他是想放射礼炮，却不知道火炮里已装上炮弹。

得不禁止做生意。这是虚伪吗？不是：就这一点而论，这是对中国人心理的透彻了解。斯当东和巴罗都没有忘了告诉读者，中国人——至少是中国官员——蔑视贸易。巴罗写道："中国人从小时候吃奶起就逐步养成了对外国人和商人的偏见。"斯当东指出："在中国只有四个阶级：文人以及从中选拔出来的官员、农民、工匠，最后就是处在最底层的商人。"

英国东印度公司机密委员会甚至允许马戛尔尼免除"印度斯坦"号指挥官或其他军官的职务，如果他们"违抗特使阁下命令或做生意的话"。马戛尔尼头脑很清醒，他知道英国人的名声不好：英国人既是商人又是坏人——不能有比这更坏的名声了。

英国人要扩大贸易关系就必须以崭新的面貌出现。然而，羞于谈贸易也有麻烦之处。和英国使团接触的中国地方官员发现除了给皇帝的贡品外什么也没带来时，他们定会流露出失望的神情。对中国地方官员不送一点礼物吗？这些手表和八音盒一个也没有吗？中国官员很想得到或者至少按卖给朋友的便宜价钱买下来，然后再以好的价钱转卖出去或赠送给有势力的保护人。友谊需要维持，否则就会消失。

正当英王特使把他的意愿告诉给他的随行人员时，皇帝关心的是提醒他的官员们应遵守不可变更的规矩："应付外夷事宜，必须丰俭适中，方足以符体制。此次英吉利国贡使到后，一切款待固不可踵事增华。但该贡使航海远来初次观光上国，非缅甸、安南等处频年人贡者可比。"

真是对英国特使特殊对待吗？并不怎么特殊！"若该贡使等于六、七月内始到，维时带往热河，与蒙古王公及缅甸贡使等一体宴赉观剧，较为省便。"

"对远来贡使不可顶撞"，皇帝朱笔批道。对向往我国文明的夷人不可热锅快炒，而只能文火慢煮。

天朝官僚机器开始运转

突然出现一艘欧洲造的小型船只。"这是'勉励'号，船长叫普罗克托，奉东印度公司之命接应我们。由于没有找到我们，他们便在黄海口巡逻。"原来，英国东印度公司担心万一马戛尔尼在澳门不停靠，为保险起见，决定派该船向马戛尔尼报告北京的最新消息。"勉励"号便加入英国特使船队，成为特使船队的第五艘船。

7月20日。英国人靠岸想去登州府。他们发觉庙岛并不是原来想象的中国大陆的一个港口，而是一个岛；还发觉他们停泊的地方很危险。

登州知府是一名高级官员。马戛尔尼写他“彬彬有礼，聪明好奇”。他登上“狮子”号，向英使介绍通过陆路去北京的各种办法。“朝廷已就此问题给了他指示”。中国人非常不喜欢海上旅行。马戛尔尼则想继续他的海上航行。再说，他从一名新领航员那儿得知，这个季节北直隶湾没有任何危险；而且通过内河把行李运到天津的帆船都已准备好了。“这些帆船船体大，结构好，因此我们的箱子决不会受损或受潮。”

7月22日，五艘船扬帆启航了。它们用3天时间抵达白河口：但由于河底的冲积土层很厚，船队无法开进去。因此，25日凌晨，船队在离海岸5海里，水深只有7英里处停泊。“豺狼”号往前行驶，抵达大沽。

晚上，“豺狼”号回归船队；坎贝尔和赫脱南向马戛尔尼汇报，介绍他们所受到的相当不错的接待情况。

当然，他们也不得不回答了许许多多有关使团的问题：人数、年龄、人员的职衔、“狮子”号与护卫船的马力、礼品，等等；有一名秘书把回答记了下来。中方告诉他们，有两名高级官员将上“狮子”号向英使致意并一起商量去北京事宜。

这是和天朝官僚机器的首次接触：它的庞大的机构既负责接待英国使团，也负责把它碾得粉碎。

第十一章

运送礼品

（1793年7月31日—8月5日）

7月31日，中午。所说的两名中国高级官员来了。“他们从未见过像‘狮子’号那么又高又大的船只。他们不知道怎么从船舷上船。我们只得用绳子捆住一把扶手椅，降到他们的帆船上，然后靠滑轮把他们升到甲板上。”

还有一名官员，他的品位最高，“由于怕海”，宁愿留在陆地上。

清廷档案使我们知道了英国人所没有弄懂的原因。钦差大臣徵瑞之所以没有上船，完全是出于礼仪上的考虑。朝廷大臣是不屑于上外国船的。通常是他们的士卒先爬上外国船，然后接过从朝廷帆船的高处抛过来的竹制跳板。这位要人就通过这个跳板下到外国船上。可是“狮子”号船体高大，无法安排这种传统的下船仪式。皇帝的钦差如果像蜘蛛似的摇摇晃晃地被吊在缆绳一端，那是有损尊严的。他丢了面子，也就是丢了他所代表的皇帝的面子。

7条大帆船跟随在后，船上装满了食品：“20头牛、120头羊、100只鸡、100只鸭以及数十篓各种食品。食品是如此之多，以致我们只接受了一小部分。”“外国人只有在东方才能遇到如此殷勤的”款待。中国的好客，“十分讲究形式，即使对敌人也如此”。

两名上船的中国官员分别姓王和乔。王是武将，头戴二品红珊瑚顶戴，上有一根皇帝特赏的花翎。乔是文官，他的帽子上那颗圆珠是蓝色的，比红色的低一级。“经过一番寒暄之后，我们开始工作”。商谈了有关礼品从英国船搬运到中国船上的一切细节。当然，他们又要求开列礼品清单。把所有礼品倒到中国船上的工作将需要4天至5天。

谈判完后双方便在“狮子”号上用餐。饭菜丰盛，气氛友好。这两名中国官员十分灵巧地学用刀叉进餐。他们很喜欢喝英国酒：刺柏子酒、朗姆酒、樱桃白兰地酒。马戛尔尼写道："他们走时紧紧地和我们握手告别[①]"，这是不足为怪的。他们走时比他们来时更需要借助于安乐椅了。

马戛尔尼为能在"狮子"号上款待客人而感到十分高兴。但那一天却成了他作为船上和海上主人的最后一天。英国人还不知道，他们一上岸就会由这两名友好官员陪同，并受到监视。一会儿被带到一个地方，一会儿被拒之门外，一会儿又被带回来。总之，他们的行动将完全失去自由。

文官与武将

王与乔将要陪同英国使团几个月。斯当东对他们从上到下作了一番描写："乔是一名文官。他讲话始终不慌不忙。一切都表明他有很强的判断力。他惟一关心的似乎只是不折不扣地完成他的任务。他曾是皇家某个孩子的家庭教师。人们都认为他是一位学识渊博又十分通情达理的人。"这就是一名英国文人对一名典型的儒家文人的很好描绘：沉着、谦恭、有威信但又毫不炫耀。

"王是一名武将。他为人淳朴、豪爽、勇敢，这是军人生涯所需要的品质。他体魄强健，身材高大。他身上伤痕累累，站立时十分挺拔。由于他气力过人，武艺高强，所以他在使用弓箭仍然多于使用火器的中国军队里很受敬重。他对新交的朋友十分随和，就像对待相识已久的老朋友一样。"

文官加武将，这就是统治中国的"天朝官僚体制"的双重结构。天朝官僚体制一直在寻求某种平衡：文官占领导地位——文官在中文里的意思是"文人"；武将拥有强大的影响力。作为长征的光荣幸存者、红军的绝对主宰的毛泽东与邓小平不也是作为文官执掌国家最高权力的吗？无论在中国还是在罗马共和国——同样也像在所有的民主国家——官袍胜过武器。

在不同年代里，这个规律也会遇到例外。作为征服者的满族人曾一度突出军人地位。20 年代的"军阀"是如此，后来的"文化革命"由于需要控制局势，也再次提高了军人的地位：军队至今仍然是制止动乱的手段。中国人对此习以为常。不过，王的地位并不始终高于乔。

① 这十分令人惊奇：清代中国人是不握手的，而是多次鞠躬。

礼品清单

正当苦力把礼品箱从英国船搬运到中国帆船上去时，马戛尔尼再一次令人开列礼品清单。他认为，为了增加礼品的光彩，最好用“东方”风格来介绍这些礼品。

所谓“东方”风格，只是马戛尔尼自己对“东方”风格的看法——描述时要用夸张手法。但他却忘了中国礼貌的首要一点就是应该贬低所赠礼品的价值，以免受礼的人感到羞辱。可是，马戛尔尼怎么愿意说他带来的礼品“只是一些纪念品”、“小意思”，“我们穷国的一些小玩意儿”呢？他自然就显得狂妄自大了。

“如果赠送一些只能满足一时好奇心的时髦小玩意儿，那是有失礼貌的。因此，英王陛下决定挑选一些能显示欧洲先进的科学技术，并能给皇帝陛下的崇高思想以新启迪的物品。”

下面是主要礼品的介绍：“天体运行仪，它代表宇宙，而地球只是其中的一个小点。这是天文学和机械学最佳结合的产品。该仪器准确地模仿地球的各种运动，月球绕地球的运行；从仪器上还可看到太阳的轨道，带4颗卫星的木星，带光圈及卫星的土星等。这架天体运行仪最后还能模拟各天体的蚀、合和冲。它指出人们观察时的确切月、周、日、时和分。该仪器是欧洲最精美的，它所设计的天体运行情况可适用一千多年。

“一个地球仪。它上面标有地球的各大洲、海洋和岛屿。人们可从上面清晰地看到各个君主的国土、首都以及大的山脉。该地球仪标有受英王陛下之命在世界各地远航所发现的新地方，并画出所有这些远征的航海路线。”

各种类型的武器

礼品介绍中巧妙地塞进了政治，甚至恫吓：“欧洲其他国家都承认英国是世界上最强大的海洋国家，因此英王陛下想在给皇帝陛下派遣使团的同时派遣几艘最大的船只，以示敬意。但鉴于黄海里有暗礁，而欧洲的航海家又根本不熟悉这段航路，英王陛下不得已派遣一些较小的船只。另外，英王陛下赠送给皇帝陛下英国最大的、装备有最大口径的火炮110门的‘君主号’战舰的模型。”这是想暗示装备有64门火炮的“狮子”号及其4艘护航舰只是英国强大海军舰队的微不足道的一部分。伦敦方面可以派遣它的强大舰队开赴广州，如果……

礼品介绍中还专门提及了“榴弹炮、迫击炮”以及手提武器：卡宾枪、步枪、连发手枪。这也是为了暗示英国武器的绝对优势，但同时也是为了谨慎地大量推销世界上最好的兵器。当然，礼品介绍中也提及“削铁而不卷刃的利剑”——这是为委婉地介绍英国特种钢方面的优势。

接着，礼品介绍又同样详细并同样浮夸地谈了赫歇耳望远镜、秒表、韦奇伍德瓷器、帕克透镜、布料……

礼品介绍中最后开列的是油画：“王室成员”和“著名人士”的画像；“城市、教堂、城堡、桥梁、陆战与海战、船坞、赛马等真实写生画”。

中国人的看法

王和乔说他们感受的印象非常深刻，英国人更加喜欢他们俩：这是一种突然产生的好感。可我们对这两名中国人是否喜欢英国人则一无所知，因为他们无权直接与皇帝通信。马戛尔尼与天朝官僚的首次接触情况是由第三者，即钦差大臣徵瑞写奏折给皇帝的，尽管他本人并未在场：“英吉利国贡船仍来天津海口停泊。奴才拟赴该船时先告知仪注，该正贡使马戛尔尼自以品级尊崇，须平行相见。若奴才先行往见，有失体制。”

（在奏折的边上，皇帝朱批：“又太过了。”这位钦差大臣比皇帝还更维护帝制。）

“是以即令同出海口之天津道乔人杰、通州副将王文雄过彼船内，谕以‘钦差出海查看表文〔乔治三世信件〕贡单，令我等过船来取’。该贡使免冠，遥向奴才口称：‘蒙大皇帝如天之德。’其接待道协二员亦极恭敬。大船舱内正中供奉皇上圣容，外边装金镶嵌珠石，外罩大玻璃一块。该贡使十分肃敬，不敢在此起坐。

“其贡物内有见方一丈多者一件，现已分装数箱，易于运送。据称贡品俱可运至热河，惟此件制造精巧，国王极为珍重。如在热河安设，再行拆动，必致损坏，不能收拾。奴才未敢擅便，理合请旨遵办（……）英吉利国远在重洋，经数万里之程，历十一月之久，输诚纳贡，实为古今所未有。”

钦差大臣的奏折与其说是向皇帝报告实情，还不如说是拣皇帝爱听的汇报。

怎么让对方明白

最初是周、安和王诸位神父，后来是安纳和拉弥额特神父，甚至小托马斯也都参加，他们非常吃力地翻译了礼品清单和国书。中文译本是从赫脱南提供的拉丁文本译过来的，至今仍保存在清廷档案里。不过，这中文译本很不易懂。例如，英国人所称的“天体运行仪”是用的音译。

在皇帝身边的传教士又把中文本重译了一遍，因为“朝廷用的文字只有经常出入朝廷的人才熟悉”。他们把“天体运行仪”巧妙地作了解释性翻译，写成“天文地理音乐钟”。

可以想象，这双重翻译会有多少曲折与困难。中文和英文都有各自的高雅语言。中华帝国的所有官员都使用古典汉语——不是文人是无法懂的。拉丁语是欧洲知识分子的交际语言——不错，它在“世界性的法语”面前正在衰落。但不管怎么说，英国人可以靠拉丁语和一名曾在意大利学习过的中国传教士对话。

在20世纪的中国，古汉语几乎只在大学里教，而且学的人寥寥无几。在欧洲，即使在教堂里也已经不用拉丁语歌唱了。而现在法国或德国商人到中国讲什么语言呢？他们讲马戛尔尼的语言。英国使团在这次文化碰撞中战胜了两个“天朝的”官僚体制——并战胜了他的所有竞争对手。

第一次中英对话也使英国使团的翻译力量经受了考验。在澳门时，英国使团的两名翻译中的一名因为害怕而出走了。留下的那位满族人便繁忙不堪。乔治爵士和小托马斯欣喜若狂地一试他们的才干。斯当东很容易承认孩子的才干，因为父亲为孩子成功所感到的骄傲大大冲淡了自己失败后的不快。“我们想考考使团里两个人的才干。在整个海上航行过程中，他们都学习中文。一个人以成年人锲而不舍的精神全力以赴地学。但使他感到羞辱的是，中国官员讲话时，他一个字也听不懂，而他讲的中文，中国官员一点也不懂。另一个是位小男孩，他肯定没有那名成年人那么用功，但他脑子灵。需要时，他的确能充当一名相当可以的翻译。”

这真是一种超现实的情况：一个使团在中国能否成功的一切希望都寄托在一名满族传教士和一个英国孩子的身上。前者少年时代便到欧洲，对中国除了一些记忆外毫无了解；后者对中国只有一些书本知识。至于政治，两个人都一窍不通。

他们的首次翻译工作是否成功呢？不成功。徵瑞在奏折中指出："错字很多。"他们在描述礼品时倾注那么多的热情，写得那么详细，可中国官员只用礼品单上的号码作为标志。中国官员并不问这些礼品有什么用：重要的是，一件也不能少。

忙碌的蜂群

8月2日开始把礼品箱搬运到中国的大帆船上。这可不是一件轻而易举的事情：梁肯堂总督在8月3日的报告中写道："贡物起拨进口者连前共有五百九十余件。现在陆续拨运，尚未完竣。该船人等于贡物起完后随同进口。"的确，只是在中国人运完了所有礼品后，使团才获准下船，"贡物"当成护照用了。

装卸工作于8月4日结束。到了大沽又得把进贡礼品搬到小一些的帆船上才能沿河而上，开到离北京12英里的通州。内河航运到此就结束了。"中国人干得很好。他们不停地唱着、喊着，但很守纪律，听从指挥。他们很聪明，有很多好主意与窍门。一些中国官员统计礼品数并发给收条——任何礼品都不必担心会丢失。"

温德承认："我们以为中国人很不擅长使用机械设备，我们向他们提供了一些滑车，但这种担心是多余的。他们依靠自己的技术，用绷紧在桅杆间的绳子上的滑轮把最重的箱子搬来搬去，灵巧得令人难以置信。"赫脱南也同样感到吃惊："我们本来担心那些大件礼品搬上中国帆船时难免会受到损坏：这种担心是不必要的，因为他们人手很多，又非常小心谨慎。中国人的主要食物几乎只是大米和水，但他们的力气却很大。而我们的水手每天有肉吃，有酒喝。"

这些看法至今仍是正确的。中国人搬运时的灵巧是确凿无疑的。他们今天的主要食物依然是大米和煮熟的蔬菜。1793年英国人享用的牛肉或羊肉至今在中国还很少食用。

勋爵看到中国人如此认真也就放心了。他决定让"狮子"号与"印度斯坦"号两船离开。海底情况不明，船员又受到疾病的折磨，因此他把船只都派往舟山群岛，停泊在水深且能肯定获得给养的地方。但他把“印度斯坦”号的指挥官马金托什船长带往北京，将来可让他在初步谈判后把首批报告带回英国去。

当英使在8月5日离船上岸时，他受到19响礼炮和三喊“乌拉”的欢迎，而水手们则受到了委屈，因为他们千里迢迢来到中国却无缘“一睹中国著名首都的风采”。

有两人因为必须待在船上而特别感到遗憾，他们就是安纳神父与拉弥额特神父。俩人是从澳门上的船，中国官员不准他们上岸。想靠外藩使节到宫内为皇帝当差是不行的。因此，他们必须返回澳门，向两广总督申请入境。这是不可变更的程序，即使为了取悦于一个大国使团，这程序也不能更改。

第十二章

“对你来说，一切都是新鲜的”

（1793年8月5日—7日）

礼品一搬运完就开始上行李、兵卒和仆人。船上拥挤不堪。这种帆船由于吃水浅，所以可一直开到大沽。马戛尔尼及其随行人员很高兴能乘3艘英国船靠岸——这是3艘最轻型的船：“豺狼”号、“克拉伦斯”号和“勉励”号。

8月5日，小船队进入白河口。船队四周有许许多多的小船，河滩边也站满了人群，对此英国人不胜惊讶。“河岸两边有许多草顶泥屋，和汉普郡[1]的茅屋十分相似。”“孩子们几乎都赤裸着身子，个个长得漂亮”，成年人“长得健壮，尽管吃肉很少”。这种饮食上迫不得已的节制反而有利于健康。马戛尔尼对此很想不通，他的同伴说他之所以“因痛风而行动不便”，原因就是他“好吃”。

马戛尔尼勋爵的视线尤其被妇女所吸引。“一些年轻女子沿着河岸轻快地奔跑着：她们的脚都完好无损。听人介绍说，女子缠足的习俗在北方各省比其他地方较为少见。女子的头发粗黑，编成发辫后用一根束发针束在头顶上。”英使被所见的情景迷住了，一股意外的激情涌上心头。“我情不自禁地想起莎士比亚《暴风雨》中米兰达的惊叹赞词：‘观此芸芸之众生兮，叹造物之神奇！’”

马戛尔尼忘却了普洛斯彼罗对公主所提出的清醒警告：“对你来说，一切都是新鲜的。”他像那自以为终于抵达中国的克里斯托弗·哥伦布那么兴高采烈。他开创了一次出色的航行。“我的兵士被带到岸上。他们个个喜形于色。王和乔走来邀请我们出席一个宴会。由于我感到疲乏，所以婉言谢绝了，并又向上游航行了一海里，一直开到那艘供我使用的游艇[2]才停下。这艘游艇将载

---

① 位于英格兰南部，一向为农业郡。——译注

② 这是英国人所用的词，就是指“木帆船”。

我开往离北京12英里的通州。游艇宽敞、整洁、舒适。在那里我又见到王与乔，他们是来欢迎我的。”马戛尔尼以为使团的每个成员都会受到同样的接待：“使团的其他所有绅士似乎都受到了同样的关照。”

此话说得早了点。“天文学家”丁维提的回忆可不太美好了。他只能在船上的一条长凳上过夜。他感到非常不适，所以“跑到甲板上，靠在一捆绳缆上试图睡一会儿”。

无论在帝王中国还是在人民中国，代表团的团长、“贵宾”都受到体贴入微的照料。与此相反，其他的人就只得承受粗俗简单的接待。中国社会过去是，至今仍然是等级森严的社会。

设施齐备，独缺一样

英国使团在大沽逗留了3天。所有的礼品、行李和人员都必须撤离原来乘坐的大帆船，改乘能续航至通州的小船。这就需要37条小船，浩浩荡荡，完全是一支船队。

使团成员有一百多名中国官员随行。英国人高兴地发现他们将要坐好几天小船去北京，特别是还要坐这些小船从北京返回。现在他们坐船进入中国错综复杂又非常广阔的内河航运网。亚当·斯密对此赞不绝口：“在中国，多种多样的内河航运手段使搬运工作大大减轻，而且还降低了制成品的价格。”这位英国经济学家之所以那么称赞“中国模式”，是因为英国人正是在18世纪70年代才通过运河把各个工业基地联系起来，填补了与中国近千年的差距。

按照他们对舒适的标准，这些游艇比起以前见到的简陋的帆船要好得多。英国绅士们在船里有6个舱室，另外还有两个作厨房用，一个作饭厅用。“挂在窗上的透明丝质窗帘随风飘扬。”木船漆的是“黄漆，无论从光泽还是从细腻程度看，这种漆的质量都远远超过欧洲的各种油漆”。但赫脱南悄悄地指出一点遗憾之处：“船上一切都很方便，唯独缺少我们欧洲人认为最主要的设施。”这个缺陷长期存在。

好几名高级官员过来告诉马戛尔尼说，受皇帝派遣来迎接他的直隶总督刚刚从离京100英里外的保定来到。8月6日那天早晨8点，特使、乔治爵士、小托马斯和翻译“李子先生”坐上轿子。这种轿子是“竹子做的，上面铺着缎子。每顶轿子由四个壮汉抬着，两个在前面，两个在后面”。

威严从容的大臣

他们在一队骑兵的护卫下来到海神庙。“那是高官显宦公务旅行时下榻的行宫”，总督就在这里宿营。

海神庙的栅栏前有几座饰有小旗的帐篷。好几队士兵，手持军刀；一些骑兵背着弓箭，但都不带火器。总督在庙门前友好地迎接4名客人，他请他们进入一间很大的客厅。很快，这间大厅就挤满了总督的随行人员。

照例是喝茶，“问我们身体如何”，“皇上对我们的到来十分满意，并希望尽早与我们见面”……大家终于开始谈论正事了：“We now entered upon the business”。[①]马戛尔尼的急切心情十分明显。但不先说些空洞无益的恭维话，正事就没法谈。直到今天，这种习俗仍使许许多多西方商人感到恼火，因为他们的日程很紧，有时在飞机起飞前几分钟才签上合同。

“我们告诉总督，由于使团人多，所带礼品体积又很大，所以我们在北京需要宽敞的住处。”总督这时告诉英使说，皇帝想在热河，即他的“避暑山庄”会见他。

马戛尔尼顿觉手足无措，一切都变得复杂化了。如果去热河，就必须把一大批礼品留在北京，因为从陆路这么远途运输，礼品必然受损。但他只能强调表示他希望“使团将受到应有的礼遇”并在“相当宽敞的住所下榻”。

那么究竟是谁通知马戛尔尼必须去热河的呢？真的像徵瑞的奏折所说的那样，是7月31日王和乔在“狮子”号上通知马戛尔尼的吗？还是像马戛尔尼在日记里说的是梁肯堂在海神庙里通知他的呢？是谁在编造呢？难道是徵瑞想隐瞒乔和王没有向马戛尔尼转达本应由他亲自转达的口信这一事实吗？还是马戛尔尼想让人相信，所有重要口信都只能是由中国最高级官员向他转达呢？但不管怎么说——档案是这么记载的——中国人早就决定夷人要到热河谒见天子。

暂时，英使先向总督提出要求，希望生病的船员能够得到治疗，伊拉斯马斯·高厄爵士能得到一张通行证以便去庙岛或舟山修船：“因为，时光迅逝，船队应尽快离开北直隶湾。”

---

① “我们现在开始谈生意。”——译注

马戛尔尼热情洋溢地写道：“在整个会见期间，总督听取我们的请求时十分认真，同意我们的请求时也非常自然。他那泰然自若的神态实难用言语表达。他甚至还提出供应我们船队足够吃一年的食物。”这位英国勋爵在日记上只提了一笔：“我希望他送那么多食物并不意味着他希望我们尽快走。”可他不知道，中国人从来没有想过他会想长住中国。

但怎么能对这位满脸慈祥，银须白发，两眼闪烁着智慧光芒的老人有任何猜疑呢？梁肯堂的仕途是有代表性的：他生于1715年，1756年考中举人。先后担任知县、知州、按察使、湖南署理巡抚，最后在1791年担任直隶总督，便身加黄马褂、头戴花翎顶戴。今天，他和马戛尔尼相逢，他将继续官运亨通。他在八十多岁时参加为“一千名德高望重的老人”举办的盛宴。后来由于他年事太高，不能再从事繁忙的政务，便在85岁时改任河道总管这一名誉职务。这就是巴罗所说的文官典型，其“礼貌和尊严是欧洲最机敏的权臣所不及的”。

英国人给人印象不佳

英国人回到游艇，发现桌上摆着从未享受过的丰盛肴馔。马戛尔尼一边品尝佳肴，一边思考着和梁肯堂谈话中出现的两个新问题。

皇帝住在热河这件事打乱了他的计划。他的目的是创建一个永久性的使馆，这个使馆只能建在首都，一个和当时欧洲各国首都一样固定的首都。因此，他需要有宽敞的房子——不仅仅是用来保护礼品。他不愿听到徵瑞7月26日对先遣人员坎贝尔和赫脱南所提的古怪建议：英国人要卖的任何货物都可以存放在天主教会。英国使团和基督教传教士毫无关系——而且也没有任何货物要卖！他们只想要有属于他们自己的房子！

马戛尔尼的另一目的是要让舟山港对英国商人开放。他巧妙地利用船队遇到的困难使船队获准在舟山港临时停泊。

关于在北京住下来的问题，马戛尔尼开始以为他的要求已得到同意。至于船队的停泊问题，他的要求也将得到满足。他相当高兴。可中国人并不如此。总督很快就发现英使对礼仪一无所知。有关接待他的谕旨也已向他宣读过，可马戛尔尼甚至连这个礼节问题都只字未提，好像在他看来那是无关紧要的。

然而，中国朝廷正是根据这一点对马戛尔尼作出判断。正如中国官员随即寄往热河的信中所指出的那样，对马戛尔尼的印象很坏，因为这位西洋国王的使者没有像所有在场的中国人那样磕九次头，而只是脱掉帽子。总督执行皇帝的指示：在礼仪方面先不要过严要求，但要注意观察并随时禀报。总督一眼不眨地注意观察，而且还考虑了许多并写道：

“次早，马戛尔尼等上岸求见。臣等恭宣大皇帝有旨。该贵使向上免冠竦立。臣等恭宣：‘大皇帝特命我等前来照料尔等前赴热河。沿途馆舍俱有饩廪。叩见大皇帝后又有筵宴赏赉。其留看船只官员随从人等又命我等宽给食物，将来回国时并犒赏尔等一年米石。其肉食等物，船内难以携带，自有地方官资送接济。’该使臣等敬聆之下极为感激欢欣，并据通事代称：‘我等万里远来叩祝大皇帝万寿，尽一点诚心。’臣等宣传恩旨后另邀该贡使等至东厅以礼接待[①]马戛尔尼等复向臣等免冠合掌，亦极诚敬。”总督的奏折避而不谈送礼人的愿望：送礼人的愿望充满敬意，但他举止失当。

总督送名片

总督写完奏折后开始对英使保持距离。第二天一清早，总督派王大人通知马戛尔尼，说总督很想拜访他，但由于年事已高，他不能走跳板上游艇。马戛尔尼回答说，他“因让总督冒着生命危险或损害健康的危险来作一次普通礼节性拜访而感到不安”。王指出，总督将坐轿子到跳板处，然后递送他的名片，希望英使把这种做法看作是一次实际拜访。

拜访就是这么进行的。总督来时排场十分隆重：前有军事仪仗队开道，后有一长串官员相随。总督的座轿一落地，所有的人都同时下跪。这时，他派一名军官把他的名片交给翻译，随后便立即启程返回宿营地。

马戛尔尼简直不相信自己的眼睛，但他决定不因此而表示不快。总督前天旅行100英里后依然精神抖擞，现在怎么就不能走一段跳板了呢？别蒙人了！他想接见马戛尔尼，而又不愿被马戛尔尼接见。然而他事先曾巧妙地派人对英国人作过试探，他是在获得对方同意之后才表现出自己高人一等的：这真是一堂出色的外交艺术课。

---

① 应理解为：在香案前三跪九叩，案上摆有表示皇帝“真身”的铭文牌。

说到名片，当时在中国十分流行。（现在，名片又开始在人民中国大量出现。这是受了使用名片成癖的日本和韩国商人的影响。这一习俗转了一圈后又回到了中国。）

巴罗挽回了使团的面子，他强调总督的名片很大，同马戛尔尼应受的礼遇相符：“总督送给英使一张用大红纸做的巨大名片。把它打开的话，足可把房间的墙都盖上。”

“驾驭远人之道”

就在总督、钦差和英使交谈时，一名驿卒正快马加鞭地把皇帝的一封谕旨送给梁肯堂和徵瑞。如果马戛尔尼知道圣旨的内容，那他一定会感到震惊的。“总督职分较大，若该督与贡使偕赴热河，恐该贡使益足以表其矜傲。”因此，这位可敬的老人被建议去监督永定河治理工程。“是亦驾驭远人之一道”。这是一名出色的鞑靼骑士的行话：抓那困住马嘴的笼头牵着马走，软硬兼施。

不过，考虑到不同的风俗习惯，乾隆在同一封谕旨中对磕头问题似乎表现得很通融：“倘伊等不行叩见礼，亦只可顺其国俗，不必加以勉强。”

原先对英国人非常严厉苛刻，现在又这样放松，这不令人吃惊吗？中国皇帝是否放弃皇家礼仪了呢？根本没有。他善于区分主次。他的宽容只限于对他的象征物的态度：在圣旨或皇帝赏赐的宴席面前，在香案或钦差大臣面前都可以不必叩头。乾隆愿意放弃这些象征性的礼仪，因为这些礼仪的意义显然是智力低下的西洋夷人无法理解的。这些情况马戛尔尼并不知道，如果他知道原本会引起多大的麻烦，那么可以想象他定会感到吃惊和沮丧的。

乾隆以尖酸刻薄的幽默口吻训斥徵瑞说：“试思该使臣向徵瑞行叩见礼，亦无足为荣；即不行叩见礼，亦何所损。”如果夷人磕头的话，并不是冲着钦差大臣，而是通过钦差大臣的躯体，向皇帝的灵魂磕头。而如果在不知道他磕头意义的情况下磕了头——磕头表示顺从完美无缺的天朝制度，表示归顺天朝文明——这对英使来说，也同样没有任何荣誉可言。难道一只装模作样的狗向你致意就变得高贵了吗？

不过，乾隆后来在给这两位官员的信中又作了修正。他把马戛尔尼比作安南君主。后者虽是国王，但心甘情愿地顺从中国礼仪，在一道简单菜肴前也磕头。马戛尔尼不是国王，他只是一名贡使。因此，他应该尊重钦差大臣。

乾隆的指示不断地在苛求和宽容之间摇摆。苛求，因为夷人“待之愈厚，则其心益骄”；宽容，因为应该让外国人随他们的“习俗”，俗——粗俗的礼貌——和“礼仪”不同，礼——成为仪式的礼貌的最高形式。只要没有在天朝熏陶过，夷人就没法掌握它。

罗广祥神父曾给吉涅骑士写过一封信。当时后者还认为自己是法国国王驻广州的代表，而路易十六早在七个半月前已被砍了脑袋。罗广祥神父在信中写道：“英使马戛尔尼的船队已到天津，有六名传教士已被召去热河。”确实，8月7日，和珅[1]在热河召见好几名最有能力的西方传教士，他们是一些钟表专家和精通天文地理的人。他们之所以被召见，是因为他们精通西方事务和西方语言：皇帝也在作准备。

---

① 乾隆所宠的权臣，中堂大人。他同时主管内阁、军机处和其他权力机构。英国人称他为“首相”或“阁老”。

第十三章

礼品还是贡品？

（1793年8月8日—10日）

启航的准备工作和航行秩序的安排都十分顺利。马戛尔尼非常高兴：“中国行政机构是如此完善，如此有权威，以致随时可迅速解决任何困难并做出一切人力所及的事情。”世上最反对官僚制度的社会的特使不禁对最官僚的制度倍加赞赏。

8月8日晚，为了庆祝已取得的成就，马戛尔尼命令他的卫队演奏铜管乐。天文学家发现，这些西洋乐曲“对中国水手没留下什么印象”。

第二天早晨——作为中国方面的回礼——锣和皮鼓声震耳欲聋。这是启航的信号。温德指出：“所有的船上都有这种声音很响的乐器，不习惯的乘客因此从睡梦中惊醒。当船在航行时，锣用来发信号，特别是用来指挥拉纤人的步伐。”

不到一小时，整个船队都启航了，并以每小时4英里的速度溯河而上。到达下一个停泊港天津需要两天时间：80英里蜿蜒曲折的河道。“河流由于弯弯曲曲而景色迷人，”天文学家写道，“不用几个小时，罗盘上的指针就转了整整一圈。”赫脱南说：“每时每刻我们都遇到一些急于看看我们的船夫。他们的脸上流露出吃惊的神情，很多人放声大笑，用手指头指着我们的长相或衣着上的怪异之处。顷刻间，河岸上人头攒动，挤满了好奇的人群。”

这些长期在海上航行的英国水手仔细观察这数不清的内河驳船：“有些船很大：船身可达160英尺。造得很结实。船形颇似给牲畜饮水的平底饮水槽；船的两头都往上翘，船尾比船头翘得更高；船帆是用席子做的，成扇面形，依靠竹竿把船帆折叠起来。中国人不会使用双滑轮滑车。”

安德逊数了一数，在24英里的航程中一共遇见600艘船，而在两岸停泊的船只至少有这个数的两倍。“根据最保守的计算，我们至少见到50万人。”“迷人的乡间小屋”，“精致的花园”，“一块块整整齐齐的庄稼地”。

两个世界的撞击

给船队增添许多光彩的旗帜中，有几面旗却令人担忧。赫脱南写道：使团乘坐那么多的船只远道而来，中国人见了一定非常得意，因为在长幡上用中文写着几个大字："英吉利贡使"。无论在旗上还是在英使提供的礼品清单上，中国官吏都把礼——"礼物"改为贡——"贡物"。这一个字的改动使英使十分不快。中国官吏称送给皇帝的礼品从来就叫作贡。

这是一种解释，但没有解释对。再说，马戛尔尼的使命并不是充当临时的使者，只是送表示归顺的贡物来的。他作为首任常驻大使派往中国，并给皇帝带来了礼物。我们现在掌握的文献说明，中国人从一开始就不接受这种区分。他们对英国使团犹如对其他国家的使团一样采用同样的措辞和礼仪。

中国皇帝对此亲自过问。他在热河收到了礼品清单。使乾隆十分生气的是马戛尔尼在中译本中给自己封的"荒诞头衔"：钦差，即"君主特使"——查理大帝称之为"missus dominicus"。这正是徵瑞的头衔。皇帝马上在8月6日的谕旨中作出反应："此不过该通事仿效天朝称呼，自尊其使之词。无论该国正副使臣总称为贡使，以符体制。"

要和礼仪相符，要和过去曾有的、并将永远不变的礼仪相符。"在今后的一切译本中，一律改为贡使或藩使"。

世上只有一个皇帝，那就是中国皇帝。同样用"钦差"这个词就等于把英王升格为平等的皇帝。马戛尔尼不该以他和派遣他的人的关系来定衔，而应以他的使命来定衔：其使命是表示效忠天朝。

皇帝是世界秩序的中心，也是上天在这世上的惟一代表。他不能设想某个人竟要和他平起平坐。他是最有权威的文人，也是传统习惯的捍卫者。孔夫子说："君子博学于文，约之于礼，亦可以弗畔矣夫。"难道能让一个不先适应中国的文字与礼仪的夷人接近中国吗？永远不能。

后来，徵瑞奉命在谈话中加进一句话："至尔国所贡之物，天朝原亦有之。"这样，贡使就再也不能以这些奇特的礼品自吹自擂了。

显而易见，他们想要打掉英国人的傲气。有些不偏不倚的见证人，如朝鲜贡使，揭露中国皇帝的不良用心："英吉利进贡物品制造奇巧，西洋人所不能及。"这正是英国人自己的看法。

同马戛尔尼一样，皇帝对一切都作周密安排。这远不只是因为那一方极度敏感所引起的问题，而是两种根深蒂固的信念——一方是对宇宙秩序的尊重，另一方则是荣誉感——准备就一个礼仪问题进行较量。分歧的产生并不是像英国人以为的那样由于低级官员不合时宜的干预；也不是像中国人以为的那样由于夷人的无知。其真正原因是：一方觉得自己处在历史的先进地位后就不愿放下架子，而另一方则认为礼仪永恒不变，它是文明的基础。两个世界正是通过礼宾上的困难相互撞击着。

马戛尔尼暂时设法避免发生任何争端，好像他惧怕撞击似的。他装作把旗上的“贡”字看成是用词不准确，但他头脑是清楚的。他在1793年9月3日写的、至今尚未发表的出使报告中解释说，他担心他如就旗上的文字提出指责的话，不仅得不到纠正，甚至会使这次出使半途夭折。

即使你是来自一个海洋国家，当船就在岸边，只要走过跳板便可踏上陆地的时候，你却始终呆在水上，这多让人厌烦。有几个幸运者曾在澳门、舟山或大沽上过岸。大多数英国人只曾离开自己的船登上中国帆船。天文学家决心要把大量信息带回以飨欧洲的学者专家，他记下了8月10日这一天。

首先，他对这条河的纬度“作了第一次测量，这条河的纬度在历史上还从未测量过”。结果是北纬39.10度，和西班牙的托莱多[①]在同一纬度上。接着，丁维提在采集植物标本时发现一种用来染色的植物，便拔了一棵。这种植物以前林耐[②]都未能辨认出来：这又是一个“第一”，丁维提为此感到十分自豪。一个中国人走过来给了他一棵毫无价值的蔬菜，这引起大家的哄笑。“低层的中国人一有机会就敢这么随便”。由于他的好奇心被中国人的好奇心所压倒，他只得撤退，免得尴尬。

在陆地上自然要比在游艇上更受本地人——看热闹的人或被认为是保护看热闹者的军人——的摆布。“每当一个欧洲人上岸，必有士兵陪在旁边。这表明他受到中国政府的保护，也可能这些中国士兵是奉命来监视的。”

从8月5日起，英国人就吃中国饭了。他们对有些菜赞不绝口，而对另一些菜则不敢问津。“人们以当地方式给我们上炖肉。这炖肉是用切成小方块的肉，加上很多酱油佐料做成的。最讲究的菜肴要算是鱼翅和燕窝了。”

---

① 西班牙著名旅游胜地，位于北纬39.50度。——译注

② 林耐（1707—1772），瑞典博物学家。——译注

侍从安德逊显得挑剔："收到食物后，我们自己动手做，因为中国人太脏。如果不是饿得不行，决不吃中国人做的菜。"不过，他承认中国人善于做米饭。这是中国菜中惟一看起来干净的食物："他们把米放在冷水中洗，然后用箩淘，再放到开水里。当米粒绽裂后，再经过筛把水滤掉，放进锅里，直到大米变得雪白，裹上一层硬皮为止。这种米饭比我们的面包好吃。"克洛岱尔的看法也是对的："黄种人不会咬面包，他们用嘴唇嘬，吞吃一种半干半湿的食物。"

吃饭方式也不讨安德逊的喜欢："他们吃饭用的桌子不超过1英尺高。他们围着桌子，席地而坐。米饭锅放在中间，每人盛一碗，用两根小尖棍子夹煮熟了的蔬菜吃饭。中国人吃饭时那种狼吞虎咽劲是无与伦比的。"

对中国人来说，吃饭是头等重要的大事。每顿饭的时间都非常有规律。"水手三餐饭的时间分别在日出时、11点和晚上7点。""人世间倘有任何事情值得吾人慎重其事者，那不是宗教，也不是学问，而是'吃'，"一名本世纪的中国人说，"吾们曾公开宣称'吃'为人生少数乐事之一。"

撒谎与偷窃

事实上，说到对中国人的了解，英国人主要通过伺候他们的中国人。他们靠打手势跟中国人讲话，因为使团惟一的一名翻译给大使占用了。但这并不妨碍他们得出一种理论。在他们眼里的中国人的典型形象就是撒谎、奸诈，偷得快，悔过得也快，而且毫不脸红："他们一有机会就偷，但一经别人指出就马上说出窝藏赃物的地方。有一次吃饭时，我们的厨师就曾想厚颜无耻地欺骗我们。他给我们上两只鸡，每只鸡都少一条腿。当我们向他指出一只鸡应有两条腿时，他便笑着把少的鸡腿送来了。"

孟德斯鸠指责中国商人用三杆秤，其中两杆是不准的："买时用大秤，卖时用小秤，对警惕性高的人用准的秤。"巴罗则推而广之："在中国，商人欺骗，农民偷窃，官吏则敲诈勒索他人钱财。""在我们的总管看来，偷盗在中国是司空见惯的事。可是，无论他还是他的同伴同中国商人及农民都从未打过交道。因此，这完全是一些诬陷之词——是从广州的英国人那儿听来的。"

中国人个人与集体之间有一种反差：一个贪吃、撒谎、不讲道德的个人使英国清教徒式的个人主义者反感；但英国人感到吃惊的是，组成集体的中国人则守纪律，有力量。眼前我们还在产生这种使中国人不满的新的成见，那就是巨大的“蚂蚁窝”和反常的“蚂蚁”。特写镜头中的中国人引起英国人略带蔑视的微笑，但在全景镜头中，英国人所看到的中国人必然是一个集体，一个极端有秩序的集体。

船队溯白河而上，看到的是一幅全方位的活动画景。即使在夜里，依然热闹非凡：“白河两岸，无法计数的纸糊彩灯点亮了。灯笼有白的，有蓝的，也有红的。加上挂在船桅上的灯笼以及船舱窗口上的灯，倒映在河面上，真是光彩夺目。”

我们的目击者对这场奇特的声光表演的音响效果补充说：“河岸上站着的每个哨兵都拿着一段空心竹子，他们有规律地用木槌敲打，表示自己并没有睡觉，并且每隔二小时敲打一次，以表示换更的时间：我从士兵们那儿听说，这种做法在所有中国军队里都通行。”

犹如在尼罗河边，我们看到一些金字塔。不过，这些金字塔是盐堆。在天津周围，你还可以看到这种盐堆以及把盐装到船上的情景：那一带全是含盐的沼泽地。“巴罗先生估算这些盐有600万磅。在法国，根据盐税统计，每个法国人每年平均消费盐20磅。假如每个中国人盐的平均消费量和法国人相等，那么这些堆成金字塔的盐就足够300万人食用一年的了。”正当中国人用夜景吸引他们的客人时，这些讲实际、会做生意的英国人却在估算消费者人数以及他们将来的商业利润呢。如果这个省的老百姓消费600万磅食盐，那么曼彻斯特的棉布在这里不是可以大量推销吗？

1793年8月10日，即君主政体垮台一周年之际，巴黎正隆重庆祝理性的胜利。旺代省陷于战火之中。①

① 指同年由王权主义分子在旺代省等地发动的复辟战争。——译注

第十四章

沿白河溯流而上

(1793年8月11日—16日)

沿着白河溯流而上的航行变得单调乏味，因为惟一构成地势起伏的就是那些不起眼的盐堆。因此，大家在8月11日到达天津时十分高兴。天津是第一大城市吗？这是毫无疑问的：那里人口集中。英国人过去从未见过这么多的人，哪怕是在伦敦和巴黎也都没见过。天津位于三条河流的汇合处，“中国北方所有海运和内河航运的交叉点”。然而，英国人眼里的天津好像是广阔的市郊：犹如泰晤士河流经的莱姆豪斯，而不是威斯敏斯特；塞纳河流经的雅韦尔市，而不是巴黎圣母院。“那里的房子即使和伦敦最贫困区的房子也都无法相比。整个城市都显得贫穷和破烂。”今天，天津给人的印象也还是这样，城市缺乏生气，即使生活在那里的老百姓似乎也感到乏味。

像马穆鲁克[①]一样

“无数的人群，不分男女老少，一见到我们便像潮水一般拥向河岸。”世界上只有在中国才能见到这么稠密的人群。“老百姓拥挤着，一直走到河中心。妇女们一点也不怕把她们的小脚浸湿了。”

在英国人眼里，中国人都长得一样：“真怪，那么多青铜色的人头拥挤在一起，就像在一组贺加斯[②]的油画里所画的那样！只不过人的面貌缺少英国画家擅长表现的各种变化。”

巴罗很欣赏中国官方喧闹、多彩的豪华排场。锣声、钹声和喇叭声响彻

① 中世纪埃及的一个军事统治集团的成员。——译注

② 贺加斯（1697—1764），英国18世纪著名油画家、版画家，以肖像画、风俗画和历史画见长。——译注

云霄；河岸边搭起了一个戏台，台上有一些演员在高音乐器的伴奏下唱戏；各式各样的楼台亭阁用绸带和丝质帷幔装点得格外漂亮。他喜欢“人民群众那种无穷无尽的快乐”，但他头脑也很清醒：“埃勒菲一培[1]到伦敦时所吸引的英国人不到这些中国人的一半；我们把马穆鲁克当作野蛮人，而中国人更把我们当作野蛮人。”嘲笑，用手指指点点——人群以各种方式来否定一切奇形怪状的东西。除中国人民以外，几乎没有其他民族更符合弗洛伊德[2]对群居天性的定义：“人在孤独一人时觉得自己是不完整的；但一个群体则排斥一切新的、不寻常的事物。”

这种豪华排场，这种人山人海的场面，只不过是给中国人自己安排的，“西洋人”则是其中最精彩的部分，并且也是人质。在马戛尔尼的日记里已可看到这种担忧，因为在许许多多面带微笑、殷切友好的主人中突然出现一个铁板着脸的人。在中国官员迎接船队顺利抵达的码头上，站在总督身边的正是那个曾拒绝上“狮子”号的钦差大臣徵瑞。

天文学家对这情景作了仔细观察：“船一抛锚，绅士们大概早已作好准备，个个穿好节日盛装。大家被带到临时搭的牌楼下。一些中国公务员用鞭子无情地抽打人群，让他们后退。马戛尔尼勋爵、乔治爵士和翻译在台上左侧入座，面对坐在台上右侧的总督和钦差大臣。台下一边坐着英国绅士们，另一边坐着中国官吏。牌楼是用包了红色丝绸的竹子作柱子，染色棉布围成的，地上铺了地毯。”

英国绅士们再次应邀出席宴会。钦差大臣露骨的敌视和总督的彬彬有礼形成明显的对照。最后双方还是就英国使团以后的日程达成了协议[3]。使团用一周时间沿河航行到通州，然后用一天时间从通州取陆路到 12 英里外的北京。使团很可能要在首都呆好几天，因为需要卸礼品和行李，并召集去热河的挑夫和马车。

这时，马戛尔尼又再次向中方表示要把礼品中最好的一部分留在北京。钦差大臣不同意，他刚接到皇帝谕旨：“所有一切贡物着交徵瑞一并押送前来。”马戛尔尼再次向他指出，把这些礼品运到热河有可能受到无法修补的损

---

① 埃勒菲一培，1803 年马穆鲁克王朝派往伦敦的使者。巴罗写这段文字是在 1804 年。——译注

② 弗洛伊德（1856—1939），奥地利精神病学家、心理学家、精神分析学派的创始人。——译注

③ 看了清朝档案，读者对此是有怀疑的。马戛尔尼把几个星期前就已在文件中定下来的安排看做是经过微妙谈判才取得的成果。

坏，“没有任何理由能强迫他赠送损坏了的礼品，因为这样做无论对英王陛下还是对皇帝陛下都是不体面的”。幸好总督看来理解马戛尔尼的解释。因此，最后决定还是采取最初的安排，但马戛尔尼勋爵仍对“钦差大臣那令人恼火的性格感到很害怕”。

不过话也要说回来，徵瑞是遵循中国的逻辑办事。一个进贡的使团应该把全部贡品送到皇帝脚下。英国人把最珍贵的礼品留在北京就自己贬低了自己。钦差大臣之所以让步，那是因为他想：“这些夷人真是疯了！”这是两种文明之间本质上的误解。

脱帽还是叩首？

马戛尔尼惊奇地发现，和别的地方举止严肃的陪同官吏相反，天津官吏好奇心强。他们毫无拘束地仔细察看英国人的一切东西：衣服、书籍和家具。请法国读者来判断斯当东所作的比较是否正确：“如果必须把他们和欧洲人相比较的话，那么他们像君主制度下的法国绅士们：举止潇洒，对人一见如故——但是，内心却是孤芳自赏，并有强烈的民族优越感。”①好像斯当东无意中看过总督的奏折似的：“臣等拟于公所筵宴，俾初履中华之土，钦睹上国之光。”

从清朝档案看，事实上，这些表面上轻松的朝臣对英国人的行为十分震惊。这精美的晚宴不是总督而是皇上恩赐的，这些英国人不问问就吃，胃口极好。中国人本以为他们也会像中国人那样在菜上来时跪倒在地。

钦差大臣和总督在给热河的奏折中悄悄地提了一笔：贡使“向上免冠叩首”。这后两字是表示磕头的固定说法。但不拜倒怎么“叩首”呢？这两名大文豪把西方式的脱帽和中国式的头捣地两种不同概念糅合成一种含混不清的表达方式，从而创造出一个表示虔诚的隐喻来说明马戛尔尼是恭恭敬敬的。

这位可敬的老人就此脱身，只说“遵旨”前去指挥永定河防汛工程了。

徵瑞则比较啰嗦。他在报告中谈了贡使如何装腔作势，“狮子”号船舱里挂着皇帝画像，但他没有见过。他还谈到英国人希望把贡品留在北京，在听说要去热河觐见皇帝时表示不安和吃惊。最后，他说贡使错用的头衔已从贡品单

① 1804年的法国翻译谨慎地删掉了这个比喻。

上划掉了，而且哪里都没有传出去，云云。

冒险通信

斯当东极其重视一个年轻中国人悄悄来船队的事情。这位年轻人在游艇周围转了很长时间。他写道："一名年轻人被带到船上，他穿着整洁，举止谦虚谨慎。这名新近改信基督教的教徒表示他忠诚于把他从偶像崇拜中解脱出来的传教士，现冒着生命危险来完成一件使命。他给英使带来一些信件，这既没有得到出发地官方的批准，也没有得到所在地官方的许可。"

斯当东从这新信徒偷偷送信那种谨慎小心的态度发现，即使中国人之间也没有通信的自由，在中国的外国人之间就更没有通信自由了。在中国，没有公共的邮政局。"只有皇帝个人可以通过驿站收寄信件。有时，作为特殊照顾，私人信件也允许由驿夫传递。中国政府就是这样猜疑不安，它垄断向公众提供或封锁消息的权利。"

这些信是用法文写的，写信的是一个法国传教士，名叫梁栋材。他曾是耶稣会传教士，47 岁，住在中国已有四分之一个世纪了。

第一封信是 3 个月以前写的。该信既表示愿意提供帮助，也向马戛尔尼发出警告。无论从信的内容还是从信被送达的过程看，这信都让人捉摸不透。梁栋材神父请求马戛尔尼同意让他在北京安排接见的一切物质准备工作，同时又要马戛尔尼装出没有接到他的信的样子。这位神父写这封信是因为在 5 月误听传闻，以为使团已经抵达天津。"阁下，我已作了一切努力为使团进行最好的宣传。我要立即告诉阁下的是在阁下到达北京之前，切勿将他的①使命的秘密和主要动机告诉任何人。如果阁下收到我的信后，要我做什么事的话，我将不胜荣幸，一定全力为阁下效劳。"

如果这提议出自英使之笔，那就没有什么可大惊小怪的：一个初来乍到的欧洲人写信给一名已中国化的欧洲人，请他给予帮助，那是十分自然的。反之，则不然：因为大家都只知道这名神父是为皇帝做事的，所以他无权给任何其他人提供服务。

---

① 传教士用第三人称称谓马戛尔尼。他装作像英使一样了解使团的来华目的。因此，英使后来没有让他继续干蠢事。

第二封信是几天前写的，信中让英使提防一个名叫索德超的葡萄牙传教士。虽然大家都知道后者敌视英国人——或者正是由于他敌视英国人而闻名，他将在热河作英使的翻译。“如果有关英国使团的事务像我希望的那样是在北京处理的话，我也就放心了，因为我可以轻而易举地消除因这个葡萄牙人的冒失话而可能给人产生的不良印象。可是皇帝和朝廷官员现在都在热河，中国政府不叫我，我就无法跟随阁下去热河。因此，我对这个葡萄牙人的行为深感不安。”一句话，梁栋材神父毛遂自荐，要取代索德超。

难道这位前耶稣会传教士在搞他个人的权术吗？马戛尔尼暂时不给他任何答复。不过他一到北京就要对这消息进行核实：尽管索德超神父既不会说英文，也不会说法文，但他的确已被朝廷指定为英国使团的正式翻译。

马戛尔尼要求允许他从在宫内任职的欧洲传教士中选一名会讲中文的担任管家。王和乔告诉他，朝廷很可能会同意这要求。英使还不知道，“对中国人说来，对任何性质的要求都不直接加以拒绝，否则就显得缺乏教养。因此，他们总是先对提出的要求表示赞同”。后来，马戛尔尼因为有了教训便懂得了这一点。但他对这种做法从不赞同：“他们脑子里没有丝毫履行诺言的概念。因此，他们对一切要求都答应，但又根本不愿兑现所作的承诺。”

连续演戏

使团其他成员没有像马戛尔尼那么操心，他们兴趣更多的是观看为他们安排的演出。演员在许多飘带和五彩丝质旗子簇拥下舞弄着剑、枪和矛，同时还表演惊险的筋斗，引起观众阵阵喝彩。戏中的女角都由男演员扮演，“因为中国人不让女人演戏”。有人告诉他们，演女角的都是些两性人。

乐队的乐器都是吹奏乐器，很像喇叭、打猎用的号子和苏格兰风笛。乐队演奏的音乐很不和谐，英国人的耳朵无法忍受。“不过，总的说来，由于新鲜和演奏方式特别，我们还是很满意的。”今天，如果您去看“京戏”，您将会有同样的印象。

读马戛尔尼的日记，读者会以为这戏是专门为英国人演的。不过，总会有一个见证人说出真相的。天文学家就透露说，这场“乏味的”演出早在英国使团到达之前就已开始。当使团的船队重新启航时，演出仍在继续进行——观众对英国人的走毫不在意。中国人看戏真是全神贯注。

船队就这样启航了。天文学家对排立在河岸上的中国兵士的服装指责甚多：他们头戴沉重的头盔，加上颏下结扣的皮帽带，很容易被勒死。他们的弓箭就像在伦敦展示古代打仗用的那种弓箭。他们仅有的少数火枪已经破旧不堪。

霍姆斯觉得很开心：中国兵士人人嘴里叼着烟斗，手里拿着扇子。有的站着，有的坐着。他们衣服上“有许多铜质或铁质的小薄片，使人觉得他们像英国那种布满铜钉的保险柜”。

斯当东听说这些一点也不威武的兵士并不是职业军人。他作为来自一个对征兵这种办法始终不满意的国家的高级公职人员，自然对这儿的招兵方式发生兴趣。“仪式一结束，士兵就都放下武器，脱掉军装，直到下一次需要他们时再来。在这期间，他们就去种地或者做工。”这种情况有点像瑞士。

不幸落水，无人营救

正当演出仍在继续时，使团上船了。欢送使团的礼炮轰鸣，这些礼炮实际上是“一头埋在地里的空心木炮：塞满火药后向空中发射”。安德逊指出：“船队启航时周围是不计其数的船和人，这种景象是我前所未见的。我真害怕船与船相撞。”

事情比他担心的还要糟。一艘陈旧的帆船由于船尾上看热闹的人太多而倾翻，大约有 40 人跌落水中。“只有很少几个人抓住抛给他们的绳子而得救。中国人的好奇心超过了他们的人道心理。观看英国使团的兴趣超过对他们同胞生命的关心。”

“见死不救”？一名现在的中国人对这种行为是这么看的：“有些英雄真有点怪，为救一个小孩可以跳到水里。一个结了婚的男子是不会这么干的。人们无动于衷，因为他们需要保护他们自己。”对工作刻苦耐劳，对新鲜事物兴致勃勃，对他人不管死活：中国的大众至今还是这样。

拉纤人的节奏

从此，船队靠人拉纤，日夜兼程在白河航行。英国乘客感到十分诧异：“中华帝国的所有河流上都有以拉纤为职业的中国人。每个纤夫身上都套有一根木条，木条的两侧拴着两根绳，同帆船的桅和船头连在一起。”“他们把木条横跨在胸前，指挥者等大家准备好了就发出信号。”

就这样，纤夫们像牲口似地按着有节奏的号子一步步前进。中国的“号子”是这样喊的：“Hoy-alla-boa。”“这个号子在中国是通用的”。直到20世纪70年代还可看到这种中国式的拉纤。

安德逊对这些不幸的人十分同情：“有时我看见泥浆水一直没到他们的肩部，他们不得不互相纤曳而行才能拉动后面的船。”天文学家赞赏纤夫们在顶逆流，从齐腰深的泥浆水中脱身，甚至游泳横渡白河支流时所表现出来的灵巧。“出于一种自然要履行义务的良好愿望，他们拉纤时始终高高兴兴的。”不只如此：在回来的路上，他们还看到一些农民逃避苦役。的确，如果他们无法逃脱时，他们宁愿显得高兴也不愿露出愁眉苦脸的样子。

从8月11日离开天津到8月16日抵达通州，一共连续航行5天没有上岸。这里的蝉声震耳欲聋——从北方到南方，人们在夏天至今仍能听到刺耳的蝉鸣声。蚊子飞来飞去叮人。在这些潮湿的平原地区，蚊子至今尚未绝迹。马戛尔尼以农艺家的目光仔细观察各种庄稼：玉米、高粱、谷子、水稻、黄瓜、果树。他听说经常发生的旱灾和蝗灾造成饥荒。“那时强盗盛行。但当局不加镇压，因为这些偷盗是迫于饥饿，年成一好就自然消失了。”

许许多多的船只始终成为缓解住房紧缺的替代办法，“每只船的甲板上有10间或12间房间，每间住一户”。

在观看运往首都的货物时，英国人发现一种“很难猜出其用途”的“商品”：“这是一些干燥、棕色的饼状物，很像我们一磅重的面包。这种饼的成分是拌和、晒干了的粪便。人们把饼状粪便运到首都市场，京郊的菜农买了后放在尿里溶化，用来肥田。”这成了外国人常常提到的话题。

安德逊还写了一件事，但未作更多评论：“晚上，我们船上的两个中国人脱了衣服后，从衣服上找到许多虱子。他们吃虱子就像吃山珍海味一样津津有味。”

中国官员跳舞

日子过得比较单调。因此，中国陪同极力想把气氛搞得活跃些。乔是一位愉快的伴侣，他在喝茶时做出惊人之举：“他又跳舞又唱歌。在我们一名画家托马斯·希基的笛子陪奏下，他一边轻声哼唱，一边用扇子在茶杯上打拍子。”50年后，古伯察神父证实说：“有修养的中国人讲究礼貌，待人细微周到。”在中国人的头脑里，讲究礼貌这一点似乎是不需思考就固有的。

为了使英国人高兴，乔甚至还不怕笑话，学说英国话。天文学家承认乔说“Very well”或“How do you do?”时毫无困难，但说“broth”——“汤”时就怎么也不行。可又有谁发英语中的“th”和“r”两个音时从未碰到过困难呢?

单调的风景终于结束，英国人看见皇帝外出巡视时住的行宫。“屋顶上盖的是茅草，有时甚至就是草皮，墙是柳条加泥土糊的”破房子同这座金光闪烁的琉璃瓦屋顶的豪华建筑相比形成多么强烈的对照啊！只有国家才敢于炫耀自己的财富。任何个人的富足都是可疑的，或至少在新中国成立后的最初30年是如此。

斯当东很快发现，这里和到处是城堡的欧洲乡村明显不同：“所有高大的建筑都是公家所有，或者里面住的是高级官员。继承祖辈巨额遗产而又没有一官半职的人都只能偷偷地享用其财富。”①

的确，盖房子即表明一种永恒性。可在中国，持久不变的地位是没有的。荣誉和官职都由国家给予或撤销；而苍天收回对天子的任命时就引起了改朝换代。德日进②后来说：“中国人所创造的巨型建筑物（宫殿、门楼、城墙……）都是泥土做的，其惟一牢固的成分（玉、青铜、瓷器）只能当小摆设用。”孔子说：“用之则行，舍之则藏。”有一件很平常的小事就说明了这一点。

由于天气太热，有些食品因此变了质。有关人员立即受到惩罚。马戛尔尼对这件事始终感到惊愕不解。根据王和乔的命令，负责食物供应的官员被摘掉顶戴，就是贬黜；而仆人则被施以杖刑。

马戛尔尼在两位陪同官员面前为他们说情。“他们满口答应，但我们很容易发觉，他们是不会给任何宽容的。”他知道中国人总是说行，但实际上总还是按老规矩办。

---

① 也许不该说得那么绝对。苏州和杭州的那些宅园又怎么说呢？对西方美学影响很大的苏杭园林艺术就是由一些有钱的文人创造——诚然，四周围以高墙——，后来由一些商人继续发展的。

② 德日进（1881—1955），法国哲学家、古生物学家。——译注

第十五章

一堂磕头课

（1793 年 8 月 15 日）

总督和钦差大臣就贡使对天津宴会的态度已向朝廷作了谨慎的汇报。这些报告一到热河便使内阁感到困惑不解。那个隐喻按字面被理解为：马戛尔尼“磕了头”。在大沽他在圣旨面前竟会表现很坏，而到天津出席宴会时怎么就会表现得那么好呢？他真的有那么大的进步吗？

和珅立即于 8 月 14 日给总督回函，要求进一步说明情况。“向闻西洋人国俗不知叩首之礼。而该督等折内声叙未能明晰，遂指为叩首，亦未可定。”

如果马戛尔尼真先磕了头，事情也就完了。假如他只是低头，那就应该告诉他，他应该遵守一切朝贡者，甚至藩属国王觐见皇帝时都应遵守的礼仪。不久，有人以推心置腹的口吻警告说：“不学此礼，必为各藩部所笑，谈你们笨。”不仅如此，他将完不成英王交给他的使命。“不必隐瞒实情”。

这口气已不再像前一个月那么客气了，当时皇帝想作为例外特殊对待这些远洋来的使者。也不再像一周前那样各人可以按本国的习俗行事。这一定发生了什么事。那么究竟出了什么事呢？天主教遣使会档案中记录的一段话清楚地说明了发生变化的原因：“开始，磕头礼似乎没有成为很大的难题；中国官员并不强调要磕头。当获悉英国使团的目的时，中国政府的安排就突然改变了，因为英国使团所要的东西并不是可以用一些首饰和甜言蜜语所能买到的，拒绝磕头是一种借口。”

那么英国使团来华的目的告诉中国人了没有呢，乔治三世的信件并没有递交，只有英国人才可能知道马戛尔尼要和乾隆谈什么问题。

那么是否发生泄密呢？可能的。但也可能皇帝对随礼品一起送去的那封信中的不妥措辞进行了更多的考虑：他认为这些不妥措辞并不可能是出于无知。有一点是肯定的：英国使团访华出现决定性转折是在 8 月的上半月里，不过现在还看不出来变化的确切原因。

和珅14日写的信第二天送到钦差徵瑞的手里。后者马上就意识到他有可能因这事而丢掉他的顶戴。马戛尔尼只得“停止观赏景色”，因为中方陪同官员要拜见他。

徵瑞来了，随同他一块来的还有王和乔。他们比平时礼节性拜访时显得严肃。他们说，皇帝已表示满意。他给英国使团两处住所供挑选：一处是在城里，另一处是在6英里外的乡村，但更加舒适，而且离夏宫即圆明园很近。接待日程也确定下来了：9月中去热河为皇帝祝寿，然后立即回北京。皇帝也将很快回京。因此，不必把所有礼品运到热河了。马戛尔尼松了一口气。

“接着他们谈论宫里的规矩。他们在作暗示时那么艺术、机智和巧妙，以致我情不自禁地对他们产生钦佩之意。”他们是从衣服谈起的。中国的衣服比西方的衣服好多了！因为穿中国衣服无论屈膝下跪还是匍匐在地都不受影响。“因此，他们担心我们的松紧袜带和裤扣可能带来麻烦；他们建议我们在去朝见前先脱掉这些东西。”

马戛尔尼请他们放心：他假装深信皇帝更喜欢看他像向英王一样向自己施礼。

这时，三位中国官员便向他介绍磕头礼，好像马戛尔尼不知道似的。马戛尔尼说他打算到北京后交给他们答复的信件。中国官员们便改换了话题。“他们告诉我们皇帝今年秋天不去围猎，而是很快返回北京，免得耽误我们的时间。我对他们说，皇帝陛下可根据英王的信以及我的活动来判断我需要多长的时间来完成我肩负的使命。”

马戛尔尼是否用委婉的方式把他拒绝磕头的想法表达出来了？难道是翻译把意思译拧了？还是钦差大臣由于深信能让外国人悔改，过于乐观而出了差错呢？不管怎么说，徵瑞谎报朝廷，说英国人“亦深以不娴为愧，连日奴才察看该使臣等学习渐能跪叩”。徵瑞知道自己在撒谎，并知道他有可能为此付出巨大代价。他悄悄给自己留了一条出路：“惟（该使臣等）善于遗忘。”

人们谈论西藏叛乱

中国官员还谈及另一个不满的话题：西藏。谈话中又涉及服装问题。马戛尔尼听说驻孟加拉的英国军队向西藏叛乱分子提供了援助。“这条消息使我感到不安，但我毫不迟疑地回答说：不可能。”欧洲人会在“世界屋脊”同中国军队打仗？只要根据他们的帽子就可以认出他们了。应该加以否认。他否认了。

几天以后，中国人问他，英国人是否愿意帮助他们和西藏叛乱分子作战。马戛尔尼觉察出这是个圈套，便立即回答说，英国属地离战斗地区太远，因此无法进行干预。“因为，如果我们的军队能够支援皇帝的军队，那么也完全可能已经支援了皇帝的敌人。”

由于信件传递缓慢，马戛尔尼便处在一种微妙的境地。他是1792年9月离开英国的，但当时他一点也不了解6个月前在喜马拉雅山进行的战争：尼泊尔善战的廓尔喀人在1791年秋向西藏派兵，促使当地百姓叛乱。这个中国保护国的当局向北京求援，乾隆便急忙干预。1792年春，一支由两广总督福康安率领的中国军队击败了廓尔喀人。尼泊尔不得不向中华帝国称臣，西藏人为中国的干预付出了巨大的代价。可是，当英国使团离开朴次茅斯港时，伦敦并不了解这个结果。当英国使团1793年6月底抵达澳门时，那儿的英国人对此仍然一无所知：消息是9月8日才得到的。马戛尔尼后来回到广州时才放下心来：后来事实证明他否认英国人支持西藏叛乱分子是对的。

在整个世界关系史中，通讯的困难往往造成悲剧性的误解。但就这件事情说，主要是印度总督康沃利斯勋爵的疏忽，他没有想到派人到巴达维亚给马戛尔尼送封信。

如果英国人没有介入，那么中国人在许多包头布中看到的帽子实际上又是怎么回事呢？难道是中国人故意找碴儿？还是由于海拔太高而看花了眼？或者也许是几个从英国军队中逃跑的印度兵……

马戛尔尼尽其所能摆脱了困境，但他在大沽时还很高的热情现在已减少了许多。看得出他困惑不安。由于对西藏情况不了解，他的决心受到了动摇。事情已经过去，可只有中国人了解内情。难道是使团的目的暴露所以要破坏这次使命吗？散布这些谣言的正是指挥镇压西藏叛乱的两广总督福康安将军。他有一切理由不信任英国人。

中方问马戛尔尼，他本人是否带了送给皇帝的私人礼品。马戛尔尼本没有想到这点，不过他很机灵，回答说他希望皇帝能接受他送的一辆四轮华丽马车（这是他自己的马车）。他趁机补充说，他还为中国的新年——1794年1月31日——准备了一些礼物。

他想这么说可使中方明白他很愿意在北京至少待到春节。“许多次的暗示使我认为，出于习惯，他们不允许我们在他们那儿待很长时间。”他又想到别人悄悄告诉他的消息：皇帝由于放弃秋季狩猎，很快就要返回北京。难道这是为了要和使团作深入的会谈吗？或是更可能为了不让使团久等免得影响他们的归期呢？如果不同意使团超过礼部通常给予贡使40天的逗留期限，又该怎么办呢？

他很清楚钦差大臣抱有明显的敌意。相反，他认为自己已把王和乔争取了过来。只要钦差大臣一转身，他们就毫不掩饰“他们对这位鞑靼同僚的敌视态度，因为他有同皇帝通信的特权，他们俩害怕钦差大臣的可恶性格”。

马戛尔尼在通州上岸时考虑了一下他目前的处境。他作了许许多多的笔记。使团受到殷切的接待：食品供应非常充足；不断受到军事仪仗队的欢迎，“旗子飘扬，锣鼓喧天，而且夜晚还燃放烟火”。一切东西都是赠送的，从不允许他们付钱。可勋爵开始从这些慷慨大方的接待中发现礼仪的一种效果，这些礼仪正在逐渐捆住他的手脚。

因为英国人的行动自由受到严格限制：“每当我们想出去散散步，中方总是不同意。可他们又是那么友好，以致我们如果不是愉快地接受这种约束的话就显得太不懂礼貌了……我们受到严密监视；我们的一切行动，哪怕是很平常的行动都受到明目张胆的注意。”

马戛尔尼学得很快。他虽然对写有“贡使”字样的长幡采取睁一眼闭一眼的态度，但他猜想到这里存在一个根本性的、难以消除的误会。“道不同，不相为谋。”孔子曾这么说过。马戛尔尼坐船去中国是带了一些经受了时间考验的原则的，他原以为这些原则是放之四海而皆准的，他现在开始发现这些原则打不开中国的大门。他觉得自己被一只戴丝质手套的手推进了困境。

第十六章

分配住进一座庙宇

（1793年8月16日—21日）

船队开到通州就停下来了。人们差不多已经到达目的地：离北京只有12英里了。不过，使团在离开小船，坐上马车去北京之前还得等几天。马戛尔尼很想先走一步，让他的副手照看行李的装卸。但不行：在中国人眼里，他只不过是一个押送贡品的人，他不能离开贡品。

使团被迫在离向往已久的目的地很近的通州休息。“8月17日，上午7点，勋爵和乔治爵士离船上轿，由中国兵士护送，后面还跟着一大群百姓。”使团其他成员被迫留在船上，他们从那里观察一种杰出的新型搬运方法。所有行李从27艘帆船搬出，并安放在两个巨大的仓库里。仓库是在几小时内用竹竿交叉搭成的。“那么多的箱子，而且多数分量很重，那么快就都搬完，这只有在中国才可能做到。因为在中国，每时每刻都是由国家来指挥一切的。”

这些主张资本主义的英国人十分赞赏国家经济。“想不到在一个如此专制的政府统治下，一切最艰难的任务竟然完成得那么轻松愉快。中国人能够搬运任何重量的物件，只要投入相应的人力就成了。他们在货物的两侧捆上两根竹竿；如果两根不够，他们又交叉放两根竹竿。”在中国，劳力有的是，竹子也不缺。

中国人的精细使安德逊佩服得五体投地：“每个仓库的门前都站着两名公务员：他们检查并丈量每个箱子，记入清单。不经过这道手续，即使是最小的盒子也不能搬进仓库。”

使团随行人员到达使团住宿地，或更确切地说分配给使团住宿的庙宇里，他们在那里和马戛尔尼会合。庙里12个和尚，只有一个留下来照看庙宇香案上的香火。其他和尚都走了，把贵宾用的房间留给英国人住。

旅馆是有的——但都是破旧的茅草屋。一般旅客花一个铜钱就可以在旅馆里喝上一杯茶，找一个角落躺下。不过，旅客必须自带被褥。如果旅客付不起房租，“他就把被子留下”。在北京，出差的商人在他们同业公会的房子里住宿。进京会考的人则有专门的住所。中国的旅馆十分简陋，——直至20世纪80年代还是这种状况——为了接待贵宾就必须征用寺庙了。

寺庙也是地方上聚会的场所。情人幽会就在庙里；必要时，军队也在庙里扎营。寺庙是每个城镇最美的地方。由于寺庙都布置得富丽堂皇，因而它们成为今天游览中国城市时惟一吸引人的建筑物。不过，这些寺庙几乎总是空空荡荡。许多寺庙在本世纪里，远在“文化革命”之前，就被兵痞洗劫一空了。

然后是吃午饭。宴会共上菜12道，每道上12个菜：总共144个菜。直至今天，每逢盛宴还上那么多的菜。英国人离开船以后，就再也无法不让中国人看见自己了。他们吃饭时那狼狈相——啊，这些筷子真难使！——都被中国人看在眼里。围观的人越来越多，见了他们的笨拙样放声大笑。

怎么使中国人敬服呢？马戛尔尼只得求助于军事机器了——这是未来的先兆。他命令他的私人卫队在大门外站立，“旨在使中国人对我们使团有一个高度评价，而使团的成功完全有赖于此。”

英国人来到了佛教的寺庙，他们惊奇地睁大眼睛观看。他们觉得奇怪的是，和西方不同，佛教并没有产生一种有特色的建筑艺术。寺庙和宫殿或者漂亮的王府没有区别。根据风水，所有这些建筑都是坐北朝南，屋顶都呈角形，上面有一些守护神的小塑像或者令人生畏的兽头。在这些建筑物里，每个石块铺地的院子后面就是由红漆木柱支撑的殿堂。

即使那许许多多的书法也不是寺庙所特有的。中国作为一个文字大国，它本身就很像一座巨大的图书馆：“宝塔、公共建筑、商店招牌、房屋大门，到处都写有警句、格言。”后来，书法家可以有变化，但写格言警句给行人以思考的爱好却始终未变。

“我们发现有好几尊木质或瓷器的男女神像。这些塑像按照人间等级社会的模式来反映天堂的等级制度。”这些塑像“从解剖学角度看，身体比例失常”。英国人为之目瞪口呆。

被英国使团驱走的和尚在念诵经文时回到“一座四方形的小屋，那里有一个祭坛，上面放有若干瓷器做的巨型人像。每当有一个人来许愿时，只要付点钱就可点燃香烛。在一个小灯里有几根香捻在燃烧”。

和尚让出来的房间舒适、凉爽。“木板搭的台，配上一些毛毯和一个枕头就当床用。老百姓夜里和衣而睡。”只有夏天时才例外，他们光身子睡觉。直到今天还保留了这两种睡法。

似乎见到了圣母玛利亚和方济各会僧徒[①]

中国是等级森严的国家，中国的僧徒也分等级。接待夷人也分不同规格："寺庙高僧的住房安排给使团的高级人士住。使团的其他人则安排在蜈蚣出没的房里住。"天文学家不得不和 7 个同伴合住一间房间："房间里太热，以致他们中有两个人宁愿去回廊睡，第三个人在看见一只蝎子后也去回廊睡了。"

虽然庙里有英国人，信徒仍然蜂拥而至。斯当东发现佛教和"罗马天主"教十分相像，觉得很有趣。圣母像呈坐状，怀里抱着一个孩子，"头上围有一圈佛光，供奉圣母的香火在像前焚烧，她和圣母玛利亚完全一样"。和尚们身穿棕色粗绒长袍，腰里缚扎白绳，他们的修道生活包括苦行、斋戒和忏悔，这不能不使人想到方济各会的僧徒。

尽管在原则上政府"不干预宗教信仰，但它禁止所有它认为有可能影响公共秩序的宗教"——基督教就属于被禁的宗教。英国人对此远没有像对禁止与西方贸易那么感到不快。禁止基督教并没有损坏中国在欧洲知识界所具有的宽容形象："中国没有占统治地位的宗教。皇帝信他的宗教，即喇嘛教。好几名大臣信奉另外一种教。多数中国人则信奉佛教。"

这么介绍有点简单化了。中国最普遍的宗教是一种混合性宗教：一半是佛教，一半是道教。某个教区、某个社团、某个个人之所以找某个真福者而不是别的其他真福者，那是因为当地人都信他，或者出于个人的偏爱，而不是宗教神学的选择。大众性的道教在中国官吏中间受到歧视，因为它的多样性不符合官方的秩序，另外政府也控制不了道教的入教仪式。对这些英国人说来，"没有什么国家比中国更迷信的了"。马戛尔尼发现人们向孔夫子祭供"一头猪、一只羊和一头牛"：这和拉丁人称之为"三牲祭"的祭礼完全一样。

中国人在结婚、出门旅行或做其他重要事情之前总要去庙里拜佛。他们在求神问卜之前"先要拜倒在地。这和乞丐向路过的官吏或者官吏在皇帝面前所做的一样"。他们把一颗木头骰子往空中一扔，当骰子掉在地上时，骰子上

---

① 方济各会，13 世纪由意大利人圣·弗朗索瓦创建的天主教修会，亦称小兄弟会。——译注

面的数字就是指命运簿上的页码。和尚就把它打开。“如果看到里面的答案是吉利的，问卜者就跪倒磕头以示感谢。否则，他就问第二次，甚至问第三次。第三次问卜的结果则是不可变更的”。您今天还可以在红色中国的寺庙里看到有人求神问卜。中国在“文化革命”期间关闭了寺庙以后，现在又让寺庙开放了。

斯当东写道：“很少有中国人到庙里去求来生之福的。”斯当东的话说得太早。有许许多多的例子证明中国人是信人死转生的——正像勒孔特神父[①]所讲的故事那样：一位老人曾要求神父给他行洗礼，因为他要逃脱和尚说他来生要当马的命运。

月食与知识的垄断

8月21日，在中国天空应能看到月食。天文学家事先已做了全部测算。开始，他对王给他的年历一点也不懂。后来，当他克服了因翻译水平不高所带来的困难后便发现这本年历是准确的。不过，他清楚朝廷里欧洲传教士的任务就是预报天文现象，而中国政府赋予天文现象某种政治解释给英国人留下更深的印象。他们见到“在房屋的墙上贴有将要发生月食的官方通告”。

皇帝利用人民对日、月食的敬畏，把不让人民惊恐的专有权留给了自己。皇帝对日、月食的先知先觉使中国人“对能给他们如此有益指示的政权产生极大的崇敬”。

当朝廷识破苍天秘密时，天朝的说法就不只是个隐喻了。皇帝有知识，但他垄断对知识的所有权。他利用他的知识来表明他是神圣的；因而也就使群众远离了知识。皇帝身边的基督教天文学家们使皇帝成了大占星家：

> 整个宇宙之秘密他无所不晓，
> 他对我们的命运了如指掌。

皇帝将其政权建立在少数人掌握知识、多数人愚昧无知的基础之上；这种统治艺术使群众永远愚昧无知，转而对少数掌握知识的人无限崇敬，使人民永远处于被统治的地位。

---

① 中文名李明，字复初。——译注

最确凿可靠的知识是统治的知识。“皇帝在日、月食来临之前不做任何重要的事情，他假装改正在公共事务中所犯的错误，因为日、月食是对这些错误的惩罚。皇帝请他的臣民向他发表意见，提出批评。”那时，一个专制暴君已经号召大家自由表达自己的思想：百花齐放纯粹是天方夜谭。

“月食开始时，人们可听到一片可怕的嘈杂声。钟声、锣声、响板声和鼓声轰响不已，以致用爪子抱住月亮的龙吓坏了，丢下月亮逃之夭夭。”龙是中国最受尊重的动物，它是另一个世界里的生物。它偶尔也穿过云层出现在天空。它会深藏在湖底，醒来时就把世界搞得天翻地覆。龙是好的不是坏的？龙存在于世界秩序之中。人们用喧闹声使龙吓得丢下月亮，也用喧闹声招回垂死亲人的灵魂。这种做法十分方便。

英国使团对传教士的态度并不客气。这些传教士“在设法使中国人民掌握欧洲科学方面没有做任何工作。他们和皇帝一样，不想让中国人民获取科学知识”。那么为什么要让中国人民始终愚昧无知呢？巴罗指责说：“因为如果让中国人分享他们的科学知识，那么高等知识给予他们的声誉就会消失。那样的话，他们要作出的牺牲就太大了。”

根据这些英国旅行家的看法，这个制度之所以能持久，那是因为天朝官僚体制及其西方的配角都有共同的利益。维护那永恒不变的制度的人从中获得利益，而这些利益又保障了永恒不变的制度。传教士们成了迷信的同谋者，而人们还以为他们的使命是破除迷信呢。他们在愚弄人民、隐藏知识方面成了皇帝的伙伴。

但至少有些英国新教徒主张普及西方知识，揭露天主教士的蒙昧主义。不过，这种说法是不公正的。恰恰相反，自16世纪以来，传教士们为在中国努力传播西方科学的历史说明我们这些英国人十分无知。人们不能指责这些遭到冷漠或敌视，最后只争得很可怜的一席之地的神父。现在该轮到英国使团自己去量量这垛墙的厚度了。

第十七章

一座由木结构房屋组成的城市

(1793年8月19日—20日)

安德逊是一名胆子最大的旅游者:"8月19日，我游览了通州及市郊村镇，非常疲劳，也遇到了一些麻烦。"这座城市和中国大多数城市一样呈方形。"通州城四周的城墙外有护城河环抱。城楼上有几门火炮并由许多纪律严明的兵士守卫。这座城只有3个城门，每天晚上10点关，早晨4点开。"

房屋都是木结构的二层楼房，只有官吏的房屋才是用石块或砖头建造的。"窗户都没安玻璃，而是在木框上糊一层半透明的纸。有钱人家则在窗框上绷一块丝绸。"屋里根本没有家具，或者只有很少一点家具。墙通常是粉刷了的，其颜色表明房屋主人的身份:除了官吏外，其他任何人的房墙都不能粉刷成红色。商店门前挂着旗幡，以表示所售商品的性质。"最贫困的家庭都供奉偶像。没有一艘船不在舱内摆设神像和祭坛的。"

这里有人行道——当时在欧洲还很少见——街道很窄，街道两侧的房屋前张挂着席子，以遮挡太阳。如果没有急急匆匆的人群，在那里散步一定会十分舒适。中国人也喜欢在街上看热闹。"我受到二三十人的围观。有好几次我不得不走进一家商店，直到那些好奇的围观者散开才出来。我在店里只买了一把扇子或者一只烟斗。"

任何到中国旅游过的人都曾经历过这种小麻烦。直到20世纪80年代初，中国对外开放后，外国人在大城市里才不再引人注目，但在偏僻的城镇仍然遭到围观。

英国使团里的黑人

身穿短装，头戴搽粉假发的英国人使这里的人感到新奇，但他们看见一名黑人仆役时则完全目瞪口呆了。这个黑人是使团一个英国人从巴达维亚带来的。“人们从未见过这种人，有的人甚至怀疑这黑人不是人；孩子们叫他‘番鬼’，就是‘野蛮的魔鬼’。”今天，在中国大学上学的非洲留学生依然引起同样的好奇，这种好奇并不总是友善的。

安德逊认为，这个黑人之所以使中国人吃惊，并不是因为他的皮肤是黑的，而是因为他是一个奴隶。安德逊是从哪里得到这个消息的呢？难道在中国就没有奴隶吗（即便他们为数不多）？巴罗指出：“一个男奴值一匹马的价钱。”斯当东说：“一个男子可以自己主动出卖自己，例如为了帮助处于困境的父亲或能为父亲操办一个过得去的葬礼。”

当人们后来读到安德逊写什么长城“只花了几年便建成”后便能发现他过于轻信。他眼光敏锐，但一旦他的看法不以确切的观察为基础，即一旦他把他的笔交给他的……“黑鬼”库帕斯①，他对“最美好的世界”的天真态度就使其看法脱离了现实。

皇帝的粮仓：天佑国家

英国人没有看见一个像乞丐样的人。“许多人看来相当贫困，但没有一个沦落到乞讨的地步。”一旦发生饥荒，皇帝就出面赈济。“国家粮仓打开。灾民免征赋税，甚至获得金钱上的救济：这样，皇帝在某种意义上代替了保护生灵的天公。他把慈善的特权占为己有，不允许他人分享。有一次，某省遭灾，一些商人表示愿意出资救济，但这个建议被皇帝愤怒地否决了。”实际上，虽然有皇帝的赈济粮，中国人仍有许多人饿死。

不管是灾年还是丰收年，国有制度始终存在。个人的财富是无法使人民永远感恩戴德的。很明显，英国人现在与本国相距甚远，而过去的中国与今天的中国则十分接近。

英国人的注意力被一座12层的奇异建筑物所吸引。那是一座宝塔吗？“最下面三层没有门窗，也没有任何楼梯的痕迹。”虽然塔身长满了莠草和青苔，宝塔依然保存完好②。据说，建塔的时间比修筑万里长城还要早。今天，该塔

---

① 库帕斯是安德逊《英使访华录》一书的代笔者，法语里俗称捉刀代笔的人为“黑鬼”，故有此说。——译注

② 1986年8月，我在通州找到了这座当时正在修缮的12层宝塔。

虽已无用，却仍十分壮观。斯当东说，该塔在很长的时期里“作为瞭望塔，一旦发现鞑靼人侵袭便发出警报”。

受束缚的妇女

几个英国人曾骑着十分健壮的马匹几次外出。这种马颇像豹似的，身上有不少斑点。一路上，这几个英国人像农学家似地观察农作物，他们对农村的富饶赞叹不已。秋收即将开始：谷子和玉米——玉米是16世纪从美洲引进的，这是少见的靠引进革新的实例。小麦用连枷拍打或靠马蹄踩踏脱粒，有时也用粗大的碌碡压场。簸箕和欧洲农民使用的簸箕十分相像，以致这些英国人认为：这证实了簸箕是中国人发明的。由于传教士向欧洲介绍了中国的农业生产，西方农业在18世纪发生了革命。配有播种器的轻犁就是从中国传到西方的。

一路上看不见牲口：牲口都在牲口棚里饲养，人们喂以蚕豆和铡碎的稻草。中国缺少建牧场的土地。一路上也看不见村庄，只看见一些分散的、四周没有栅栏的茅屋。“没有任何防备野兽和盗贼的设施”。这种安全感使英国人十分赞羡。那时，英国社会暴力事件很多——在城市里、大路上、乡下，暴力事件都时有发生。

农民的妻子被迫做家务，“喂牲口，养蚕，纺纱，织布，还要效仿上层社会妇女那样把脚裹得很小。丈夫对妻子拥有绝对的统治权，他们不允许妻子同桌吃饭：他们让妻子在一旁侍候。”

这种习俗在儒教家庭里始终存在，而在普通家庭，特别是在南方和台湾还一直是十分普遍的。一个卢埃尔格[①]或科西嘉的农民对这种习俗就不会像这些英国人那么反感了。

敬重老人和崇拜祖宗

斯当东完全陷入了理想化的状态：“中国人从小就受到做人要和气，待人要礼貌的教育。一些纯属道德性质的格言张贴在祠堂里。每个家庭总有人能向

---

① 卢埃尔格（le Rouergue），位于法国南部，相当于现在的阿韦龙省。——译注

其他家庭成员宣读这些格言。”这些格言至今还有约束力。令人费解的是，在中国历史上怎么会发生那些包括后来年轻红卫兵暴行在内的大规模流血事件。

老年人和家里的年轻人住在一起，“和缓年轻人暴躁激动的性格”。敬重老年人的美德从未中断。钱德明神父讲乾隆在1785年把192个六世同堂的家庭请来北京，他们中有4名老人超过了100岁。“皇帝给所有人都送了精美礼品，并亲自为他们写诗志贺。”后来，这些古老的传统曾被共产党继承。大家聚集在家庭里——或街道的工作单位里——学习“毛泽东思想”的警句。根据周恩来提出的一个原则，人们设法在各种委员会里实现“年龄三结合”——青年人、中年人和老年人相结合。随之就产生了相对应的“性格三结合”：冲动急躁、精力旺盛和温和稳重等等性格就像在原始社会里一样被恰如其分地混合在一起了。

对老人的敬重和对祖宗的崇拜都是最高原则。每家都保留家谱，祖宗的榜样不断被援引。本家族每年至少一次在一起祭扫祖坟，同一家族的成员之间从不中断来往。

这些英国人的惊讶与钦佩现已成为今天西方人的惊讶与钦佩，因为在西方，减少到只有夫妇与孩子的小家庭已成为普遍情况。而在中国，每个父系家族成员都必须相互帮助。斯当东由此得出结论——说得早了一点：“甚至不需要有医院。”这是由家族保障的社会保险，国家只是在发生重大灾害，家族无力互助的情况下才赈济灾民。不过，我们似乎也可把乔治爵士的话倒过来说：正是由于国家缺少资金，因而家族不得不担当这一角色。今天也还如此，正因为集体无力给农民退休金，所以农民才那样激烈地反对一对夫妇只生一个孩子的政策：如果没有儿子，将来谁给养老送终？

社会团结、尊重等级、力尽孝道、崇拜祖宗：直到今天，这些儒教道德始终经久不衰。

第十八章

出现乌云

（1793 年 8 月 16 日—21 日）

在这期间，马戛尔尼的精力都放在使团工作上。困难的迹象越来越多。首先，他又收到梁栋材神父的来信。信是 8 月 16 日发出的，信中含糊地提及在北京流传的各种消息："我请求阁下不要忽视我愿效劳的建议。在这里办事情同在别处不同，在我们那儿有理、公正的事到了这儿就常常成了无理和恶意的了。"

这位固执的教士的意图是什么呢？是要感谢英国对耶稣会提供了保护？是希望英国使团的成功能改善在华外国人的命运？是相信英国使团在设法促进传教活动？如果是这样，他就大错特错了。这次 700 人的远行未带一个 Clergyman[①]就足以说明启蒙运动时代的特点了：对自己的国教不予置理，对"罗马"天主教则公开蔑视。这位神父不该如此天真，而且他一而再，再而三地来信，其重要原因可能是在传教士的小圈子里斗争激烈。不管怎么说，害怕朝廷报复这一点就足以说明为什么他那么鬼鬼祟祟。马戛尔尼 8 月 17 日收到的信并不比前两封信写得更明白；但信中的这些暗示使马戛尔尼感到不安。

第二天上午，王告诉他车队准备在 21 日出发，穿越北京，直接去圆明园。到那里后会有一名欧洲传教士为他服务。王没有说这名传教士是哪国人。这个消息证实了梁栋材神父的警告，中国方面准备强加给马戛尔尼一名翻译，可能就是神父告诉他的那个名字叫索德超的葡萄牙人。无论在皇帝的中国还是人民中国，在沙皇俄国还是苏联，翻译人员并不是以对访问者最方便的方式，而是以对当地政府最恭维的方式进行翻译的。因此，任何中间人、合作者、仆人都得由当局亲自选派，这一点是至关重要的。

那天晚上，王和乔单独来拜访马戛尔尼："鞑靼人"由于突然感到身体不

---

① 指英国国教的牧师。——译注

适而不能和他们一起来。马戛尔尼猜测他得的是外交病。

事实上，徵瑞正不安地等着朝廷对他从天津发出的那份十分乐观的奏折的反应。由于情况不明，他宁愿避免和英使接触。中堂的指示在8月18日从热河发出，徵瑞可能第二天收到："劄者来函已悉。该贡使到（热河）后亦须先为学习礼体，倘有不合仪节之处，尚应逐一指示，拜跪娴熟方可带领瞻覲。"

命令十分明确，剩下的就是贯彻执行。徵瑞意识到自己走得太远了。

猫耍耗子

这就把问题说清楚了：必须让英国人遵守"仪"，"仪"是"习俗"的雅称。英国人开始体会到中国是一个怎样的礼仪之邦，可能比任何其他国家都讲究礼仪。孔夫子说："不知礼，无以立也。"礼是儒家学说的根本，而直到今天，儒家学说仍是中国文化的根本。在《十三经》中有三篇是专谈礼的。朝廷六部——相当于西方政府的部——中的礼部，其惟一的工作就是使礼仪在以下方面得到不折不扣的执行：管理属国使节的活动以及接收贡品，监督"科举制度"等。科举制度是不断选拔官吏的主要手段之一。因此，这一磕头事件的突然恶化也就可以理解了。

过早乐观的徵瑞现在懂得他是在拿他的前程冒险，他便把这个任务推给王和乔，因为他们俩比他更有办法使马戛尔尼就范。马戛尔尼十分不安地发现了他们的企图。

这两个串通好的伙伴是在送英使从"竹棚"回来时开始行动的。"他们告诉我皇帝同意我们关于请一名欧洲传教士陪同的要求，还说我们可以挑选任何一名在北京为皇帝当差的欧洲人。"这是一条好消息，但后来知道这条消息是假的。"他们还说皇帝十分敬重我们。"这是一种令人不安的开场。直到今天，中国人还是先乐于说一些好听的话，接下来的准是麻烦事。

果然，话题转到礼仪问题。这两位官员解释说磕头是无关紧要的细节，但同时又说这也是一个巨大的困难。为了支持他们的观点，"他们跪倒在地上，同时求我也跟着学。由于我不同意，他们便要求我的翻译试试。这名翻译虽是中国人，但他回答说他只能根据我的指示行事。他们因为发现我不够灵活而显得十分失望"。

马戛尔尼也感到失望，因为觉得他们说话不够严肃。“他们一会儿这么说，一会儿又那么说。当我们指出前后有矛盾时，他们也不掩饰，好像那是小事一桩。”他们为人相当文雅，所以一点也没有流露出因失败而不悦的神色：“我们的音乐家站在平台上演奏了好几首曲子，他们听后觉得欧洲音乐非常优美动听。”

火炮表演

8月19日，马戛尔尼在“竹棚”附近遇见王和乔以及看来已恢复健康的“鞑靼族钦差大臣”。英使请他们观看八门小型铜质野战炮表演。这些炮已准备好要和其他礼品和行李运走。天文学家说：“这几门炮每分钟能发射七颗炮弹。”钦差大臣评论这些火炮时轻描淡写，说这些炮在中国算不了什么新东西。马戛尔尼对他的话一句也不信，但他开始懂得中国人在任何方面都永远不会承认落后。这是一场悄悄的实力较量：对中国官员说来，不能流露半点欣赏的神情，他们采取不予理睬的态度。这种轻蔑态度像是咒语：英国的优越性与中国制度相悖，因此这种优越性就不可能存在。

在这次火炮表演中，有一件事使中国官员大发脾气。当他们看见在河对岸500米处有人时便惊慌地拼命挥手，大声吆喝，叫他们走开。霍姆斯报道说：“中国人胆子很小，他们一听见炮声就像受惊的羔羊似的逃跑了。”在开炮的时候——当然是放空炮——巴瑞施中尉站在炮口前几米的地方。天文学家富有哲理地总结说：“中国官员对此非常恼怒，人越是无知就越因其无知被败露而生气。”

首次葬礼非常成功

马戛尔尼在8月19日的日记里写道：“昨夜，外病不愈的亨利·伊兹犯痢疾病故。”伊兹是一位铜铁工技匠，他是英国使团在中国第一个去世的成员。痢疾后来还夺去更多成员的生命，特别是在回程中，他们的葬礼就办得草草了事。但对伊兹，葬礼则办得大张旗鼓。安德逊说：这是“为了让中国人知道我们的宗教葬礼仪式”，——也是为了让中国人看看他们的军礼。

安德逊说：“由于我们根本就没有牧师随行，所以由我来念悼词。”假如路易十五或者路易十六派使团来中国的话，使团里肯定会有一些神父，从而表示基督教与儒教的会合。这些英国人首先是想作为英国东印度公司的使者吧？不管怎么说，他们是新教徒，他们从事“普遍性圣职”：每个新教徒就是本人的神父。

“8月20日9点钟，送葬队伍开始出发。先后次序是这样的：炮兵分队开道，全部枪口朝下，枪托朝上；接着是抬棺材的男子；后面是两名笛手吹奏哀乐；接着是充当牧师的人；最后是机工、仆人……我们就是这么庄严肃穆地朝墓地走去。”同意英国人把他们的一个成员安葬在那里标志着“一种我们在欧洲某些开明国家所没有见过的宽厚”。——开明的国家，但是——天主教国家。如果在中国土地上安葬意味着和天朝文明永远、彻底的同化呢？意味着永恒的磕头呢？

送葬仪式获得预期的巨大成功：中国人非常重视葬礼。“即使是最优秀的文娱节目也永远不可能在欧洲某个城市吸引如此众多的人群。士兵们围着墓穴站立着。悼词念完，棺材盖便重新盖上。炮兵分队排枪齐发三次。”安德逊好奇地看了看身边的墓地：“墓地有许许多多刻有铭文的、用大理石或普通石块砌成的墓：其中有些墓镀金并配有图画和漂亮的雕刻。这个墓地面积很大，但没有围墙。在中国，只有大城市附近才有墓地，其他地方都是随便找地方埋葬的。”

英国人了解到当地的习俗：埋葬地点是一个微妙的问题，只有看风水才能得到回答。棺材是由好几层油漆密封的，在找到一块风水好的墓地——例如，在长满庄稼的田里建一个墓穴——前，往往要安放在屋里好几个月。在中国那些地形不太平坦的地区，墓地往往建在高处或不长庄稼的乱石区。孔子说：“所重民食丧祭。”在种植庄稼和崇拜祖先这两种义务间必须找到某种妥协。

第十九章

路经北京

（1793年8月21日）

8月21日，英国使团要抵达并穿越北京城：事先，使团已被指定住在位于北京西边6英里外的圆明园。

使团一行是在头天运去的长凳和行军床上过夜的。“因此，我们没怎么休息好。”清晨2点，鼓声一响大家便起床。在中国城市里，人们夜里是用鼓来报时的，就像过去欧洲的喊更人一样。4顶轿子是给英使、乔治爵士、乔治的儿子和“李子先生”乘坐的。至于其他人，“我们乘坐的两轮车，既没有弹簧也没有座椅。没有办法，只得像中国人那样盘腿坐在车板上”。

是不是这种旅途的不舒服使冷漠的英国人变得烦躁起来了？“我们正要出发时，突然为了座位的分配问题我们中间发生了令人不快的争吵。中国官员横劝竖劝才把吵架平息下来。”4点钟，车队启动出发。

先头部队由3000名脚夫开路，他们负责搬运600包东西，其中有些包体积非常大，必须有32名搬运工才能搬动。相应数量的官吏负责维持秩序并管理这些脚夫。跟在后面的是25辆四轮马车以及39辆独轮车，上面装着葡萄酒、啤酒及其他欧洲食品、军用物资及其他非易碎物品；最后是8门野战炮。

行李后面才是鞑靼族钦差大臣、朝廷官员以及人数众多的随行人员，他们或坐轿，或骑马，或步行。然后是英使，后面是他的随行人员。他们乘坐的两轮车和“我们的柩车几乎没什么区别”。走在最后面的是王和乔。

就在车队不断颠簸前进时，英国人又一次想到他们的四轮华丽马车的优越性，并计算着向中国出口这些四轮马车能赚多少钱。

大队人马穿越通州城，一路上只见大批人群聚集在两旁。随着中午的临近，天气变得越来越热，气温高得让人难受。

马戛尔尼坐在他的轿子里看着石板路，这些石板长20英尺，宽4英尺：

这么巨大的花岗岩石板是怎么运来的？有一座汉白玉五孔桥[1]很受英使赞赏。温德写道："通往北京的道路有150英尺宽，路的两侧种有遮云蔽日的参天大树。路中，一些高高的旗杆上飘扬着巨大的旗帜。"英国人终于在9点左右到达北京城，这是"他们渴望已久的目标"。

从城墙高处鸣放多发礼炮。"城墙的外侧墙面几乎是垂直的，而内侧墙面则十分倾斜。层层墙砖是以金字塔方式逐级向上砌的。"不过，英国人并不是作为旅游者来观察城墙的。这座方形城墙有什么用呢？诚然，这城墙无论从高度还是从厚度讲都给人以深刻的印象。然而，城墙没有配备火炮：只有一些用于放箭的箭孔。城门上有一座"箭楼"，每层之间有一些专门供插枪筒用的射口，但实际上这只是一些画得逼真的假射口。斯当东不无讽刺地指出："就像有时人们在商船两侧画的舷窗一样！"

不停的喧闹

进了京城后首先映入眼帘的是人的海洋——像海潮般地不断涌来。"一批批快乐的人群在震耳欲聋的乐曲声中"送新媳妇到夫家；一些戴孝的人家在送葬的路上"哭得凄凄惨惨"；一些卫队"打着遮阳伞、旗帜、彩灯"护送官员；一群群骆驼运来鞑靼区的煤炭；一些二轮手拉车和独轮车满载蔬菜……"这里是一片喧闹，从无间歇"。

车队艰难地开道前进："许多烧炭商、修鞋匠和铁匠摆设的流动摊，屋前搭出的小凉棚下展卖的茶叶、水果、木炭、大米"，"熙熙攘攘的顾客和商人"，使这条宽阔的大道变得很窄，以致走在英使前面的官兵马队几乎无路可走。

各种声音嘈杂不清：叫卖商品的"吆喝声"，剃须匠"弄响钳子的声音"，吵架声。但尤其是在街上挤满了许许多多看热闹的人："我们两侧都有兵士保卫：他们挥动鞭子迫使人群后退。"他们十分灵巧，鞭子只打在地上。鞭子的拍打声就足以让人群后退了。

---

[1] 此桥与著名的通州八里桥（音译）相似，1860年，英法联军指挥库赞—蒙托邦就在那里挫败了皇帝的军队。否则，文中提及的就是八里桥——我倾向于这么看，因为在文中所指的路线上我没有找到其他的桥。

安德逊估计，这“人山人海的观众”与其说是出于尊敬，不如说是出于好奇：“使团一出现，人群中就爆发出阵阵哄笑。使团来此是要使中国人敬畏，要求获得任何国家都未曾能获得的特权。应该承认，我们这一行人的样子却不像。”骄傲的侍从为此感到不快。

看热闹的人群很守纪律，嘲笑完英国人后又变得冷漠了：“玩乐了一阵后，每人便回去各干各的事了。”

北京妇女

女人呢？在天津时未见女子出现。到了北京就看见了！安德逊见到一些女子“相貌很美”，“皮肤白皙”。她们抹粉以使皮肤白净，并在嘴唇中央“抹上很深的口红”。她们的眼睛十分明亮。她们头戴饰有宝石的绒帽或者丝帽，“帽檐上的璎珞几乎下垂到眼睛处”。（今天，北京老年妇女仍戴这种小帽子。）特别是：“她们并不缠脚，而完全是天足。”安德逊不懂：事实上这些女子并非是中国人，而是满族人。北京是征服者鞑靼人的首都。斯当东看见一些漂亮的女骑手。“几名鞑靼女子骑马代步。她们像男子一样，两腿分开跨骑在马背上”：她们是草原女骑士。

安德逊声称曾利用车队行进缓慢的机会和这些漂亮女子搭讪：“我抓住这个机会下车。”他不会中文，但记住一个字 Chouau（俏）——“美丽的”。“她们好像很得意，并有礼地把我围起来。她们仔细观看我所穿衣服的款式和布料。”他在走时抓住她们的手，但心里惴惴不安，担心她们的丈夫会有什么反应。可“他们似乎并不生气”。他由此推论说——结论下得快了点——在中国，妇女比人们所说的更自由，男子的嫉妒心也没有人们所说的那么重。可他一点也没想到他本人只是一个短暂受人嘲讽的对象。

奢侈是死人的特权

把安德逊从打情卖俏中吸引过来的是另一种根本不同的场面，即“排场豪华、引人注目”的葬礼。送葬队伍8个人一排，一共有64人。他们步履庄严、缓慢。他们用交叉的长竹竿抬一个担架，上面放着棺材。棺材上覆盖一块“饰有绣花和镶边的缎子棺罩”。一些乐师吹奏一首哀伤的乐曲。死者的亲友身穿白色衣服，走在出殡队伍的最后。（在中国，无论过去还是现在，白色是服丧的颜色。）斯当东甚至说得更明白：“不过，礼仪要求的这种白色不能太明亮，因为穿丧服的人为了更加显得哀痛，不应对自己的装束过于讲究。”巴罗认为：“我们最漂亮的棺材如和一个富裕的中国人的棺材相比便会显得很寒碜。”

在中国，除了皇帝以外，只有死人有权显示其富有，因为死人不会引起皇帝的猜疑和不快。奢侈是死人的特权。巴罗强调指出：棺材业“雇用许多工人，并在中国生意兴隆”。英国使团访华50年后，古伯察神父写道：“有钱人总是在死之前就买好自己喜欢的棺材”，并把它放在自己家里。死之前把棺材放在家里，死之后仍把棺材留在家里。关于这一点，温德是这么写的：“在广州，我拜访了一个商人。他父亲的遗体抹了防腐香料后放进红木棺材①。他把棺材保存在家里。他为这棺材花了4000两银子。棺材在家里停放已有一年多了”——在等风水先生找到一块能使子孙兴旺的墓地。

“黄墙上的珍贵材料”

斯当东写道，在北京，街道路面宽阔，而房屋低矮。这正好与欧洲道窄楼高的大城市相反。因此，北京的街道“通风、畅快”。

他们走的那条街事先已洒了水，免得尘土飞扬。街上横跨着几座类似凯旋门的木制牌楼。上面写有表示建筑物意义的金字：一位有丰功伟绩的大臣或一名战功赫赫的将军，甚至一名守住贞节的寡妇。这些建筑物至今仍是中国城市的一个特色②。

乔治爵士十分欣赏房屋“上面有栏杆围起来的大平台。平台上放着一些盆景花草。门前挂有角质或丝质的灯笼”。可巴罗却想念欧洲的圆屋顶和钟楼。整齐划一的街道，“排在一条直线上呈直角交叉”，朝街的一面没有窗户，而且屋子又矮又小。他觉得这像一座“巨大的营房”：“成千上万矮小呈弓形的

---

① 内棺还套了一层椁——在一个缺少木材的国家里，这真是十分奢侈。

② 在成贤街至今还有一个高大的牌楼，位于国子监前。

房屋让人联想起一排排的帐篷。”如果是奥斯曼①或者美国建筑师，他们不会讨厌这几何形的建筑艺术，但一个从房屋建筑都是哥特式和巴洛克式的城市来的人是会感到失望的。

路上，这些旅行者还瞥见另一个北京：紫禁城。他们沿着紫禁城外的“黄墙”走。“人们这么称呼它，是因为城墙上面是用黄色琉璃瓦盖的。”英国人看得很清楚，但他们不会解释：这种突出城墙高度，并在冬宫②屋顶上像金子似闪耀的黄色是皇帝专用的神圣颜色。

中午，英国人从西门出北京。他们又在城外走了若干里路，终于在艰难的长途跋涉后到达位于海甸村附近的住地。不过，他们奉命待在住处的走廊里，站着等已去谈判住宿问题的马戛尔尼归来。他们等了又等，慢慢变得不耐烦了。于是他们去找英使，发现他正因房子窄小而在和中国官员争吵。

不过，英国人必须让步：大家实在太累了，没劲争论。天文学家因为精疲力尽便上床睡了。他在日记里只写了一句：“使团到达了旅行的目的地。”从朴次茅斯港上船算起已有11个月了。

---

① 奥斯曼（1809—1891），法国政治家。他在1835年至1897年担任法国塞纳省长期间，负责使巴黎为之改观的宏大市政建设。——译注

② 这里指紫禁城宫殿。现在西方人把颐和园叫做“夏宫”。——译注

第二十章

在圆明园边上

（1793 年 8 月 22 日）

英国人住进他们的新住所——在圆明园边缘的一座“别墅”①，后来欧洲人把园明园叫作“夏宫”。“别墅”本身建在一个巨大的花园里。园内有一些架有拱桥的小溪。

房间里装饰有图画：斯当东很欣赏风景画，配景规则在画里得到不折不扣的执行。他不像天文学家那么严厉，在后者看来，这些风景画“说明对配景规则一无所知。远景的人物比近景的房子还大，而且脚离开地面”。不过，两人都一致认为中国人不懂阴影与倒影。乔治爵士补充说：“如果一个湖泊的四周有树和房子，画家就不画树和房子在湖水中的倒影。”啊！西方艺术家是多么为掌握了立体艺术而自豪！

在斯当东看来，光线的变幻、明暗对比、闪色等这些欧洲的发明标志西方的绝对优势。西方制订了“科学的规则”。同样，它又掌握了“艺术的规则”。这些英国人在中国画面前就像在“十二脉医学”面前一样有一种优越感。欧洲的艺术和科学已经完全成熟，而其他文明的艺术和科学尚处在初级阶段。而王致诚神父却承认，应该改信中国艺术才能懂得中国艺术：“我曾不得不忘却我已学的一切。”启蒙时代的英国人对不同于他们风格的另一种风格无法想象。因此，他们便归罪于中国画家的笨拙。这种解释是错误的：恰恰相反，中国人是很手巧的。使团最好的画家亚历山大说：“他们非常精细地根据别人给他们的欧洲油画复制品临摹欧洲油画。”

那就是两种文化互不相容的撞击。

---

① 马戛尔尼住的别墅专供贵宾下榻，位于海甸镇附近，名叫宏雅园。今天，此处划在北京大学校园内，在原址已建了一些留学生楼。

愤怒的囚犯

斯当东对后勤工作感到不安：这些房子“过去是给外国使节住的；但很明显，这房早已没人管了”。安德逊说得更加直率：“屋子里到处是蜈蚣、蝎子和蚊子。”

英国人不得不睡他们海上航行时用的吊床和行军床。“这个国家老百姓睡的床都很不舒服。”或更确切地说，不同的文化有不同的床。今天大多数的中国人仍然满足于睡木板床；或者，在冬天时睡砖砌的炕。睡前，从炕下把炕简单烧热。

住地围有高墙，戒备森严，和外界完全隔绝：“不管我们用什么借口，他们都不让我们出去。所以通道都派有官员和兵士把守。这座宫殿对我们来说只是一所体面的监狱而已。”

本松中校是一名杰出的军官，但为人脾气暴躁。他“因为没让他出去而觉得受到极大侮辱。他恼羞成怒，但结果遭到卫兵的粗暴对待”。“英国外交官在世界文明国家里享有最大的特权，现在竟受到如此对待，他们觉得是一种耻辱……”从高贵的爵士到普通的兵士，人人都把自己看成是征服者，因此他们永远没想到会受到这种阴险而轻蔑的对待。

无论是霍姆斯、安德逊和其他同级的英国人都不知道马戛尔尼和中国高级官员会谈的进展情况。但是每个派往国外的使团其每一级别的成员都要同对方相应级别的官员作正面的较量。英国和天朝的低级官员之间的这种较量变得激烈起来；英国使团的低级官员毫不怀疑他们没有受到皇帝所希望的那种接待，指控中国官员恶意待人。使团不正是想要在北京为在广州的英国人所受到的歧视鸣不平吗？现在他们已到达北京，可他们就先不得不考虑要求皇帝纠正其下属在首都所犯的错误！

霍姆斯支持本松出去，而安德逊觉得最好不出去，“勇敢地顺从命令，虽然这些命令非常令人不快。不过，这些命令出自我们来请求照顾的政府，而且可能就是这个国家传统制度的组成部分”。

马戛尔尼一开始就认为这所馆舍是“无法接受的”。诚然，“这座乡间别墅及其花园十分幽静雅致”。但他寻求的并不是来隐居！

他的希望是住在北京。如果他在中国的逗留期不该像他所希望的那样长，那至少能让他在中国生活的中心居住吧！他不相信在那里会像在这座皇家园林里那样被严密隔离起来。他在帝国皇权位置方面犯了一个错误：他越接近北京，离皇帝的驻地却越远了。

一次骗人的旅行

马戛尔尼从徵瑞8月22日的礼节性拜访起就提出住宿问题。“钦差大臣告诉我，一名负责解决我们问题的大学士①正从热河前来，还说第二天就给我派一名或二名欧洲传教士。见他情绪显得比平时好，我便乘机向他谈起我们的住宿问题。”使他十分吃惊的是钦差大臣竟立刻回答说他“认为这不会有问题”。

实际上，一座在北京的馆舍已安排好供英国使团从热河归来时使用，以便使团参观首都美景。和珅曾指示：“派内务府人员量为糊饰打扫以备给住。”这些修缮活尚未开始干。不过，既然马戛尔尼坚持要住，那就用4天时间把馆舍修缮完毕。

在这同一个指示里还安排了一个细致的旅游日程。英使将看到该看的东西，规定以外的一律不准看：“可以允许他游览圆明园②以及万寿山湖，他可以在万寿山湖观赏水上游戏。等他来首都听取谕旨时，可允许他观瞻富丽堂皇的宫殿。这些地方都要做好水上游乐的准备工作。最后，皇帝同意英国贡使乘坐龙舟游览昆明湖③。湖水必须相当深，你们要派人疏浚昆明湖，务使一切完美无缺。”

政府对一切都作了精细周密的安排。即使波将金④给叶卡捷琳娜二世看的村庄也不比这布置得更好了。这是一次事先为欺骗马戛尔尼而安排的旅游。不过，即使这么一次装门面的游览也如同深入中国内地一样可使人了解不少情况。

---

① 即内阁大学士，6名国务部长之一。

② 圆明园内有一座宫殿是根据耶稣会士的图纸仿造的凡尔赛宫。

③ 就是在昆明湖，慈禧太后在1890年左右用筹建海军的军费命人建造了著名的石舫。

④ 波将金是俄国18世纪军官和政治家，曾任乌克兰总督。一次他请叶卡捷琳娜二世游览第聂伯河时临时在两岸建了一些村子以欺骗女皇。——译注

第二十一章

和传教士初次见面

(1793 年 8 月 23 日—24 日)

8 月 23 日，钦差大臣徵瑞又来拜访马戛尔尼。陪同钦差的是 6 名留有络腮胡子的欧洲传教士，他们的衣着都像中国官员——他们已是中国官员。无论对哪一方，初次见面是多么让人激动啊！站在英国人面前的 6 名传教士中，有几位曾写过《书简集》。整个欧洲有文化的人都曾读过这部好奇多于教益的《书简集》——生活在中国的传教士写给欧洲的基督教徒的信以及欧洲基督教徒写往中国的信。马戛尔尼之所以到中国，难道不该感谢这些不知疲劳的说客吗？正是他们向西方灌输了一种神往中国的好奇心。从神父的角度看，他们是否把这些新颖的传教士看成是在皇帝面前争宠的对手呢？不过，无论是贸易上帝还是亚伯拉罕的上帝，天子都不关心。

在中国人看来，这是两个欧洲的会合。

最高天主教官员中，有 4 个是以前的耶稣会士。索德超神父是钦天监监正——梁栋材神父特别要马戛乐尼提防的就是这位葡萄牙人。另一位神父也是葡萄牙人，名叫安国宁，担任钦天监监副。一个是法国人，名叫贺清泰，他是皇帝的官方画师。一个是意大利人，方济各会修士，也是一名画家，名叫潘廷璋。最后是两名钟表机械匠：一个是法国人，天主教遣使会教士，名叫巴茂正；另一个是意大利人，奥古斯丁教派的修士，名叫德天赐。此人后来在巴罗和丁维提负责安置礼品时给他们当翻译。

这些在中国因其科学知识或技能而被接纳的外国人只能使皇帝更加相信他的国家不需要国外新带来的东西。难道不是耶稣会士先为明朝铸造大炮来抵抗满人，后来又为满人铸造大炮来消灭忠于明朝的残余分子的吗？既然一些外国学者不停地为天朝帝国的最高荣誉提供无偿服务，那乾隆皇帝又为什么要对英国使团的要求作出哪怕是点滴的让步呢？难道不是英国人把两名期待有幸能为天朝效劳的遣使会士一直带到天津的吗？

马戛尔尼获悉派往热河工作的传教士在英使来京之际都按中国品位制得到晋升：这是敬重英国使团的一种方式。我们从 8 月 19 日一封朝廷信件中得知，索德超和安国宁被提为蓝宝石顶戴三品官。贺清泰、潘廷璋和德天赐他们 3 人被提为砗磲顶戴六品官。

索德超的晋升使马戛尔尼感到不安。看看这位钦天监监正的面孔，马戛尔尼相信对此人情况的描绘是真的：此人平庸，除了本国人外，他嫉妒所有其他的欧洲人。但马戛尔尼找到了应付办法。他对那个应该给他当翻译的人先用英语说一遍，然后又用法语说一遍。索德超在窘困的中国人面前一声不吭地站着。索德超在公共场合充分暴露了他的无能。这位葡萄牙人为此恼羞成怒。“由于无法掩饰他所受到的侮辱，他当即把他对英国人的所有不好看法都告诉了旁边一个意大利传教士。他们俩是用拉丁语交谈的，所以他很可能以为我听不懂。不过，即使他一句也不说，他的态度就足以让人猜出他心里是怎么想的。我正在跟钦差大臣说我希望能重返北京时，索德超便放肆地表示反对。其他的传教士对他这种行为都显得十分吃惊。”

马戛尔尼最后给了这葡萄牙人一箭：他让一个法国人转告索德超，说由于他本人不懂葡语，不得不谢绝他的效劳，他对此感到十分惋惜。

拉丁语问题

理由是离奇的：马戛尔尼和他的同伴既不用英文，也不用法文，而用拉丁文讲话，“李子”神父才能为他们译成中文。因而他们以不懂葡语为理由回绝索德超是站不住脚的，因为那时任何有文化的人都会讲西塞罗[①]的语言。

马戛尔尼假装除了法语外不会别的外语，这就给法国人一种事实上的特权。为什么呢？那时，法语确实是国际语言：同盟军首领们在讨论同法国交战的作战计划时用的语言就是法语……再说，马戛尔尼那时已不怕法国人了。正当英国为澳门而嫉妒的时候，法国由于国内动乱而退出了远东地区。荷兰公司驻广州代理人文谱兰不是公开说“法国在中国等于零（原文如此）”了吗？

此外，法国革命切断了传教士和法国的一切联系。人们可以相信他们对反宗教的共和国是持敌视态度的：由于他们的处境不佳，因此可以争取他们作

① 西塞罗（公元前 106 年至公元前 43 年），罗马最著名的拉丁语演说家。——译注

盟军。

在索德超去热河之前，英国人就绝对不能讲拉丁语。无论是马戛尔尼还是斯当东都只字不提这条禁令，但丁维提由于被这条禁令激怒而披露了出来。那时，大多数科学著作都是用拉丁文写的，因此怎么能设想一个真正的学者不懂拉丁文呢？“人们难以想象为什么不能讲拉丁文。”有一位传教士问吉兰大夫：“Tu loqueris latine，Domine?”[①]这位医生用蹩脚的英语回答说：“知识渊博的先生拉丁语不说。”“企图让人相信使团不会拉丁语，这有损于我们的尊严，也不符合事实。”乔治爵士写信到圆明园，不准丁维提博士在葡萄牙人和一个名叫德天赐的意大利人面前说拉丁语。此信落到这个德天赐的手里，德天赐把信交给天文学家时，对信封上写的拉丁文意味深长地瞥了一眼：Fiat responsio——“请回信”。

最后，这个骗人的把戏还是结束了。使团接受了德天赐作翻译。不过，他只是帮助英国专家和中国工人之间的交谈，而且是用拉丁语即“几天前，他们还说是不懂的这种语言”作为中介。不过，马戛尔尼已经赢了：他保留“李子先生”和小斯当东作翻译。

他们的翻译不够准确，因此马戛尔尼以为他已经摆脱了最令人讨厌的徵瑞。当时王和乔通知大学士金简要来。金简是“皇帝的堂亲”，据说由他负责接待英国使团。

事实上，金简并不顶替脾气暴躁的钦差大臣。他并不是“大学士”，只是工部尚书而已。而所谓的皇帝“堂亲”，事实是他的姊姊曾是乾隆无数妃子中的一个。他甚至还不是满族人，而是朝鲜人。他奉命组织英国使团在京的接待工作，但他是和工部侍郎伊龄阿、钦差大臣徵瑞共同负责的。从此，他们3个人一起领导接待组。不过，档案材料表明，这两位工部官员并不热心于同徵瑞争夺陪同使团的危险任务。

皇帝从热河向这3位大臣提出许多问题。他不相信天文仪器不能运到他那里；他也不相信这些天文仪器给他看过之后就不能再拆开。他在8月16日就命令向圆明园派遣“好手匠人数名帮同该国匠役即在殿内安装，留心学习，以便将来仿照装卸”。徵瑞单独一人给朝廷写奏折，皇帝不明白为什么这奏折没有另外两人的签字；所有这些反常的做法只能引起天子的不满。后来这两位

---

① “先生，你说拉丁语吗?”——译注

受责备的工部官员也给皇帝写了奏折。皇帝在关于那些应该观察并模仿欧洲人操作的中国工匠的那句话边上用朱笔作了批示。从这批示中可以看出皇帝很不耐烦："尽心体会必尽得其装卸收拾方法。"

御座大殿和《乞丐歌剧》

同年8月23日，马戛尔尼被带到圆明园，后来自从西方人焚烧该园后，它被西方人称之为"夏宫"。不过，应称它为"秋冬春三季宫"，因为乾隆在夏季时去热河避暑。圆明园这个中国名称——马戛尔尼只用这个名称——很好地表达了皇帝对宫殿的想法："最最光明的园林"，中国最好的园林。这座园林是乾隆的杰作——正像凡尔赛宫是路易十四的杰作一样。

马戛尔尼对鲜花、绿树和喷泉交织成的美景十分欣赏。圆明园大得无边无际，园内数以百计的"漂亮的楼台亭阁"由穿越假山的通道和美妙的走廊相连接，但马戛尔尼只看到其中一部分。

这座园林由一些法国人在中国建造，这第一位英国使者在欣赏它时其眼神是多么感人！它后来被另一些英国人和另一些法国人焚毁，但这却使它变得永远像神话里一样奇妙！那座宫殿是典型的路易十四风格。它周围是一些地道的中国风格的楼台亭阁，点缀在巨大的花园里。这座仿造凡尔赛宫和申布伦府邸①的巨大建筑物可能使乾隆认为西方人再也没什么可带给他的了。因为他早已经采纳了他们的好主意。有哪个西方君主可夸口说他有一座中国式宫殿?

不过，英国人如果承认为圆明园陶醉的话，他们会觉得有失身份的："宫殿外墙绘有许多龙和金色的花朵。从远处看，真令人眼花缭乱；但一走近，人们就发现工艺粗糙，镀金质量很差，于是原有的魅力便烟消云散。"

请马戛尔尼正式参观圆明园要等他从热河回来后才进行。由皇帝确定的日程是根本不能更改的：英使的拜访只局限于察看合适的地方来安放留在北京的那部分礼品。既然是送给皇帝的礼品，那就没有比放在大殿御座两旁更合适的地方了。

大殿建在花岗石的平台上，殿顶由两根柱子支撑，并饰有许多作为皇帝象征的五爪金龙——高官权臣只配有四爪的龙。大殿长50米、宽20米，灰色

---

① 哈布斯堡家族的洛可可式夏季别墅，建于1711年，坐落在维也纳郊外的海齐恩。——译注

与白色大理石的地面上铺着地毯。大殿只有一面进光。御座是用红木雕刻的，面对窗户，御座下面有几级台阶。马戛尔尼发现御座的雕刻手法与英国的一样精细。御座上方有一横匾：上写正、大、光、明、福五个大字。御座两旁是呈扇形的巨大孔雀毛[①]。御座前是祭坛，上面放了一些茶或水果等供品，因为皇帝总是以肉体形式或以精神形式坐在御座上。塞戛伦[②]曾让皇帝说过这么一段话："我是靠缺席所具有的惊人力量来统治的。由回廊相连的我的270座宫殿里都只有我偶尔留下的足迹。"

3名陪同官员（按照皇帝的旨意，他们一起）在8月25日的奏章中写道："该贡使率领属下人等拆卸包裹，随赴正大光明殿丹墀下瞻仰殿宇，相顾肃容。询问中设宝座即向上免冠，举掌顶礼。奴才等察具情词，十分恭顺，并瞻仰殿宇辉煌，心钦壮丽。"徵瑞在这么一份奏章上签字可能会感到为难：奏章里并未提及磕头……

至于那组乐曲，那些"黑头发的人"没有向皇帝汇报，因为他们听不懂。那么，这突然响起的乐声是什么曲子呢？原本沉醉于对建筑物的欣赏中的马戛尔尼被一种熟悉的乐曲声所吸引了：在大殿的一角，一座来自伦敦的座钟每小时奏出一段《乞丐歌剧》中的不同曲子。在天子宝座前，座钟不知疲倦地反复奏出的这些下流乐曲具有某种超现实主义的色彩。无疑，不论是乾隆还是定期来修钟的耶稣会钟表匠对此都毫不理解。只有英国人才能体会到这种情景的滑稽可笑——private joke[③]。

对马戛尔尼说来，这是首次，也是最后一次参观圆明园。后来，阿美士德勋爵从这里被赶走。第三名进入圆明园的勋爵是额尔金，那是在1860年——不过，他当时是率兵来掠夺和焚烧圆明园的。圆明园作为世界第八大奇迹，现在只剩下一堆废墟。它成了东西方之间三次接触的见证：首先是负责设计并指导建造这座园林的耶稣会教士；然后是来圆明园却又不理解中国的外交官员；最后是摧毁这座园林的军人。

---

① 孔雀所起的神秘作用可与西方的凤凰相比，孔雀尾部的羽毛可长达两米，被认为是一种吉祥物。

② 塞戛伦（1878—1919），法国作家。他于1908年来华，到第一次大战前回国。著有若干有关中国的著作。——译注

③ 不宜公开谈论的玩笑。——译注

第二十二章

科 技 宫

（1793年8月23日—24日）

在这次由陪同带领的游览过程中，并非一切都是令人愉快的。在游览结束时，钦差大臣又出现了——这使马戛尔尼感到非常吃惊，因为他以为钦差大臣“突然又得宠了”。徵瑞是鞑靼人，他一定是利用在朝廷里的关系了，“这使我们的朋友王和乔不得不对他十分敬重；他们再也不敢想为我们说好话就为我们说好话了”。

马戛尔尼是外交生活里一种传统现象的牺牲品。他把陪同者的地位想象得比实际高。中堂对王和乔的情况毫不了解……中国人也犯了一个相应的错误：“查英吉利国贡单内称”，一封8月6日的朝廷信件写道：“正贡使品级尊崇。据云此系国王之舅，又云国王之下，唯此人为最贵。”天朝把欧洲国家宫里对贵族的尊称“我亲爱的王舅、令人尊敬的马戛尔尼勋爵”作了完全是字面上的理解。

无论在中方还是在英方，各种信息常常由于幻想、猜疑、隐瞒、沉默而被歪曲——双方互不理解。“言不顺，则事不成。”如果孔子的话有道理，那么1793年英中两国的事务是没有任何一点点成功希望的……蒙田①也知道误解的真正原因是“语言上的差异”。这种观点被第二天，即8月24日发生的事再次证明是正确的：斯当东又回到圆明园，陪他前往的有巴罗、丁维提、蒂博和珀蒂皮埃尔以及其他“工匠和技师”。斯当东是去组织大家安装所有不运往热河的礼品的。

幸亏他去了圆明园，因为圆明园的中国人员正开始拆箱。中国人认为，这些贡品是给皇帝的，当时就已经属于皇帝了，而英国使团是靠这些贡品才获准登陆的。“李子先生”勇敢地对钦差大臣的这种理解表示反对，从而挑起了

① 蒙田（1533—1592），文艺复兴时期的法国思想家、作家。——译注

一场用词的争论：并不是贡使——贡品。如是贡品，那么东西一运到就成了皇上的了。而是送礼——礼品[①]。因此，送礼的人可自由确定送礼的时间。一个名称就足以改变这次使命的性质。

这里涉及的赌注比较小：由谁来负责这些精密仪器的安装？工部尚书金简“结束了这次论争，说送礼这个词是适宜的”。安装这些仪器毕竟是麻烦事：还不如待安装好了再接管。

西方工艺的辉煌展示

我们还是看看在圆明园的巴罗和天文学家吧。使团的其他成员在去热河前正准备在北京住下来。圆明园是观察天气恶化的气象站。

人们动手开箱了。礼品包装得很好：尽管经过如此长途的运输，又经过那么多次的搬运，几乎没有一件礼品被损坏。

地球仪应该放在御座的一侧；天球仪应该放在御座的另一侧。分枝吊灯自然应悬挂在天花板上。在大殿的一端安放天体运行仪，另一端则安放瓦利雅密座钟、气压计、韦奇伍德瓷器以及弗雷泽天文仪。“无论在全世界什么地方，人们都无法想象在同一个场所集中如此精美的物品。”

的确如此，这真像参加国际博览会的未来英国馆[②]。这是一次“西方工艺的辉煌展示”——尤其是英国在所谓的技艺方面，即应用科学与技术方面的成就。英国人把重点放在他们了解的中国人感兴趣的方面：瓷器和天文学。

关于瓷器，这是一次有风险的赌博。不过，韦奇伍德对瓷器工艺作了相当的改进，已经不是简单模仿中国人了。这次打赌成功了。马戛尔尼发现，大多数来圆明园参观礼品的高官权臣在观看时装作无动于衷；不过，马戛尔尼补充说：“他们对我们的德比瓷器或瓦利雅密座钟上的装饰瓷器的精美与雅致表现出无法掩饰的喜爱。”韦奇伍德特别推出一件巴尔贝里尼的复制品，这是一

---

① 英国人遇到的是一个典型的中国式的难题。整个社会和政治的制度都极力维护正确的名称。这些名称与字词的用法紧密相连，并被认为是事物本质的表达。天子作为有生命的神秘物，人们越接近它就越应该注意用字的准确性，每个人道德的修养就是要使自己一天比一天更符合儒家道德的确切叫法。这就是我们经院式唯名论的中国变种。

② 1799年法国首届“艺术品与工业品”展览会在巴黎举办。英国的做法说明当时这种想法正在酝酿之中。

种著名的古代玻璃器皿，底色是蓝色，浮突出来的人物则是用白色玻璃制作的。正是这种古代器皿启发了韦奇伍德，制造出仍然叫作巴尔贝里尼的瓷器。

韦奇伍德公司抓住了这次马戛尔尼提供给他的机会来推销它的产品：这是一种新式的推销技术。到了 19 世纪，这种推销技术获得了成功。

科学的导演

天文仪器比较复杂，要把天体运行仪重新组装好至少需要 18 天。西方人得到当地工人的帮助，皇帝特别命令他们来学习装配程序。看来，他们对这个任务是完全胜任的[①]。天文学家还提到了他的技师们不得不承认败北的一件事：中国人成功地用一块烙铁切割开用金刚钻未能割开的凸形玻璃板。

相反，天文学家不喜欢圆明园里差役乱哄哄的围观以及太监们见他干不成功时所发的阵阵哄笑。英国人安装仪器进展缓慢，这使人对他们的本事产生怀疑。“一些中国人嘲笑我们，说‘你们干得很卖力，不过进展不大’。”

丁维提宁可不让任何人观看这些费力的准备工作。“对无知者，永远应该使其大吃一惊。如果天体运行仪一下子突然光彩夺目地出现在人们面前，那么效果就会好得多。”天文学家是一名好导演，他知道排练是不该让公众看的。

再说，被剥夺了去热河的机会，并被迫充当工人角色的丁维提和巴罗怎么会不感到受贬呢？内阁档案里把他们俩排在接受礼品人员名单的末尾。工匠和商人难道不是处在最低层——排在农民之下吗？

皇帝的自动装置

仪器的安装工作进展缓慢，这进一步激怒了皇帝。原先，当英国人声称在仪器安装好、展览完后必须原封不动地留在大殿里，皇帝本来就已经很生气。既然这些仪器在英国安装后又拆装，那么也应该可以在中国安装后再拆装。

皇帝认为——他的看法没错——英国人企图表明没他们不行。“此系该

---

① 自从 1601 年利玛窦带来他那奇妙的座钟以后，中国朝廷的一些工匠已掌握了钟表和精密机械方面的技术。

贡使欲见奇巧，故为矜大其词。”的确，无论徵瑞还是金简都不敢在他们明显不懂的这一方面发表自己的意见。于是乾隆指责徵瑞任人摆布。“徵瑞只曾在浙江、天津任职，故天真幼稚。”因为“他未曾见过广州和澳门西洋人的钟表及其他机械装置”。

中国人很早就爱好精密机械装置。从 13 世纪起，第一个蒙古皇帝忽必烈就曾厚礼款待过一个被他的骑兵在东欧俘获的法国金银匠，此人名叫纪尧姆·布歇。他之所以受到厚待，是因为他给皇帝制作了一个巨大的自动装置：一棵长满银叶、结满银果的大树，树下有能喷射马奶的 4 只银狮，树上有一个吹喇叭的安琪儿。

乾隆从爱好自动装置变成了自动装置大师，但现在他感到玩腻了——而这个粗俗的徵瑞才刚开眼界。在乾隆统治期间，大批座钟、表和自鸣钟从广州进入中国。朝廷特别喜欢带人物的八音盒，皇帝拥有好几套，分别放在他的各个宫殿和行宫。宫廷的天文学家专门为皇帝对这些八音盒进行维修。乾隆对天体运行仪和钟表不加区别，谁会拆卸座钟谁就必然会装配天体运行仪。

第二十三章

狼狈不堪的“学者”

（1793 年 8 月 24 日）

一天，安国宁神父与包括北京主教在内的另外 3 名葡籍传教士非常郑重地赶来出席英国仪器表演。他们是奉皇帝之命来的，完后要向皇帝汇报。他们主持钦天监。他们在步利玛窦的后尘。刚好在 200 年前，即 1593 年，利玛窦知道依靠他的世界地图、刻度盘、地球仪和自鸣钟可以在天朝步步高升，并能最终加入中国籍。

钦天监

钦天监主要不研究“算术”①，而是研究天文学和星相学。它负责制订一份全国日历书：如果你想统治人的世界，你就必须与宇宙相协调。《邸钞》发表的这些历书为政府举办仪式和大事（如大型工程、出征），也为日常生活(如出门远行、结婚、建房奠基等）确定吉利或不吉利的日子或季节。

直到今天，人们还预测吉利和不吉利的日子，并广为流传，这些黄道吉日登载在民间历书里。在香港、台湾或在华侨集中之处，这种历书从未绝迹。现在人民中国也重新开始自由销售这种历书。

巴罗说：“我无法确定那些自称为文人的人是否相信这些迷信，或者他们是否由于认为有必要鼓励迷信而一本正经地在开玩笑。用宗教信仰比用强制手段能更有效地统治老百姓。”古伯察神父是这样概括这一点的：“中国人喜欢笔的权威甚于刀的权威。”

总之，传教士们加入了这个体系。他们用自己的天文学来支持星相学，从而加强了中央帝国对星相学的信仰。不过，这种支持变得十分脆弱。

---

① 钦天监在法语里译成“算术馆”，但并不是“国子监”里的算术馆。——译注

“钦天监”的成员原以为是来看一些八音盒的，“这些在广州称之为Sing-songs的，用像烤肉用的旋转铁叉那么上弦的八音琴”。而现在他们看到的是天文仪器，可他们在天文学方面十分外行，英国人无法教会他们掌握天体运行仪的运转原理。

丁维提和巴罗对此不胜诧异，因为这些传教士兼天文学家在西方名气很大。第一位满族皇帝顺治在1644年登基时发现历书十分混乱，没有一本是正确的。巴罗发现有一件事很有趣，那就是1670年，一名中国天文学家因为说那年有13个月而被缢死[①]。耶稣会士们立即利用他们的优势。他们使满清朝廷相信，宫里的那些顾问在“对管理国家有如此重要意义的领域”一无所知。

巴罗说第一批耶稣会士是非常有学问的法国人和德国人。“接替他们的是一些不学无术的葡萄牙人；他们走运的是，中国人没有能力发现他们的错误。”真是没有能力吗？

格林尼治子午线取代巴黎子午线

钦天监成员退场。第二天，北京主教、葡萄牙神父汤士选悄悄地来请求帮助。

这些“专家”是披着懂科学的外衣在中国生活的，但这种掩饰很不牢靠。前一天，他们完全现出了原形。主教向英国人承认他和他的同事根本不能预测日食或月食，也指不出月相或日出与日落的时间，而朝廷上下却都以为他们在这些方面是专家。

在此之前，他们由于有巴黎出版的《天文历书》，所以还能应付；因为他们知道两个首都之间的经度差，他们只要换算一下就行了。但法国革命断了他们的来源：他们收不到宝贵的历书了。现在这场骗局就要暴露，太可怕了……

这位恋上了中国的传教士处于被驱逐出境的巨大危险之中；甚至有可能像他的许多教士兄弟那样因比这种诈骗还要轻的罪名而被砍了脑袋。1775年前后，这些耶稣会士在他们的教会解散后所写的信中流露出一种惊慌失措的

---

① 巴罗对这种所谓无知的嘲讽很可能会变成对他自己的嘲讽。显然，他不知道农历每6年必须增添1个月。那位可怜的中国人的错误可能是选错了年份。

情绪。这位高级神职人员的处境则更糟。丁维提同情这位狼狈不堪的"学者"，便送给他一套以格林尼治子午线测算，可用到1800年的航海历书。这样，这位对天文学一窍不通的主教兼天文学家还有7年太平日子可过。

天文历书——时代的标志。正当内部分裂的法国向整个欧洲大陆开战的时候，英国替代了法国在中国的位置。格林尼治子午线取代了巴黎子午线。

中国文人的抵制

英国人不断指责耶稣会士为了垄断，不把欧洲科学介绍给中国人。这种看法很容易混杂着对中国人的仇恨和对天主教的憎恨。尤其是巴罗，他想不到中国文人会抵制。在他看来，科学只能是西方的科学：不把科学与他人共享，就是对精神的犯罪。但他忽略了中国人骄傲的知识传统——以及他们对外国知识的抵制。

他们受到朝廷的保护这一点是显而易见的。由传教士同时传授的基督教义和西方科学在多数中国文人眼里从来就只是一些异端邪说。从16世纪起，一种传统主义的反应自始至终都保护中国传统科学不受"洋鬼子"的影响。

伟大的数学家梅文鼎问道："难道由于引进夷人方法，我们就必须取消传统方法吗?"再说，西方人抄袭了中国，那么为什么中国人要抄袭西方人呢?"在秦朝（公元前3世纪），人们把所有的书都焚烧了。有些书逃脱了被烧毁的厄运：那些已经流传到西方的书籍。西方人的知识应归功于未被焚烧的中国书籍。"

诚然，座钟、望远镜、羽管键琴、武器等具有诱人的力量，但人们也同样觉得它们是一种威胁。于是，一种反对西方技术的深层运动就形成了。这不仅是因为尊严受到损害，也因为想要保卫受到威胁的本国属性。为此便有这种有趣但又可悲的贬词："会报时的座钟？它们什么地方比我们的漏刻好？再说，座钟非常昂贵，而且还会坏！火炮？敌人还没打着，打炮的人就先被烧焦了。"利玛窦绘制的世界地图？无法接受！"谁不知道因为子夜时分北极星在中国天顶上闪烁所以中国位于世界中心?"

从16世纪末到20世纪末，中国文人中一直有这样一种倾向：为了保护文化遗产的完整，防止西方的渗透，拒绝参阅除中国书籍以外的其他任何国家的著作。这种纯传统主义是以忠于中国价值观念为掩护的。而当他们不敢否认“科学”的优越性时，他们便回避问题的实质，自以为真理在握：“汉朝时没人会测算天体间的相互位置，但这并没有妨碍他们的朝代经历长达4个世纪的繁荣。用不完美的天文学要比用夷人的天文学体面。”在“文化革命”期间，有人声称：“宁要社会主义火车的误点，也不要资本主义火车的准点。”中国人这种只靠自己的偏见犹如一条红线一直贯串到毛泽东去世为止。“四人帮”——人数应该还要多一些——在10年里对从贝多芬到安东尼奥尼这些“资产阶级秩序”的同谋所带来的西方影响进行了批判。

当然，在这几个世纪里，有一批文人设法把中国的传统与西方的发明结合起来，但他们始终是少数。乾隆是他们中的一员吗？我们所掌握的材料说明情况正相反。他后来就英国人送礼所写的这首诗就证明了这一点。

> 视如常却心嘉笃，
> 不贵异听物诩精。
> 怀远薄来而厚往，
> 衷深保泰以持盈。

然而，为什么乾隆后来二次观看这些陈列的礼品呢？为什么在这8、9两个月期间他对这些礼品给予了超出礼仪的重视呢？为什么皇帝为马戛尔尼访华一事异乎寻常地写了那么多谕旨，似乎在那年它成为乾隆的头等大事呢？这里的真相具有两重性：公开蔑视，内心欣羡。

英国人嘲笑那些靠中国人的天真而发迹的“主张蒙昧主义的天主教徒”。但实际情况并不那么简单。英国人确实是他们那个世纪的人，他们以为启蒙时期的思想是放之四海而皆准的，并以此自命不凡。他们没有学会相对地看问题。他们低估了一种历史悠久的文化所具有的不可动摇的力量。

不过，西方人之间是不互相揭短的。所以，虽然使团蔑视传教士，谴责他们的无知，但在中国人面前则缄口不言。皇帝可以继续以为他拥有世界上最优秀的天文学家，并为此洋洋得意：“今贡使见天朝亦有通晓天文地理修理钟表之人在旁帮同装设，不能自矜独得之秘。其从前夸大语言想已逐渐收敛。”

第二十四章

您有统治国家的科学吗?

(1793 年 8 月 22 日—28 日)

很快,“从王公到平民百姓”,所有的中国人都参观了礼品展。前来参观的络绎不绝。“所有文人以及所有没陪同皇帝去热河的官员都蜂拥来到圆明园”。他们和两个世纪前利玛窦遇见的中国人一样,惊奇地发现地球仪上的中国是如此之小,以致怀疑这些“红毛人”有意把中国缩小了。他们看了很反感,便很快就转身走开了。

天文学家把这种反应看作是幼稚:“他们像小孩似的,很容易满足,但同样也很容易厌倦。”的确,从那以后,许多旅行家,甚至一些中国人都谈到中国人的“孩子气”。鲁迅认为:“政府像对待孩子似的对待大人。”他们之所以像孩子,难道不正是因为他们社会的指挥系统强迫他们停留在儿童状态吗?这同盆景的栽培者强迫树木不长大,小女孩的脚被裹脚布缠得永远娇小不是一样吗?

弑父

弗洛伊德也许会同意丁维提的观点,认为中国人不会长大成人。如果一个孩子只能“杀”了亲生父亲才能成人,那么在忠孝作为必须遵守的集体品行和礼仪的情况下怎么“杀”父呢?这种对皇帝和祖辈的崇拜共同构成一种尽善尽美的父权主义。直到今天,这种双重崇拜仍构成所有中国人共同信奉的宗教。正如德日进神父所说的那样,“中国人口众多,由于惰性和讲究实际的缘故,本能地敌视外国人。这些外国人来华向中国人建议变革,而中国人自己并不觉得有什么必要”。禁止自己做任何可能使祖先不快的事,这就等于拒绝新事物。

皇帝的3个孙子每天来看展览，他们的到来使示范表演中断。其中一个有一块镶有首饰的英国搭扣怀表（伦敦卡明制造），这块表已有好几年不走了。经过使团一名工匠的清洗后，这块表马上又走了。另一名皇孙讲话盛气凌人："英国人一定是为他们的科学知识十分自豪才摆出那些机器的。"英国人和中国人双方各自坚定地认为自己优越，相互傲慢地嘲讽对方。这两个都自认为是世界上最强大的民族，本该因此而相互钦佩，可实际上远非如此……而这种钦佩之情正是马戛尔尼以为他所可以指望的。

只要生下来就行

巴罗还是一条巨大的文化鸿沟的见证人，它把英国贵族和天朝官僚分隔开来。

在礼品中有3卷英国贵族精英的画像。皇帝让人在每幅画像下用汉文与满文写上人名。于是，如何译音这个老问题又产生了，它使中国书法家感到为难：Duc de Marlborough①便写成了杜克马博罗。英国人听了哈哈大笑。

巴罗向中国人介绍每个人的爵位。当他介绍到贝德福德公爵的肖像——画家雷诺兹画的一个孩子——时，巴罗称"Tagin"（"大人"），中国人便哈哈大笑起来。他们以为巴罗是指小孩的父亲，想象不到小孩会被称为"大人"。巴罗努力解释说，一个英国贵族院议员的儿子要成为议员，他只要生下来，又死了父亲就行了。"他们由衷地哈哈大笑起来，因为他们听说在我国只要生下来就成了议员，而在他们国家里，需要苦读许多年才能当上最低级别的官员。"

中国人的笑声使英国人意识到世袭公职的荒谬。他们对中国人突然发出的笑声无言以答。他们看不到世袭权是抵御国家至高无上权力的一道屏障，他们也看不到在唯才主义后面还隐藏有官僚主义国家的意识形态。他们觉得好像被人发现自己犯了错误似的，他们很聪明，知道自己的社会不对。

最近两个世纪以来，中国在越来越多的方面变得西方化了，而西方则通过国家公务员制度化与中国靠近了。在欧洲各国，甚至在传统主义的英国，贵族的特权被取消了；会考制度普及整个西方。这是简单的趋同吗？不，作为楷

① 马尔伯勒公爵（1650—1722），英国历史上战胜法王路易十四的最伟大的将领。——译注

模介绍的中国模式大大加强了“唯才主义”在欧洲的地位①。

这种家族与权力的结合是否使中国人感到困惑呢？马戛尔尼一共带了7名年轻的贵族，他把他们当作自己亲戚作了介绍。皇帝命令徵瑞进行了解：他们之间究竟是什么亲属关系？小斯当东是否有正式官衔？皇帝出于对这些夷人习俗的尊重，还是送了些特殊礼品给这7名年轻人，尽管按英国礼仪他们只能排在乐师的前面。

皇帝与车夫

除了乾隆，还能有谁比路易十四更理直气壮地说：“朕即国家”？可是，由君主代表国家的观念现在被一辆四轮华丽马车给破坏了。马戛尔尼坚持要展示浮悬弹簧马车的优越性。特别是在他吃过坐中国马车的苦之后，这个想法尤为强烈。斯当东又梦想向这个广阔市场大批出口英国马车（西方的梦想没有改变：出口马车变成了出口轿车）。

但是，人们的注意力不在弹簧上，而是集中在车夫的座位上。一群官吏围着车夫的座位来回乱转，揿揿柔软的坐垫，摸摸座位的布料。由于车夫的座椅外套饰有月牙形花边和许多琢磨成玫瑰花的小钻石，特别是由于这座椅位置很高，因此中国人觉得这座椅颇有居高临下之势，只有皇帝本人才能坐。那么马车里的座位又由谁来坐呢？经过对车门、车窗和遮帘的仔细研究，他们最后认为车内座位只能是皇后皇妃的。

当巴罗先生向一名老太监指出他们弄错了时，这位太监回答说：“您以为皇上能容忍一个人的座位比他的座位高，并把背朝着他吗？”就像卖牛奶小女孩的奶罐打得粉碎一样，英国人向中国出口四轮华丽马车的梦想也破灭了。（从此，由于事先未作市场调查便草率出口而造成的失望时有发生。已经交货的火车头以及为上海设计的地铁方案最近就这么被拒绝了，因为法国标准不符合中国的要求。）

---

① 在这个问题上，马戛尔尼远征的记载证实了欧洲传教士的报道。不过，无论是马戛尔尼还是欧洲传教士，他们写的东西都有些理想化。他们都没有提皇族与满清贵族的世袭地位，也未提免试或允许直接竞争高一级品位；既未提那些因祖上曾为国家建立功勋的后代可继承官职，也未提行贿问题——这些做法都为专断的宠爱敞开了大门。

统治机器

丁维提和巴罗要比马戛尔尼更加感受到来自中国方面的压力：在圆明园，他们处在第一线。正当他们集中力量准备一次旨在震动整个朝廷和全城市民的示范表演时，突然间他们接到一道命令："立即送交一切贡品，包括那些尚未安装或拆箱的贡品。"头脑清醒的丁维提知道他们在北京待不长了。

他站在无用的天体运行仪前痛苦地感受到这场科学较量已经失败，甚至这场科学较量会干脆被取消。同样，他也预感到那即将进行的外交较量也会失败。"您如果问他们发明如此出色的机器的人是不是优等人，他们会回答说：'那些东西很怪，可有什么用呢？您有统治国家的科学吗？'"

因为在中国有一种统治国家的艺术，甚至可说是一种科学。这些统治国家的艺术和科学同社会制度混为一体。30 万满族人之所以能成功地统治多 1000 倍的中国人，只是因为他们夺取了一个未作变更的机器——天朝官僚制度，该制度控制了一个永恒不变的等级体系。

难道这不是一部绝妙的机器吗？难道这部机器不比丁维提的天体运行仪设计并装配得更加巧妙吗？各司其事：皇帝负责统治，内阁负责管理，官吏负责行政事务，农民负责种地，工匠负责制造，商人负责做生意。一环扣一环，咬合得很完美，而且人人满意；那些不满意的人就必定"挨竹板"，被戴上枷锁或被砍掉脑袋。难道这不是一种杰出的统治艺术吗？

天文学家写道："他们的偏见是如此根深蒂固以致只有用暴力才能消除。"天文学家已经得出——他是所有到过中国的第一个人——在他看来是不可避免的结论，也是 50 年后西方得出的结论：只有用战争才能打掉中国人如此高傲的气焰。

第二十五章

富丽堂皇的监狱

（1793年8月24日—26日）

8月24日，徵瑞交给马戛尔尼一封伊拉斯马斯·高厄爵士的来信。信中说船队已抵达舟山，请指示。马戛尔尼写了一封回信，第二天交给了徵瑞，以便通过皇家邮驿寄走：他嘱咐高厄率船队开赴广州。就在这时出事了。

钦差大臣要求知道高厄来信和马戛尔尼回信的内容：他对英国人的一举一动都要在皇帝面前负责，所以他必须了解有关受他保护的人的一切情况。马戛尔尼不想把事闹大，便同意向这位冒昧的对手作了通报。徵瑞见英使那么好说话，便向他提出作磕头练习。这次，英使发作了：他向徵瑞下了逐客令，并说他一、二天后会交给他一份有关这个问题的文件。

这位可怜的盐政顿时坐立不安，不知所措起来。贡使不练磕头，甚至还准备亲自就这问题提出书面建议。可这问题经过两千年礼仪的实施是早已解决了的。这怎么向皇帝和内阁交代呢？事情变糟了。为了保住他的顶戴，他决定再等等：有了英使的书面建议，他至少可以知道应该怎么办。

暂时他要装出非常卖力的样子，让皇帝觉得他丝毫没有讨好英国人。他不告诉马戛尔尼一声就把他的回信扣下，寄往热河，并附言说必须拒绝英国人把其船队开赴广州的请求。

8月26日，马戛尔尼如愿以偿：英国使团迁往北京，住进内城中心——巴罗、丁维提和两名机械师除外，他们留在圆明园为科学服务。马戛尔尼觉得新馆舍“不仅舒适，而且十分宽敞”。整个馆舍共有11幢灰砖楼阁，分散在一座园林里。楼阁的“灰砖间严丝合缝，因此砖间的水泥几乎都看不见。砖块光滑得像大理石”。这11幢楼阁前都有一宽石板地面的院子。院子里建有一个“遮阳平台，由漂亮的木柱支撑，四周饰有十分雅致的栏杆”。

房间宽敞、舒适。房间的墙壁或油漆或贴有壁纸。英使的住所甚至还有一座戏台。有些人像17世纪法国大贵族那样拥有自己的戏班；另一些人则只能在喜庆日子花钱请戏班来演出。

安德逊欣赏“中国人在建筑物油漆艺术方面的高超水平。由于加入了一种可使油漆不怕风吹雨淋的配料，油漆始终保持光泽明亮”。安德逊白兴奋了一阵子：根据清廷内阁档案记载，我们发现朝廷曾专门下令把馆舍重新油漆一遍。因此，油漆之所以鲜艳，那是刚干的缘故。

在每个房间里，有一个“用砖砌的木炭火炉，家具很少，而且都十分低矮”。过去，中国人像今天的日本人那样总是盘腿而坐。从唐朝开始，中国人喜欢坐扶手椅了。可满族人来自大草原，他们习惯在帐篷里席地而坐，所以又恢复了老习惯。房内有屏风相隔，除了用纱、纸或透明牛角做的灯笼外，这是室内惟一的装饰品。墙是光秃秃的。没地毯，也没有镜子。

至于床，巴罗说：“砖砌的炕上铺有席子，但没有床帏，也没有床单，枕头很硬。”巴罗看见的只是睡觉用的床，他如果看见女人房间里的床，评价就不会那么严厉了。这些床很宽，床上铺有柔软的褥子并挂有帏帐，既可防止蚊子叮咬，也不怕仆人在床前来来往往。

皇帝的一句好话

这所馆舍是刚从广州海关监督穆腾额手里没收来的。此人因为从欧洲人那里过分敲诈钱财而被罢黜。中国官员们情不自禁地在英国人面前重复皇帝说的一句好话。当有人向皇帝建议把英国使团安排在那所馆舍时，皇帝同意了：“为建这馆舍，该贡使的国家花了很多钱，因此不能不让他住在那里。”巴罗不喜欢这种厚颜无耻的俏皮话。难道这不正好说明皇帝是同意他的官员搞敲诈勒索的吗？他处分敲诈过分者，但他不想根本取缔。

马戛尔尼曾以为使团迁往北京可结束与世隔绝的处境，然而，他们连从围墙探头往外瞧一眼都不被允许。“我们中有几个人偶然探头往外瞧：他们一被墙外的人发现，就有人大喊大叫。一下子，就会有一大群中国官吏赶到，并大声进行威胁。”

英国人的反应像囚犯；他们对日常生活中的每个细节都大惊小怪。他们怎么也不习惯吃中国菜。所有的菜都是切碎的或煮熟的：中国人“想不到还可能有别的做菜方法”。啊，如果他们会做英国菜该有多好！只有汤还算符合英国人的口味。赫脱南对中国人不喝奶感到遗憾；他想喝点牛奶真比登天还难。

中国官吏对所有仆人看得很紧，因为他们“非常善于小偷小摸”。“他们老是偷掉我们一半的面包、糖、茶和肉。这倒并不是因为他们缺少这些东西，而是他们把这些偷来的食品以三分之一的价格重新卖给原来提供这些食品的商人，第二天又买来给客人吃。”

“他们对外国人的怀疑简直无法想象。”服务与监视完全像中国菜的甜与苦一样混合在一起：“出于关心或者出于多疑，朝廷派给我们的官员起码有12人：瞧着他们整天在宫里忙碌地转悠，真可说是一幅奇特的景象。”他们看起来忙忙碌碌。这个人负责送奶，那个人负责送面包，另一个人负责开门。他们主要监视来做客的囚犯，以便向皇帝汇报①。他们甚至一直跟踪到房间里。由于“每名官吏都有一名替主人拿着烟枪的仆人跟随”，因此尽管与外界隔绝，英国人并不因此就能离群索居。中国有句俗话：“十羊九牧。”

这些旅行家一回到国内，出版商们就马上请他们写点东西。他们不能不描绘一下那座他们曾经生活过，却从未游览过的城市。他们关于北京的介绍，与其说来自他们的亲身经历，还不如说来自他们与欧洲传教士的谈话。的确，在外国，最好的情报来源莫过于在这个国家长住的自己同胞。他们在观察事物时比较平稳，因而头脑清醒。对使团来说，欧洲传教士正好起这个作用：他们同英国使团促膝谈心，他们的谈话要比他们写的东西更加诚恳。

在屋里，老百姓“挤得像罐头里的沙丁鱼似的”。“一个祖孙三代的大家族带着妻子小孩合住在一起的情况并不罕见。家族的每个支系只住一小间房间。床与床之间用从天花板垂挂下来的席子隔开。大家在一间公共的屋子里吃饭。”几代人同住在一起，这既是儒家的教导，也是条件所迫——今天比任何时候更严重。

因此，“中国人非常喜欢在户外生活”，这是毫不奇怪的。这样，住房虽然非常拥挤，卫生状况并不受到影响。中国人是那么喜欢室外生活，以致到了夏天，全家一起睡在马路上。直到今天，在夏季仍可看到这种习俗，特别在像“三大火炉”的重庆、武汉和南京这些最热的城市里，这种现象尤其普遍。

赫脱南指出：“街道很宽。但一到夏天，必须在街上洒水：尽管如此，灰尘仍然呛人。”在北京，灰尘依然无孔不入：它侵入人们的肺部与住房。灰尘

---

① 这是吹嘘：这些汇报是写给钦差大臣徵瑞和另外二名负责接待工作的工部官员的。只有他们才获准与皇帝直接通信。

从北方草原被风刮起来后，就像雨点般地散落到北京，使京城蒙上一层黄土色——皇帝的颜色。

社会监督与放荡生活

在这乱哄哄的背后隐藏着一个组织形式，它使斯当东说出了这种带有预感性的话："这里和兵营相比同样安全，但也受同样多的约束。"怎么回事呢？"人们维护最严厉的秩序，因此犯罪极少。这里有一种和英国古代的十户联保制非常相似的制度：每十户中有一户要为九户邻居的行为作保。"在解决纠纷时，家族和同业公会在政府同意的情况下代替政府裁决。至于对娼妓的监督，"妓女只被允许在市郊卖淫。她们必须登记注册。她们为数很少，因为京城单身汉和不住在家里的已婚男子很少。"

斯当东的叙述是理想化了的。无独有偶，1950 年至 1980 年间的热情访问者同样把中国描绘成一个既完美又严酷的国家。就保甲制度而言，根据天主教遣使会士拉弥额特的说法，斯当东在这里讲的是许久以前的事。"孔子就曾对这种治安制度很早就被废除而感到遗憾。"负责陪同的中国官员一定是向使团宣传了一通——没有犯罪，没有腐化堕落——同时不让他们看到不该看的东西——乞丐和娼妓。这种消了毒的气氛并未能阻止这些中国官员中的一个去"寻花问柳"，又因被"爱神踢了一脚"后回来。通过广州从西方进口来的汞丸也许可医治他的病。这种病就是所谓的"广州病①"，因为来自美洲的梅毒于 1511 年前后——发现新大陆还不到 20 年——通过广州港传到中国。而美洲的玉米和白薯传到中国却花了比这长得多的时间……

广州那些被绝对禁止携带女人的欧洲人说："在广州，只要不怕花钱，不怕搞坏身体，想要多少女人就有多少。"

但钱不光是到妓女的手里，也到天朝官僚的手里。一位在广州住了十几年的见证人在广州见到马戛尔尼时说："如果中国官员或兵士突然抓住你在（妓女）船里，他们会对你百般侮辱。只有在根据你的社会地位敲了你一大

---

① 今天，正是在广州，人们可看到许多广告吹嘘医治梅毒的有效疗法——这个地区由于比其他任何地区更受开放政策的影响，梅毒病似乎又突然流行开了（1988 年夏季，在市场上所看到的广告）。

笔钱之后才放你走。”安德逊吹嘘他曾在广州的一条船上“量过一个女子的脚”。但他是否知道他所冒的风险呢?

丁维提嘲笑那些曾在欧洲非常吃香的作品：这些作品“把中国人描绘成世界上最有教养的民族。说如果两个赶骡的在一条窄道上相遇，他们就会相互施礼。像这样的事我们根本就没见过。他们的施礼形式就是相互拳打脚踢或互扔石头”。天文学家得出了这样的结论：“人们是根据孔子的说法向我们介绍中国人的：理论上的中国人，而不是事实上的中国人。”宫廷的走廊里也免不了有人吵架。事实上，中国人在讲礼貌时非常礼貌，火上来时也非常粗暴。

不过，由于受到严密保护，使团没有见过光棍。这些地痞人数众多，成为农民起义的骨干力量。

精神叩头

这些目击者看事物的角度并非都相同。马戛尔尼和斯当东经常碰到朝廷礼仪问题。他们坚持不提使团所遇到的艰辛，他们珍惜英中关系的前途——也不忘他们自己的前途。总而言之，他们同传教士一样要考虑自己受到的束缚与限制。这些传教士在介绍中国时用尽了歌颂赞美之词，从而使人不禁要问：为什么不让中国往欧洲派传教士呢？丁维提和巴罗不受马戛尔尼和斯当东所受到的约束。由于经常来往于圆明园和北京之间，他们有更多的机会观察普通老百姓。他们和安德逊或霍姆斯一样，但他们能像演配角的人那么超脱，所以他们的头脑要比前两人清醒得多。

中国是一个讲究用词和姿态的帝国；用赞美颂扬之词谈论中国就意味着同意进入中国体制，这就等于作一次精神叩头。斯当东常常作精神叩头。为了保住面子，这种精神叩头应该看作是逢场作戏。他的同伴则拒绝这样做：于是，他们看到了现实的中国与想象的中国间的差别，甚至忘了对中国人说来，想象的中国也就是现实的中国。

第二十六章

已变成中国人的欧洲人

（1793年8月27日—29日）

马戛尔尼在北京住所接见了早就要求拜访的情报员：“传教士们穿的是当地衣服，讲的是中文。从外表看，他们和其他本地人没有什么区别。”

奇怪的是，梁栋材神父一直不露面，而另一名法国人却很快成了马戛尔尼的常客，他就是罗广祥神父。使团搬来后第二天他就来了。马戛尔尼写道：“他告诉我他获准为我们效劳，并且每天来听取我的吩咐。”

大家松了一口气。索德超的令人不安的阴影消失了：他已经上路去热河了。克雷芒十四世[①]屈服于整个欧洲知识界的压力，在1773年解散了耶稣会。在华的耶稣会士便由遣使会士接替，而罗广祥神父就是这些遣使会士的头。他是1785年4月作为“数学家”来到中国的。和他同来的还有两名会友——一名“画家”和一名“钟表匠”。马戛尔尼十分赞赏这位脸色红润、肥胖、健谈的神父。他非常了解他已与之融为一体的中国实情。

他在给他姊姊的信中谈到了他的工作：“我领导一共有73人的传教会。每天我要讲4种语言：法语、拉丁语、汉语、满语。我要回许多信。我要讲授教理，听忏悔，做其他圣事，而且有时还要去拜访要人。”1795年见过罗广祥神父的荷兰大使蒂津是这么描述他的：“他本身就是健康的象征。中国衣裳穿在他身上非常合适。他讲中文十分流畅，而且优美动听。”

罗广祥神父为人随和，性格开朗。他“每天带一些他修道院出的小礼物：美味的法式面包、欧式甜食、白色无核甜葡萄。这葡萄树是从位于戈壁大沙漠边缘的耶稣会Chamo[②]葡萄园移来的”。罗广祥神父又说：“自从我们在

---

① 克雷芒十四世（1705—1774），意大利籍教皇。——译注

② Chamo（Shamo）意思是“沙漠”。中亚的穆斯林不遵守禁酒的规定，仍然种植葡萄并酿酒。

北京发现了在葡萄汁里加一定量的糖可酿制高质量的葡萄酒这秘密后，我们不再为没有欧洲葡萄酒而发愁了。欧洲葡萄酒在中国出售，价格昂贵。”位于北京郊区栅栏[①]的传教士一直到1949年还自己酿造葡萄酒。罗广祥神父带来的面包和弥撒酒说明这些传教士不管多么像中国人，但这种中国化总不是十全十美的。

马戛尔尼也收到一封钱德明神父写来的“亲切的信”，里面还夹了一幅他的画像。钱德明是属于传奇式的神秘人物。这位可敬的老人在中国已生活了42年，经历了耶稣会的兴衰——获得过荣誉也受到过迫害。他是《北京传教士关于中国历史……回忆录》和《耶稣会士书简集》的主要编者之一。他身体十分衰弱，不能走动。这个介于欧洲和中国两个世界之间的人已是半截入土了。

一种奇特的传教方式

罗广祥神父向马戛尔尼介绍了中国基督教的惊人状况。京城有5000名基督徒，全中国有15万名基督徒。平均2000名中国人才有一人受过洗礼：这就是欧洲传教士拼命传教所取得的可怜成绩。为什么方济各—沙勿略[②]在广州附近死了241年，利玛窦到达澳门211年后信仰基督的弟子还那么少呢？梁栋材神父解释说：“在工艺和政治方面，中国人也许比别的民族更高明，但在宗教方面，他们则很愚蠢。在我们国家，一个7岁的孩子都会觉得他们的迷信是荒谬可笑的。但他们死抱住自己的偏见，夜郎自大，以致很少有人改信宗教。”

罗广祥神父承认吸收新教徒的惟一来源就是……弃婴：“每天一大早，政府派一辆马车到城郊转，见到哪儿有弃婴就捡起来，送到义冢。传教士常常把弃婴中看样子还能活下来的婴儿接回来抚养。其他的婴儿，不管已死的或是还活着的，都扔进坑里。罗广祥神父向我郑重保证，他的会友总是首先给那些还有一口气的婴儿洗礼，以*拯救他们的灵魂*（这话是用法语说的）。”这个新教徒流露出对这种“迷信”的奚落。神父在谈这些事时就像没有感觉到这是件可

---

① “栅栏”位于现在车公庄大街，解放前是圣母会和文生修道院所在地。教士们开有“尚义”酒厂。——译注

② 方济各—沙勿略（1506—1552），耶稣会创始人之一，曾在葡属印度和日本传教。1552年来我国，不久病死在广州附近的上川岛。——译注

怕的事似的。

在中国发生的杀婴给最近3个世纪去过中国的旅客留下深刻的印象。不过。中央帝国在18世纪并不是丢弃不想要的婴儿的惟一国家。就在普普通通的1771年，巴黎的弃儿收容所共接收了7600个婴儿，其中一大部分由于缺奶和无人照料而死亡。1788年的一份陈情书中有这样的记载："新生婴儿丢弃在街上结果就让狗吃掉了。"在英国，《雾都孤儿》比马戛尔尼远征中国晚45年……不过，在中国，根本没有或者几乎没有弃婴收容所，因此几乎所有弃婴都被扔进义冢里——或者送到天主教会。

这些英国人毫不掩饰他们的困惑。巴罗说："大家那么颂扬中国人对父母孝顺，但既然他们毫无顾忌地杀害自己亲生的孩子，那他们实际上还能有什么孝心呢!"斯当东说："习俗似乎告诉人们，初生的生命可以毫无顾忌地牺牲掉。"赫脱南说："我们见过一些例子：在饥荒年代，一些穷人吃他们的孩子。"古伯察神父冷静地写道："人们狠心杀死新生儿。生男孩是一种吉利，而生女孩则是一种祸害。"主要原因过去是，今天依然是：女孩一结婚就要做婆家的女仆，父母等于白养她20年；而男孩不仅永远和父母在一起，在他们年老时赡养他们，在他们去世后给他们上坟祭祀，而且还给家里增加一名女仆——他的妻子。

杀婴并不受到禁止：政府不管。在马戛尔尼那个时代，据统计中国有些地方男女孩的比例竟达到150比100！今天虽然从1949年以来已严禁杀婴，但杀婴现象并未根除。在人民共和国的某些村子里，男女孩的比例甚至可达到5比1，就算是中国的年轻妇女强烈地祈求天上织女给她们一个漂亮的男小孩，现在男女孩子人数的差别与自然比例相比仍然大得惊人。这种杀婴现象在遇到反人口膨胀的强硬措施时又死灰复燃。现在一对夫妇只能生一个孩子，如果命运安排第一个孩子是女孩，怎么不希望杀了女婴后生一个男孩呢①？

为了上帝最大的荣耀

在中国，只有传教士从这种屠杀中抢救出一些生命来。中国基督教徒主要是收养来的，而不是改宗来的。因此，他们不太引起天朝政府的怀疑。教会

① 从1984年起，中国当局已注意到夫妇们的抵制态度，并作了一些让步。

既是他们的自然家庭，也是他们的宗教家庭；这就是为什么他们如此热爱教会的原因。

1793 年，由乾隆下令对基督教进行的迫害已产生效果。马戛尔尼说：“由于现在传教士谨慎行事，中国人对改信宗教已不像过去那么敌视了。”但马戛尔尼没有理由高兴：乾隆的迫害令并不是官样文章。上一次对基督教徒的迫害发生在 1785 年。不久又将再次迫害基督徒。在地方各省受到迫害的基督教只有在北京才被允许存在——朝廷需要传教士们的知识，而且慢慢也对他们习惯了。

这些善良的神父只能向被父母抛弃的孤儿讲授教理，而他们自己难道不也被西方抛弃吗？罗广祥神父年复一年地盼望巴黎能给他寄些钱来，他现在已经费枯竭。在同年 8 月写给住在广州的原法王官员、现也被法国遗忘的吉尼骑士的信中，他简要地说明了自己的处境：“我在 4 月曾请您在专门负责财务的法国传教士到来之前负责照看我们在广州的事务。”后来，这名法国传教士一直就没来。

处境如此艰难的传教士当然就不会引起朝廷的怀疑，但他们也并不因此而放弃为上帝的最大荣耀而努力工作。罗广祥神父说：“只要靠上帝帮助，一切都会顺利的。”“我对我的命运是满意的，因为我有理由相信上帝知道我在这里工作，不管是生还是死，我们都属于上帝。”这种对上帝的笃信使这些英国人感到困惑不解：“这是一种奇怪的现象。这些人永远离开自己的祖国和亲人，献身于一项艰巨的事业，即改变那些他们从未见过的人们的信仰。他们面临许许多多的危险。他们靠坚韧不拔、忍辱负重和一丝不苟的精神赢得了某种保护。他们在一个排斥外国人，认为抛弃祖坟是一种罪行的国家里成功地摆脱了外国人的不幸地位。”

那个“极端无知”的汤士选主教在各国神父的陪同下再次拜访马戛尔尼。随同来的神父都告诉马戛尔尼勋爵切不可信任汤士选主教：“葡萄牙人想了一套办法排斥其他国家在中国立足。一位意大利传教士对我说，所有非葡籍传教士都是英国使团的真诚朋友，而葡萄牙人除了他们自己以外没有任何朋友。”

马戛尔尼没有用一种嘲讽的态度对待这些派别斗争，而是按照敦达斯和梁栋材神父的建议充分利用这些人为英国效劳的愿望来扩大自己的利益，至少他向这些来访者了解到朝廷里的情况。

第二十七章

一个受他人影响的君主

（1793年8月28日—29日）

罗广祥神父向马戛尔尼提供朝廷内部的情况。皇帝共生20个儿子，但活下来的只有4个。“皇帝为人非常谨慎小心，因此没有人知道他想立哪个儿子为继承人。”因为中央帝国没有长子继位制度，而是像罗马法规定的那样“确立继承人”。康熙统治60年，他在接班人问题上曾有过不幸的经历：他曾不得不废黜指定的接班人，让他死在牢里。康熙的儿子雍正了解这个失败的先例，便秘密地把他的继承人的名字放在一只封好的盒子里，并写在随身携带的一份文件上。这个名字就是乾隆。乾隆学他父亲的办法。不过，这种谨慎做法并无必要，因为乾隆在1796年85岁时宣布内禅，公开指定嘉庆继承皇位。

“乾隆不准任何一个儿子插手国家事务”。他一个人统治国家。“他亲自批阅所有奏折。事无巨细，他都亲自过问。”马戛尔尼录下罗广祥神父的这段话时，却没料到“皇帝事必躬亲”这一点正在他本人率领的使团问题上得到证实。不过，皇帝是听取6名国家主要人物、内阁大学士的意见的。这6人原则上是平等的，但其中1人的实际地位比其他5人高。

附体再生的人

皇帝最宠信的人就是和珅。他是“一个出身贫微，靠自己的才干爬到最高官职的鞑靼人”。但他靠的还不光是才干。“乾隆把他从皇家卫队的一名小官一直提拔到受宠的宰相[①]位置。20年前，乾隆在一次检阅皇家卫队时被和珅的魅力所吸引。和珅深受皇帝宠爱，不断得到提升。”人们可以估计到这位

① 确切地说，英国人给和珅的“宰相”这个官职当时是没有的，称他为“主要的大臣”可能更合适些。

善良的神父向马戛尔尼谈了更多有关和珅在责任心很强的乾隆皇帝生活中占有充满浪漫色彩的位置的情况。不过，一个大使的报告必须有一定的分寸。关于那个问题，他只在报告中作了暗示。其他一些同时期的材料表明，和珅不仅是皇帝的宠臣，而且也是皇帝的嬖幸。

皇帝后宫尽管有过许许多多的爱情故事，但这恐怕是中国皇帝所经历的最奇特的事了。乾隆在很年轻的时候发疯似的爱上了他父亲的一名妃子。他的母亲皇后娘娘发现此事后就想消除诱惑她儿子的这种力量：皇后召见那名有罪的妃子，强迫她用白绫自缢。40 年后，一天乾隆皇帝检阅皇家卫队，他发现站在第一排有一个漂亮的小伙子，长得和他曾经热恋过的妃子几乎一模一样。中国人都相信暴死的人死后灵魂到处游荡，然后附体再生。乾隆更相信这点，因他是喇嘛教徒，相信灵魂转生。他不怀疑他曾热恋的妃子的灵魂附在这个小伙子身上再生了。据说，他和这个年轻人在一起尝到了很久以前没让他尝到的幸福。

宠臣和宠妃

和珅迷住了比他大 35 岁的皇帝。他漂亮、健壮，热爱生活。他聪明机灵，谈吐动人。他并非真正是一名文人，只是善于辞令，会写一些短诗。然而他当上了总督、尚书、中堂，并是后来登基当上皇帝的嘉庆的太傅。

对于和珅的地位，一位前耶稣会士曾用一句话来概括：“皇帝年事已高，再说所有国家都有一些蓬巴勒和蓬帕杜尔。”蓬巴勒是葡萄牙国王约塞的宠儿和首相；蓬帕杜尔则是路易十五的情妇和顾问：对和珅的最好形容就是他既是宠臣，又当宠妃。

通常，作为最高官员的中堂是代表天朝政府在皇帝面前说话的。乾隆与和珅之间的暧昧关系打破了天朝制度的平衡。他使文官等级制度不能行使其建议权，甚至不能向皇帝进谏。他成了皇帝前面不可逾越的屏障，加剧了专制体制。

至于同是鞑靼人的“二号大学士”福长安，罗广祥神父没说什么，只说他让哥哥娶了皇帝的侄女。的确，其兄福康安将军功绩突出：他胜利平定了台湾和西藏的叛乱，出色地管理过对外接触最多的广东省。福长安很年轻时就被任命为内阁大学士，“虽然他像一个得宠的人，而不像是一个有才干的人”。他之所以有这么高的地位，主要是因为他与和珅的关系十分密切。

这两名阁老后来成为宫廷积怨的牺牲品。乾隆一死，他的儿子嘉庆就把他们抓了起来。和珅被勒令像他的前身，那位妃子一样用白绫自缢而死。福长安原判死刑，后被免死，但他被迫帮助和珅自杀。

至于第三位满族内阁大学士阿桂，因为年事已高，他已不再怎么过问国事了。不过皇帝还征求这位老臣的意见。皇帝常在批文中写："通常有远见卓识的阿桂对此有何意见？"

另外三位国家最高权力机构的成员——二名汉人和一名蒙古人——的影响要小些。读者将会遇到他们中的一位，即蒙古人松筠，他在马戛尔尼回国途中陪送其到杭州。不管他们的能力有多强，他们对君主的影响就小多了。

由于所有一切都取决于年迈的皇帝本人以及他的宠臣和珅，马戛尔尼懂得他必须亲自同皇帝或和珅谈，吸引他们，向他们解释，并说服他们——总之，要跟他们谈判。但是，罗广祥神父介绍的朝廷情况使马戛尔尼感到十分困难。朝廷里有权的人是否会像躲在无形的礼仪屏障后的幽灵那样在他面前走过呢？

与此同时，船队……

中国人像关心英使那样关心他的船队。英国人向浙省地方官要求"指给空地一块，俾伊等支立帐房，将船内患病之人送至岸上暂行栖息"。皇帝立即作出答复："毋许僭越所指地方滋生事端，沿海居民亦着禁止前往该处。"这种隔离是有道理的。从8月6日至29日，"狮子"号上死了5人：1名兵士，1名木桶修理匠，2名水手，1名军官。水手们用醋冲刷甲板，做烟熏消毒，给船舱通风。

8月27日，浙江巡抚长麟在一份奏折中写道："且船泊珠山，四围皆系沙泥，不能支立帐房。查珠山之西北有一岑港，在此停泊可以避风放心，且船泊山下即可在船旁支立帐房。"人和船都在一个地方，负责监视外国人的部门就感到方便了。皇帝朱笔批道："好。"

无论是英国船队的航行情况还是夷人的表现，皇帝都一清二楚。但皇帝受他人影响，全朝廷的人都知道这一点，惟独他自己不知道。

第二十八章

皇帝的朱笔

（1793年8月28日—31日）

徽瑞自以为得计，他把马戛尔尼8月25日交给他的那封写给高厄的信寄给了朝廷，而不是寄给收信人。皇帝估量了这一失策的影响：这等于让那600名只求起锚开船的夷人推迟行期。当皇帝发现这个盐政又一次未同他的同事商议就一人做主时，怒不可遏，大发雷霆。8月28日，和珅写了一封措辞非常严厉的信，这3个伙伴30日收到此信，他们一定出了一身冷汗，因为皇帝的怒气向他们发来。

朱墨

此信有皇帝的印记：信是由中堂以皇帝名义写的，旁边有皇帝的朱笔批示。他们在这朱墨前叩了九次头，就像皇帝陛下当面斥责他们一样。

和珅在信中首先提到徽瑞上次奏章中的主要一点："船内众人不服水土，可令先回本国。"这是高厄的希望，也是马戛尔尼的意见，但徽瑞没有向朝廷报告他是如何答复贡使的，也未说他是否作了答复。皇帝对这个漏洞用朱笔批道："奏章中只字未提。"

和珅继续写道，徽瑞在这个问题上一声不吭是否意味着他认为停泊在舟山的船队不必马上出发？他是否认为应该等所有的夷人一起出发？可怕的朱笔批道："糊涂已极！"中堂命令把贡使的要求尽快寄给巡抚长麟，让停泊在舟山的船队立即启航。

"应该想到，船队官役人等不下六七百人。他们滞留在浙江，开销很大。既然他们自己愿意先回去，为何不想省这笔钱呢？"皇帝现在算钱了：当初他发现英国人主要吃肉时，难道他不是曾传谕别给他们太多的大米和面粉吗？

信最后警告金简、伊龄阿和徽瑞：没有他们3个人共同签署就寄来的奏折暴露了他们3人之间不能允许的矛盾。他们3人是一起被任命陪同进贡使团的：他们应该合作！“朕又节次降旨令三人会商，何以此折仅系徵瑞一人列名单奏[①]？或徵瑞以钦差自居，遂尔目无金简、伊龄阿，不与会衔；或金简、伊龄阿因徵瑞系内务府司员，不屑与之联衔。”

朝廷用最严厉的言词指责“此等卑鄙之见”，“实属内务府[②]下贱习气”。通过对这3名不称职的高级官员的斥责，整个内务府都受到了辱骂。

一场家庭纠纷

尽管这3名高级官员并不知道皇帝发怒的全部情况，但我们从中堂以皇帝名义写的信中的批示中了解到皇帝盛怒的痕迹。通过这些朱笔批示，我们看到了乾隆与他宠臣之间的内部纠纷。

显然天子感到厌烦了。朝廷里每个人都因此而遭殃。和珅作为信的起草人也受到皇帝的指责。由于他在“遵旨”前面只写金简一个人的名字，乾隆便指责和珅：“这次，你忘了伊龄阿和徵瑞，你怎么会这么糊涂？”

3名陪同官员不大可能知道皇帝对中堂如此严厉的批评，因为那是不符合天朝规矩的。但应该知道，皇帝朱批的信是寄给收信人的，收信人收到信后就抄录下来，并立即将原件寄回皇帝。皇帝还可以在信件上再作批示，所以很可能是这种情况：天子发了两次脾气。

这位83岁的君主在他鞑靼区的行宫里低声抱怨英国使团——原来为他的寿辰所献的花束已变成一团扎人的刺了。徵瑞使官僚机器的运转发生了故障。他离开了盐政和海关就成了草包一只：这就是和珅在8月16日对徵瑞恶意的嘲讽。徵瑞的无能破坏了像钟表机械那样精密的指挥系统。

不过我们今天知道，马戛尔尼从大沽到热河之所以由一名普通的盐政官员陪同，那全是皇帝的有意安排，也是皇帝非常讲究儒教级别思想的缘故。不应该让马戛尔尼因有像直隶总督那么重要的官员陪同而沾沾自喜：“该贡使以天朝多派大员照料，益足以长其矜傲。”皇帝想通过把英国人交给一个盐官来打掉他们的威风。可结果未能如愿：徵瑞是个蠢材。

---

① 这里是指8月26日随同马戛尔尼写给伊拉斯马斯·高厄的信一起发出的那份奏折。

② 设立在紫禁城内的独立行政机构，负责管理内务后勤。

皇帝的怒气一封信比一封信厉害。在平时说话微妙的官僚阶层里竟用了这么强烈的字眼，实在令人难以置信：“盐政司有幸出了一个如此愚蠢的官员。”“所奏糊涂已极。”“所有不令先回一节，更属不成事体。”皇帝呵斥徵瑞的同时，金简和伊龄阿也挨了骂。

“至昨奏到之折系徵瑞一人出名单奏，殊事可解。实属拘泥糊涂，可鄙、可笑。”

朝廷检查官员的内心想法

和珅再次进行斥责。他向有关的人解释为什么他们做错了事。这是一种特有的方法：在中国，朝廷检查官员的内心想法，权力就是通过这种方式得到承认的，它应该使下属产生犯罪感。对于某些官吏说来，有做错事的想法比“客观上”做了错事更要严重。和珅作为皇帝的发言人，对谁都不客气。他指责金简和伊龄阿“可鄙”“可笑”“可恨”。

朝廷与这 3 名官员之间的信件交换可以这么无休止地继续下去：每次，一方引用对方的话，一方将对方的话进行轻蔑的指责，另一方则表现得惶恐不安。直到大约 9 月 2 日，皇帝在 3 个犯错误者前一天寄出的奏折上朱笔批示后这场争执才暂告结束：“亦不值向汝等烦言矣。”这也许既是针对这 3 名官员，也是针对内阁大学士的。

官僚主义产生如此荒谬的效果，这并不罕见。处于等级制度低层的官员的主动性被高层官员扼杀，高层官员反过来又像失去冷静的高雅人士那样激烈地指责低层官员无所事事。乾隆没有因为替他效劳的人的疏忽而上当，这第一号中国人似乎瞬间清醒了，走出自我陶醉的孤立状态；而整个中国民族一直被一个有两千年悠久历史的制度封闭在这种状态之中。

中国方面远比英国方面紧张，由于制度僵硬的关系。中国人患有宗派思想，打纽扣战①。而对方，英国人由于身处如此陌生的环境，加强内部团结。“Right or wrong，my country.”②他们把中国人当作应该对付的威胁。尽管他们失望、疲惫而且有点恼火，但在我们的史料中找不到他们间有任何真正不

---

① 《纽扣战》是法国作家路易·佩尔戈 1912 年创作的小说，1962 年搬上银幕。——译注

② “不管是对还是错，这总是我的国家。”——译注

和的证据。

不可抗拒的恐惧

皇帝的怒气平息了，但不幸的徵瑞还没有吃完苦头：夷人真不会做人。

的确，英使在8月29日交给徵瑞一份曾说起过的有关礼节的照会：要坏事了。

因为这份照会而胆战心惊的不光是徵瑞一个人。马戛尔尼曾为把这份照会译成中文而到处找翻译，但却没找到：中国官吏、欧洲传教士，甚至他自己的满族翻译，没有一个人愿意卷进一件如此重大的国事中去。有的官员做事不慎，只因为同意为一个夷人向朝廷转呈违背礼仪的信件而被“打板子”、蹲班房，甚至砍脑袋。这类事难道还少吗？洪仁辉①不是就经历过这种不幸的遭遇吗？最后，罗广祥神父同意翻译照会，但不誊写，甚至也不愿借他的秘书。风险实在太大了。

幸亏马戛尔尼还有小斯当东。他现在已能凑合着写汉字。据斯当东和安德逊说，这份照会的翻译与誊写过程真是出奇的复杂。由于罗广祥神父不懂英文，所以必须首先从英文译成拉丁文，然后再译成普通中文并改为宫廷文字。最后誊写照会就只得靠一个伦敦的孩子来完成了。

既然全国上下都惧怕任何与传统习惯不严格相符的首创精神，那么中国的发展除了通过危机以外还能有别的什么途径吗？马戛尔尼写道：“对传统习惯是否有效不经过认真研究而近乎迷信地盲目赞同，这就是中国的主要特征。”

“赞同”：马戛尔尼本可以说那是对神的恐惧。滑稽、残酷和重要的插曲，这概括了英国使团整个活动。

马戛尔尼在这份令人如此惧怕的照会里提出了什么解决办法呢？一名和他级别相等的中国官员在乔治三世画像前就像他在乾隆皇帝面前一样施礼。两人同时分别在东西方最高君主面前叩头。

---

① 洪仁辉，东印度公司第一个充任汉文翻译的英国人。1755年来华。后在天津让当地一位官员把他写的一份要求扩大贸易的呈文转给乾隆。结果该官员受到处分，洪氏也被判在澳门监禁三年。——译注

徵瑞读了照会后脸色阴沉。把两国君主等同起来是荒谬的：世上只有一个皇帝，他就是天子。其他国家的君主都只是些小国王而已。王和乔兴高采烈地建议马上就施礼：这毕竟是让贡使叩头的一种办法。马戛尔尼劝他们不要着急。他很清楚，没有皇帝的赞同，他们在乔治三世肖像前的叩头没有任何意义。

马戛尔尼是否想到徵瑞直言不讳的看法是对的？他是否估计到：即使通过一名官员出面，皇帝也永远不会同意英王与他地位相等呢？不过，马戛尔尼虽然预料到困难重重，他仍继续按既定方针办。

皇帝反复强调说："我们应该使这些英国人敬服：向他们展示我国体制的效率及文明的优越性。"这是以后两个世纪里中国与西方关系中的另一个永恒不变的因素。即使是吃了败仗，天朝优越的思想也不会改变："我听说夷人在他们的信函和文章中把那些微不足道的小人叫作皇帝，并和皇帝陛下相提并论"，1867 年，即火烧圆明园 7 年以后，一名中国高级官员还这么写。

马戛尔尼由于太不了解这种官方语言因而抓不住要害。他不知道徵瑞之所以被选上负责接待英国使团，正是由于官职卑下。他却以为，既然徵瑞有幸奉旨接待尊敬的英王陛下的使节，那他的级别一定很高。200 年以后的今天，我们了解中英双方的用意——我们比他们自己还了解得更清楚，因为我们掌握他们双方的隐秘。不仅如此，我们还掌握历史的隐秘。

第二十九章

谈判不在热河进行

（1793年8月31日—9月1日）

马戛尔尼勋爵本应该来广州，并在现场以强硬而有节制，不屈不挠的态度就贸易协定进行谈判。

夏尔·德·贡斯当，1793年2月

8月30日星期五，马戛尔尼把准备工作做完。他打算9月2日星期一上路。出发前还有两天空闲时间：他提出来要“在北京稍稍游览一下”。他立即被告知说，他“应该等从鞑靼区回来以后”，因为“在皇帝接见前就在京城露面是不太适宜的”。马戛尔尼指出：他已经“在京城露过面了”——见过他的人数以百万计。

根据欧洲的外交惯例，只要还没有呈交国书，大使是不能进行任何正式活动的，但他可以随意闲逛。天朝的传统则禁止护送贡物的人在完成正式使命之前在外头露面。也许这也是对贡使的一种暗示：如果他缺乏灵活性，那么他们也会同样采取强硬态度。

人们不会在星期六或星期天上路去完成一件官方任务：马戛尔尼想象不到中国人居然不明白这么明显的道理。然而，对中国人说来，那天并不是1793年8月30日星期五，而是乾隆五十八年七月二十四日。观察家惊奇地发现：“中国人没有固定的休假日子。”

今天，这些差别已基本消除——尽管中国人的节日还保留用农历。可是在很多世纪内，中国并没有用世纪来计算时间。登基的皇帝就像基督徒眼里的耶稣基督一样是开创新纪元的上帝。在1793年，法国的革命日历诞生了：这是第一部想摆脱与基督教联系的历法。但毛泽东时代的中国没有这种勇气。然而，直到今天，中国人在讲自己的历史时仍然既不用公元前或公元后几世纪，也不用公元前或公元后几千年。“元朝？那是在哪个世纪？”能回答的人寥寥无几。但没有一个小学生不知道元朝是在宋朝之后，明朝之前。

索要礼品

按照惯例，贡使应把“一件私人礼物交到”皇帝“本人手里”。因此，马戛尔尼的四轮华丽马车就“不适宜作为礼物：因为无法把它放到皇帝本人手里”。另外，朝廷的主要官员、皇帝的儿子、宠臣和其他一些人“期待着收到一份相似的礼品”。

马戛尔尼所有的礼物全部都写在礼品单上了，因此他只得向使团成员买那些本来是他们带来中国出售的东西——但按明文规定他们是不准这么干的。马金托什上尉卖给马戛尔尼一批手表，价格按他本打算在广州脱手的价格——因而赚了不少钱。Business is business.①

后来，“礼品问题解决了”。梁栋材神父又一次来信。这位前耶稣会传教士恰好是8月30日写来的信。他的来信使马戛尔尼继续抱有达到目的的希望。下面是一篇公开吹嘘个人和阴险诋毁他人的新杰作：

“中国官员似乎对阁下庄重的举止和精美的礼物都十分满意。他们越阻挠我实现为阁下效劳的愿望，我就越到处夸奖阁下的杰出国家，夸奖它的强盛，它的富有，它的信誉，它对科学的热爱。(……)

“我强调中华帝国可以从同英国贸易中获得好处。我指出，每年有50或60艘左右的英国船抵达广州，在那里留下大量的金钱；其他所有王国的船只加在一起也不及英国船只总数的四分之一；尽管中央帝国同英国做生意已经很有利可图，将来它还可获得更多的利益。条件是排除英国贸易在广州所遇到的障碍，让英商还能到另一个口岸做生意。英国商船在新口岸就可不必等四五个月才能装上货物，也不必顶着季风，冒着沉船的危险回国。

“阁下最好能了解他的好朋友。葡萄牙人索德超进了钦天监，可他连天文学的基本原理都不知道。他有幸给和珅治好了一次轻微的不适，那就是他发迹的原因，也是他为什么敢于争取当阁下翻译的原因。他现在有钱，有地位。但如果阁

① “生意归生意。”——译注

下能阻止他在热河当翻译，那么他就会很快丧失他的钱财与地位。（……）再说，我对这个传教士惟一的意见就是他有意反对英国。（……）。

“阁下从热河回来时，在北京需要赠送许多礼品。（下列一张名单，马戛尔尼后来派了大用场。）重要的是千万别让索德超影响这些礼品的分配。我只是提醒阁下，贺清泰先生和罗广祥先生不懂人情世故。”

这个教徒是一个光荣家族的后代，侯爵的儿子。他不顾教士间应有的团结和基督教倡导的仁慈给勋爵写信。的确，在全世界所有的宫殿里，“人情世故”与“地位”在当时总是压倒任何其他考虑。

“根据阁下写给我的信，我知道在阁下去热河之前我不能拜见他。而且，根据我听到的某些消息，我估计在阁下回来后我也不易见到他。”这两句话可能使马戛尔尼有点担心。难道梁栋材预感到从热河回来后，英国使团的日子就不长了？

法国的意外出现

第二天，即8月31日，马戛尔尼终于见到了这位写信迷。梁栋材为不能早一点来看他而表示歉意，但他把这归咎于“钦差大臣的嫉妒”：“他受不了我关于英国伟大以及它对中国很重要这一看法。”马戛尔尼承认这个神父消息很灵通。但貌恭必诈，难道不是吗？他最后离开话题说：“我将安心地留在这里，因为我深信阁下不会在热河谈判。”马戛尔尼心想：“如果不在热河谈判，那我去那儿干什么呢？”

马戛尔尼准备乘坐四轮旅行马车去热河。这辆旧马车“引起中国人的极大兴趣，他们画下了车子的图像”。但是，“尽管马车十分舒适，工艺精良，但车身颜色黯淡，因此样子不好看”。中国人喜欢鲜艳的色彩，他们不明白“英使竟会坐颜色这么黯淡的马车”。这又是一个误会。

在分发去热河行宫穿的礼服时，人们打开一只大箱子，里面装满了镶有金色饰带的绿呢礼服。“这些衣服都是已经穿过的，甚至经常有人穿。”拉吕泽尔纳先生的名片还缝在礼服的衬里上。拉吕泽尔纳先生曾在1788年至1791年期间出任法国驻伦敦大使。“这些衣服根本不适合一个在华的外国使团穿。”英国人用幽默的态度看待这件事：“中国人对我们穿上这样的礼服可能发现不了有什么可笑之处：可在我们之间，你看我，我看你，都不禁哈哈大笑起来。”

然而，使团的画家亚历山大在一位头戴蓝顶的官吏陪同下去圆明园取一张天体运行仪的图纸。“路上，我们迎面与一位亲王的队伍相遇。按照中国礼仪，必须给亲王让路。我的陪同试图说服我在这位皇族成员过来时下跪叩首。这位令人敬畏的老爷见我明确拒绝行这种礼时似乎乐了。”天真的亚历山大有很浓厚的英国意识，他一刻也不会想到微笑里也会充满了对他“野蛮表现”的谴责。

野战炮将不出征

敦达斯和马戛尔尼原先不顾东印度公司的警告，坚持要把速射炮列入给皇帝的礼品单中：“听说要介绍一些中国人无法仿造，而且他们会知道是无法抵御的武器，我们对此感到某种忧虑。在中国，火器从来就是招惹麻烦的东西。”英国政府和特使不听这些谨慎的劝告。难道是想把野战炮同韦奇伍德瓷器和兰开夏[①]呢料一起卖给中国吗？还是想炫耀他们强大的军事力量和先进的科学技术呢？

使团的武器装备使钦差大臣感到不安：“此人原先强调要把全部礼品都运到热河，现借口皇帝不久就要回北京，要求不把野战炮运到热河。他还要求把火药桶全部交给他。”早在1757年，中国就曾发布过一项告示，绝对禁止外国人在华携带火器。规章制度总还是规章制度。

9月1日，徵瑞写信给他的主人：“明天早晨，奴才将带贡使离开京师。到热河后，即10天后，他就可觐见皇上。”

金简来看望马戛尔尼，预祝旅途顺利。他告诉马戛尔尼，皇帝十分赞赏马戛尔尼所采取的措施，即“让在舟山的‘狮子’号上病员隔离扎营，不让水手们到处乱走”。朝廷已发出命令，高厄可以“随时启航出发”。

马戛尔尼似乎没有发现中国人最关心的是在他们的同胞周围建立一条防疫隔离带。皇帝祝他们“一路顺风”，意思是说：“这下可轻松啦。”这样，少了600个需要提供大量肉食的饭桶，也是少了需要监视的600个间谍。

---

① 英格兰西北部一郡。18世纪时，棉纺织业很发达。——译注

第三部分

傲慢对自负

在皇帝的庇荫下

(1793年9月2日—10月6日)

中国人和欧洲人之间，总是习惯和差不多在起支配作用。这样一来，人们得到的印象是生活在一种模糊而把握不定的环境之中。

德日进

我们由于各自的皇位而似兄弟。如果一种兄弟般的情谊永远建立在我们之间，我们会极为愉快。

乔治三世致乾隆皇帝

外国人的话里没有真话。

《方士秘录，马雅诗篇》

第三十章

长城路上

（1793年9月2日—5日）

9月2日星期一，凌晨1点，鼓声震天。“我们的寝具统统装上了车。在一支强大的马队护送下我们离开了住处”。出城花了4小时，因为尽管时间很早，沿路还是挤满了人。“7时，我们出了北京城，来到富饶、精耕细作的郊区行走”。

马戛尔尼和小斯当东乘坐马车。斯当东的父亲因痛风发作，故坐轿而行。70名随行人员中有40人是军人，分别骑马或乘车，由200名中国挑夫运送礼品和行李。随马戛尔尼来中国的人员中有21人被留在北京。画家亚历山大因此而十分气恼：“只离长城——这人类的奇迹，智慧的见证——50英里了，却不得而见，乃是这次旅行中最最扫兴的事了。当使节团走过风景如画的地带，却把画家们强行关在北京，这简直不可思议！”

车队行走了25英里之后停了下来，此时已是下午两点钟了。使团一行在一座花园附近的皇帝行宫南雪轩安顿下来。他们只能在这处欣赏皇宫，因为他们只住其中的一座楼。官员越来越多。王大人和乔大人坐上了特使从英国带来的马车。他们对“马车的灵巧，对玻璃窗和百叶窗可随意开闭，赞美不止”。食品和饮料都“存放在密封的容器里”。一路上由人挑着，供使节团人员用餐。“晚饭时，招待我们饮用当地的一种略带苦味的酒和一种用米和黍类酿成的酒。后者酷似我们的刺柏子酒”。

从北京到热河，英国人用了6天时间，行程160英里①，沿途住宿在皇帝的行宫。有人告诉他们这些行宫不是国家公用住宅，“甚至连朝廷内那些最高级官员都未曾享受过”。英国人对能下榻在皇帝的行宫感到受宠若惊。这样厚爱他们，说明已决定要满足他们。

---

① 相当于257公里，平均每天走43公里。

但他们并不知道最初的安排。徵瑞原打算让马戛尔尼住进当地居民家，而从安全考虑，想把贡品放在皇帝行宫。住居民家！难道就不考虑要禁止接触的问题吗？乾隆生气地用朱笔批示：“所奏尤属拘泥。贡件既在行宫朝房安放，贡使等何必又令住宿民房？沿途行宫如膳房军机直房皆可住宿，即或不敷，阿哥所亦属空闲，尽可与之居住。贡使与贡品同在一处，岂不更有照应乎。”

朝臣、太监们的住处很适合使节团的身份，谈不上让他们住进皇帝的住处。实在必要时可动用皇子的住所，只是不要向特使说明，否则他们就会不可一世。白费心思：英国人后来还是对读者说他们住进了皇帝的行宫。

御道

乾隆对使团行走速度也下了御旨：不必匆忙。“阴历八月上旬[①]抵达即可”。要“照顾使团，缓步行进”。皇上决不希望这些会带来诸多麻烦的宾客在热河长时间居住。他采用了徵瑞编造的借口：“夷人软弱，惮于车马。”他们是娇气包，胆小鬼！英国人认为“走得很快”，并对此感到满意。中国人安排他们慢慢走，而英国人则认为自己走得很快。阅读中英双方的资料时，我们的感觉是在读两次不同的旅行。

英国人炫耀他们获准住进了皇帝行宫，但他们并没有享受走御道的特权。从北京至热河的大路中央为御道，10 尺宽，1 尺高，由砂土和黏土混合而成，经浇水，夯实后具有磨光大理石的硬度。赫脱南曾说：“这条路像客厅地板那样干净。”温德也说：“像弹子台那样平坦的路中央只供皇帝陛下通行。一般行人走御道两侧的两条道路，它们修建得也十分好，树木成荫，每隔二百步，就有一个总是盛满水的池子用来喷洒以免尘土飞扬。”赫脱南又说：“在皇帝经过时，当时世界上或许没有一条比这更美丽的路面了。在我们来回的路上都见到大批民工在修整路面。”马戛尔尼计算过：全程共有 2.3 万名民工，分成 10 人一组，相隔百米在劳动。

路上日夜都有卫兵守卫，禁止行人进入。皇帝驾到前夕，任何人都不允许在此落脚。皇帝一离开，马上就没有人管了，路面也很快被损坏。所以一年必须修两次，一次是皇帝去鞑靼区，另一次是皇帝从那里回来之时。因而温德

---

① 即 9 月 5 日至 14 日之间，特使实际上于 8 日抵达。

稍带讽刺地说："如果中国人能像管土地那样管空气与阳光的话，他们也许会向皇帝献上专用的更纯洁的空气和更柔和的阳光。"

设防的城市

第二天使节团全体人员走山路从南雪轩到了密云。他们看到西面10英里处一座山顶上的长城。但使团在更朝北的地方才穿越长城。

在密云，晚上他们同一位鞑靼族军官一起聊天，他与王大人官衔相同，但后者却对他显出一种极大的尊敬。这位军官知道英国在欧洲享有优势，知道"它是一个文明的，有创造性的强大国家，任何一个西方国家都无法与之匹敌"。马戛尔尼夸他"通情达理"，"有教养"。一个鞑靼人怎么会了解欧洲情况呢？据罗广祥神父说，法国传教会会长承担的诸多任务中，有一项是"须去大人物家中拜访，回答他们提出的各种有关欧洲、海洋与科学的问题"。这位军官可能参加过这类谈话。

景色变了：风光秀丽，畜牧业兴旺。牛羊成群。"羊身很肥壮，尾短而粗，好似一个肉球"。观察得很准确，今天的蒙古羊还是具有相同的特征。

第三天，使节团到了玉新山。在下榻处附近，马戛尔尼和卫队军官从容不迫地察看了这座要塞：围墙，碉堡。他们都作过精细的描述，好像要去攻克它一样。

为什么城堡上没有一门大炮呢？乔大人认为它没有用，因为中国的敌人也不拥有这玩意。壁垒仅仅是为使皇帝的财宝和粮仓免遭强盗的抢劫用的。马戛尔尼都作了记录，但未作评论。这个国家没有炮兵，而英国却有。中国人自称从13世纪成吉思汗时代以来就使用大炮。当1621年澳门的葡萄牙人献给明朝皇帝3门臼炮时，该市的议会不得不"派了3人去教中国人如何使用"。怎么原先比西方先进后来却变得落后了呢？英国人相信不断地进步。然而，倒退的情况毕竟也是有的。中国遇到了这种情况，应验了自己的一句谚语："不进则退。"

秀丽景色

山路越来越高。这队人马沿着悬崖行进着。见到了小河边上有棵垂柳。"此树为纳蝉之所，诸鸟亦集，长夜不寂寞，得时闲鼓吹者，是树皆有功。"

连安德逊都被陶醉了。英国人在这片广漠的中国土地上，离开了熙熙攘攘的人群感到十分自在。

当年马戛尔尼走了6天的路程而今坐车只需6小时就能走完。昔日的河流，沟壑，尾巴粗短的羊群，长城，村庄依然存在。垂柳及金字塔形的岩石照样屹立在峰顶，只是皇帝的行宫不见了，没有留下半点痕迹①。劫掠圆明园的肇事者已为世人所共知，西方人良心上不停地自我谴责，但至今无人知道破坏御道上皇帝行宫的肇事者，也没有人为此感到内疚。

钦差即将离开使团，去热河安排使节团抵达事宜。他在一次交谈中转弯抹角地告诉马戛尔尼他一直未向伊拉斯马斯·高厄转交信件。特使对此大为惊讶，却未追问。这种冷漠态度令人奇怪。究竟是外交需要，是顺从上面的旨意，还是清闲者无牵无挂时脱口而出呢?

烟草国家

尽管痛风发作，斯当东还是观察到“这个省的低洼地区种植烟草”。中国人用“竹子做的烟袋”抽烟。抽烟的习惯很普遍，“男女皆有”。巴罗指出：妇女“佩戴一只小丝袋，里面装着烟袋和烟草”。安德逊写道：“小孩从能拿烟袋时起，就学着父母样抽烟。”“10岁的女孩，甚至更小些的，嘴上都叼着一根长烟袋前来观看使团队伍。”马戛尔尼写道：“在社交时，中国人把相互交换烟袋，抽上一口视为高雅。”安德逊又指出：“中国人指望抽烟来预防传染病。”他们抽烟很凶，为表明一个人已病入膏肓，他们用“他连烟都抽不了了”这种说法，就像我们说“油尽灯灭了”一样。

在去广州的路上，英国人看到大片烟草种植地。斯当东注意到“烟叶都在地里露天晒干”。他匆忙地下了结论，认为烟草在中国是土生土长，“并没有采用外国习惯”。我们的旅行家不断作出各种无法得到证实的猜测，但他们叙述的内容却又成了不容置疑的事实，因为这是他们亲眼所见，而且这些人又都是外交官!

大胆的论断。今天，大家都知道烟草是由首批西班牙和葡萄牙航海家从

---

① 与我一起考察这段路程的中国考古学者侯仁之说这些宫殿是在“近几十年中”消失的；是军阀？是抗日战争？是内战？还是“文化革命”？没人能向我作进一步说明。

南美输入中国的。在明朝走向衰落的时期，烟草和其他贸易作物如茶叶、棉花、靛蓝植物与甘蔗一样得到了发展，而粮食蔬菜作物却受到了影响。这样，商业队伍和城市得到了飞速的发展。经济贸易的增长削弱了中央集权。中国还有另一个常数：一旦集权解体，到处都出现改革。

中国继续在烟草的生产和消费上绝对地保持着世界纪录。在中国内地，离宁波不远的一家小旅馆里，我遇见了一位美国工程师，他要在中国呆 3 年，为“万宝路”建造烟厂。他用统计曲线向我证明说中国将在长时期内成为一个无可匹敌的香烟销售市场，我们法国烟草专卖局却似乎没有看到这点。它更注重保护自己在国内的垄断地位，而不是去占领国外市场。

毒品鸦片

在一个人人都抽烟，而只有政府才有权提供这种需要的国家里，走私在今天能获得暴利。他们公开揭露那些庞大的倒卖团伙的头子，称他们是“香烟大王”，军队的卡车，火车，邮政车辆都参与了倒卖香烟交易，产生了一个货真价实的黑手党，他们能买通国家公职人员，并能随意挪用资金。

1793 年，英国使团发现中国人除了人参和辰砂，对鸦片又有了癖好。马戛尔尼指示不许提及这个问题。因此使团在中国期间，从未提过这个问题。但马戛尔尼对印度公司几乎不加掩饰地进行的牟利走私活动了如指掌。荷兰人文普兰是这样写的：“近 25 年来中华帝国吸食这种麻醉剂的人数剧增，每年消费量为 2400 箱。”这位同时代的人还透露了广州当局在这类走私交易中与外国人勾结在一起。

无论是鸦片的种植还是鸦片交易，在新中国尚未彻底根除。在云南、越南、老挝、泰国和缅甸交界的地区一直种植鸦片。现在轮到西方来接受这些毒品了。

英国人沿途看到负载了很重的木材和木炭的骆驼商队。“200 匹骆驼只由一人看管。骆驼是所有大自然兽类中最驯良的一类，它能长期忍受辛劳，并且驮运重量大①。”这种“为奴役而生”的骆驼总带着一丝忧伤到处溜达。

---

① 至本世纪 50 年代初，北京还可见到成百只一群的骆驼。今天，除长城外的满洲里、蒙古或突厥斯坦外再也见不到骆驼了。

终于见到了威武的军人

9月5日上午，队伍穿越了一座峻峭山峰：南天门，即“上天之门”。英国人在那里见到了久负盛名的长城。阿姆斯特朗后来则说长城是惟一能从月球上见到的人工建筑物①。

旅行者到了一个四周都是陡壁的山谷。狭窄的道路蜿蜒曲折，下面就是一条激流。长城截断了这条小路，往山上延伸，并且已有些塌陷，而整个景色至今未变。

英国人进入了一座人口稠密的城市——古北口，受到三响礼炮的欢迎。“为欢迎我们，搭起了一座牌楼，上面装饰着各种彩色的丝绸缎带。”士兵们列队双排，从牌楼一直排到长城脚下。这支威武的军队第一次给英人留下了深刻印象。“不可能有比它更好的军容和队列操练了。士兵们穿着一种锁子甲，头戴钢盔，从头顶起盖到肩膀。”共有10个连队，每连有80人，排成密集的队伍。各连士兵服装不同，也都有自己的军旗。

这些是满族的“八旗兵”，不是温良恭俭让的汉族军队。他们既不带遮阳伞和扇子，也不带烟袋。斯当东详细地指出：他们的弓由一种“具有弹性的木头”做成，弓弦由“丝线编成”。汉人和鞑靼人都很重视“使用弓箭的技巧”。钦差向皇帝报告说：“一切旗仗队伍尤须鲜明整齐，以肃观瞻。”这对双方都很体面。

思想上的长城

马戛尔尼和他的同伴走了半小时就到长城脚下。他们爬了上去。马戛尔尼记下了巴瑞施中尉和他的士兵按照他的命令丈量的城墙、女墙、巡查道和碉楼的尺寸。他认为这“无可比拟的建筑物”是帝国强大和英明的标志，因为“它能一劳永逸地保证未来若干世纪里国家的安全”。

---

① 艾田蒲反对这一说法：一条宽几米的墙即便长6000多公里也不可能从那么远的地方看到。一根头发在一定的距离外就看不见了，它的长度并不起作用。《地理杂志》证实了阿姆斯特朗的“长城”只是一条云带。但中国人却坚持这一讨人喜欢的关于月亮的说法。

他把事情简单化了。他不知道统一中国的秦始皇帝于公元前220年至210年间只是连接了早已有的长城各段，他并没有修建长城，而且当时只是一条简单的土墙。在千年之后，长城才用砖和石头砌成，明朝时又得到了加固。它不止一次地让入侵者过了关。它把两边的景色都隔开了。结果更多是制止了出逃而不是制止了入侵。今天，从中国出来还是比进去更难。长城更多是一种精神状态，而不是一种军事防御物。

英国人手拿笔记本从各个角度测量了这建筑物，如此细致的观察惹恼了中国人。他们认为这些古老的城墙属于风景的一部分。可以看，却不能仔细检查。他们几乎怀疑到了英国人是否有什么坏的企图。他们的嗅觉很灵：本松中校和巴瑞施中尉关心着他们肩负的一项秘密使命：一旦和平使命失败，就得准备不那么和平的远征了。

但大部分英国人希望带一些“纪念物”回国。他们捡烂砖块，把它们像金条一样珍贵地收藏起来。

同一天，另有一些英国人应当地居民之请在法国土伦登陆；无套裤汉潮水般地涌向国民公会，后者“把恐怖提上了日程”。

第三十一章

在鞑靼区

（1793年9月6日—8日）

长城以外，就是鞑靼区了。英国人发现这是一个荒无人烟，未加开发的不毛之地，不是山脉就是谷地，再也见不到“金黄的麦穗，花园及漂亮的房子”了。他们到达一座高山脚下。这是一条在岩石上开辟出的崎岖山路，若不增加马匹，他们的车辆就无法攀登上去。“这又一次显示中国人在进行公益事业上表现出来的才智”。

“鞑靼人总归是鞑靼人”

晚上被指控偷了东西的一名鞑靼仆人和两名汉族官员之间发生了冲突。鞑靼人出言不逊。王、乔两位大人让人用竹棍打那名仆人，仆人对在鞑靼土地上遭到汉人鞭笞怒不可遏。再一阵打后，他还未平息下来。“王大人无奈地对我们的翻译说：‘鞑靼人毕竟是鞑靼人’”。（然而，他却不知李先生也是鞑靼人……）

鞑靼仆人觉得自己有特权。马戛尔尼欲出来调解：现在是在鞑靼土地上，不是汉人自己的家园。两位官员笑而不答，因为汉人人口众多和自己在天朝等级上高人一等而感到了不起。

这天晚上，马戛尔尼从乔大人那里高兴地获悉他有关礼仪的建议很有希望被皇上采纳。

混淆视听

9月6日，走了第五段路共13英里。不要走得太快。越往上走，天气越冷。马戛尔尼发现这里许多人“患甲状腺肿，同在瑞士瓦莱州一样”。

赫脱南报告说有位官员来见他们，要求看看“我们给皇上带来的稀珍物品”。这位官员说：“听说你们带来了一只食煤为生的母鸡，一个只有一尺半高的侏儒，一头只有猫那么大的象，还有一只魔枕，只要把头靠在上面想去哪里就去哪里。”他又补充说这“肯定都是真的”，因为他是从报上看到的消息。

这些无稽之谈纯属中国人的想象。矮象是一种盆栽式的象，中国的神话故事里充满了这类稀奇古怪的动物。为什么这些“蛮夷”不能乘飞毯旅行呢？使团在他们的行李中正装着一只在欧洲盛行的热气球。

一贯谨慎的马戛尔尼证实了赫脱南的说法。翻译为他们念了一份传播这些无稽之谈的报纸，把他们都逗乐了。（他还加了一则：一匹只有耗子大的马。）他很平淡地说这是天津出的一家报纸，是李先生在一个月前，路经天津时买的。难道在这以前他不敢让他的主人们看吗？

自发的谣言。就像在对海外奇谈颇有兴致又缺乏批判能力的群众中那样轻而易举地传开了。或者是远距离操纵的故意歪曲，旨在把西方人说成是大自然的怪物。现在他们的形象就是一些可笑而无足轻重的脱离社会的人。这种巧妙的方法是在人们的头脑里建立起一座分隔文明和野蛮人的纸的长城，它同凝聚着鲜血的石头长城同样有效。

身怀绝技的农民

我们的旅行者已有好久没有见到耕种的地了。在一个陡峭的山峰上，他们见到了一些开垦地。今天，顽强耕作的业绩仍然在这条路上流传了下来。人们在峻峭的山坡上填方挖土，建起了一块块小花园式的耕地。

高处一个人正在陡坡上翻地，只要他站起来就会掉入万丈深渊。我们的旅行者用望远镜观察，发现这位农民身上系着一条绳索。“那位坚韧不拔的垦殖者就用这种方法在绝壁上耕耘，播种和收获，只要一个人就可以减轻这大山的荒凉程度。”中国画就是如此：在辽阔无际的景色里，只有一个小小的人物在活动——融合进大自然的一个小人物。

大山丘上，这位身怀绝技的农民盖起了一间小木屋，周围还有一个小菜园子。他就这样冒着生命危险种植一些东西来养家糊口。这种勇气和智慧使英国人赞叹不绝。安德逊引了“一首4000年前的中国古诗”，法国人把它译成了德里尔教士的语调：

君主爱憎何足道，
掘井自饮乐陶陶，
春种秋收足自给，
硕果累累丰年兆。

这是正在发展的工业文明与农村传统，未来的英国和持久不变的中国之间惊人的相遇。

9月7日，热河在望。官员解释说，附近乡村都为皇家所用。孔子说："所重民食"，甚至在"丧祭"之前。乾隆认为不爱惜肥沃的土地，就有失帝王的职责。

这次旅行将是一场盛大的"首次演出"。英国人诚然没有走在光滑得像镜子一样的御道上。他们骑的马有的瘸了，有的失足或拒绝前进。有的马鞍只剩一个马镫，或者两个都没有了。"中国官员的仆人却清早骑着好马就走了，留给我们的都是些瘦骨嶙峋的劣马。"这些都没关系：旅行者们一想到自己正在完成一桩历史使命，马上就精神振奋。他们为一点小事就乐不可支，如获悉鞭打别人的马是重视对方的标志，而过去却把这当作是失礼的行为。在这里算礼貌，到别处则成了一种粗鲁行为。一种人在另一种人眼里总是野蛮人。

这6天是使节团的假期。"简直以为是在法国的萨瓦省或瑞士旅行。"是因为山上稀薄的氧气的缘故吗？他们陶醉在惬意的蒙眬状态里向热河前进。

庄严的入城式

第七天，9月8日星期日上午8点，旅行者到达离皇帝行宫1英里的一个村庄，仪式之前进行一番梳洗。"全体人员准备参加庄严的入城式"。

这支队伍必然会使人想起国王的入城式，想起佛兰德斯主保瞻礼节街头景象，圣体瞻礼节的仪式行列。让·博丹在《共和国》一书中对此作了十分具有启发性的回顾：整个社会都在这一天展示自己，并在摆阔。

队伍的排列程序应该产生出最佳效果：

100名朝廷官员骑马开道①

---

① 吹牛？托马斯·斯当东只见到几位several。

本松中校

12 名轻骑兵，排成 3 行，每行 4 人

巴瑞施中尉

鼓手，笛手

8 名炮兵，排成 2 行，每行 4 人

1 位炮兵下士

克卢中尉

16 名步兵，4 人一行

1 名步兵中士

8 名侍从，共 4 行，每行 2 人（穿着法国使团的漂亮的绿、黄色号衣）

2 名使者（穿戴同上）

4 名乐师（穿戴同上）

6 名使团的男士，2 人一队，穿着绣金的鲜红外衣

马戛尔尼勋爵，乔治·斯当东爵士和他的儿子乘坐轻便马车

最后是一名穿着号衣的侍者在他们后面压阵（安德逊具体指出这是那位黑人男仆）。

队伍这样排好后，用了两个小时走完了最后 1 英里路，到达了热河的宫殿，礼品在他们之前已经运到。队伍在“众多的人群中行进，这些观众都为他们从未见过的景象所吸引，这样的景象他们今后也不会再见”。

安德逊越过了幽默与讽刺挖苦的这条界线。“我们这支队伍确有可笑滑稽之处”。如说军人和外交官员们穿着漂亮的话，“但队伍里的其他人员却显出一种非常难看的样子：有些戴圆顶帽，有些戴尖顶帽，还有的戴着草帽；有人穿长靴，另一些人则穿短靴，有的皮鞋还配上带色的长袜”。“华丽的侍从号衣不合体。整个还不如改穿虽破烂却划一的服装来得合适。”

当这支穿着可笑的队伍随着“上帝保佑吾王”的乐曲慢慢向前行进时，外交官都在想这样做是否“会对英国产生好印象”。想来观看一个奇怪的民族的观众肯定不会感到失望。

第三十二章

礼仪危机

（1793年9月8日—9日）

热河①是帝国的第二首都。这种说法并不过分，因为权力高度集中，而皇帝又在这第二皇宫中度过夏天的3个月。*罗马不再是罗马，寡人所到之处就是罗马……*

“热河是我选定的。”乾隆的祖父康熙这样写道，“我令人把亭台楼阁建筑在松树林中，清澈河水流淌，见到这迷人的兰花，一种完美的感情就油然而生。松树、竹林使我联想到正直。我站在小溪边赞赏那清澈见底的流水，丛生的野草则让我产生对杂乱无章的厌恶。”我们简直是在阅读夏多勃里昂的文章：“他就是神，峡谷中的野草，高山上的雪松都为他祝福，昆虫为他低声唱着赞歌……”

热河又是一座贫穷的城市，街道弯曲而肮脏，由简陋的木板房组成。若不是乾隆效仿他的祖父在此筑起梦幻般的宫殿和花园，若不是他每年夏天来此奢华享乐，热河真不值得让人“长途跋涉，艰苦地绕这一大圈”。

这里也是一个巨大的军营。皇帝逗留期间，这里驻扎着10万军队。乾隆不愿冒险。他离开北京，一支满族军队就担负起保卫他假期生活的任务，他不怕有人叛乱。

这里也是喇嘛教的圣地。我们的旅行者到达时，就遇见了一大批朝圣者和穿着黄色袈裟的喇嘛。“百姓们似乎不怎么尊重他们，而他们的行动举止也体现不出有身份人表现出的那种尊严。”

确实，我们这些基督教新教徒带来了反教权主义思想。尤其是自亨利八世的英国国教改革以来，反修道制度的思想一直很强烈，但这些意见不会激起

---

① “热河从词源上看指热的河。”在热河（今天称为承德）现在还有温泉，热河这名字自康熙年代以来，既是夏季3个月皇帝居住的行宫的名字，又是鞑靼省名：“热河省”。

乾隆臣民的愤慨。他们把和尚看成是戏剧舞台上的那种形象：小偷、馋鬼、酒徒和色鬼，就同中世纪欧洲的讽刺剧中形象固定的僧侣一样。中国古典文学甚至对尼姑也不客气，把他们写成为伤风败俗之事穿针引线的人。

迟迟不见的接待委员会

阴暗的星期天！监狱式的宫殿再一次地在等候英国人。在山坡上有三进院子，铺着石板，四周有走廊。第一进院子是厨房和附属建筑。第二进院子为特使和斯当东的住处。第三进院子是使团的随行人员和侍从的房间。

至于高级官员，他们一个也没有出来迎接，只有“下层的”一些无所事事的人在观看。安德逊毫不掩饰这种受到屈辱的感觉：“没有一位官员出来迎接大使。我们走进馆舍的排场很大，受到的接待却微乎其微。”再说马戛尔尼事先曾宣布“和珅要亲自迎接大使进入热河”。

为等待他的光临，本松中校命令士兵随时准备。“我们至少集合整队了12次，我们把每一位出于好奇来看我们的官员当作阁老来了。”白天过去了，直到吃晚饭时，和珅还是没有来。

这一天，广州得到了两条重要消息：2月1日法、英宣战；由柯克帕特里克上尉率领的一个英国使团进入西藏。东印度公司没有可供使用的船只，又拒绝把信件托付给皇帝驿站。他们匆匆装备了一艘小帆船，于10月5日把它派往天津，结果还是没有遇见特使。

马戛尔尼同他的伙伴一样感到不安。但他十分冷静，并竭力设法挽回面子：“钦差前来退还我关于谒见礼节问题的照会，建议我直接面交阁老，由他来答复我。据王、乔两位说，皇帝在花园的一处高台上观看我入城及我们的仪仗队伍，他十分欣赏，命令阁老来迎接我。”

不久，又下了道相反的命令；阁老的随从人员太多，大使的馆舍太小；所以要马戛尔尼去叩见和珅，再说他膝盖受了伤，行动不便①。

马戛尔尼报复了和珅。究竟把他当什么人了？不把他当作世界上最强大国家的使节看待！他借口路途疲乏谢绝了邀请。你借口膝盖受伤，我就说腿不

---

① 据小斯当东不慎透露内情，我们才了解到天朝高级官员从不率先进行拜访，只满足于别人的拜访，进行回访。

好。当晚由斯当东出席了阁老的晚宴。

始终没有照会的消息，马戛尔尼可以认为它没有引起异议。乔大人不是暗示过这一点吗？斯当东指出：照会原封不动地退了回来。徵瑞在退还的时候还说“他一直把此照会留在自己手中，但没有读过”。英国人丝毫也不相信，准是有人授意这么做的。但这意味着什么呢？

大使要进行艰巨的较量。他有这个能力吗？他的外交病只能激怒皇帝。王大人和乔大人害怕朝廷会怀疑他们授意写这照会。他们恳求斯当东让他儿子用中文名字在照会上签字“以证明是他写的”。激怒的皇帝会赦免一个孩子的脑袋，却不赦免他们的脑袋！

面对天朝政府

乔治爵士只由小托马斯和李先生陪同来到阁老官邸。小斯当东直言不讳地承认，他们受到了非礼的待遇。“晚上，我们去见大阁老①。我们见他与另外4位大臣坐在官邸的一间大厅里。他见了我们也不起立，态度冷漠，语气傲慢专横。不过，他请我们喝了热奶，为我父亲准备了一个座位。李先生和我都站着。我们谈了约一小时，然后就告辞了。”在这冷漠的接待中，还是有点儿客气：他们早已发现英国人爱喝奶。

父亲没有儿子说得那么多，作为公使，他极力“说得轻描淡写”，但同他儿子说的没有冲突：“阁老接见全权公使时，坐在一个铺着绸子的高椅上，两旁是4位内阁大学士，两位汉人，两位鞑靼人。”

斯当东谈到另外几位官员时好像他们都是和珅的属下。事实上，坐在他面前的是6名内阁大学士中的5名（很可能就阿桂缺席，因为他年龄太大）。他没有意识到天朝政府成员几乎全都在场。和珅避免在这第一次较量中单独行动。

他首先照例询问斯当东关于“使节团访华的意图”，语气十分冷淡。斯当东让托马斯把英王写给皇帝的信的中文译稿念了一遍。这封信的主要内容如下：

“暎咭唎国王乔治三世蒙天主恩，暎咭唎国及佛朗西（原文如此）及爱尔

---

① 阁老：这是英国人给大臣的称呼，尤其是对主要的大臣和珅的称呼。

兰国王海主卫道者，恭惟大皇帝万万岁。〔……〕

“本国造了多少大船，差了多少明白的人漂洋到各处，并不是要想添自己的国土，自己的国土也够了；但为着要见识普天下各地方有多少处，要让别国能得着我们的技术和好处；我们更想明白各国的技术。如今闻得各处只有中国大皇帝管的地方风俗礼法比别处更高，至精至妙，各处也都赞美心服的，故此越发想念着来向化输诚。〔……〕

“如今本国与各处全都平安了。〔……〕从前本国的许多人到中国海口来做买卖，两下的人都能得好处。但两下往来，各处都有规矩，自然各守法度，惟愿我的人到各处去安分守规矩，不叫他们生事，也希望他们不要受到委屈。故此求与中国永远平安和好，必得派一我国的人带我的权柄，住在中国地方，以便弹压我们来的人，有不是罚他们，有委屈亦可护他们，这样办法可保诸事平安。

“我如今为这些缘故特差一个人到中国来照管这些事情。我所派的乔治·马戛尔尼是本国王的亲戚，忠信良善议国事的大臣〔后面约有20行关于他仕途经历与才能的文字〕。我又恐正贡使到那里或有别的缘故，所以又派一副贡使临时替他也与正贡使一样，乔治·伦纳德·斯当东（后面约有15行关于他的长处的文字）。如今我国知道大皇帝圣功威德公正仁爱的好处，故恳准将所差的人在北京城切近观光沐浴教化，以便回国时奉扬德政化道本国众人。至所差的人，如大皇帝用他的学问巧思，要他办些事，做些精巧技艺，只管委他。

“我本国的人或是在中国管的地方住着或是来做买卖，若是他果能安分小心，求大皇帝加恩。〔……〕

“惟有祷求全善天主保护大皇帝长享太平之福，庇佑暎咭唎国永远平安受福。

暎咭唎国王乔治①。”

当见习侍童用中文念英王信的时候，大学士仍然坐在那里。若是他们皇帝圣旨的话，他们早就全都跪下了，而且要英国人也跪下！他们有着两种衡量标准。

接着，斯当东呈上那份被退还给特使的关于礼节的照会。他要求有个书面答复，以供正使研究。和珅“装出毫不知情的样子”，但他的反对意见

---

① 此译文除了本书法文译文外还参照了当时的中文正式译本。——译注

却“早已准备好了”。双方都坚持自己的立场。“阁老请公使把他的意见转告给特使，会见就这样结束了。”

他没有提及书面答复之事，谈判大门是否还敞开着呢？

无知的文件

禁止旁听吗？根本不是。“在整个会见过程中，大厅内挤满了官邸的服务人员，他们可以随意听谈话内容，似乎与远方来的外国人打交道时对中国人没有什么可保密的。”在与外国人的关系上政权并不保守秘密：这不是一次谈判而是让人看看一个不变的程序。由于在场的人太多，阁老就必须在他们面前保持一种使人敬而远之的威严态度。他不断地表现出天朝对英国给予恩赐优待，但这并不妨碍中国人觉出英国人的傲慢态度。

双方都谈了自己的理由。礼仪危机产生了。皇室档案说明乾隆对这个使团的看法越来越坏。他对特使避而不见而只派他的副手出席十分恼火。派副手有什么用？送“一纸无知的文件？”是指国王的信？还是那份关于礼节的照会？可能是两者兼指，而且兼指它们的内容和形式。

在使节团抵达热河时，皇帝在9月8日的圣旨里已经确定了一项作为最大限度让步的礼仪安排：他同意简单地只下跪一次，而不必行三跪九叩之礼：“领臣等即将该正副贡使由西踏跺带至御前，跪候皇上亲赏该国王如意。宣旨存问毕，臣等仍由西踏跺带至地平前中间槛内，向上行三跪九叩首，礼毕即令其入西边二排之末，各行一叩首礼，归坐赐茶。”

现在英国人对这些礼节要提出异议！中国人还有另一个发怒的原因。“夷性贪得便宜，待之愈厚，则其心益骄。”

斯当东建议的对等原则能被乾隆理解吗？他是宇宙秩序里至高无上的人物，并是这秩序的保证者。世界上没有一个人能与他相比。从精神病理学的角度可以更好地理解这种不相容性。一个精神病患者对世界的感知无法还原成其他人的感知；要感知同一世界，必须属于同一世界，也就是说要具备同样的心理结构。英国人和中国人间的状况并非如此：两者在对方眼里都是精神病患者。提出体现互相平等的仪式纯属荒诞可笑：一纸无知的文件。

乔治三世的建议也是无知的文件，荒唐透顶。让中国得益于英国的进步——好像中国不能自给一样！要求在广州的英国公民不要受到委屈——好像皇帝委屈过他们一样！想在北京派驻一位常驻代表——好像蛮夷送完贡品后不该离开天朝帝国！自称是乾隆的兄弟和朋友——这位惟一的天子难道会有兄弟和朋友吗？寥寥数语中竟有如此多无法原谅的失礼之处！

9月9日乾隆愤怒地说："朕意深为不惬。"

第二天他的怒气就烟消云散了。但在像奥古斯都一样息怒之前，他曾打算中止一切有关英国使团的活动，不接见马戛尔尼，把他打发回直隶——他的登陆地点。

马戛尔尼认为的聪敏的妥协方案并没有被接受，并比第一天更严肃地向他提出了要求：见皇帝时他必须叩头，不折不扣的叩头。他遇到了麻烦。他得设法免得被处死。

他接下来思考了两天，中国人把他孤立起来，并不断向他施加压力，想以此使他屈服。

就干！

马戛尔尼确实下了决心。他甚至没有觉察到有危险。当钦差、王大人与乔大人再一次劝说他放弃自己发明的那套礼节时，特使仍坚持对属国君主与独立国家的国君应当区别对待。他仍确信皇帝不知道他的建议，只要这些建议呈递上去，皇帝必定会接受世界上两个最强大的国家同时向对方致意这方式。

马戛尔尼是否像他在日记中所写的那样自信呢[①]？如果是的话，他是否把中国人的恼火当作虚弱的表现呢？他又一次指出了中国人的自相矛盾的说法：一会儿中国官员恳求马戛尔尼叩头礼，说这只是无足轻重的例行公事；一会儿却说要中国官员在英王像前趴下叩头事关重大。

他没有想到中国人的逻辑同他的看法相反，但是无懈可击的。他们认为按多少世纪以来的日常习惯在皇帝面前叩头是天经地义的事，但从未见过一个中国人在别的君主前叩头。因为世界上只有一个天子。

对方甚至提醒他注意自身安全，他傲慢地回答说"他对国王的忠诚要比考虑个人的安全来得重要"。他习惯这样说，就干！英国的荣誉面临威胁，担

---

① 千万不要排除在回程中他从容不迫地抄写原来逐日记下的日记时不会作某些改动。

子落在他的肩上。他没有忘记自己向叶卡捷琳娜二世的典礼官提的抗议，也没忘记对海军司令德斯坦的高傲回答，也未忘记接受决斗时视死如归的决心。

然而，斯当东却感到这威胁越来越大。气氛变得敌对起来："特使同阁老交涉的消息迅速传开。许多人看到使节团中就这么些少数处于孤立无援的外国人，无法想象他们怎么敢对皇帝提出条件，甚至拒绝服从圣旨。"有些人推测马戛尔尼会遭受葡萄牙首任特使贝勒的命运，他是因为"不遵守中国习惯"在16世纪20年代死在狱中的。对一个具有几千年历史的帝国来说，两个半世纪又算得了什么呢?

斯当东骄傲地指出，中国人对英国人的固执感到吃惊。他没有觉得中国人对他们的不顺从感到气愤，对他们的头脑不清醒感到奇怪。开始谣传说皇帝将不接见特使了。如果说皇帝的怒气不被和珅与王大人平息下去的话，这种情况很可能真会产生。

第三十三章

赢　　啦！

(1793 年 9 月 10 日)

9 月 10 日，徵瑞、王大人、乔大人 3 人再次来访。小斯当东不加考虑就在他的日记本上记下了一个变化。“第一位的官衔降了二级，气氛变糟了。”

尤其对徵瑞说来，确实糟了，但为什么要处罚他呢？他一转身，两位汉人就急于向马戛尔尼介绍这位鞑靼上司受处分的事。他们对此十分开心。在“狮子”号的大厅内，马戛尔尼挂过一幅皇帝御像。乾隆从徵瑞的报告中获悉了此事。当他见到这位钦差时就问他这幅肖像画得是否像。徵瑞惊慌失措，不得不承认他未亲眼见过，因为怕晕船，所以他没上去。但圣旨明确地要他上船拜见贡使。圣旨说得十分明确，所以他在奏文中只说已遵旨办理。这件事充分说明了乾隆头脑清醒，所以诸臣对此十分害怕。可以对任何人撒谎，但对皇帝必须说真话，否则就是犯罪。

但通过皇家档案我们了解这次王大人和乔大人也对马戛尔尼撒了谎，或许是别人让他们这样说的。钦差失宠的主要原因不是“御像事件”。当皇帝听说“狮子号”上挂着自己画像时，他当然感到诧异。这幅像是如何到英国人手里的呢？为什么没有列入赠品的单子？但皇帝在 8 月初的一个朱批中已责怪过徵瑞不上“狮子号”。此事已了结好长时间了。

钦差丢脸丢官的症结所在

这位鞑靼族钦差失宠的原因远比这严重得多，事情发生在最近，但很简单。8 月 11 日在天津晚宴后，大家记得徵瑞曾说过贡使曾在赏赐的吃食前“叩谢”，这下他却作茧自缚了。而马戛尔尼的照会却揭穿了谎言。到了热河，当问及此事时，面对特使的照会，徵瑞不得不承认没有此事。马戛尔尼没有在宴会上“叩头”，也没有每天练习叩头。王大人和乔大人不便直截了当地向贡使作如此解释：这会动摇整个礼仪系统。而有关御像的轻微过失受到重罚，反倒增加了皇帝陛下令人生畏的权威。

钦差过于乐观，以为隐瞒没有问题，这为今天爆发的危机创造了条件。惩罚不只是因为他撒了谎，而是这件事反映出他没有能力操纵英使。中国的档案材料记载他被降了一级。他原来因为担任这次使命而专门升了一级。他这工作没做好，就被退回到原来的位置。皇帝还褫夺了他的翎子，他得到了乌鸦毛，预示着要戴驴耳纸帽。

这种惩罚方式一直延续到现在。西方的惩罚往往体现在职务上：你会被停职，调动……或者更多的是升级，官运亨通。中国的惩罚往往涉及人的尊严。可以留在原职，但需蒙受耻辱。一眼就能看出顶珠的颜色。被降级的中国官员要在他们的书面档案中注明："曾任过哪一级，现降到哪一级。"

徵瑞本该得到更坏的处境，杖刑，流放。巴罗说，被罚去"监督建造皇陵"是所有惩罚中最耻辱的。这说明此人"已不能为活人所用，只配去为死人办事"。

今天在中国可以看到一些部长或党内官僚突然受到公开批判：他们只要稍稍作些自我批评，就还会有官职。新闻和布告运动替代了被褫夺的翎子。

快到头了！

然而，徵瑞仍在继续他的使命。为重新博得君主的宠信，他该更加卖力工作。但英国人仍是毫不动摇。

忽然显露出一个缺口，中国官员正在焦急地寻找解决办法。在皇帝御座后面挂一幅英王乔治三世的像如何？这样马戛尔尼或许可以叩头了：他是在向他的国王叩头，而在所有中国人眼里，他是在皇帝面前叩头。这是一个既保留特使面子，又不违反天意的迂回办法，很得体，又纯属中国式的。

然而，马戛尔尼从不向他的君主叩头，不叩九次，甚至连一次也不叩，只是行单膝下跪礼，而向上帝他才双膝下跪。

他重申决不对别国君主施高过自己国君的礼节。中国官员只有改变自己对世界的看法，才能承认他的看法正确。他们困惑地询问谒见英王时行什么礼？马戛尔尼单腿跪地，作吻手状。为什么不能以同样方式谒见皇帝呢？马戛尔尼奇怪地发现3位官员似乎非常满意。

肚皮战

正当一道曙光在最高层出现时，基层的焦虑不安情绪却在上升：这就是时间差。头头们在讨论，手下人则在相互观察。清室官员的鞑靼随从仔细地察看英国仆役的法式制服，触摸摩擦衣服的饰带：不是金的，而是单纯的黄色料子。安德逊感到满族人在嘲笑。要是他们发火呢？又一个误会：黄色是皇帝的颜色，任何人没有特准是无权穿戴这种颜色的衣服的。

被排除在谈判之外的英国人显得不耐烦了。他们对满族人的傲慢态度难以忍受。温德叮嘱他们：要是对食品供应表示不满只准把意见对大使提。为什么呢？伙食供应一向过剩，而且质量很好。下一顿午餐时我们对这警告就恍然大悟了：这顿饭菜只够使团的四分之一人员食用。勉强糊口而已。全体人员的反应与马戛尔尼的预料相符：有挨饿与被监禁的可能，但决不会屈服！他们把这种恶劣待遇看成是“对他们伟大国家的尊严的侮辱”。这一耻辱应该落到肇事者的头上！英国人把饭菜放着不动，通知了大使。后者立即派李先生向负责供应的官员要求“遵守最基本的待客之道”。5分钟后，桌上都摆满了各式热菜：这些菜已做好了，准备上桌的。为什么不端上来呢？不就是想折磨一下英国人吗？“是想开个玩笑”。这种假设很可笑。想节约开支？“对一个如此富有的大国来说这算不上是一笔很大的开支。”“下一顿饭菜一端上来，大家就谁也不想去刨根问底了。”

惩罚一下蛮夷；向他们表明若不遵守礼仪，慷慨的招待随时可以中断；给他们的精神上施加压力，这是一种变相的骚扰……

饭后乔大人马上告诉马戛尔尼，他刚与阁老进行了长时间的讨论，正在从适合英国人的两种方式中选择一种：要么双方都行中国式的叩头礼，要么按英国方式单膝下跪。

马戛尔尼胜利何在？

不久，钦差通知已采纳了屈膝下跪的方式，只有一点不同：吻皇上的手不符合中国的习惯。作为补偿，马戛尔尼必须双膝下跪。马戛尔尼答复说，他早就明确表示过，只是在按照习惯中国人要叩头时，他才行单膝下跪礼。对方坚持“取消吻手礼”。马戛尔尼同意，并指出：“按你们的意愿办，但请记住，是你们提出，我才只施半礼的。”不仅是徵瑞，整个朝廷及和珅本人都作了让步。

马戛尔尼赢了，他拯救了这次使命，免去吻手礼使他开心；他都不必对乾隆表示对本国国王表示的那点敬意。欧洲人认为是表示谦逊的行动，中国人认为是对皇上人身的亵渎。英国人正求之不得！

在他眼里，这次事态圆满结束要归功于皇帝本人。是皇上克服了下属的生硬态度，因为下属总是“比国王还要王权主义”。马戛尔尼认为已经穿透了皇帝周围的人筑起的这堵沉默之墙。另外，皇帝陛下若知道那里发生的事，广州形势也会好转。只要向不了解情况的君主上诉，只要求助于了解情况的君主。这样使团的任务就说清了，前景明朗了；一切都接上茬儿了，对话也畅通了。

马戛尔尼形式上取胜，但从他自己的日记里仍能见到他实际上失败的痕迹，但他似乎没有意识到这点。11 日，他提到了皇帝寿辰的准备工作，阁老几乎把所有时间都花在这上。13 日的日记是这样写的：“明天宫内将举行盛大庆典。这天又被定为我们谒见皇帝的日子，我们忙于准备工作。”

英国人被安排在大喜日子去谒见皇帝，但这个庆典不是为他们，而是为皇帝准备的，英国人不过演个吸引人的节目罢了。他们如此狂热地准备表演，但从中能获取什么呢？误会并没有消除，却在越来越加深。

德日进称中国是个“既可塑又坚韧的整体”。马戛尔尼将以很大的代价去发现这个事实。

第三十四章
各有各的理

（1793年9月10日）

为什么会有这种变化？英国人满心喜悦。朝廷感到受了凌辱，同时又想侮辱对方，但仍未下决心取消接见仪礼。把英国人灰溜溜地打发回去，不让他们参加接见，这就彻底得罪了他们而无法挽救：这些“红毛鬼子”会从中得出什么结果呢？任何人都无法预料；另外任何人也想象不出他们在离自己本土如此遥远的地方能对帝国造成什么损害。

皇帝为什么软了下来？

轰走我们会真正引起麻烦的地方是在内部。皇帝的生日不但没有增辉，反而被搅乱了。这就等于承认皇帝遭到了侮辱；承认他的大臣们没有识破对方的真正动机就让一个蛮横无理的夷人使团接近皇上。更严重的是：公开宣传这次违反礼仪的事就暴露了上天曾任人侵犯“皇朝的天授之权”。

上层官员们的安宁，皇帝的尊重，甚至满清皇朝的前途，这一切都要求尽快找到挽回面子的办法。先只要挽回面子：至于实质方面的问题，他们有更多的时间。在一个具有5000年历史的国家里，报复则比任何其他地方更是一道等凉了才吃的菜。马戛尔尼提出的解决办法不合礼仪。双方换礼意味着皇帝和国王处于平等地位。赌注十分清楚：如果中国人接受派一名大臣在英王乔治三世画像前下跪，英国人就把全部赌注一扫而光。

现在的办法暂时对双方都说得过去。马戛尔尼觐见皇帝就像觐见普鲁士国王一样，就少吻手。中国人则可以把这种单腿下跪看成是生番的混沌不清的头脑里同叩头对等的礼节。

珍贵的最后一刻钟

在这场艰苦的较量中，马戛尔尼赢了，他已决定了自己要做的事。他得到指示有权自由决定。他可以得意地在等着进入接见大殿时，决定是行单腿下跪礼还是行叩头礼。而朝廷却不能等。在一切都要安排得井井有条的体制里，临时决定被看作是大逆不道的事。皇帝、大臣、礼部的官员都需要事先知道一切。他们要求解决办法，哪怕是不怎么好的解决办法。中国人之所以接受在前一夜都难以想象的这种叩见仪式，是因为在离接见只有4天的情况下，朝廷尚不知如何才能摆脱由徵瑞的盲目从事和马戛尔尼的无礼固执造成的困境。

但马戛尔尼似乎并没有理解这种解决办法会引起误会，并且要付出昂贵代价。英国人认为单腿下跪是一个大国国王的特使对大国皇帝表示尊重的合适方法。而在中国人眼里，这是一个粗俗的人表示臣服的粗野方式，但毋庸置疑，它是表示了臣服的。

马戛尔尼可随意解释他的英国式下跪礼节。中国朝廷却是按中国方式来作解释。马戛尔尼曾用明确语言作过说明，但没有留下任何书面痕迹。他的照会也在档案中消失了。惟一留下的是他的动作。英国人按他们的说法向英国人解释：表示独立。中国人也按自己的说法向中国人解释：表示臣服。对这跪在地上的一条腿各人有各人的真理。

中国官方文件对这违背世界秩序的行为（用粗野的“风俗”——俗——来代替文明人的礼仪——礼）只字不提。很久以后，《清史稿》的编纂者们在翻阅了礼部档案后写下了这样的话：“（嘉庆）二十一年，英复遣使来贡，执事者告以须行拜跪礼，斯当东等遂称疾不入觐，帝怒，谕遣归国，罢筵宴赐物。嗣是英使不复来廷。”①

但这道诏书也消失了。

不管怎样，到下一个皇帝时，大家都说那位口称要按拜见英王的礼节来拜见中国皇帝的马戛尔尼在御座前悚然跪倒：“不敢注视皇上那可怕的目光。”中国官员的说法！最初带点恶意，但几经重复，也就觉不出恶意了，最后真心诚意就信了。人都会中自己说的话的圈套。1816年，嘉庆皇帝在一份

---

① 查《清史稿·礼志部》第十卷第2677页。——译注

诏书中声称他亲眼见到马戛尔尼在他至高无上的父亲面前叩了头。

赢者失利

马戛尔尼沉浸在胜利的欢乐之中：英国的礼节战胜了古老的中国礼节。但与此同时，一些报复措施正在酝酿。

乾隆怒气冲天：同他遭到的羞辱一样大。他要惩罚这些无礼的家伙。必须毫不留情地把这外来物驱逐出去，这就是盛怒之下发给我们的朋友——王文雄阁下——的谕旨的目的。自徵瑞被贬黜之后，王大人是护送官员中级别最高的官员。而当天大家还在装出一副宽容的样子呢。

“此次嘆咭唎国使臣到京，原欲照乾隆十八年之例①，令其瞻仰景胜，观看伎剧。并因其航海来朝，道路较远，欲比上次更加恩视②。

“今该使臣到热河后，迁延装病观望，许多不知礼节。昨令军机大臣传见来使，该正使捏病不到，止令副使前来，并呈出一纸，语涉无知。当经和珅面加驳斥，词严义正，深得大臣之体。现令演习仪节，尚在托病迁延。似此妄自骄矜，朕意深为不惬。已令减其供给，所有格外赏赐，此间不复颁给；京中伎剧，亦不预备，俟照例筵宴，万寿节过后，即令该使臣等回京。

“伊等到京后……王大人应照行在军机大臣传见之礼，按次正坐。使臣进见时，亦不必起立，止须预备杌凳，令其旁坐。

“所有该国贡物业经装好安设，自可毋庸移动。其发去应赏该国王物件即于是日陈设午门外③。令其下人并差人送至伊等寓所。

“求进贡件已谕知徵瑞不必收接代奏，俟其在寓所收拾一二日，妥为照料，赍发起身。该使臣等仍令徵瑞伴送至山东交代接替，亦不必令在京伺候回銮接驾。

“朕于外夷入觐，如果诚心恭顺，必加恩待，用示怀柔。若稍涉骄矜，则是伊无福承受恩典，亦即减其接代之礼，以示体制。此驾驭外藩之道宜然。

---

① 1753年（乾隆十八年），最后一个使团是巴哲格率领的葡萄牙使团。当礼仪不十分清楚时总要参考上一次的做法。

② 可以反驳说，葡萄牙人也是从远处来，几乎与英国人的距离一样远，但中国人对地理一窍不通。

③ 紫禁城内的大门。

“将此谕令知之，钦此！”

这里还加上了皇帝御笔朱批：大意为：“阿桂对此事有何意见，他平日处事明达，务将此谕转知。”

现代的读者读到诏书里如此粗暴的内容时定会像与马戛尔尼一样感到震惊——如果后者读了这份诏书的话。这里已不是外交的范围，而是神圣事物的范围了。这份诏书同《圣经》的诗篇一样充满了可怕的信念：“现在你们君主应当省悟，当存畏惧夷奉耶和华，当存战兢以嘴亲他双脚。恐怕他发怒，你们便要灭亡，因为他的怒气快要发作。凡投靠他的，都是有福的！”

若是夷人表示臣服，他们便会得到良好的对待。要是他们狂妄自大，就将受到惩罚。饭菜不够是伙食上的一种刁难，是皇帝命令做的。其余惩罚也将接踵而来：取消马戛尔尼在北京的游览娱乐活动，然后很快就把他赶出去。

但这份诏书的目的在于使朝廷，天朝官僚机构和了解情况的北京舆论放心；使受到动摇的秩序恢复稳定；并通过历史使人忘却为了避免引起无法估计的后果而不得不容忍的这次违背定制的行为。“夫礼，禁乱之所由生，犹防止水之所自来也。”河堤决口是要迅速堵上的。他们淡漠地说几句装装样子：夷人会屈从于朝廷的礼节，然而他们却要因为未遵守礼节而受到惩处。报复就消除了违例行为。但这次违例又是没有说出口的。

马戛尔尼既没有猜到自己差一点儿要遭到的命运——不被接见就被轰走，也没有料到正在酝酿的事——接见完马上被轰走。惩罚先于犯罪，并且是一尚未犯的罪。在仪式前要对官员宣布，以避免产生坏影响。而当时马戛尔尼正满怀希望以为至少可以在北京待到春天，并准备把他的船只调往南方。

第三十五章

冲　击　波

（1793 年 9 月 11 日—14 日）

正当皇帝和大臣们强装笑脸时，这场风浪的消息已传到北京。巴罗和丁维提一直忙于机械装备工作。9 月 10 日的谕旨在那里产生了地震般的反响。

像往常一样，他们来到金銮殿，发现大门紧闭。掌管钥匙的老太监和一些官员激动不安地聚集在院内，好像发生了什么灾难一样。谁也不理他们。最后，德天赐神父告诉了他们一个令人吃惊的消息：勋爵拒绝叩头，朝廷已接受英国式的礼节。

北京礼部衙门的高级官员张皇失措。“无法预料在帝国历史上这种史无前例的事件会导致什么后果。假若皇帝开始认真地思考这件事，他或许会把为他出主意的人送上刑事法庭，他会想到国家的历史将把这件使他的朝代黯然失色的事告诉后代。在中国人看来，没有任何东西能弥补对传统习惯的破坏。”

不论是在北京或在热河，英国人在饭桌上尝到了苦头：菜比过去少了。往日使亲王和官员们着迷的机器安装工作也不再吸引他们了。老太监也骂起那些“骄矜的英国人”——皇帝的诏书就是用的这个修饰语。

两个世纪后，当我与中国的历史学家和文献档案专家谈起这件事时，尽管有着许多反面的证据，大部分人还不承认马戛尔尼免行了叩头礼；他们认为这样违背他们国家自古以来的礼仪令人难以置信。冲击波始终存在。

微笑外交在热河重新恢复。特使拜会了首相，但这不过是像中国京剧里的一套变脸象征罢了，西方人根本不懂。

马戛尔尼拜会和珅

9 月 11 日，王大人、乔大人和徵瑞来接马戛尔尼和斯当东，领他们去和珅家。和珅在一套简朴的屋子里接见了他们。这次他十分客气，与 3 天前见斯当东时的冷漠态度大相径庭。他有40来岁，相貌堂堂。他直率，活跃并善谈。他右面坐着福长安，更年轻，“同样令人感到很正直”。左面是两位上了岁数的官员：礼部尚书和户部尚书。

马戛尔尼装得像什么也没有发生过那样，表示很高兴能“这样快”就见到和珅；他希望尽早向皇帝递交英王的信件。他注意不去利用取得的胜利。

他表示很高兴听到皇帝身体很好。“西方最伟大的国王能获悉有关东方最伟大君主的如此好的消息感到由衷高兴。”原来英国人未言明的平等原则这里被明确地提了出来，而不再用修辞的伪装使它不要显得太傲慢。

对和珅来说这种说法是无法接受的，但他不动声色地让特使说下去。他十分和蔼地回答问题。“考虑到使团远道而来，又携带了珍贵的礼品”，礼仪可略为灵活。马戛尔尼将于星期六庆典时觐见皇帝。

和珅问了一些关于欧洲形势的问题，马戛尔尼告诉他英国与世界各国都和平相处，就在土耳其问题上与俄国有些纠纷。印度的形势如何呢？一些富豪与几个欧洲大国勾结，频频叛乱反对英国。这些欧洲强国的野心不仅是控制印度王公们，而且也想左右中国皇帝的政府。

话里充满了攻击法国的弦外之音，法国革命者难道不会把“对暴君的仇恨”带到中国吗？马戛尔尼在背着东印度公司教他的话。英国不是殖民主义者，都是那些该死的法国人与葡萄牙人（他避免点名字）迫使英国不得不把它那些很小的货栈扩大成一个帝国。特使一再声明英国热爱和平，说“英国国王是和平的朋友”。他这样做并非毫无道理。因为中国人曾把英国人看成侵略成癖。当然他们以后会知道自己并没有错。

在告别时，和珅表示愿意再一次见到马戛尔尼，但不在热河，这里朝中事务占了他全部时间。特使把这句话信以为真。骗子也总会有上当的时候……

小斯当东倒不那么天真。他陪着父亲和特使。“阁老在行宫的僻静处见了我们，他比那天要客气得多。他两次请我们喝热奶。”尽管有这两碗热奶，可孩子却不像大人那样天真地把这次会见看成是一件幸运的大事，而只是把它看成是一次毫无结果的事件。还是孩子对了。

乔大人和王大人都感到松了口气，当天下午又赶来增添一些欢快的气氛，殷勤地重复着和中堂私下对他们说的对马戛尔尼表示好感的话。不一会儿。徵瑞又拿来了和珅让他送的蜜饯。

篡改历史

对这次毫无结果的事件，中方的说法被做了惊人的手脚，并以诏书的方式出现。

乾隆与和珅都曾思考过，最后认为发怒无济于事，只会帮倒忙。要惩罚，就得承认有人犯罪。谕旨中原没有说犯罪的事，这次却要公布于众。也就是所有官员都会知道：他们会感到惩罚适当吗？天朝的统治者或许不懂欧洲人的逻辑，但他们了解自己的中国。马戛尔尼正确地指出过“中国人正在从鞑靼人压迫下所处的政治麻木中觉醒过来。只要一有撞击就会激起火花，并燃遍中国各地”。这次违背礼仪的事在明天或在15年之后就可能成为这种撞击。所以最好对舆论改写这件可恶的事情。要不惜代价做到让每个中国人相信例行礼仪已被严格遵守。

无法取消前一天发出的谕旨。有更好的办法：用它来编造这个出于好心的谎言。和珅用接二连三地改正的办法来解决马戛尔尼这个问题。

9月11日的皇帝诏书便让人以为夷人作了让步：

“昨因暎咭唎国使臣不谙礼节，是以拟于万寿节后即令回京……今该使臣等经军机大臣传谕训诫，颇知悔惧。本日正副使前来，先行谒见军机大臣，礼节极为恭顺。伊等航海远来，因初到天朝，未谙体制，不得不稍加裁抑①。今既诚心效顺，一遵天朝法度，自应仍加恩视。”

但在10日、11日两天中，什么也没有变。11日英国人没有同意多跪一条腿；中国人则从10日就决定忍气吞声。但他们10日的发火暴露了天朝秩序受到侮辱；乾隆与和珅或许觉出这样发火暴露得太多，因此决定做得好像英国人已经让步的样子。皇帝的面子就可挽回。这叫反败为胜。

和珅乘机把这所谓的态度变化归功于己。是他让夷人了解他们原先根本不懂的礼仪的。在这个因循守旧的国家里，和珅要说明他那不循规蹈矩的成功就要抓住一切机会显示他的权威。天朝的等级缺席只是让事情变得复杂起来。百官之首禁不住要得意地让他的下属丢一次脸（他们将让他为此付出代价）。

像在中国历来所作的那样，可从此事件中汲取一个训诫。和珅说本

① 指出这点显然是为了解释同时在北京与热河对使团膳食的限制措施的。

该“改造”夷人。这个词在毛泽东时代的中国用得十分普遍，但是早已有之。谁要偏离上面规定的路线就要得到纠正。违背正统观念的案件在中国历史上一直受到审理，不循规蹈矩的文人从来就是最好选择隐居或什么也不要写。若有足够的悔改诚意，当权的就可能表示宽容。

但许多迹象表明，这份新的诏书纯属瞎编。不明真相的读者可能推想贡使终于有了悔改表现，并遵守了天朝永恒的礼仪。但仔细研究后，发现诏书没有这样说。这谎言的编造用的是暗示忽略法。皇帝没有明确指出哪些定制遭到违反，也没有指出对方突然服从了什么东西。同样地，尽管声称要恩视，但任何一条惩罚措施都未取消。驱逐日期丝毫未变。诏书最后要求住在北京的王公大臣不得私自会晤特使，而要把他关在住地。旅游项目的安排，也要等着看。大家会看到旅游还是被取消了。

假的真相

我们找了前后 18 个月里的所有文书，有的详细到只谈一些琐事：皇帝关于对英国人持什么态度的指示，向皇帝报告英国人的行为。但没有一份汇报谈到这场令人难以置信的礼仪冲突。相反，9 月 11 日的诏书很快就编入《清实录》。它取代了觐见皇帝事件，对后者只是一笔带过，因为要描写觐见过程就要泄露真相，或者就要说谎说得更厉害。

实质问题是马戛尔尼并没有叩头——这一点被掩盖了，被扣住了。然后事实就被遗忘了，被篡改了的叙述就成了事实。这种巧妙的伪造却带来了长久的影响。1816 年，阿美士德勋爵在官方的“真相”上出了问题：他的前任“在乾隆面前叩过头”。但他拒绝这样做，他就被赶走了。和珅采取的措施——集体洗脑或把记忆抹去后再重建——尽管结局不好，却取得了成功。19 世纪 60 年代火烧圆明园之后编的一本清诗选里收入了陈文述写的这几句诗：

纯皇在御癸丑春，
尔国入贡罗奇珍。
不贵异物不勤远，
任尔化外为藩臣。
英吉利，

尔诚倾心皈依大皇帝，
表文宜合格，
使臣宜习礼。

接下来的两天忙于开箱把贡品送往宫里，之所以没有早做，因为那时什么都未确定。贡品计有：200匹呢料；2台大望远镜；2支气枪；2支漂亮的猎枪，其中一支嵌金，另一支嵌银；二对加长了像步枪的马枪（可一次连射8发子弹）；两箱爱尔兰特产波纹绢，每箱装7匹；两箱高级英国手制华贵地毯。

英国人对这些贡品会产生的效果毫不怀疑，尽管那些最贵重的礼品都留在了北京。他们没猜到乾隆竟对此十分厌烦。钱德明神父告诉我们那些精明的耶稣会士早就把乾隆惯坏了：皇帝已有了一只“豪华”表，奇特的转动喷泉钟，一只能走步的机械狮子，人形自动木偶等。神父们就怕一句话，就是皇帝对他们说：“好，既然你们能制造一个会走路的人，那么现在你们让他说话吧！”

第二天全部时间用来为觐见皇帝作准备。斯当东召集全体成员转达特使的最后指示。

全体人员必须在清晨3点到位。仆役们穿绿色镶金带的号衣，脚穿丝袜和鞋，不准穿靴子。接见时，士兵与仆役不必在门外等待特使，应立即回到住宅。“特使阁下严正要求绝对服从命令，因为有希望在几天之内取消限制使节团成员自由的障碍，任何一些违背命令的举动都足以导致失去正在谋求的优待”。

第三十六章

觐见那天的早晨

（1793年9月14日）

9月14日星期六，重要的时刻终于到了。马戛尔尼将马上能同皇帝谈话，但他已预料到这次会见并不能促进他的使命完成。因为他将不是单独被接见。接见仪式倒像是罗马圣·彼得大教堂的一揽子接见。

对这次历史性的会见，中国方面未作任何报道，只在《清实录》中稍稍提了一下。沉默也说明了问题。在6名当事人——马戛尔尼、斯当东父子、温德、赫脱南和安德逊——中，后面3位只在开始时在场，他们尚不能被排入圣人中的圣人的行列。

摸黑赶路的队伍

“拂晓3点，大使和他的随行人员身着礼服向皇宫出发。”

安德逊是这样描写的：先在住宅院中整队。院子的走廊上挂着灯笼，自从马可波罗把它们从中国带回欧洲后就被称为“威尼斯灯笼”。“队伍离开了灯笼，黑暗就几乎使我们彼此都无法看见。”

然而中国人是很善于用灯照明的。同黑暗搏斗的安德逊几次提到了“官府内照明灯火的数量”。他还具体地说：“这些灯足以照亮某个欧洲王宫整整一个月的时间。”在中国文学中常常见到描写“被灯笼照得犹如白昼的行进队伍”。队伍到了皇宫大幄附近，马上就灯火辉煌起来。

中国人为什么要让英国人在一片漆黑中走4公里多的路，像瞎子一样互相碰撞呢？其实只要请几个人拿着火把照一下就行了。难道这不是一种刁难吗？这难道不是朝廷以此来对叩头礼上作出的让步要求对方加倍偿还吗？

尽管天黑，本松中校还是把队伍在大使乘坐的轿子周围整好。“但这种努力没有奏效。”轿夫实际上是在按习惯一溜烟小跑。安德逊和他的伙伴们不得不飞跑着才能赶上他们。轿子在苦力们小跑的步伐中在黑暗里钻来钻去。

最糟的是家畜造成的混乱。“或许是被我们美妙的音乐所吸引，或许是纯属偶然事件，一些狗，猪和驴竟混入到我们的队伍中来了。使我们的队伍乱成一片。”中国的动物都是夜中之王。曾在北京住过的巴罗说：“在北京，一过晚上五六点钟，就见不到人影，但会遇到许多猪和狗。”

一直保持尊严的马戛尔尼避免提起这些意外事故。队伍走了“一个多小时，行程约3英里”。像中国的史学家一样，他也故意不提某些事实。但仆役和士兵却把他出卖了：“步行的人跑得气喘吁吁，骑马的想到刚才在黑暗中奔跑还直后怕。”4点左右，英国人到达宫前，队伍已乱成一团。“想设法让我们出洋相，这实在是极端可笑，因为天黑，没有一个人能看清我们。”

大使步出轿子，托马斯拉着他大衣下摆，其余官员紧随着他。“四周都是人群。士兵遵照命令在短笛和鼓声中马上就回去了。”仆役们也是如此。他们大约会问为什么要来。

贴身男仆安德逊也退场了。真遗憾。因为他目光敏锐。

“等待异常事情”

亲眼见到皇帝驾临的赫脱南接着写道：“中国的礼仪要求大家恭候皇帝驾临，至少需要几小时。这就迫使大部分朝臣在皇宫前搭的帐篷内过夜。”

鞑靼人的帐篷呈拱圆形。它不是用直杆支撑的，“而是用竹子非常艺术地编在一起支撑的，然后盖上厚厚的毛毡。其中有一个帐篷比其余的要高大得多，用黄毡盖成，铺着地毯，彩灯和花环光彩夺目。中间是皇帝的龙椅。”

一年中最隆重的仪式在帐篷内进行。恭候皇帝驾临的帐篷，皇帝受人朝贺的帐篷。皇帝不在宫内，而是在营地接见，他在热河又重新变为满族鞑靼人的可汗了。

特使和他的随行人员耐心地在附近一个小帐篷内等候。“一群鞑靼朝臣用手指着我们，并用习惯的粗鲁方式碰碰我们。中国汉人相对地说比较有礼貌。”奇怪的评语。这些中国的主人——人们那时把他们描写得与中国汉人截然不同——因为淹没在汉人之中，今天却被汉族同化得无法区分了。

至少英国人对朝廷可以有个大概了解：皇帝寿辰时所有人都在。有全体鞑靼亲王，好几位总督，道台府台，各种各类戴着不同顶珠的官员，连同他们的仆役，共有五六百人。外加士兵，演员和乐师。好几千人一起恭候太阳和皇帝同时出现。真是一派节日气氛。

英国人并不是惟一的外国人。“有人指给我们看另一些肤色黝黑的使臣，他们也是在这天上午觐见皇帝。他们头上包着头巾，光着脚，口中嚼着槟榔。中国人不太精通地理，他们迟疑着，只能用中文告诉我们这个使团来自哪个地区，我们猜测大概是勃固①。”

这就是关键所在。有幸参加集体觐见的人并不像赫脱南所说的都是“大使”，他们是专程来为皇帝生日进献贡品的。中国人也搞不清他们究竟从哪里来!

日出半小时后，一名骑兵过来，大家都站好了队。一片寂静。远处传来了音乐声。“所有人的脸上都露出在等待发生异常事情时特有的表情。”

赫脱南态度冷静，得出了这样的结论：“一位亚洲君主的奢侈肯定会在感观上，进而在东方迷信的百姓心目中产生强烈的印象。”赫脱南本人在这位君主面前也非常东方化了。

几位身穿黄袍，骑着白马的大臣率先到达，下马后站在大幄旁，形成了一堵人墙。马上传来了音乐声和侍卫的吆喝声。终于皇帝驾到。他坐在一乘全是包金的，无盖的肩舆中，由16个人抬着。一些大臣和主要官员尾随着。

当皇帝经过由朝廷官员们组成的人墙时，全体人员下跪，连连叩头。英国人单膝跪地。

皇帝进入大幄，王公大臣紧随其后，接着是各国使臣，包括马戛尔尼，斯当东父子和李先生。赫脱南被告知停留在入口处。他有充分的时间来呼吸新鲜空气了：“太阳刚刚升起，照亮了这座广阔的花园，这是一个令人陶醉的早晨，由柔和的器乐和洪亮的铙钹伴奏的庄严悦耳的国歌声打破了大自然的宁静。”

镜头定格

安德逊和大使侍卫返回住地。温德、赫脱南以及随行人员中的其他人都在圣殿大门外停了下来。让我们用慢镜头来细看一下他们的活动吧！先看用好几部摄影机拍摄的几组镜头。

---

① 指缅甸。

安德逊谈到了马戛尔尼和斯当东的穿戴：他们身穿长袍和外套，这更符合中国人的打扮。并没有产生追求别致和光彩夺目的效果的打算。英国人懂得：中国的高官要职是与长袍联系在一起的。它遮盖身体的外形，同野蛮人或低贱的苦力区分开来，以突出地位与职务的显贵。

他们见过朝廷显贵们的长袍，胸前绣有金色圆形纹饰。大臣和亲王的长袍后背有方形纹饰。他们注意到凡穿黄色上衣的人属皇家血统，或享有特殊的恩准。因为任何中国人没有获得皇上特殊的允许是禁止穿黄色服装的。他们也会区别孔雀羽毛，一、二、三根，插在玛瑙管内，表示皇帝的恩典。“能获得陛下恩赐的三根羽毛的人真是三生有幸”。在西方，这类服饰的语言已逐渐消失了，但在18世纪时很普遍，本世纪在军队、大学、司法机关或教会中还残留一些痕迹。

马戛尔尼利用他所带的衣服“来表明他很尊重东方习俗”。斯当东也效仿他。马戛尔尼是这样写的：“我在绣花天鹅绒衣服的外面再套上一件巴茨骑士的外套①，缀以该级勋位的饰物——颈饰，金刚钻石，星章。乔治爵士同样也穿着绣花丝绒衣服，外面套上一件英国牛津大学②法学博士深红色绸长袍，宽大而飘逸。”

英国人尤其受不了因他们的紧身外衣、套裤和长袜引起的一片笑声，这一下真成了他们的绰号所说的“鬼子”了，因为在中国戏中，只有鬼怪才穿紧身外衣。斯当东把中国人对欧洲服装的嘲笑归因于中国人的廉耻心理——一个永久的特点。“中国人对体面的想法是走得很远的。他们只穿宽大下垂的衣服，把身体各部差不多都掩盖起来。他们一见裸体或虽有遮盖却露出人体的曲线的画像或雕塑都会发怒。”

不准有裸体——要么就是春宫画。那些最色情的雕像也必须把缠足金莲掩盖起来。中国惟一能全部裸露的人体像是医生用来检查——既不可摸，又不能看到裸露部分——有求于他们医术的妇女身体的塑像。

在朝贡的王公中间

接见前的等待，马戛尔尼把它缩短到“1小时”，少说了2小时。各种证

---

① 这是联合王国骑士勋位的第二级，继嘉德勋章之后。后者只颁发给极少数人。

② 他是蒙贝利尔大学的医学博士，所以也可穿法国人的宽外袍。但当时他必须要穿国服。

词核对后表明：使团是凌晨3点离开住宅，4点抵达皇宫，而皇帝是上午7点才进宫的。礼宾上要求这样的时间差，而这也是中国的习惯：等的时间越长，荣誉越高。最小的官员对待求见者就这样。马戛尔尼和斯当东的自尊心使他们很难承认觐见前等了3小时，可能他们也不希望太挫伤英国人的民族自尊心。

在这等待的夜间，王公大臣，高级官员同样都着急万分。特使和副使都没有提他们与前来进贡的使臣们待在同一个帐篷里。

然而，马戛尔尼刚到澳门就已经知道这令人不快的混杂情况。因为3月24日的一份诏书就说："该贡使等与蒙古王公及缅甸贡使等一体宴赉观剧。"广东是5月份知道这条消息的；它使公行里的行商大为惊愕。东印度公司的人不会不知道这消息，也无法向大使隐瞒。在读马戛尔尼和斯当东的叙述时，大家还以为他们是这次盛大节日的惟一主角。小斯当东玩得很开心，话也多："使团和从各处中国属地赶来庆贺皇帝大寿的王公混在一起。"这孩子有多蠢呀！

他的父亲对一切能满足英国爱国心的东西十分在意。他倒发现了一个他认为是贸易吉兆的细节："好几个朝廷官员穿着英国呢料服装，而没有穿中国人觐见皇帝时必须穿的丝绸或毛皮服装。这次特别允许在朝廷内穿英国呢料是对大使的一种荣誉，他们还设法让大使阁下注意到这一点。"拉弥额特神父对这种傲慢的言论不以为然："早在这次出使前，欧洲的所有料子都已被允许在宫内穿了。"

真证人的伪证词

人的数量也是对皇帝表示敬意的内容之一。平日这些被人前簇后拥的大人物这次也混在朝臣的人群之中。斯当东十分精彩地写道："在皇帝陛下面前他们失去了尊严。"

没有一个人对浪费时间表示奇怪，他们等着日出。难道豪华富贵还没有使这狩猎民族的习惯消失吗？主要是几千年以来的传统：在北京，恭候觐见的朝臣们必须要在半夜到宫门前等着，而皇上只在黎明时才能出现。

然而，有人给马戛尔尼介绍了几位人物，这些人出于好奇拜见了大使："皇帝的一位弟弟，两个皇子和两个皇孙。"其中一位皇子是以后接乾隆位统治天下的嘉庆皇帝。在阿美士德使华时，这位真正的目击者作的伪证在叩头的争论中起了很大作用。那种缓慢的压抑过程主要是在他身上进行的，最后竟成了官方事实。

大家随便聊上几句。和一位住在里海附近的属国君主谈了谈。他显得比别人更懂一点欧洲事务，他当然不懂那里的语言，但“讲阿拉伯语”。尽管一点不懂，我们的英国人却感到像是到了一个“较亲切的地方”。在蛮夷之间很快就能找到共同点。

还有一位是老熟人，总督梁肯堂，他在天津迎接过英国人，后来皇帝派他去监督河防工程。他努力使他的同僚分享“他对使团发生的好感”。

至少英国人是这样认为的。

第三十七章

在皇帝脚下

（1793年9月14日）

现在是皇帝出现时的景象。我们已经拜读了赫脱南激动的叙述。通常言谈谨慎的斯当东此时也变得抒情起来。中国有句宿命论谚语：“天高皇帝远”。现在皇帝近在眼前，斯当东感到无比幸福。“他从身后一座树林繁茂的高山中出现，好似从一个神圣森严的丛林中走来。”御驾之前侍卫唱的全是歌颂皇帝的“圣德和功业”。他坐在一把无盖的凯旋椅上。

皇帝身穿棕色丝绸长袍，头戴天鹅绒帽，使斯当东想起苏格兰山民的帽子。他所戴的惟一首饰是帽前缀一巨珠。

1790年钱德明神父曾这样描绘这位80岁的老人：“他步伐稳健，声音洪亮，看书、写字眼不花，就是耳朵有些聋。”1795年，荷兰人范罢览则肯定地说：“他已具备了老年人的一切特征。眼睛常流眼泪，抬眼皮有困难，面颊松弛并耷拉下来。”相差5年时间，得出了截然相反的两种评语。这段时间的中间，老皇帝是否显得老态龙钟了呢？大使不这样认为。赫脱南说他只有“50来岁，动作敏捷”，“风度翩翩”。温德也肯定他的脸上“没有一点老年的痕迹”，总是笑眯眯的，“看上去不超过60岁”。马戛尔尼也认为他只有60来岁。两人都认为他的健康要归功于有规律的生活方式——黎明前起床，太阳落山就睡觉。

他从英国人面前经过，我们的见习侍童是怎样记叙这一历史时刻的呢？“我们离开了帐篷，因为有人通知我们皇帝快过来了。我们站到皇帝要经过的路边，他坐着由16个人抬着的大轿。他经过时，我们单膝下跪，把头低到地上①。”

而“把头低到地上”（“down to the ground”）这几个字在手稿里被划掉

① “We went upon one knee and lowed our head down to the ground.”

了。为什么呢？仅仅是一种笔误吗？因为这说法不贴切，并只能理解成像耍杂技一样把头一直弯到地吗？孩子作这样的弯曲是容易的，而对成年人来说是否困难，而对像他的主人和他的父亲那样患足痛风的人来说则根本是不可能的呢？因为他知道争论的事，所以是否先写了中国人希望使团做的动作，然后抹去关键的字眼表示使团拒绝做这动作？或者在他父亲的命令下，从记事本上把这形象抹去，因为他父亲担心别人不要以为是天朝礼仪胜利了？

这划去的三个字的存在本身不正好在马戛尔尼对中国礼仪的态度上留下了疑点吗？是否应该排除有人串通孩子向我们隐瞒了一些东西呢？这孩子十分聪敏，他清楚自己保持沉默的重要性，而他一生会发现这种沉默在他精神上越压越重。

我们先承认有值得怀疑的地方。另一个证人说话了。事情却变得复杂起来。这个证人就是温德，我们在都柏林发现了他的手稿。按他所说——他也是惟一这么说的："当皇帝陛下经过时，有人通知我们走出帐篷，让我们在中国官员和鞑靼王公对面排好队伍。我们按当地方式施了礼，也就是说跪地，叩头，九下。"

九下，"按当地方式"？这不就是叩头礼吗？马戛尔尼和老斯当东这两位官方陈述者难道对我们撒了谎？他们投降了，而又不敢承认？证人温德是不容置疑的。每天，他把观察到的事记在纸上。是信手写来，可是如实记载。

事实上，大家看见的是同一场面，只是眼光不同罢了。让我们再现一下现场情况吧！

为了想象一下英国人须解决的问题，请您在镜子前作一次真正的叩头动作。您先站着，然后跪下，您弯下身来直到头碰地。您抬起上身，再弯下去，头第二次碰地，再第三次。然后起身站直；再这样重复一遍。跪三次，每次都要起立站直；每次跪地都要叩三个头。计算一下这套体操需占去您多少时间：不磨蹭，一分钟，如果做得庄重些，就要两分钟。当时就是这种情况，近千名官员集中起来，一起做这套动作，而在两分钟的时间内皇帝的轿子威严地穿过人群。

再设想一下英国人的处境。当全体人员第一次跪下时，英国人也照样做了，但只是单腿。当大家在叩头时，英国人只是低下头。就像在弥撒中扬圣体时，当别人下跪时，某些信徒站着，只是眼睛向下。大家抬起身子，英国人为什么还要低着脑袋呢？于是，他们也抬起了头。当大家又重新趴下时，英国人低头。大家站起来时，他们总不至于仍然跪着：他们就站了起来。依次类推……他们跟着大家做集体动作，只是动作有些删减，却无法不做任何动作。在这两分钟内，中国人站起来三次，英国人总是跪着不觉得太卑躬屈膝了吗？是否会英国人一直站着，中国人却不停地在叩头行礼呢？直至读到温德文章前，我一直认为第二种设想是对的。但温德的文章解开了谜。

马戛尔尼提到的问题——单膝下跪，头不着地——仅仅是动作的形式问题，而不是动作的重复问题。由于对形式提出异议，马戛尔尼忘记了叩头的一个主要方面就在于这一奇特的重复动作。英国人遇到的第一次叩头是集体性的，几乎不可避免地要求英国人跟上每个节拍。所以温德说："我们按当地方式施了礼。"不过，中国人区分得很好：英国人的头没有叩着中国地面。这根本不是真正的当地方式。

马戛尔尼和斯当东在汇报中强调了不同点：动作的不同。他们掩饰了动作重复。但他们并没有撒谎。他们写的所有文章中没有一篇说他们只跪过一次。如果他们真的只跪了一次，而他们周围的人却在多次下拜，他们对这种区别就会引以为荣。温德是有道理的。英国人已完全被周围人的榜样所带动，所以给人的印象是他们已作了让步（当然最好不要讲），但这并没有使中国人完全满足。

"得体"的礼节

皇帝进入了觐见大幄，群臣拜君主的大弥撒可以开始了。鸦雀无声。站在门外的温德证实："皇帝坐上龙椅，立即万籁俱寂。时而有音乐声打破这寂静，铃铛发出的清脆悦耳的叮当声更增添了仪式的庄严肃穆。"这铃铛的叮当声与教士进入祭坛时辅理弥撒教士手摇的铃铛声一样，13世纪方济各会修士们说蒙古人喜欢听这个铃铛声。温德是惟一注意到这声音的人。

让我们和马戛尔尼一起进入鞑靼皇帝宽敞的蒙古包吧！它酷似一个剧场。有三排台阶可以上到放龙椅的台上。中间那排是专让皇帝走的。左侧那排供朝觐的人走，右侧那排为跪着辅佐皇帝——就像他们跪着参加内阁会议一样——的大臣们用。所有朝廷官员都站在正厅中，让我们看一看托马斯演的那场戏吧！

孩子进入帐篷时，皇帝已坐在龙椅上了："使团成员都站在门外，马戛尔尼勋爵，我父亲，李先生和我，4 人一直走到正中台前，我们像刚才那样下跪。然后马戛尔尼勋爵拾级而上，呈递了英王的信，并送了一些小礼品：几只表。皇帝回赠大使一件雕刻得十分精致的蛇纹石礼品，另一块同样形式但发白的玉石赠送给英王。待大使走下讲台，我父亲和我上去行了‘得体的礼’。皇帝赠我父亲一块与大使一样的玉石，解下他身上的一只黄色荷包送给了我——特殊恩典。他要我讲几句中文，我用中文感谢他送我礼品。”

这就是一位西方孩子目睹的情况。可以认为每人都在现场即席表演，那里充满了亲切和新鲜感。然而，礼仪问题却是完全安排好的。

小熟番

用中国人的眼光来看一下这个场面吧！这是一些固定不变的眼光。他们认为进献真正“贡品”的是这位孩子。他讲的是中国话，他已中国化了。他来觐见皇帝，把自己变成一个文明人，也就是说中国人。他应该享受特殊的恩典，他弥补了周围大生番的无礼举动，成为一个小熟番。

我们没有中国人的直接证词，但我们有礼志，只需翻开看一看即可。小斯当东描写的礼仪是按 9 月 8 日的诏书进行的，也就是说除了叩头，都是按照官方礼制一成不变的规定进行的。进幄，台前的行礼动作，然后在第二级台阶上下跪，再与皇帝交谈。在这个文明开化的社会里，一切最细小的情节都是自古以来就预先安排停当的。只有专门的敕令才能改变或免去三跪九叩礼。其他都严格按照规定办的，从台侧御林军的安排，或者贡使由一位礼部尚书[①]领见，到礼部尚书穿的朝服的颜色和上面绣的龙。“皇帝以热情友好的语言向贡使发问，礼部尚书转达问题，由通事译出；特使回答问题，再由通事译出贡使的答复，礼部尚书再转达给皇帝……”贡使不直接对皇帝说话，皇帝也不直接回话。特使也不是直接向皇帝递交国书，而是由一位大臣代接，叩完头才转呈给皇帝。英国在场的人都删除了所有可能表示臣服的话。他们至少是用故意疏忽的方式撒了谎。

皇帝经过时，英国人措手不及，不自觉地跟着大家多次下跪。但到了御座旁，因为只有他们自己，他们便行了说好的得体的礼节：单膝下跪一次。

---

① 满清时，各部均有两名尚书，一名是汉人，另一名是鞑靼人。

但马戛尔尼和老斯当东还是不说在台前就得停下，行礼时皇帝隔着一段距离，并是在台下，使人十分感到耻辱。孩子的诚实使我们掌握了事实的真相。马戛尔尼羞答答地未敢说出的动作现在已经恢复了，让我们继续来读这位特使的叙述吧："我双手捧着装在镶钻石的金盒子里的国王的信，一直朝前走去，拾级走到御座前，把它呈到皇帝手中。皇帝亲手接过，递给了大臣，后者把信放在一个垫子上。"

真是亲手接的吗？在叙述中他有没有把动作的顺序颠倒呢？根据礼制他的盒子不应交给皇帝，因为他与皇帝保持一段距离，而是交到一位大臣手中，大臣先叩头，把信放到垫子上，再转给皇帝。朝廷能接受这种从未事先磋商而作出的更改举动吗？这值得怀疑。

也许对英国人来说，递交英王的信只是这次远航的一种借口；而皇帝认为交完信英国人的旅行也就结束了。马戛尔尼还不知道这点。"皇帝交给我一块象征和平繁荣的玉石，是献给国王陛下的第一件礼物；他希望我的君主和他永远和睦友好相处。这是一根白玉如意，约有一尺半长，雕刻得十分奇特。中国人非常珍惜这件礼品，而我并不认为它有多大价值。皇帝也赠我同样一根如意，绿色绞石上刻有同样的图案。同时他十分友好地接受了我的礼品：两块十分精致镶着钻石的珐琅手表，他看过之后递给了大臣。"

轮到斯当东父子了："乔治·斯当东走上前去。他像我一样单腿跪地，行过礼后，献上了两支漂亮的气枪。皇帝回赠他的也是与我一样的绿色玉如意。"

皇帝与孩子

马戛尔尼不屑于描写皇帝与孩子的对话场面。可是出于父亲的骄傲，斯当东却禁不住高兴地突出一下他的儿子。文中语气充满了诗意："在整个接见仪式中，皇帝显得愉快直率，落落大方，不像他的画像上那样显得严肃，沉闷。"然而，谈话须经翻译，显得累人。"皇帝有鉴于此，问中堂使团中有无能直接讲中国话的人。回答是一位年仅 13 岁的童子是惟一能略讲几句中国话的人。皇帝高兴地命令将孩童带至御座旁边[①]让他讲中国话。或许是因为孩

① 礼制要求马戛尔尼在上皇帝坐的台阶时要在最后第二级台阶停下。而孩子却被邀走上台。因为皇帝耳背，托马斯必须走近他才能听见，而特使的讲话是通过译员和大臣传上去的。

子的谦逊，或许由于他讲话的漂亮用词使皇帝十分高兴，后者欣然从自己的腰带上解下一个槟榔荷包亲自赐予该童。”

大家知道乾隆不讨厌漂亮小伙子，这从和珅闪电式的提升中已得到了证明。但并不是光乾隆这样。巴罗用一种谴责的口吻指出：“中国人对于这种堕落行为并不感到丢脸和羞耻。许多大臣还毫不犹豫地公开谈论此事。同性恋在他们身上没有引起丝毫憎恨的感情。”

乾隆被这小伙子的风姿所迷惑，从腰带上解下荷包，荷包还带着他身上的热气，更具有一种神奇的性质。“这些荷包从某种意义上说是皇帝赐给有功臣民的一种绶带。但赐给自己身上的荷包可说是一种特殊恩惠：东方人把皇帝身上带过的任何一件物品都视为无价之宝。”正如毛送一篮子芒果给前来致意的代表团一样，由伟大舵手赠送和触摸过的普通水果立即就进入了神圣的范围。有的积极分子出谋划策想弄到一个。这些芒果被装进了酒精瓶里保存起来，“让毛泽东思想的宝贵见证世世代代传下去”。两个世纪前，皇帝的赏赐“引起许多官员对这位年轻宠儿的注意和亲近，也许还引起了许多人的暗暗羡慕。皇帝的荷包并不漂亮。黄色丝绸质地，上面绣了一个五爪金龙：这种颜色和龙爪却是皇帝的象征”。

朝贡者的队伍

马戛尔尼勋爵走下台阶，立即又有别的贡使走近御座。英国使团的两位头头在文章中都避免谈及这混杂场面。在这之前，他们还没有提过有其他使节在场。现在他们提到了，但突出不同之处；一笔带过，还要带点挖苦。

勃固王是否是缅甸王[①]？这两位英国人一想到此便洋洋得意，并在算着他们对天朝政府所取得的胜利。这位夷王如此恭顺地遵循中国的礼仪，马戛尔尼不过是国王的一位使臣，也就等于一位普通官员，竟敢强加自己的意志并取得了成功。这是多大的胜利呀！不！这是多大的错误呀！

“穆斯林亲王”指的是喀尔麦克和土尔库部落首领。1770 年因俄国扩张，

---

① 按马戛尔尼和斯当东说法，克莱默一平一直以为勃固使臣就是君王本人。然而，皇室档案却认为不是。缅甸国王博都拔雅（1782—1819）从未亲自到过中国，但派遣过使臣（档案中记载特使的姓名）。

他们被赶出了伏尔加流域，逃到了东部。乾隆把他们置于自己权力保护之下，让他们在乌鲁木齐——就是今天中国的突厥斯坦——定居。

礼节性拜会后，宴会开始。3位英国人以及他们的翻译被邀请坐在“皇帝左手一张桌子前的坐垫上”。马戛尔尼强调了此事，而且很有道理：左为上。鞑靼王公和朝廷大臣穿着朝服，按9月8日排定的座次，根据各自的等级大小就座。马可波罗曾这样写过：“大可汗设宴时，他的席位所处的位置总比别的席位高出许多，在他下面就座的是他的儿子、侄子和皇亲国戚。他们的座位很低，各人的头只有大可汗的齐脚高。而其余贵族就坐得更低了。”根据皇室档案记载，这种分级制度一直延续到5个世纪之后的满清时期。英国人对此只字未提。

筵席奢侈豪华。马戛尔尼仔细记下了皇帝给他的所有恩惠：皇帝送去了自己桌子上的好几个菜及几种“用米、蜜、薰草酿成的酒”。

席间，乾隆命人召马戛尔尼和斯当东至御座旁，各亲赐温酒一杯。“我们当着皇上的面一饮而尽。”皇帝亲切地问及英王的岁数。“他祝愿英王也能同他一样长寿。”当时乔治三世只有56岁，比他年轻27岁①。

他的举止“高贵，但很和蔼，他十分高兴地接见了我们”。服务井然，有条有理，十分值得赞赏。一切都在“肃静”的气氛中进行，又有“那么多的礼仪，就像在举行某个神秘的祭礼”。英国人对他们以什么方式感谢皇帝给他们的恩惠这个问题上却又满腹狐疑，只字不提：他们不可能比单膝下跪和俯首做得更少。但做到什么程度呢？做了多少次呢？

然而，为照顾那些无幸进入皇帝大幄的人，文娱节目在外面举行：摔跤，杂耍，走钢丝，哑剧等节目在5小时的庆典中一直演出。这个习俗同中国一样古老。从汉朝起，可能还要早些，欢迎外国代表团就像过盛大节日一样演出节目。“宫内的生活，就是节日的生活。”

有关这次庆典，我们只掌握一份中国的叙述材料——十分简洁，这是这类文体的规律：“上御万树园大幄次，唤咭唎国正使马戛尔尼，副使嘶哃㖏等入觐。并同扈从王公大臣及蒙古王贝勒贝子公额驸台吉，暨缅甸国使臣等赐宴，赏赉有差。”这完全在重复3月24日发的诏书，5月12日又重复了一次。

---

① 老皇帝的祝愿几乎全部兑现了：乔治三世死于1820年，终年八十三岁，统治英国六十年，与乾隆一样。只是几乎一样：后来他疯了，他的儿子乔治四世于1811年起摄政。

天朝官僚体制喜欢一再重复：重复是避免犯错误的最可靠方法。诏书后面有一首御制诗，纪念英国人的“臣服”。诗是这样开头的：“博都雅昔修职贡，暎咭唎今效尽诚。”英国人的尽诚是可笑的，但尽管英国人只做了个叩头的样子，显得那么笨拙，但英国毕竟已列入向中国效忠的“西洋各国”的正式名单之中了。

宴毕，觐见仪式也告结束。特使在门外找到了大队随行人员；按照礼制，重新整队回府。

马戛尔尼见到了这位负有盛名的皇帝。他还同他讲了话，却什么问题也没解决。

第三十八章

"万树天堂"

（1793年9月15日—16日）

第二天开始了4天骑马参观皇宫御花园的旅游活动。首先游览东园。"皇帝听说我们对一切都十分好奇，就让阁老陪我们参观热河的御花园——万树天堂。"①为享受这份"难得的恩惠"，"我们早晨3点就起床，与朝廷的主要大臣一起在宫内等了3小时皇帝才到来"。②

皇帝与上一天一样排场：卫队、乐师，打着旗和华盖的太监。"他在门前发现了我们，特地停下来亲切地要我们靠近问话"。这次大家认为是意外的相见却在9月13日制定的觐见活动中早就详细安排好了。我们从皇室档案中了解到以下情况："他与我们进行交谈，亲切地告诉我们说他早晨要去庙宇拜佛，他又不邀请我们陪他去是因为我们信奉的宗教与他的不同。"乾隆和清朝历代皇帝都鼓励喇嘛教，尽管汤若望神父作了巨大努力，满清的第一位皇帝顺治还是改信了这个佛教的派生教。

乾隆通知马戛尔尼他已命令他的首相和几位大学士陪同其参观御花园，让他看一切他感兴趣的东西。"我向皇帝陛下表达了对他的热情款待的感激之情及对在热河所见一切的仰慕之意。"皇帝抓住机会向托马斯说了句话，要求他把昨日赠赐的荷包画出来。孩子十分骄傲地谈起了此事。

特使应该衡量一下他受到的恩典。御花园是不供游人参观的：大使是在皇帝的花园内，这些花园又都是他个人的杰作。

"为安抚边境百姓，圣祖建造了热河。热河绝不是一时心血来潮之作，而是完善武功的一个举动。"祖先的目的就是：采用别的方法继续战争。但孙子

① "天堂"一词似是东方的，实是纯粹英国式的夸张。中文"万树园"就指有一万株树的公园。

② 马戛尔尼今天承认等了3个小时，而在炫耀他觐见皇帝的文章里只说等了1小时。

不像祖父那样严峻，承认从中感到的乐趣：“这里高山丛林，悬崖峭壁，河流森林，鹤立麋跳，鹰翔鱼跃，楼台亭阁，或建于深谷之间，或倚于小溪两侧，野草茂密，百年老树耸立，这一切构成了一幅绚丽的风景，尘世之忧郁可忘却。”

迷人的住所

当皇帝在庙宇拜佛时，马戛尔尼和大臣们到一个楼里吃了些早点，然后在岗峦起伏的园里骑马走了 3 英里。那里一切都安排得错落有致，景色十分秀丽。这“布置得最美的”花园使马戛尔尼想起了他的岳父布德勋爵在贝德福歇的拉顿花园，该园林为著名的兰斯洛特·布朗所设计。“要是布朗来过中国，别人肯定会说他全是借鉴了热河的艺术。”

贵宾们来到了湖边，登上一艘“又大又漂亮的游艇”，为随行人员也准备了几只小船。所有船上都飘着风信旗、窄条旗与燕尾旗。沿岸时而出现港湾，时而出现岬角，“姿态各异，每往前划一段，就有一派新的景色呈现在游客的面前”。形状不同的小岛都处于与整个景色十分协调的位置：有的耸立着宝塔，有的岛面平缓，有的岛面陡峭，有的绿树成荫，有的一片庄稼。游客观赏了近 50 座宫殿：每座都布置着皇帝狩猎或出巡的画，装饰着碧玉或玛瑙的花瓶，还有“中国、朝鲜与日本的瓷器”，加上“欧洲的挂钟”。

“如何来细说这迷人的住所呢？几小时之内，我见到了各种迥然不同的景色，我原以为在英国之外是无法见到这样美的景色的。”在自己的国家之外居然存在那么多美好奇特的东西，马戛尔尼惊呆了，他身不由己地也像中国人一样自恋起来。

没有一位大臣向马戛尔尼透露在这仙境般的地方发生的、差点要使乾隆朝廷过早结束的悲剧。罗广祥神父在一封未发表的信中这样叙述：“1788 年 10 月 14 日，皇帝在热河附近打猎，突遇一场暴雨。他坐在轿子里，水一直没到他的脖子。和珅中堂及几位主要大臣竭尽全力抬高了轿子，他们自己掉到了河里，被河水冲走了。幸亏几位勇敢的蒙古人救了他们的命，前者骑着骏马，个个水性很好。皇帝的 63 名随从淹死了，老百姓的死亡人数则没人知道。”中国遭受水灾是屡见不鲜的事……

中国园林与英国园林

马戛尔尼对这次参观留下了深刻印象，他在“论述”中用了大量篇幅对东、西方园林作了比较。英国与中国的花园有着共同之处：都不同于法国式花园。它们的风景艺术在于模仿自然，而不像法国式花园，迫使自然去模仿艺术。

英国园艺匠刻意在尊重自然的基础上去美化自然，而中国的园艺匠则让自然成为他们要它成为的样子。“若这儿是一片干地，他们就引进河水，或在这里挖一个湖。若这是一片平坦的土地，他们就在此堆个小山，挖出山谷，并铺上岩石。”总之，中国人在安排风景时都十分霸道。马戛尔尼批评这种方法，他认为这正证明英国园艺匠在园林艺术上没有照搬中国，因为他们酷爱自由，包括植物的自由。“我们在完善自然，而中国人在奴役自然。”在英国的园林里，也有着培根的哲学：“控制自然时要服从自然”；而中国的园林却表现了一种再创造的意愿。一方具有灵活性，另一方则是强制性——普罗米修斯想把他的作风强加于人。

这些观点毫无价值吗？英国和中国在园林艺术上都很出色，两者水平相近，所以更具有竞争性。彼此争着称霸。马戛尔尼没有怀疑英国的优势，他对中国园林表示了四点保留意见：假山太多，金鱼池太多，青铜陶瓷的龙虎太多，睡莲太多。“奇怪的是在6个小时的严格审查之后，我竟没有找出其他可批评之处。”

在分手时，和珅对马戛尔尼说他所见到的还不算什么。看完东园后，他还该看看西园的美景。

奇怪的盲目病！马戛尔尼对中英园林的异同滔滔不绝地发了一通议论，但他没有抓住热河的实质：它是天朝的一个缩影，再现了中央帝国某些最著名的建筑与风景：拉萨的布达拉宫，日喀则的扎什伦布寺，镇江金山的塔，新疆的清真寺，长江与大运河上的景色，昆明湖……就在蒙古的土地上，马戛尔尼面前出现的是中国的南方，是西藏与突厥斯坦，但他却视而不见。这是一个迪斯尼乐园，尽管当时还没有这个词。它重现了中国大地上的奇观——一个建筑上的盆景。乾隆从首都乘坐6天轿子，就享受了整个中国能献给他的乐趣：帝国的缩影。英国人却没有意识到这一点。

在宫内

马戛尔尼又有了勇气。游览时第一次有机会与重要人物交谈，他想就此开始他的外交使命。

陪他的是国家最重要的人物。他们都是鞑靼人。每个人都在长袍外面套着一件黄马褂。马戛尔尼开玩笑地称他们为“黄衣骑士”：中堂和珅，“副相”福长安，他的哥哥、平息叛乱的将军福康安，以及刚升为大学士的松筠。这位41岁的鞑靼—蒙古人享有廉洁的好声誉，他从边境城市西伯利亚的恰克图归来，在那里他与俄国人为签订一项贸易协定进行了长时间的谈判，因而避开了磕头这个难题。由于礼仪方面的原因，历史上也有过一些在边境上举行仪式的事：路易十四在比达索阿[1]的婚礼，季尔西[2]的木筏，板门店的木棚。听说马戛尔尼曾是驻圣彼得堡的大使，松筠向他提了有关俄国的一些很聪明的问题。[3]

和珅尽量在外表上像一般朝臣那样很客气，但总显得缺乏热情。勋爵发现这点是从一句奉承话产生的坏效果开始的。大使说这座乐园的建立“反映了康熙的智慧”，和珅顿时露出猜疑与吃惊的神色。一个英国人怎么会知道这些呢？马戛尔尼回答说中国的威望已一直传到了他的国家。和珅对他就中央帝国表示的兴趣并不领情。这种好奇心并不得体。了解中国就已经损害了中国。

“副相”福长安的热情友好与福康安将军对“红毛”的仇视适成鲜明对比。后者当过广州的总督，对他们了如指掌，并不得不表示惧怕。那天上午，当马戛尔尼觐见皇帝时，将军神态严肃地碰碰他的帽子，要他脱帽行礼，但中国人是从不这样行礼的。要是马戛尔尼硬要行“欧洲礼”，他也不应该回避谦恭的表示。

马戛尔尼竭力想获得他的好感，就邀请他观看使团警卫的操练，福康安拒绝了。他认为这毫无新意。马戛尔尼却想：“真蠢！他一生中从未见过连发

---

① 比达索阿，法西交界处河名，1659年两国在此签订《比利牛斯条约》，次年法国国王路易十四娶西班牙国王菲利普四世之女玛丽—泰莱丝为妻。——译注

② 季尔西，俄罗斯城市名，1807年7月拿破仑与沙皇亚历山大一世在此结盟。——译注

③ 松筠写过回忆录，但对曾一起度过5周的马戛尔尼却只字不提。一位中国大学的学者认为可能他害怕有人批评他们的关系太好。

枪，中国军队还在用火绳引爆的枪。”半个世纪之后发生了鸦片战争，中国仍然停留在这种状况。

英国人看到园内的各个楼里都放着玩具、挂钟和地球仪，感到十分扫兴。“这些东西做工完美，相比之下，我们的礼品就可能黯然失色。”那里甚至还有一架行星仪。陪同马戛尔尼游览的官员告诉他，比起后妃们的宫殿内陈列的珍宝和圆明园内西洋珍宝馆收藏的东西，这些都算不了什么。一阵尴尬的沉默。中国居然到处是同英国人引以为荣的礼品一样珍贵的物品。

马戛尔尼称赞了英国制造的八音盒：他发现这些八音盒原是考克斯博物馆的藏品。福康安见英使对此兴趣盎然，就推断他从未见过这类东西。他便“傲慢地”问英国是否也有这些东西。当他听说“这些东西就是从英国运入的”时，他也感到十分扫兴。

监视下的自由

复杂的情感，极度敏感的民族自尊性……马戛尔尼提出了一个具体问题；他要求把仍在北京的马金托什船长派回舟山，让他报告皇帝接见的情况。他先去广州，从那里再回伦敦。福康安立刻打断他的话：“中国的法律不允许外国人随便往来内地。”

这就是马金托什事件的起源。文献资料表明：马戛尔尼以为是这位将军因妒忌英国的优势而一时冲动表示了拒绝。事实是皇帝不同意这样做。乾隆不明白为什么马金托什一定要去指挥“印度斯坦”号，没有他这只船不是也从大沽回到舟山了吗？为了这次多余而耗资的旅行就要惊动天朝的行政机器。皇帝对这些自负的英国人很生气。时至今日，凡在中国的代表团必须全体待在一起，中国人讨厌旅游者分散活动。

谈话无法再继续下去，特使要求与和珅商谈。后者借口准备皇帝寿辰，提出以后再说。他反复地说：“我们一定会有机会在圆明园相见的，我们可以在那里重叙友谊。”

因此，在热河没有谈任何具体事务，梁栋材神父早就料到了这一点。但马戛尔尼还是使和珅同意收下一份照会。

9月16日，禁止使团人员外出的禁令取消了。斯当东及其他几名随行人员决定骑马出游——但仍是监视下的自由：有中国的官员和士兵尾随着他们。这些陪同人员千方百计地阻止他们与老百姓接触。斯当东指出："他们怀疑我们在搞间谍活动。"霍姆斯也说："这种不可思议的怀疑令我们惊讶不已。"

现在一切都没有改变。中国人也许有道理。一个国家失去了它的神秘感就会变得不堪一击。中国有个寓言正说明了这点：贵州省来了一头驴，当地从未见过这类动物。老虎先是被驴叫声吓怕了，躲在一边不敢出来，待它仔细观察后，就窜出来折断了驴的脊骨，把它吃了。英国狮子是否也会折断中国龙的腰骨呢？龙最好还是蜷缩起来。

英国人观察着，测量着，记录着。这已经是情报活动了。中国人内心深处的恐谍症就是建筑在对这一危险的充分认识的基础上的。但在热河又害怕什么呢？他们被迫提供了马匹和导游。英国人先是登高眺望热河山谷全景。滦河之水浇灌着，那里土地十分肥沃，还可看到近期一次洪水留下的痕迹。邻近山脉失去了覆盖着的森林。伐树与水灾，今天中国还是这两大祸害，它们互为因果。

在各处宏伟的景点上有几座喇嘛庙。英国人看见在一座山上有块形似蘑菇的巨石[1]，他们想走近去看，但不许他们爬山。"这就不合适了。"岩石高悬于皇帝嫔妃的花园之上，从上面可以看见她们散步。"然而两地之间有4公里之远。"

医对医："另一个星球"

就在9月16日这一天，和中堂遣人来请使节团的医生。在"万树园"骑马之后，他感到一用力全身就疼。吉兰大夫发现御医就在他的床边。和珅描述了自己的病情：关节痛，小腹时隐时现地感到肿胀。中国医生并不知道这些详情，"因为他们从不询问病人，他们通过脉象归纳出病情，认为身体各部位的脉跳不一样，所以脉搏可以指示生病的部位。他们诊断和珅是中了邪，必须驱邪。因此，他们要用金针与银针深扎患处。和珅的手臂和腿上都扎了针，但他拒绝在肚子上扎针。"

为了不得罪中国同行，英国医生也一本正经地在病人的两臂上号了脉。

---

① 自然界的这个怪物——一根像棒槌那样的东西直插在山上——至今使人印象深刻。

但他解释说：没有必要在身体别的部位再号脉，因为血液循环的强度到处都是一样的，所有的动脉都同时和心脏相通。中堂和他的医生们对这种理论都感到惊愕不已。和珅用右手食指按左手脉搏，同时用左手食指按右足踝部脉搏，发觉两处脉搏跳动完全一致。

据吉兰大夫诊断，和珅患有四肢风湿病，小肠疝气。他反对在腹部扎针或切口。和珅请他把病情说明与处方都写了下来。

中堂是否像英国人炫耀的那样“很快从急病中痊愈了”呢？即便如此，使节团的工作并没有因此而取得进展。马戛尔尼记道：“我知道，尽管我们作了极大努力，中国人还是处处对外国人表示不信任。”因为无法同和珅见面，马戛尔尼只得给他写信。小斯当东负责抄写李先生的译文并检查译得是否准确。真像瞎子与瘫子的合作……

和珅终于作出了友好的表示和讲话。他对兰吉大夫十分满意，送了他一匹丝绸，并说他的见解“十分高明，合乎情理，并与亚洲公认的概念完全不同，像是来自另一个星球”。

这种说法真是千真万确！在这遥远的鞑靼地区，两种分开发展的文明相遇了，不管双方是否愿意，它们必须共处，同甘共苦。西方可以没有中国，中国也可以不管西方。在此之前，欧洲人对中央帝国的看法更多是来自幻想，而不是出自现实。现在英国人将面对现实，驱散幻想，它不能不介入。中国人很快就将遭到源源而来的西方技术的侵袭。

1793 年的相遇好似两颗流星在相撞。不是探险家到了猎头族之中，而是两种高雅而又互不相容的文化在互相发现。一个是天朝幻想中的月球上的世界，另一个是现实的世界，这就是从事贸易工业与科学的英国。和珅知道这是一个历史时刻。中国到了仍能保留自身特点，即停滞不变状态的最后时刻。不过，他没有认识到：无论中国怎么做，不管她是拒绝还是接受，对她而言，一切都要发生彻底的变化。

第三十九章

鞑靼皇帝

（1793年9月17日）

在热河，满族皇帝从他们祖先的传统中汲取营养。这时他们并不是完全在中国，也不仅仅只是在中国。清朝是靠互相支持的两大系统来控制帝国的：一是司武的鞑靼世袭贵族，[①]二是通过科举考试录用的汉族文职官员。我们这批英国人在鞑靼中心逗留时，对这种延续了3个世纪的奇特现象比别的游客更印象深刻。

马戛尔尼接见过一个名叫博达望（音译），帽子上饰有红顶子和双眼花翎的年轻鞑靼贵族，他自豪地谈到了本朝的来历。按他的说法，皇上是成吉思汗和忽必烈的直系后代，元朝征服了中国，并统治了一个多世纪，后来被明朝推翻[②]。同马戛尔尼一起被宴请的鞑靼亲王都是各部落首领，他们都能招兵，称之为“旗”。

满洲贵族打仗时爱用弓。马戛尔尼写道：“当我告诉他们，欧洲人已放弃了弓而只用枪打仗时，他们显得十分吃惊。乾隆爱用的武器也是弓。”在奔驰的马上射箭，比下地放枪更加令人激动。高贵的武器打高贵的猎物。猎人与猎物的运气是相等的。

在马戛尔尼回程路上写的“纪事”中，强调了鞑靼这一方面：“我们的许多书里都把汉族和鞑靼族混淆了，好像他们是一个民族。可是清君却在时刻关注着这权力的诞生地。”

东方与西方在这问题上是不同的。“在欧洲，不论是波旁王朝还是哈布斯堡王朝的人，登上那不勒斯或西班牙的王位都无关紧要；君王完全与西班牙人

---

① 世袭继承是递减的：每一代降一级，到第七代就不再有世袭官职了。

② 这完全是异想天开的家谱。清王朝是女真金部落的后代，热河的通古斯游牧民族并不是蒙古人，也不是真正的满洲里的土著，而是满洲里的征服者。（译者注：金不是部落名，而是朝代名，建立金朝的是女真族完颜部。）

或那不勒斯人同化。”汉诺威人一旦掌握英国王权，他们就不再是德国人了。相反，亚洲的君王“念念不忘自己的祖根”。“两个世纪过去了，换了 8 个或 10 个君主，但蒙古人还是没有变成印度人；过去的一个半世纪也没有把乾隆变成一个中国人”。

马戛尔尼指出的满人与汉人间无法清除的差别，在不同的省份的汉人中是否也存在呢？每个省都有自己固执的特性。古伯察神父说：“存在于中国 18 个省间的差别就像欧洲多国间的差别一样大。”直到今天，出生在台湾的青年人在正式场合还被看成是他们父母所来的那个大陆省的人。甚至到了法国，北京来的中国人也很难与语言不通的广东人交往。帝国庞大的结果就是产生这种地方主义。但汉人总感到属于同一种文明，同一个祖国，而把满族统治者看成是外国的暴政。

马戛尔尼没有提到的是：满人在以铁腕统治中国的同时，自己却逐步地在汉化。他们接受了汉人的文字和儒家文化，最后竟放弃自己的语言。就像贺拉斯①所说的征服了罗马之后的希腊一样，被征服的中国又征服了野蛮的胜利者。1911 年革命之后，满人融化在汉人之中。出于谨慎，为了保证个人生存，最好放弃集体生存。直至 1979 年，才有人敢于承认自己是满人。

马戛尔尼忽视了的汉化现象，却被巴罗和赫脱南夸大了。但他们还是搜集到许多暗地里互相仇恨的例证。这仇恨激起地方上的反抗。60 年之后，它又引发了一场导致大量死亡的太平天国运动。

馅儿饼

巴罗认为满人的做法堪称“政治上的杰作，这对一个半开化的民族来说是难能可贵的”。为树立起自己的影响，他们采取了十分灵活的实用主义态度。被汉人召来镇压一场造反运动②的满人把自己的头头推上了空缺的皇位。他们采用了中央帝国和天朝的官僚体制的模式。奇怪的是他们仅限于强迫别

---

① 贺拉斯（前65—前8），古罗马诗人。

② 20 年来中国一直是战火绵延，尸横遍野。沈阳的满族皇帝按着中国的模式组织起自己年轻的帝国，并对明朝的北部边境施加了越来越大的压力。1644 年，李自成攻占北京。明帝崇祯自杀。明将吴三桂为了驱逐僭位者向满人求助。满人追讨李自成进入北京，拣了政权，建立清朝，延续了 267 年。

人留他们那令人屈辱的发式：头剃光但留一条辫子——后来汉人把辫子塞在帽内，并一有造反行动就把它剪掉。

巴罗和赫脱南认为，鉴于蒙古人的不幸榜样，满人得出了放弃武力和宗派主义的结论。“鞑靼人宁愿把文职授予最精明的汉人，而不给本族人。他们学习当地语言，鼓励迷信活动。似乎战败者的文明战胜了野蛮的征服者……满人与汉人通婚……总之，他们不惜一切促使两个民族合成一个。”

然而，“随着鞑靼人势力增大，他们就越来越对汉人不客气了。”英国人看到的是一个作为统治者的鞑靼民族，“他们把所有要职和应由可靠者担任的职位都留给了自己”。“尽管在宫内还讲汉语，但很可能随着权力的增长，他们会越来越骄傲，最终会用他们的方言来取代汉语。”

今天我们知道这些说法全是错的。满清初期，他们表现得非常凶残。建国后的最初几年，整批整批的百姓遭到屠杀。强迫留辫子引起了骚乱，结果都被镇压在血泊之中。都是老爷的种族坐稳了江山，对一个奴隶的民族实行统治。种族隔离是全面的，严禁不同种族间通婚，北京的整个北城都没有汉人，专供满人居住。宫内女眷（包括奴婢在内）无论如何只要清一色的满人：要防止一切种族混杂的情况。而宫内太监又毫不例外地全是汉人。这多有象征意义呀！让鞑靼人繁殖，让汉人绝种。这就绝对保证了没有任何不纯的混杂。

巴罗对重大职务分配的描述也是夸大其词的。一般遵守着均等原则：一个鞑靼人对一个汉人。当然这掩饰了一种极不均等的现象。30 万人口的满人对 3 亿汉人：这是马略的馅儿饼的原则：一匹马，一张馅儿饼。

当我们这些旅行者企图概括或探测未来时，他们的观点并非总是正确的。与他们的看法相反，最初满人表现得十分野蛮，慢慢地汉文化才占了上风。

当然，他们的诊断是正确的。巴罗发现“汉人中酝酿着一种强烈的不满，鞑靼人在公开场合的专横语气可以解释这种不满的缘由。汉人若想谋个一官半职，就必须保持沉默，但内心深处所有汉人都一致仇恨鞑靼人”。

但他们的预言却完全错了！英国人以为鞑靼人最终会制服汉人。然而，就在前者以为自己永远是统治者的时候，可能已经遭到了灭顶之灾。没有任何人能预感到这个大转变，因为任何人都未估计到被整个民族所保护的文化具有不可摧毁的力量。日益活跃的秘密会社越来越想赶走满人，恢复一个真正的汉人帝国。最终鞑靼人被赶走了，但帝国也不复存在。1911 年，这是个多大的报复呀！满人一下都销声匿迹了！农民希望很快恢复明朝。然而明朝就是在农民起义的压力下崩溃的。革命很少能达到大家期待的目标。

相反，英国人猜测这个自以为是世界中心的国家将会成为以后的第三世界的中心，这点他们倒是看对了。

“呀，这个鞑靼人”

总之，当英国人不在预言而是在写自己的见闻时，大家可以相信他们。巴罗记下了别人对他说的一段心里话：“圆明园内年轻的王子们谈到汉人时总报以一种极大的蔑视。一位王子见我想学汉文，就竭力使我相信鞑靼语比这要高尚得多。他不仅答应给我识字课本和书籍，而且还要亲自教我。”他担心巴罗还想学汉文，就对他说：“人的一生也学不会它。”

斯当东写了15页的文章来谈汉语官话与它的不利因素，黑格尔对此印象深刻，他由此得出了两个有影响的观点。第一个在《历史哲学》一书中，“汉语是科学发展的一个极大障碍”。第二种说法在《精神现象学》一书中：“是向世界开放贸易促使了拼音文字的需要和诞生。”它的发明者腓尼基人不就是首批大商人吗？一旦要进行思想传播和交流时，就需要有灵便的工具。后者又帮助了科学思想的发展。巴罗笔下的鞑靼王子，不管多么不开化，他也感到了汉字会使人处于无能为力的境地。英国人觉得这种语言同拉丁字母的简洁以及代数语言的丰富抽象能力相差甚远。①

鞑靼人说笑话总以汉人为靶子。“我不可能不注意到：只要有人拿汉人说笑话，那些年轻的鞑靼王子就会兴高采烈。在取笑女人裹脚时，他们拍手叫好；但听到把鞑靼妇女的木底鞋比作汉人的帆船时，他们就恼火。”赫脱南发现“地位最低的鞑靼人，在服从汉族官员时也会表现得十分勉强”。

如果说鞑靼人轻视汉人，汉人虽然不得不顺从，但心里也瞧不起他们。在汉人看来，鞑靼人与野蛮人同出一辙。赫脱南记下了类似的观点：“在中国，鞑靼一词就指粗野。一次，一个英国人说牙疼，一位汉族官员问他为什么

---

① 马戛尔尼的伙伴们用这类观点在整整一个半世纪里说服了西方知识界，但日本的例子证明它们并不正确，今天大家已对此产生了怀疑。再说，信息学又给表意文学带来了新的机遇。文章可以传递得更快，读起来一目了然，而且，任何懂中文——包括方言——和日文或朝文的人都可读懂。

不去请牙医止止疼？英国人回答说：‘去了，他想把我那颗疼的牙拔掉’，‘呀，这个鞑靼人！’这位官员叫了出来。”

对藏着的神的崇拜

马可波罗已经描写过忽必烈“每年为庆贺寿辰组织的庆贺活动——这是一年中除新年之外的最大节日”。马戛尔尼没有很好地读这篇文章，他开始理解他被邀请参加这一活动是为了衬托节日气氛，而鞑靼人和汉人却把这点看成是他这次使命的真正目的。

9月17日，英国人被邀参加一次奇怪的仪式。神藏着的神圣仪式。

清晨3点，大使和随行人员由王大人、乔大人陪同去皇宫，在那里让他们喝着饮料，吃着水果，饮着茶和热奶，等了好几个小时。庆典在花园里举行，所有王公大臣都穿着礼服在皇宫前列好队。

这次，皇帝自始至终不露面，他藏在屏风后面。“我推想，他从那里能毫无顾忌地一直看着我们。所有眼睛都朝向设想中皇帝坐着的那个地方。”鼓声震天，钟声四起，一阵寂静之后，又响起了音乐声。对于一路上听惯并演奏韩德尔和普塞尔①乐曲的使团的德国音乐家的耳朵来说，中国音乐实在令人吃惊。演奏的所有价值就是用钹、锣、喇叭和一些弦乐器奏出震耳欲聋的声音。他们没有任何对位与和音的概念。

官员们都不知在忙些什么，似乎在准备某个重大的戏剧性变化（法语）。一会儿乐声四起，一会儿又寂静无声。最后乐队和合唱队发出了最大的音量。全体官员朝着“看不见的尼布甲尼撒②下跪叩头”。

尼布甲尼撒？3天中事情竟变得那么坏！14日，马戛尔尼这样记着：“我见到了光荣辉煌的所罗门。”语气里带着挖苦，怨恨中带点苦涩。好像他预料到《实录》里会用这样的字句来记载他9月17日出席庆典的事：“……扈从王公大臣官员及蒙古王贝勒贝子公额驸台吉，并缅甸国、暎咭唎国使臣等，行庆贺礼。”14日他还以为是特意为他安排的觐见；17日庆典时，他竟被列到满

① 韩德尔（1685—1759），德国作曲家。普塞尔（1659—1695），英国作曲家。——译注

② 指尼布甲尼撒二世，新巴比伦王国国王（公元前604—前562），“空中花园”就在他统治时建造。——译注

人、蒙古人与缅甸人之后！

鞭打红布的秘密

英国人惊愕地见到了另一个奇怪的仪式。地上铺着一块巨大的红布，每个角上站着一名手执鞭子的人。当大家猜测皇帝已登上御座时，这些人就间歇着用鞭子抽打红布9次：每抽3次，执鞭人就放下鞭子，几分钟后拿起来再抽。没有人能向赫脱南解释这仪式的含义。

也没有任何汉学家能向我解释这件事。还是古代历史提供了线索。当统一中国的秦始皇帝巡幸湘山时，一阵狂风阻挡他过长江。皇帝大怒，下令伐尽湘山上的树木，又让人把山涂成红色，就像在处决弑君者之前先给他披上红褂子一样。那鞭子呢？暴雨冲垮了亚洲另一个专制君主①的舰队，他命令鞭责浪涛以示惩罚。可能热河的红布象征受到鞭笞惩罚并被征服了的敌对势力……除非只是单纯地命令大家静下来。

叩头

有人为马戛尔尼翻译了为皇帝寿辰写的颂词中的迭句：“叩头，叩头，天下百姓，向伟大的乾隆叩头。”他又仔细地作了补充：“每当念到这句话时，除了英国人外，所有在场的人都下跪叩头。”在成百名用头捣地的人中间，有几个人只用单腿跪地，这种场面实在太令人吃惊了。这些异教徒们！因为，他们的这种轻蔑的态度让中国各处的百姓感到愤慨。那天，在帝国的所有庙中，在大部分家里都在“万岁爷的祝寿牌前”放上了供品。

马戛尔尼越观察这种虔诚行为，对这虔诚的民族的评价就越低。不仅是他一人如此。他的表弟温德写道：“这仪式不像是臣民在御座下拜见君主，而像是在拜神。”拜寿仪式结束，大家都走了。“我想没有任何大臣接近过皇帝，因为他们都是和我们一起离开的”。这位君王当天一直未露面，他始终作为人民群众无法接近的英雄而深居简出。

任何人都不能妨碍乾隆与上天单独相处，只有他的后代有点时间可以接

① 波斯国王（前486—前465），曾征服埃及与古希腊。

近他。两年前，他写道“时值八十又一万寿，阳光普照，上苍赐福。雨顺风调，五谷丰登。邀四代皇子皇孙弯弓比武，竟有八岁五射三中，喜而赏黄褂。愿百姓永沐天恩。”

我们从档案中获悉，同一天，英国国王陛下的舰队在舟山也一艘船一艘船地轮着被邀请参加这种表示崇敬的活动。9 月 17 日，知府克什纳报告说：“该夷官率领众夷人在船头恭设香案，望阙行礼，恭祝万岁。当经运使阿林保等传旨赏给牛羊果面等物，该夷等领受，又复行礼谢恩，甚为诚敬。”

在“狮子”号的航海日记上，我们读到的文字则更简练：“从下层甲板上发礼炮 21 响，为中国皇帝祝寿。”

第四十章

但愿庆典仍继续

（1793年9月17日—18日）

庆祝活动结束，勋爵尽管没有见到皇帝，却受到和珅及陪同游览东园的高级官员们邀请，又去参观了西园。

东园妩媚优雅，而西园却充分显示出大自然“荒芜壮丽的本色”：岩石嶙峋，森林辽阔，常有野鹿和猛兽出没，当然就成了猎人的乐园。杉树、松柏、栗树伸向峻峭的山顶，或延伸到谷底。处处可见宫殿、庙宇、寺院。近处，溪水潺潺；远处，瀑布咆哮。

在石阶路上骑马漫游，几小时后到了建在山上的一座宫前：“极目远眺，至少可看出30多公里，我从未见过这么雄伟的全景。”这种远景产生了幻觉：宝塔、宫殿、城镇、牛群、平原、山谷都像是伸手可及。马戛尔尼觉得这庞大的帝国就在他的脚下——只要迈出一步就能得到。

和珅指给他看一群被墙围着的建筑，除了乾隆、后妃和太监之外，谁也不准入内。任何一名真正的男子都不能看皇帝的后妃。不知郎世宁神父是如何为被后妃簇拥着的皇帝画像的？他正是在那位桀骜不驯、身上散发香味的穆斯林女子香妃边上。或许这位耶稣会教士是在自己画室内，根据他教的一位太监画的西洋画素描画的。

有些旅行者随便对这座宫里皇帝寻欢作乐的情景作了富有想象力的描述。“不计其数的太监让他们的主子及后妃寻欢作乐，穷奢极欲，并绞尽脑汁搞些新花招。但我并不相信真有那些所说的荒唐事。”马戛尔尼仍然持怀疑态度。

糕点、小丑与布达拉宫

皇帝的慷慨大方仍有增无减：英国人参观一座宫殿时，给他们庄重地送上了各色甜食。“中国人制作的甜食与糕点比世界上任何人都远为出色。”这种赞扬今天则显得有些离奇了。是不是制作的方法失传了？

要带走的礼品有：整箱的丝绸、瓷器与景泰蓝，都是皇帝的赠品。马戛尔尼单腿跪地领赏致谢。在中国人看来，他又犯了最初的错误。但他们装箱时，却没有流露出丝毫的不满来。

游园活动的最后一项节目是观看木偶戏。马戛尔尼为驼背丑角，他的妻子潘定迷及斯开莫的经历开怀大笑：这个故事他是熟悉的，尽管演员们穿着中国服饰。角色的类型世界上都是一样的。观众的口味也是永远不变的。这些人物使儿童着迷，并在各个时代与各人的身上唤醒了他们对童年的回忆。

马戛尔尼感到他的使命没有进展，他已发了一个照会；后来又口头谈过。对方很有礼貌地听他讲，却听而不闻。中堂回避问题，然后告辞了，让大学士松筠陪同大使游览仿照西藏布达拉宫造的庙宇。

这座庙宇周围有几十座塔，都建筑在不同高度上，每座塔都由围墙隔开，整个庙宇则被一堵更大围墙围住。这座拉萨宫的复制品是为纪念满、蒙、藏各族团结在喇嘛教之下而盖的。乾隆这样写道：

> 岁庚寅为朕六袠庆辰，辛卯恭遇圣母皇太后八旬万寿。自归隶蒙古喀尔喀青海王公台吉等，暨新附准部回城众蕃，联轸偕徕，胪欢祝嘏，念所以昭褒答、示惠怀者，前期咨将作营，构斯庙。

今天这座巨大的建筑物空着，而在马戛尔尼参观时，那里住着800名喇嘛。他让人丈量了这座共有10层高的方形寺院的大小。寺院中央还有一座金礼拜堂。喇嘛们过去曾在这里念经拜佛。“这里的祭坛、神像、圣体龛、灯与蜡烛都与罗马教会的那一套东西惊人地相似。”马戛尔尼还是流露出这种反教皇的情绪，它是伏尔泰时代的特点。

礼拜堂的中央，有三座神龛，“供奉着三座巨大金佛像”。马戛尔尼认为是菩萨，他的妻子及一位鞑靼神道——实际上是菩萨的三个变身。今天这些佛像已不是金子铸成，要是金的，也只是些镀金的木头。

这座圣庙起名布达拉——也就是菩萨山的意思。菩萨骑着龙、犀牛、象、骡、狗、鼠、猫、鳄鱼等，并化身于这些形象。这些巨大的神像使马戛尔尼感到恐惧，他不无讽刺地说：这么多的菩萨真可以同“天主教的教历相媲美”。①

马戛尔尼说乾隆自认为菩萨再生。他评论道：“他对自己想入非非，他慷慨地修建塔宇不是没有目的的。他的花费全是为了他本人及他的家族。”这座庙宇的建成不是出于虔诚，而是反映了世界上最有权力的君主的专横暴虐。

他说这些不满的话，疲倦也是一个原因。马戛尔尼已骑了14小时的马，他可不像鞑靼人那样习惯于“一动不动地整天骑在马背上度日”。

他的奚落或赞赏本可涉及一个问题，但他却一直没有发现。拉萨的布达拉宫并不是热河惟一的复制建筑物。中国许多著名建筑都被仿造，尽管不是按实际大小，而是按照它们的精神。有些风景也是如此。就像路易十四一样，在凡尔赛宫复制了兰斯教堂和圣·米歇尔山，以及为了安抚他的新阿尔萨斯臣民而复制了斯特拉斯堡教堂。在这点上，蒂沃利的哈德良别墅早就如此了。康熙和乾隆当然不是从他们那里得到的启发。先天的和谐，人的普遍性……

热河就这样搜集了全中国的景色，从而也掌握了全世界的精华。鞑靼皇帝把它们都禁锢在热河，但他自己不是也遭到禁锢吗？世界上难道还有比他更有权势而更不自由的人吗？

9月17日这天，巴黎通过了有关可疑者的法律，下令逮捕出逃者亲属，以及一切以关系、言论或文章支持“暴政”或吉伦特派的人。

对先人的幼稚崇拜症

第二天，9月18日，马戛尔尼和斯当东应邀进宫。皇上请他们看戏。整个上午，即从8点至12点，中间没有间歇，皇帝坐在正中，面对舞台，两侧的观众都站立着。上面包厢用帘子挡着，女眷们在那里看戏，而又不被人看见。

小托马斯又受到一次特殊待遇，他是否意识到了这点呢？很奇怪，他没有把这件事记下来，但他父亲却写了：皇帝内眷从她们封闭的包厢内接见了他。“可能从她们所在的地方见不到最低一层的厢位，皇帝就根据她们的要求让她们见一位英国人。他令太监把年轻的见习侍童领到台上，她们就能很方便地看到他。”第一位也是最后一位被天子的女眷接待的英国人，也就成了她们

① 天主教教历1年365天，每天都以一位圣徒的名字命名，故有此说。——译注

的宠儿。

乾隆客气地欢迎大使，谦逊地说："我们国家疆域广大，政事纷繁，我平时处理庶政，很少空闲娱乐。"在他成年后，有次为庆祝母后万寿，他亲自登台演戏。他扮演老莱子这一传说中的八旬老翁，这是一位典型的孝子，为使父母不为年迈烦恼，他在他们面前总跟孩童一般。皇帝四肢爬行，把一个玩具一直推到舞台边上，蹦蹦跳跳，做着鬼脸，手舞足蹈，最后到乐坏了的母亲面前虔诚地叩头。虚伪和真实的界线在哪里呢?

这样一位百姓之父在他的双亲面前还像一个孩子，这里触及的或许就是中国之所以一成不变的关键所在。"在这样一个帝国中，父亲般的远见通过训斥与惩罚等方式维持整个国家的统一"，黑格尔从斯当东的叙述中见到了"一个臣民没有获得权力的国家〔……〕历史上的幼稚阶段"。弗洛伊德则更一针见血："人不能永远停留在孩童时期，要投入敌对的生活中去。""因同父亲对立而产生的敌意得不到自由发展"是有害的。因为不能象征性地杀死父亲，男人就会受到神经症的威胁，处于压抑状。若父母想得到持久的爱，就必须无限期地抑制杀父的愿望……

马戛尔尼想把乾隆拉到外交事务上来："我竭力向他表明我这趟使命的目的，但他好像不准备与我进行这方面的谈话。"皇帝的回答却是再一次赐给礼物。马戛尔尼得到一本乾隆画的画册，斯当东获得了一个景泰蓝盒子，所有英国人都收到了礼物，没有一个人被忘记。王公大臣们则"恭敬地"接受了丝绸、瓷器等物，演出就开始了。

演了好几出戏：有悲剧、喜剧、历史剧、神话剧。唱与道白交替进行，间有武打与杀人。演员都"戴双面面具，因为永远不能把背朝向皇帝"。钱德明神父说这是表示最高敬意的一种方式。

最后一个节目是大型哑剧：象征大地的演员由龙、象、橡树与把树围着同海怪出没的大海结合。演员都戴面纱，"演得都很出色"。最后一条鲸鱼"喷水，水流入在地板上打的洞内"。"看到这精彩场面，观众掌声雷动。坐在我身边的两名官员喊着'精彩！真棒！'以引起我的注意。"

可能观众都想舒展一下腿，马戛尔尼接待了数名鞑靼人。有两位不像别人那么拘谨，他们问大使是否会讲波斯语。这是两名额尔麦克人，他们受俄国人迫害，却被中国人保护。

压轴戏

上午看戏，下午是杂技演出。4 点钟马戛尔尼来到了大幄前。皇帝就了座。“演员就表演变戏法和歌舞。”因为在他出任驻印度总督时常看杂技，马戛尔尼对此已经腻烦了。他所描写的杂耍与两个世纪之后上海或北京杂技团演出的节目完全一样，简直无与伦比：“一个人背贴地躺着，两腿竖起与地面成直角，在脚尖上放一个大坛子，让它转动并越来越快。又让一个孩子坐在坛子边上，做着各种姿势，然后跳回地面。”

另有一位手技演员同样背着地躺下，让插在靴子上或拿在手里的 9 根棍子上的 9 只盘子转动。“9 只盘子以同样的速度连续旋转几分钟之后，演员一只只地将它们收回，没有一只被打碎。”永恒不变的中国：却使在 18 世纪当过马德拉斯总督的西方来访者，对如此高超的技巧都赞赏不已。

马戛尔尼因为疲劳，越来越不能专心致志地看戏了。他对未能看到的节目深表遗憾，而对看到的节目又说没有太大的兴趣。他想：“那些神奇的鞑靼骑手怎么不出场?”王大人和乔大人可能轻率地同他讲过。这些节目原定是有的，廷宗的书信证实了这点。马戛尔尼可能没有看到这些节目。

最后是焰火。马戛尔尼承认，这些焰火，无论从花色优美及创作造型上“都比我看过的同类焰火高出一筹”，包括在巴达维亚看的中国焰火在内。一个巨大的火网，有圆的、方的、六边形、八边形和菱形的，发出各种颜色的光亮；接着“一声爆炸，天上布满了像太阳、星星和金蛇般的焰火”。

皇帝没有忘记大使，但始终不谈及使团来的目的。“他遣人给我们送来各式饮料与点心，尽管刚用餐不久，我们还不得不吃上几口。”整个演出期间，“寂静无声，甚至没人敢笑一下”。

庆祝活动的高峰时这样寂静无声，马戛尔尼和我们对此都感到十分惊讶。像这样神圣的典礼是以前任何一位西方旅行者都从未见过，也从未描绘过的。

第四十一章

内宫秘史，床笫隐私

3个月后，当马戛尔尼准备离开中国时，护送他的两位官员乔大人和王大人向他吐露了令人瞠目结舌的隐情。难道他竟赢得了他们如此的信任？两位官员是考虑到在这无疑是永别的前夕，他们已没有任何得失的问题，就说话随便起来？在分析这位使热河所有人都感到胆战心惊的、没有血肉的人物时，我们应把他们的说法同当时的环境联系起来。

乔、王两位大人首先向马戛尔尼谈了皇帝的起居。他生活里的一套仪式与唐、宋两朝的皇帝没有什么区别。天朝皇帝的生活本身就是个一成不变的惯例。

清晨3点起床去私人佛堂拜佛。拜佛之后，他便开始批阅获准能给皇帝写信的高级官员们的奏章。7点用膳。早饭后就去花园或宫内找他的后妃。

然后，他召见中堂商谈日常事务。其余军机大臣与内阁大学士前来召开内阁扩大会议。他们徒步进入朝廷，不准坐轿靠近皇帝。在御座前叩头9次，即使当时皇帝不在场也须这样做。他们跪地接旨，从不抬眼。

下午3点，皇帝午餐，花一刻钟时间，身边只有一位太监伺候；满桌菜肴，皇帝只是品尝一下就作罢。厨房很远。菜都用双层碗盛着，用木炭使菜始终保温。下午是娱乐活动时间。之后，皇帝回房读书，直到睡觉，从不超过晚上7点钟。

皇帝与女人

“一位太监在夜间值班，由他给皇帝领去一位他希望宠幸的妃子。”王、乔两人说到这里就不再往下说了。实际上他们完全可以往下说，因为即便是这些嬉耍也遵循着一定的仪式。

确立这套惯例是防止皇帝对任何女人产生眷恋。大太监向皇帝献上写有名字的牌子供挑选。皇帝用手一指。被选中的美人就赤身裸体地裹在一条毯子里，由另一名太监扛进来，放到御床边。入选的女子必须先叩头，然后再爬上床。

大太监及辅助他的太监等候在窗下。若床上嬉耍超过了正常时间，大太监就会大喊一声，直到皇帝回答。两名太监就进入屋内，把女子拉下床，像来时那样用毯子把她裹着带走。任何一名妃子不得与皇帝过夜。

大太监在走前要问皇帝："您的奴婢是否会有喜?"如果说会，就要取出一本册子，上面不仅要记下这次相遇的日期、时间和过程，还要记下一些更为详细的情况。若回答不会，大太监就负责不再安排她再次亲近皇帝。

在热河和圆明园里，皇帝召幸嫔妃的规矩比起在紫禁城内要随便得多。事实上乾隆很会摆脱这套规矩的束缚。他与和珅上床时，当然无须求助于太监。

东方国家的后宫，一向令只准一夫一妻的欧洲人神往。对得不到女人的游客来说更是如此。或许不必把他们所说的事完全信以为真，但也不必马上就完全不信。赫脱南说：在鞑靼，所有达到结婚年龄的女子都必须让深知皇帝口味的太监过目，为皇帝逐个检查和挑选。要等太监宣布她们不适合为可汗服务后，这些女子才可获准结婚。斯当东写道："据说，皇帝驾崩后，他的所有后妃都要集中住在一所特殊的房子里，与世隔绝，了此残生。这所房子名为贞节宫。"

皇帝与皇后生有4子。皇后去世后，皇帝仅有8名后妃，前两名为贵妃，剩下6人为妃，尚有上百名宫人。同各朝的末代皇帝相比，这些嫔妃的人数就少多了。那些昏君拥有数千名嫔妃，究竟有多少连他们自己也说不上来。这至少是战胜他们的后朝皇帝给他们安上的罪名，因为胜者可以左右历史事实。乔、王两位大人最后透露：皇帝的女儿只嫁给鞑靼王公贵族，从不嫁给汉人。①

既是君王又是人的乾隆

王、乔两人把皇帝描绘成一位学识渊博的学者。他信奉宗教，和蔼可

① 直至20世纪初，满、汉一直禁止通婚，这不是只针对皇族，而是对满人均是如此（就像妇女裹脚一样）。

亲，对臣民百姓充满感情，对敌人则毫不留情。他们并不掩饰他的缺点：骄傲；困难前显得急躁；唯恐失去他的权力；对大臣们不信任，易怒。皇帝对自己的儿子同样也不信任，在承继问题上让人捉摸不定。他的一名孙子绵恺似乎受到他的宠爱，有时还参与一些政务。

前几年，乾隆就确定了退位的日期。但随着日子的临近，他总找出种种借口设法推延。现在确定在1796年退位。他身体健壮，没有任何老年病，乔和王怀疑他到时是否会让位。①

皇帝对历史很感兴趣，对艺术富有感受力，他写了许多诗词。他厌恶荒诞的做法。连他的宠臣和珅都穿上了大红色的上好衣料，乾隆却仍然衣着朴素。

然而他一点也不使人扫兴。他是一位不知疲倦的猎手，并喜欢美女和佳肴。他认为在这几个方面都得天独厚。他也不讨厌来次感情冒险，有时甚至钻进众多住宅中的一座或骑马穿越热河伊甸园式的山丘，去作逍遥游。但他总是照顾家庭；这位家长式的多妻丈夫珍惜妻妾们的尊严，对她们总是彬彬有礼，慷慨大方。他严厉地监督着儿子们的学业。

马戛尔尼忠实地记下了乔、王二人的谈话，因为他认为两人十分了解情况。不过乾隆的实际年龄又让他觉得乔、王两位在皇帝的风流艳史上的能力有些夸大其词。他觉得中国的君臣关系在他看来过于拘泥于仪式，他们两位伴同官能对他们的君王作这样的评价令他十分奇怪。现在他听到的是真正的人在评论一个人。性格、事件，传记都透过了神圣的君主国的外衣暴露出来了。

回族香妃

乾隆一生有过三次热恋。还在他十分年轻、但已是太子时，他已爱上了他父亲雍正皇帝的妃子马佳。与皇帝的任何一位嫔妃保持暧昧关系是一种不可饶恕的罪行，格杀勿论。但犯罪的是皇帝的亲生儿子，还得多加一条乱伦罪。当时的皇后、乾隆的母亲召见了马佳，用白绫赐死了这位妃子。

他始终未能使身上发出沁人心脾的天然香味的“回族香妃”顺从。这位

---

① 他们错了：乾隆遵守了他的诺言；他尊重60年统治这个神圣的数字，一天也没有超过他显赫的祖父康熙统治的时间。

异族的女囚一心怀念着在喀什附近被乾隆的士兵杀死在身边的丈夫。她对乾隆这样说：如果想用武力占有她，她会把他杀死。一天她不就从袖内抽出一件匕首来了吗？而在天子面前谁也不准亮出武器的。当卫兵们从她手里夺走武器时，她不是傲慢地高喊："我还有许多呢！"皇帝想方设法来改变她的冷淡态度，甚至在中国鼓励伊斯兰教，甚至让耶稣会的建筑师在紫禁城内仿照她故乡阿克苏为她建筑一座清真寺。耶稣会士为信喇嘛教的君主建造一座清真寺，真是各种教会合一了。

皇帝日见衰弱。太后第二次出来中止这桩令人议论纷纷的爱情故事，让肇事者自尽了事。乾隆对她说"天地灵秀之气，都让你一人占尽了"，为她的死而久久地痛哭。他为她写了碑文：

> 浩浩愁，茫茫劫；
> 短歌终，明月缺。

在喀什绿洲几公里外，在戈壁沙漠和苏联突厥斯坦的边上，为纪念"回族香妃"而建立的清真寺内供人凭吊的碑石上仍然可见这篇碑文。

最后，乾隆60岁时爱上了和珅。在乾隆看来，他就是马佳再生，并把他当成了嬖幸。他违背了天朝的规矩，把未为公众建立过任何功勋的情人提拔到了首要的位置上来。二年之后就要去世的母后这次对这事情未加干涉。因为这不是女眷们的事，而是男人间的事，与她无关。不过这次是最严重的。

亨利三世和他的嬖幸、路易十四和蒙特班夫人、路易十五和蓬帕图夫人或迪巴里夫人，还有修顿①写的《十二位恺撒》。所有的朝廷里都有这些嗜好。它们孕育了，同时又扼杀这些事情，能否要求一位深感寂寞的君主完全避免这些事情呢？

太监的权力

与马佳、香妃不同，和珅一直是他的主子和情人的心上人。他既有权欲，又贪污成性，他已逐渐在首都和外省建立起忠于他的一个庞大关系网。这

① 修顿（约69—125年），拉丁历史学家，著有《十二位恺撒》，讲罗马皇帝的逸事。——译注

些做法腐蚀了公共事业，激起了百姓的不满。

为除去对他的晋升表示不安的大官，和珅依靠除了高官外惟一能接近天子的一类人：太监。马戛尔尼和斯当东发现由于太监们又找到了干预朝政的方法，乾隆时代满人政权的腐败与公众和个人的道德下降是联系在一起的。

受贿、淫荡好色、任人唯亲，在大权在握的和珅的坏影响下又大量产生，宫廷太监重新获得明末之后已被剥夺的参政权力。斯当东对这些令人畏惧的人物作了辛辣的描写：从卑贱下等的仆人开始，太监是主子暗中寻欢作乐的积极服务者，他们阿谀奉承，逐步接近主子博取他的欢心。然而他们到得了威信与权力。在明朝覆灭之后，曾驱逐过一万名太监，但以后他们的人数又增加了。目前，至少在北京宫内和圆明园内所有下级职位都由他们担任。

斯当东从官员和传教士口中了解一些情况，详细描述了这些人的经历："为担任这些职务，他们必须接受外科手术。这种手术在欧洲某些地方也做，它能使声音变好，但同时也使被施手术的人失去生育能力。为照看宫内的妇女，为了靠近她们的住房，必须先失去男性的一切标记。手术即便是给成人做也很复杂，既要成功，又不会危及生命。因为中国人不仅不懂解剖学，而且他们对此十分厌恶；加上中国对外科知之甚少，他们连放血都不会，所以施行这种手术更令人吃惊了。实际上他们不用铁器，而用涂上苛性溶液的结扎线。手术后几天，病人就能若无其事地外出。如果一个人想脱离平民身份去当太监，他立刻可以去宫内领一个差事，这就会给他带来好处，也就成了一名有身份的人了。"

传教士把这些太监称为"耳目"。这些"耳目"小心地把他们失去的身上的那些器官泡在酒精里，以便在他们死去时再放回到尸体上。

第四十二章

天气转阴

（1793年9月19日—25日）

庆祝活动结束，9月18日，王大人建议勋爵21日动身返回北京，以便赶在皇帝之前到达。

马戛尔尼还想给和珅送一份照会，提出种种要求：让马金托什舰长重返停在舟山的“印度斯坦号”；允许此船运载茶叶或其他货物；允许军官从事个人经商活动；希望安纳和拉弥尔特神父得到较好的安排。他本人则希望能自由地与广州联系。斯当东诉苦说：“使团无法与外界作最必要的联系。”对18世纪的欧洲人来说，外交官的首要特权就是通信自由不可侵犯，中国人对这点毫不在意。谁也不愿抄这份照会，只好让托马斯来写。

这封信怎么送走呢？马戛尔尼不能把这一使命托付给徵瑞。王和乔拒绝插手属于鞑靼人的事务。马戛尔尼在日记中用法文写道：“应该考虑这个问题。”

最后他把任务交给了李神父。托马斯是这样记载的：“20日，星期四，李先生带着由我用中文抄写的照会去阁老家。”这位使者躲过了警卫的监视，试图进入和珅府内。因为他穿着欧洲人的服装，结果被一群人截住，受到了责骂。他挣扎着闯出了一条路，受到和珅的一名秘书接见，后者答应把信件转上去。

晚上，徵瑞、王和乔大人带来了和珅的回信。他接受马戛尔尼的要求，但有一个问题除外。马金托什是随使团一起来的，应该与使团待在一起。这也就是他寸步未让：经商的许可几个月前就下达了，只是英国人不知道而已。

东印度公司最好的船只“印度斯坦”号的船长马金托什除了是一位远洋舰长外，还是一位对英国扩张作出有力贡献的商业冒险家。他个人参与印度贸易。他坚持要去北京是希望获得一些价值连城的信息。至少，他要去舟山，试图在那里做买卖，免得白来一趟中国。中国人的看法则不同。首先，马金托什只是个“可鄙的商人”。再说他是随团来的，所以不应同使团分开行动。此外，不应该由于他的旅行而贻误船只起程。最后应避免他随身携带任何信件。四条理由中最后一条就足以不让他走了。奇怪的是徵瑞大声念完了和珅的答复后，不高兴地拒绝留下抄件。

马戛尔尼想道：“我提的这些要求过分了吗？”和珅召见了所有的负责接待使团的官员；原两广总督福康安将军，甚至还专门从监狱里提出了原广州海关监督。[①]一点风声都没有走漏；马戛尔尼不得不“预测最坏的情况了”。

白人的抽泣

9 月 19 日，一名叫詹姆士·科蒂的英国士兵违纪事件发现后，气氛变得更为忧郁。他从一名中国士兵那里搞到了一点他已喝上了瘾的烧酒。他无视马戛尔尼的诫令，就要严格地执行纪律。对这名士兵的惩罚会让黑头发人高度评价英国人的纪律严明。

詹姆士立即交军事法庭审判，被判挨棍打。队伍集合在住宅外院，受刑人被绑在一根门柱上，当着众多的中国人，重重地挨了 60 棍。

据安德逊记述，这个场面让中国人大为震惊。他们不明白为什么这个以讲正义、仁慈而显得高人一等的信基督教的民族会有这种做法，这与他的宗教信仰能联系在一起吗？一位中国官员这样说：“英国人太残酷，太坏了！”

我很怀疑安德逊是借中国人之口表达他对体罚的不满，至少是他的出版商孔博的不满——后者是一位具有进步思想的政论作者，他利用一切机会在安德逊的书里塞进自己的思想。鞭打真的令中国人感到厌恶吗？并非如此！巴罗在同一时刻证实“所有中国人从苦力到首相都可能挨竹板打”。

巴罗的说法同安德逊的矛盾吗？不。当时的种种说法基本一致。孟德斯鸠在说中国“靠棍棒统治”时，并没有什么不对。中国文学里不乏这类文章。“统制不问长短，喝令军牢五棍一换，打一百棍，登时打死。”从元朝到明清，人并没有变得更有同情心。

安德逊认为，棍打有对有错。当一位中国官员命令对两位中国仆人行笞刑时，他对此一点也不愤慨：“他们趴在地上，由两名士兵按住，板子重重地

① 此人就是穆腾额，他的住宅被充公后用来作英国使团在北京的住所。

落在他们的腰部。”没有落泪，也无评论。安德逊，或者孔博是这样一种人：对当地人的做法显得麻木不仁，宽宏大量，却为自己同胞的行为震惊自责，这是白种人的抽泣。

9月20日，启程的前夕，大使清点了皇帝送给国王的礼品：宫灯、丝绸、瓷器、景泰蓝全都装入带有“R”标记的箱内。装箱时，中国官员不时下跪。他们对礼品表现出无限崇敬，并非因为这些礼品是送给国王的，而因为这些都是皇帝的赠品。在中国，是送礼人的地位，而不是礼物本身的商品价值决定礼品的价值。在英国人眼里，这些礼物的商品价值几近于零。

王、乔两位大人告诉马戛尔尼返程不必走7天，只需6天就够了，因为他们带的东西要比来时少。马戛尔尼忍着没说皇帝的赠品的确不会造成行动不便。徵瑞要护送他回北京，而且每站都要拜会他，对此他并不高兴。

1793年9月21日，特使登上停靠在朴次茅斯的“狮子”号船上的周年，队伍出发了。马戛尔尼背对热河，他留下了落空的希望及另一位成员：王家炮兵部队的杰里米·里德。他“贪吃了40个苹果”而死亡。虽然英国人在中国并不顺利，赫脱南认为这位炮手不是死于愚蠢的打赌，而是死于可怕的痢疾。“我们的两位护送官一想到这死亡消息传播出去会使他们失宠，就感到害怕。”因为任何人不准“死在皇宫内，为的是不让皇帝联想到自己也是会死的”。在传统的社会里，这是一个常见的主题：有权就永生，他同死亡并无缘。同样，在凡尔赛宫内也不能死人。必须“装作死人还活着”，然后把他葬在远处的路边。托马斯证实道：“今天早上，当我们停下吃早饭时，传出士兵里德死亡的消息。我们为他举行了隆重的葬礼。”

山下，一条河里有许多鳟鱼。马戛尔尼望着笨手笨脚地摸鱼的伙伴在沉思：这些鱼就像中国人那样从手指缝里滑脱了。

不合适的要求

他们滑脱了，比他想象中还要滑。

9月21日，皇帝从热河发出一道命令，接旨人是浙江巡抚长麟——舟山位于该省。他被提升为两广总督。御旨令他尽快让英国船只启程，并提出了两种设想：如果马戛尔尼在前几天给伊拉斯马斯·高厄爵士的信中没有提起马金托什，那就下达启程命令。如果信中要求等马金托什，长麟应告诉船上军官这绝不可能，船只不能总在舟山停着。“若该夷官等……必欲等候吗嘆哆嘶（即马金托什）到船方可开行，……当饬令该贡使等即由京前往浙省，回原船与该夷官等一同回国，无须绕道广东。”

这就是朝廷的难处。它无法强迫船只启程。高厄若愿意继续留着，他就可以继续留着——那就改变使团返程的路线。不是马金托什一人，而是全体人员都返回船队。

正当使团缓步忧伤地离开热河时，驿站的骏马却以600里的速度向长麟，向山东巡抚吉庆，向广东巡抚兼代两广总督郭世勋飞驰而去。又是一道新诏书。皇帝及和珅终于悟出了使团的真正目的，尤其它的主要目的：建立一个常设外交机构。他们是反复读了英王的来信才发现这点的。他们在平淡无奇的赞扬之词外，惊讶地发现了这难以相信的要求。在这以前，除了叩头事件外，使团没有再让他们为难过。这个问题已经解决。他们不加宣扬地走出了困境。大使没有发怒，即使在他经受从未想到过的精心设计的报复之后也如此。现在突然冒出一个常设机构问题，对此没有任何妥协余地。

已做了一切来推迟拒绝，但这一时刻迟早是会到来的。中国的两名主宰担心着英国方面的反应。要同马戛尔尼争取时间，要求与夷人打交道的各地督抚谨慎行事。这就是9月21日上谕的主要内容。“唤咭唎国表文恳请派人留京居住，其事断不可行。此次该国航海远来，是以诸加体恤。今该贡使到后，多有陈乞，屡为烦渎。看来此等外夷究属无知。该国王奉到敕谕后，或因不遂所欲，借词生事，也未可定。虽该国断不敢妄生衅隙，但或于澳门地方串通勾结，欲滋事端。长麟到广东后，务宜随时留心，临时当先安顿西洋别国人等，使其不致为所勾结，则唤咭唎即有诡谋，亦断不能施其伎俩。不可略有宣露，稍涉张望，转致夷人疑虑。”

皇帝责怪他的大臣不会对待洋人：“或因朕令稍加恩视，即踵事增华，过于优厚，以致长其骄恣；或令稍加裁抑，即过于减损，又失怀柔之道……总当酌量事体轻重，照料得宜，方为妥善。”官僚体制无法解决的问题，层层加码。

9月22日，长麟寄了一份报告给在热河的皇帝：“臣因在海塘防险，当即专差盐运使阿林保令夷船先行回国。据阿林保禀称，初八日随同镇臣马瑀亲赴定海，适值夷官患疟甚剧。迟至十一日夷官病势稍平，当将奉到谕旨令通事明白宣谕，并将夷书给予阅看。据称蒙大皇帝准令先行回国，夷人实在感激。”

“因房间宽敞，医药周备”，他们都已得到恢复。再宽停数日，则病人“俱可就痊，那时即便开行回国”。

信件的传送

官方文书按一成不变的程式通过皇家驿站频繁传送。天子下旨给地方高级官员。驿站以每天600里的速度经过几天奔波之后把圣旨送到官员——通常是督抚——手里；他们都得先下跪，然后才能阅读，最后再让人抄录一份留下。接旨人要写出报告，与圣旨一并通过驿站，以每天600里的速度送回去。当这份附有报告的圣旨送回宫内，皇帝用朱笔加批，成为朱批上谕。抄录后，驿夫仍以600里的速度送回省内。接旨人下跪、阅读，令人抄录后留在省里。这种三合一文件：圣旨——报告——朱批由驿夫每天二三百里的正常速度送回北京，隆重地存档。皇帝亲笔写的字使这份文件成为神圣之物。带有朱批的上谕只能入紫禁城皇家档案馆保存起来。我们在那里见到它时仍完整无缺。

经常皇帝给所有督抚下达同一谕旨。可以想象这些骑士向四面八方疾驰，然后带着地方官的报告返回朝廷，等候朱批。不管白天黑夜，也不管什么样的天气，他们必须上路，奔往全国各神经中枢，送去皇帝陛下的旨意，这是一番什么样的情景呀！

这部不寻常的机器是怎样使用的呢？为使“奴才们”的意见与皇帝的旨意绝对一致，官吏们情愿讲他们不知道的事，对他们已发现的危险闭口不谈，竭力让人相信夷人恭敬备至，因为阿谀奉承易表现出人格的两重性。

皇帝下旨、训斥、说教。他不是向臣下，而是向在各省的30来名耳目下旨。他犹如在对自己说话，勉励自己，教训自己。每个人都努力为天命唱赞歌，不使其变调——至少在他们交谈的信中是如此。

充满敌意的钦差

热河到北京是北京到热河的逆向行程。新鲜感已经消失。我们的旅行者的文章里只写了淡淡的几笔。队伍来到长城脚下时，一些人再次上去参观。他们发现那个缺口——上次就是从这里向上攀登的——已经修复：长城又使外人不得进入。当然他们是想告诉夷人：中国人不光靠长城保护自己，一旦它们被损坏，就会马上得到修复。

修复缺口的工程并未阻止向上攀登。托马斯在9月23日记着：“我和吉兰大夫在长城的一段上散步，一直到了一座高山的山顶。从那里眺望风光旖旎，能看到长城以及二三个村庄。我们捡回几块长城的砖和一些似乎是从砖及水泥浆中掉下来的小贝壳。我们看到了长城。它蜿蜒穿越最高的山峰，又在山的两侧盘旋而过。我们回到旅馆时已疲劳不堪，住的条件十分一般。”

6天的旅程平安无事。在皇帝行宫的附属建筑里的逗留根据成年人的记述是无可挑剔。但小孩子又一次泄露天机：中等旅馆。王、乔两位与过去一样友好，而钦差仍怀有“同样的敌意”。

马戛尔尼在离开北京几乎1月之后于9月26日回到首都。没有任何进展。他甚至在想热河之行是否是一次失败的会见。

第四十三章

回到北京

（1793 年 9 月 26 日—30 日）

9 月 26 日临近中午，大使和他的随行人员回到他们在首都的馆舍。托马斯说："好几名中国官员在门口向我们致意。我们见到了使团的其他成员，但巴罗和丁维提两位先生不在，他们当时在圆明园，到晚上才回来。马克斯威尔给我们讲了一些有关欧洲的消息。这是他从传教士那里获悉的。我们也收到了安先生的来信。听说李先生的弟弟〈蓝顶子官员〉刚从中国南方来，周先生[①]和他一起来的，现在都在北京——这里比热河热得多。"

周先生不是别人，就是从那不勒斯聘请来的第二位翻译。此人胆小怕事，到澳门就留下不走了。他又鼓起勇气，冒着险捎来了东印度公司给马戛尔尼的信。信是 7 月 3 日写的——正是使团船队 6 月 20 日经过澳门后不久。这 15 天的时间足以使人得到确凿的消息了：法英交战已迫在眉睫。考虑到传递消息需要的时间，战争也许已经爆发了。因此组织返程时对此应有考虑。"狮子"号已不是在平静的海面上光带着使团航行了。因为它拥有 64 门大炮，"狮子"号将于 1794 年春的季风季节领着东印度公司的一个船队回去。

马戛尔尼要等所有船只集中起来，为什么不利用一下这段时间呢？既然他的中国之行濒于失败，为什么不可以去日本一趟取得些成果以资弥补呢？伦敦曾令他去日本作一次探索性的旅行。这就要去舟山找"狮子"号。马戛尔尼已经要求他的船只立即离开舟山，他是否又要提出让它留在那里等他呢？

暂时他什么也不提。他不愿放弃仍在中国逗留一段时间的希望……人们发现他在 9 月 27 日的日记里这样写："我们忙于准备把剩下的贡品送圆明园。陪同我们的中国官员好像在催促我们加快行动。这种态度以及我们自己的观察和获悉的情报，使我认为我们不会在这里过冬。"

---

① 被舰队从欧洲带来的中国教士，他们在澳门先上岸了。

知情者与不知情者

在使团这个小圈子里，消息是不传播的。马戛尔尼认为保密是他指挥的一个原则。他不允许散布坏消息。安德逊和他的伙伴们还天真地准备在北京过冬。“马金托什船长感到使团的工作朝有利方向发展，决定单独于下周一动身回到停在舟山的‘印度斯坦’号，然后驶往广州，载货后前往英国”。

9 月 28 日，安德逊乐观异常：“勋爵在与朝廷会晤之后，似乎十分肯定地认为我们要在北京过冬，以便结束业已开始的会谈。趁马金托什回国之际，我们这天都用来给英国写信。”

马戛尔尼欺骗他的同伴以维持士气。但他并不知道自己的这种悲观预感全都写在驿夫们疾驰送往全国各地的圣旨里面。参观首都两座皇宫，乾隆设宴招待以及预定的各项娱乐活动与接见都被取消了。马戛尔尼惟一得到恩准的是去大东门接驾。几天之后，皇帝给英王的复信以及一些礼品到了大使手中。

马戛尔尼并不知道他究竟失去些什么东西。可能出于谨慎，事先没有告诉他专为他安排的我们已知道的娱乐节目。英国人首先该履行所有必不可少的礼仪，然后卷铺盖回国。“该使臣等亦更无余事耽延，不过令其料理行李，收装赏件，数日后即可于九月初五日①以前起程回国。”

皇帝命令徵瑞要他监督所有贡品都要在同一天送到圆明园：如果某些贡品未送，则使团又可借口不走。马戛尔尼写道：中国官吏已显得迫不及待，反复说“我们可以叫上百名，甚至 200 名劳力，要多少可以来多少”。马戛尔尼已不再像最初那样欣赏一大群人的效率了。童话已经不灵了。

时间局促

使团又一次被弄得措手不及。应该把一切都准备好，等候皇帝驾临。加快速度就可以达到目的。小托马斯总是记载得最为详细：“9 月 27 日。上午，我们打开了给皇帝的其余贡品。有些真是美极了。行星仪已全部安装好了，并已开始运转。”

---

① 1793 年 10 月 9 日。

英国人不只是显示他们的高超技术，他们还竭力想促使朝廷提出合作或作指导。耶稣会士十分耐心，两个世纪之后还只是算算日蚀、月蚀或摆弄摆弄钟表。英国人的野心希望激起中国人的好奇心，以便超过传教士渗透所取得的微小成果。他们枉费心机。为什么他们不去问问和善的罗广祥神父呢？这位遣使会会士关于我们的新发明是这样写的："气球理论、动物磁气说、赫歇耳行星，①冷漠的东方人对这一切反应冷淡。"

丁维提写道：开始时，"传教士们在圆明园里非常客气地当翻译。后来他们显得厌倦了"。人也都消失了。这些仁慈的神父不来的原因远比天文学家设想要严重。完全是不让传教士见到英国人。遣使会的档案证实了这点：使团完全被隔离了。

痢疾

9 月 28 日，钦差通知说皇帝将于第三天到。马戛尔尼因风湿痛发作不能动弹。但怎能错过这次或许能作一次真正对话的机遇呢？徵瑞出于同情，建议分为两段走到接驾的地方，先到圆明园附近到京时先住的别墅里去。直到星期天下午大使才感到有力气走。一到海淀，他就精疲力竭地躺下了。

病的不只是马戛尔尼一个人。痢疾袭击了使团。为把病人隔离起来，北京的一部分公馆改成了医院。吉兰大夫和斯科特大夫在那里照顾病人，50 名警卫人员中有 18 人得病。疾病暂时夺走了我们的主要见证人之一，赫脱南先生。

小托马斯走在勋爵之前。他兴奋得像个在探险馆里的乖孩子："9 月 29 日上午，我和巴罗先生一起去圆明园。我看见所有礼品都整齐地陈列在大厅尽头。效果极佳，中国人很欣赏。"

但按荷兰人范罢览的说法——他于 1795 年初到京——连那出色的行星仪都对英国人不利。"传教士们发现有几个齿轮已经损坏，零件上标的是德文。他们将这些情况报告给了早就对英使团的许多地方感到不满的中堂，中堂就报告给皇帝，指出英国人是骗子，在招摇撞骗。"这位荷兰人还说："皇帝大怒，命令使团 24 小时之内离开北京。"

---

① 赫歇耳，英国天文学家，他在 1781 年发现了天王星，该行星最初以他的名字命名。

这种因果关系站不住脚。军机处的档案里没有这份报告的任何痕迹。乾隆早就定下了驱逐特使的时间。18 个月以后显然是从传教士那里散布出来的小道消息还是说明了英国人的失败，尤其是在他们引以为荣并想以此取胜的科技发展方面遭到了失败。

最后一次见皇帝

同皇帝的最后一次见面再一次把英国人在皇室典礼中放到了跑龙套的位子上。1793 年 9 月 30 日，马戛尔尼清晨 3 点起床去密云，它在圆明园北面，几千名朝臣、大小官员和士兵都在那里等候。

让我们从童子的眼中看看这场面吧："我们候在路旁，两排士兵手拿着彩旗，一眼望不到尽头。皇帝和一长串队伍终于来了，中堂本人也在队伍中。"

皇帝是坐轿子来的，轿后有一辆没有悬挂弹簧的二轮马车。马戛尔尼在边坡上想：皇帝一定乐于拿这辆破车换他送的十分舒适的马车。乔治阁下又一次想入非非："把这辆如此可怜的车子与我们赠送的漂亮、舒适而轻便的轿式马车相比，民族感情很可能无法抵抗如此明显的实用价值。总有一天英国车辆也会像钟表和毛料一样成为向中国进口的商品。"人们似乎在听当今的一位英国外交官自吹：不久会向中国出口罗伊斯和美洲豹牌小轿车。英国人已准备汲取两个世界中最好的东西，而中国人则猜到：若要采用英国车辆，就必须改变世界。

队伍在英国人身边通过。马戛尔尼行礼。"我们按习惯单腿跪地"，小斯当东确切地写道。多少次呢？

队伍未停就过去了。人群逐渐散去。马戛尔尼除了返回北京别无他事可做。他感到疲劳不堪。走了那么远的路，为的就是来跪一下。然而，皇帝又得再一次见到这一小部分人。当别人叩头时，他们的上身高出了所有其他的人：傲慢无礼的英国人。

驱逐与你追我赶

铡刀突然落下了。乾隆向山东、浙江与江南的督抚又下了一道圣旨：这是一道驱逐令，而当事人只是在几天之后才获悉："嘆咭唎贡使拟于九月初三日即令起身，由水路前赴浙江，仍坐原船开洋回国：所有经过水程地方督抚不必亲自接见。只需照常供应，不可过于丰厚。倘使贡使有借词逗留等事，应催令按程前进。”

朝廷就此最后确定了日程、礼宾规格和行走路线。既然要加速启程，朝廷决定让使团去舟山。为了这个解决办法，可怜的徵瑞被说成“愚蠢无比”。当然，他本人可能是不会指出这点的。

礼仪结束后，在返回公馆的路上，巴罗和几名伙伴同一队鞑靼骑兵同行。突然，因为长期被关着，加上又跑得性起，他们调转方向，朝城内奔去；他们从另一个门进入新市区。“我们的引路官拼命喊我们回去。我们就越跑越快，穿过了城门。人们在后面大声喊着追赶我们。我们穿过一条横街。回到住地时，至少有100多名士兵在追赶我们”。

除了有意逃走，是不可能跑出向导手掌的。严密的监视使这批旅行者成为故意起哄的中学生。如今在中华人民共和国境内旅游的欧洲人，谁不想有朝一日也像巴罗那样开次小差呢？

那天在巴黎，国民公会通过了最高刑法。这个法令没能阻止骇人听闻的通货膨胀，却把许多人送上了断头台。

第四十四章

遭　　难

（1793 年 9 月 30 日—10 月 2 日）

皇帝一到圆明园，便前来观看礼品——这是当时在场的丁维提告诉我们的。他宁愿表现出这一合乎情理的好奇姿态，因为他知道马戛尔尼不会来向他夸耀这些“贡品”。特使只是在第二天才获悉皇帝参观的事，他可能为在皇帝参观时没让自己在场而感到受了凌辱，因此他没有提及这次不引人注目的视察。又是小斯当东泄了密：“今天，9 月 30 日，皇帝赐予安装仪器的每位先生四两银子”，形状如“鞑靼人穿的鞋子”的银锭。

皇帝和西方儿童

天文学家按部就班地在紧着做。气泵、赫歇耳望远镜和派克透镜还都在箱子里没有打开。如此缓慢使朝廷大为不快。中国人以为重现星球的运行并不比转动绞车手把更困难。动员“大量的工人”来完成这项工作不就行了吗？但是，“需要的是某些个人的技能，而不需要大批小工的力气”。中国人把尖端技术和大批的劳动力混为一谈。

10 月 3 日，透镜终于安装完毕。皇帝立即再次前来参观示范表演。英国人中只有天文学家在场。“我们转动透镜，由于我站在镜子前，我得以清楚地见到皇帝。他离我们十分近，他的脸毫无表情。他观察透镜不到两分钟。他看了一眼气泵，临走时冒出这么一句话：‘这些东西只配给儿童玩。’”丁维提没有把这句刻薄的话向马戛尔尼报告，或者后者认为最好不要重复这话。

天文学家熟练地做着各种示范。在大量的科学玩意中，他挑了几件他认为会引起轰动的样品[①]。他在阁老和几位大官面前起劲地摆弄这些东西，却引

① 空气泵，力的平行四边形，操纵杆，凸轮，滑轮，无头螺丝，复滑车，绞盘和阿特武德机（阿特武德，1746—1807，英国物理学家，发明过一种以他名字命名的研究自由落体的机器）。——译注

不起他们的兴趣。他感到失望："中国人的某些思想对一位欧洲科学家来说是种侮辱。"他表演派克透镜如何能熔化中国的钱币。和珅用它来点他的烟斗——似乎这个仪器只是个"笨重的打火机"——并提了几个问题："是否可以用这透镜去火攻敌方的城市？阴天时它们如何起作用？"但他并不听回答。一个冒失的太监伸出手指被烧痛了，匆忙把手缩了回来，这引起了哄堂大笑。示范表演就到此为止。这太可怜了。

军事技术也没有更多的展示机会。"来了一名官员，他要求把炮弹即刻送到圆明园去试射。但中国人自以为技术熟练，没有要用我们的炮手。"他们是否确信自己单独会使用大炮呢？他们是否宁可失败也不愿意承认在这个敏感的领域里处于劣势呢？英国炮兵把炮送去后马上就被打发回来。1860 年"火烧圆明园时发现这些大炮与炮弹完好无损地扔在那里。它们从未被使用过。它们被重新运回伦敦"。

安德逊，或者说他的书的编辑库帕斯，又在胡编乱造："皇帝欣赏制造这些死亡工具中表现出的发明才能，但也无法掩饰他对使用这些工具的国家的反感，他很难理解为什么这个国家既声称人道主义精神为其宗教的基本原则，却又在毁灭性的技术方面取得了巨大的进步。"这正是法国大革命风起云涌时盎格鲁—撒克逊托马斯·佩恩式的"左翼自由党人"的想法。而肯定不是乾隆的话……

在礼品中，有一具"君王号"的缩小模型，这是一艘装备着 110 门大炮的战列舰，是英国舰队中最出色的战船。皇帝被它吸引了片刻。但是他提的问题却遇到了翻译上的困难。他的翻译德天赐神父是个钟表专家，他明显缺乏船舶方面的知识。他对航海一窍不通。怎么能把英国人的航海拉丁语——可能本来就有漏洞——翻译成汉语，并把汉语译成拉丁语呢？皇帝的兴趣索然而止。

有些好奇的人露面了。马戛尔尼写道："把使团孤立起来的局面多少被打破了。一个联络系统建立起来了。"他很容易知足。但这些看热闹的人补偿不了对去热河前常来看他的传教士下达的不许再来使团的禁令。

传教士的困境和当扒手的官员

传教士的痛苦在增加。德天赐神父向斯当东和巴罗吐露的知心话反映了他们所有的苦恼。他低声向他们透露说，传教士在华丽的外表下过着痛苦的生活。他们被禁止离开北京，除非得到皇帝的准许。他们衣袋里的挂表或办公桌上的小摆钟如果被人看到，他们最好尽快送掉：如果遭到拒绝，窘迫的官员便会叫他们完蛋。富人根本不可能“太平地享有其财富”；当官的就会“看中他们的钱”。“作为奖赏，告密者会得到被揭发人的职务。探子多如牛毛，一切都逃不过他们的眼睛。而传教士是首先受怀疑的对象。”

一天，丁维提博士感到一名官员的手伸进了他坎肩的口袋里，迅速地扒去了他的小折刀，把它藏在自己的一只袖子里。这个人见博士没有反应，便把另一只手伸进另一个口袋。天文学家猛地把他推开，大声说：“这样不行”，“在英国，只有扒手才这么干”。

皇帝慷慨地赐予每个安装机器的英国人一件礼物：“一位老太监坚持要我们在接受礼物前先行三跪九叩礼。”巴罗回答说，他的同事及他本人认为自己没权做特使认为应当拒绝做的事。想找个台阶下的鞑靼亲王高雅地承认了失败：这是个误会；只要他们像特使在热河那样行礼就行了。巴罗及其伙伴于是就行了单膝下跪礼。

从一份宫内文书里我们得知给使团的许多礼物来自附庸国的贡品。650 名英国士兵和海员每人被赏赐高丽料子、穆斯林土产的白布和缅甸的黄麻布各一块。这真是贡物的大循环：就像在圣诞节和元旦之间转送了好几次而未打开的盒装巧克力。

离京的传闻和意外的召见

马戛尔尼在 10 月 1 日的日记末尾这样写道：“在我们来到之前，有的大臣就说在住满 40 天时就会要求我们离开——这是帝国法律为外国使团规定的期限。”在我们来到之前：马戛尔尼强调他的行为对于他感觉到要求离京的威胁没有联系。也就是说他没有错：他开始明白他的使团事先已注定只能演出一曲以进贡为主题的刺耳的变奏曲。

一听到这传闻，他便写信给和珅。他再次要求准许马金托什重返在舟山的“印度斯坦”号船。至于他本人，他希望一俟气候允许，①便在春节后去广

① 这一年的春节是 1794 年 2 月 1 日，这季节运河被冰封住。马戛尔尼一直不打算在春季来到前离开北京。

州。他届时可乘在澳门的英王的船只返回英国。英使打算告辞……但要在春天。和珅则在“第二天即10月2日上午”，在圆明园召见了他。

不对！马戛尔尼得知离开的消息不是2日，而是1日。小斯当东的日记明白无误地记载着：“10月1日，星期二。今天上午，勋爵和爸爸去圆明园。阁老说我们最好在冰冻前动身。”丁维提证明是这个日子，他是乘坐同一辆车前去圆明园的。是记错了吗？除非马戛尔尼往后推了一天，以使人觉得他采取了主动，这样可以减轻匆忙离去造成的丢脸程度？

以下是他记的召见时的情况。中堂把一切都归结为天气、健康、厌倦情绪、思念家乡：这是上流社会人物的谈话。使节感到他握有第一次也是最后一次机会来谈正经事——谈他来的目的。他滔滔不绝地说了起来，好似在外交上遭难时扔入海里的一只瓶子。

“今天上午，尽管身体很不舒服，我还是去了圆明园。开始中堂交给我几封信，他说这些信从舟山由帝国驿站刚送到。其中一封是马金托什的大副写给他的，还有两封是伊拉斯马斯·高厄爵士写给我的。”

目击者丁维提报告说这些信都曾被中国人打开过。德天赐神父未能为他们翻译。和珅把打开了的信交给收信人，不客气地打听信的内容。作为整个秩序的保证者，他难道不应当了解一切吗？在当局没有比收信人先知道之前，任何消息都不应流传。这种做法直到最近还很常见，中国人自以为有权决定是否转交来访者的信件。

马戛尔尼便告诉和珅——他自己也同时获悉——“印度斯坦”号没有船长不能启航，但是“狮子”号准备离开舟山。和珅说：“我希望‘狮子’号还没有离开，因为你们离家这么长时间后可能急于回去。想想您的病号。有些已经死了。皇帝十分担心你们的身体。北京的冬天很冷！你们应当在严寒来到前就动身。”

马戛尔尼坚决表示他完全经得住寒冷的气候。既然中堂在热河曾对他表示希望“在圆明园经常见到他”，并“在那里发展他们间的友谊”，他就在这座宫殿里抓住“初次交谈”的机会“三言两语地阐述他的主人国王托付给他的使命”。

他一口气都没喘，终于向和珅说明了使团的目的：“我的国王希望皇帝恩准我根据欧洲的惯例，作为常驻使节留在朝廷，费用由我国负担。这样便能在世界上最强大的两个君主之间建立起牢固的友谊。作为交换，皇帝亦可向英国派驻使节。我保证一切都会安排得完全使您满意。皇帝的特使可舒适地乘坐英国船只旅行；他们将受到尊重，并能安然无恙地返回。”

请求恩准离京

马戛尔尼顺势向和珅解释种种商业上的照顾，他的任务就是来提出这些要求：但这只会给中国带来好处。

鱼儿再次从手指间滑走了。和珅以他惯有的机灵避免“进入讨论”。他重复说“皇上只是为了使节及其伙伴的健康才希望使节动身的”。否则，英国人延长在京逗留“只会使他感到高兴”。当马戛尔尼最后起身告辞时，和珅和两名副手表现出加倍的友好。李神父在马戛尔尼耳边说他对使团的前景抱有信心。

马戛尔尼回到住所后便获悉传教士正在把皇帝致国王的信从中文译成拉丁文。不一会，王和乔前来告诉他中堂将于第二天再次接见他，可能是为了把诏书交给他。他们补充说“为了他的使命的成功”，他完全应该“恳求恩准马上动身”。马戛尔尼在日记中写道：“这番话是对我们悄悄说的。”

中国人建议他自己提出结束在华使命。孔子说：“未撵而先退，善人之举也。”[①]这是习惯化的做法。如乾隆极为喜爱的两个女人就被说服去恳求太后恩准她们自尽，而太后出于仁慈也就表示同意。

马戛尔尼尚未甘心接受这种免遭侮辱的做法——而他认为这种做法本身也是侮辱性的。他垂头丧气，犹豫不决，而伊拉斯马斯·高厄关于“狮子”号马上要启程的信本应使他作出迅速反应。

当中国人害怕报复时

英国人并没有意识到他们的处境如此之糟。但中国人并没有获胜。和珅的举止是急不可耐，而又小心谨慎。他为达到目的而迂回前进。英国人固然是蛮夷，但他们是其中一个危险的种族：他们的船队十分强大。应该消除他们报

---

① 根据书后引文的出处，译者查了《论语》的《述而篇》，但无相应的句子。只得根据法文意思译出。——译注

复的企图。首先就要拖延。

朝廷主要害怕的是马戛尔尼竭力想自己留在北京，或者留下一个亲信，比如乔治·斯当东。奇怪的是中国人如此担心的这个想法马戛尔尼竟从未有过。徵瑞奉命等着瞧：wait and see 在所有国家皆通用。

因为和珅担心出现难以预料的反应。首先是礼仪方面的："此时若再将留人住京，断断不可各情节向该贡使提及，恐该贡使复生疑虑，托病迁延，或不肯收拾贡物，又推故不领敕书皆未可定。"朝廷没有忘记马戛尔尼是如何使他们在叩头一事上让步的。谁知道这个洋鬼子会做出什么事呢？还要注意的是按业已程式化了的礼仪去做：不要引起任何可能打乱程序的事。礼仪要是受到嘲弄，那将是多么可怕呀！

乾隆也表现出某种内心的忧虑。另一封信表明他在英国人背后看到的是整个英国。蛮夷建立常设公使团实为"心怀窥测"；"其事断不可行"。但"该国王具表陈恳。非若使臣等自行禀请之事"。

另一份文件具体说出了这种担忧：澳门容易受到英国舰队的攻击。"今悉暎咭唎居西洋各国之首"。更糟糕的是"在西洋诸国中较为强悍"。它还"对各国夷人在洋抢掠"。虽贡使眼见"天朝法制森严，万方率服"，然而在澳门和广州，"暎咭唎商船较之西洋别国为多"。若此国"捏辞煽惑"别国夷商"稍滋事端"，"不可不留心筹计，预为之防"。如果英国人利用在北京的固定岗位，便可成为各国夷商的"必然的中间人"而"垄断谋利"，这对他们将是一张多好的王牌啊！

驱逐外国寄生虫

规定的期限结束了。英国人必须请求恩准离京。10 月 2 日，骑士们提前把这个消息送到各地，以便对此事产生的后果进行预防。老皇帝反复地讲他的忧虑并不断对沿海各省的总督和提督下达命令："采取措施提防英国人的任何反应。"

首先采取软的做法："长麟赴粤后"，务必"先向别国夷商详悉晓谕英国未受恩优渥"……"让别国夷商安心，悉心经商，不与该贡使往来"……"再澳门似有西洋尼僧，夷商俱报信奉。未知暎咭唎人是否一气交结？如是，则向其详悉晓谕，嘱令谨慎从事。""似乎"：难道不是以索德超为首的在京葡萄牙“尼僧”在向和珅提示他可以信赖其他“尼僧”，即在澳门的同样也是葡萄牙籍，同样也是人质的“尼僧”？

然后采取恫吓手段：要让军人铠仗鲜明，以使英国使臣有所畏忌。慑以兵威，以达到不求之兵戎的目的：已经在搞威慑了。

“各省海疆最关紧要。近来巡哨疏懈，营伍废弛”；必须振作改观，方可“使知畏惧”，“弭患未萌”。“毋任暎咭唎夷人潜行占据”特别是“珠山等处海岛及附近澳门岛屿”。饬属认真巡哨，“严防海口”！要“不动声色，妥协密办”。要防止“内地汉奸”私行勾结外夷，“希图渔利”。正是此等奸民“最为可恶”。重要的是“毋任滨海奸民勾结外夷”，要“严切查察，究出勾引奸商数人，从重治罪，以示惩儆……”

帝国的机器开始转动，以驱逐外国寄生虫并揭发可能存在的同谋。它用的文字风格有些像咒语，里面除了对有效性的考虑外，还有一些妖书的成分。

第四十五章

御座上的一卷纸轴

（1793 年 10 月 3 日）

中国人认为思想准备工作已经够了。现在该行动了。10 月 3 日夜里，钦差徵瑞把马戛尔尼从病榻上叫了起来，他“被邀穿上朝服去参加一次大臣会议”。他想不起一生中是否听到过“如此令人讨厌的消息”。他勉强起身，还是服从了，他穿上礼服，匆匆忙忙前去紫禁城。

有必要如此急吗？他应当等候接见。不论皇帝直接或间接出现，按规定要求等候 3 小时。马戛尔尼很难压制他的怒火。

奇特的典礼将在太和殿进行。于是他便第一次来到这紫禁城的中心。只有极少的外国人被允许进入太和殿；然而，不论是他还是斯当东都没有对此提过一个字。他们没有心情欣赏景致，而是一心想知道诏书的内容。

一个高大的台阶下，摆着一张铺着黄缎的椅子。皇帝并没有坐在那里，上面是他的诏书：这是一回事。当中国人在一卷纸前叩头时，马戛尔尼和他的同伴们则行“习惯的屈膝礼”：低头，单膝着地；也许做了 9 次，因为他们参加了集体叩头。然后，他们列队从椅子背后绕一圈。

拒绝礼品

和珅告诉马戛尔尼说，诏书将隆重地送到他的住处。他避而不谈内容，似乎形式比内容更为重要。他用手指漫不经心地指着几张桌子，上面摆满了黄纸包：这是送给使团的最后一批礼物。

阁老不再像以往那样客气。马戛尔尼很快便发现他的敌对情绪，因为“他断然拒绝我送给他的几件高级礼品，而起初他是表示接受的”。难道不是他亲自提出要给谁送礼的吗？特使和副使为礼品被拒而深感不安，甚至当着托马斯的面谈起了此事。孩子明确指出：“我因为不太舒服，所以没有去。皇帝给使团成员、仆人和士兵们送了礼。我们也给阁老送了几件礼品；他没有接受。皇帝也不愿意接受马戛尔尼勋爵赠送的一辆四轮马车。”完了，车辆的输出……

马戛尔尼感到“筋疲力尽，都快支撑不住了”。他尚有毅力重新提出前一天的要求，但是要求先走一步，留下乔治爵士代他讨论这些问题。和珅简单地回答他：“您随时可以给我送照会来”，然而从语气中特使没有感到有任何希望。“再说他对前一次照会尚未答复呢。”

直到最后一分钟马戛尔尼仍试图分析中堂脸上的表情：昨天是诙谐活跃，今天却面有愠色。可能恶劣的情绪比愉快的表情更为真实，愉快的表情是想让使团自觉动身——而得到的却是为其想长期逗留所作的放肆的辩解。

马戛尔尼是作为局外人来参加他失败的最后一场戏的。他觉得这种仪式极为荒唐！御座上不是坐着皇帝，而是放着他的诏书；对这张纸片要求行屈膝礼；他的礼品遭到拒绝，而他本以为会很受欢迎。我们知道9月10日的皇帝诏书禁止接受这些礼品。马戛尔尼闭口不谈他遭到的羞辱。无疑他是这样感觉的：他对在热河取得的礼仪上的胜利还在抱有幻想呢。

但是，马戛尔尼赠送给和珅的装有弹簧的马车已经送走了。安德逊介绍了中国人如何对英国人“一再侮辱”。英国人要求把车子送回以便拆卸包装。没有答复。他们当时有“那么多的事情要干”，所以没能打听“车子的下落，以及如此失礼地拒绝礼物的原因”。阁老拒受作为礼物的车子，那么他是否会将其作为战利品攫为己有呢？

马戛尔尼先走了，斯当东则留下；和珅陪他游览一圈：散步可避免进行外交谈话。和珅领着斯当东观看了几个楼。“只是让他们从远处看了看皇帝的宫室”——紫禁城必须名副其实。

斯当东曾夸张地描绘过一些毫无价值的地方，这次却以微不足道的口气介绍了这个最为神圣的地方。如果说中国是中央帝国，那么紫禁城便是中央的中央。斯当东平时十分敏感，现在却对一切都似乎视而不见。处身于溃败的境地，英国人再也无心欣赏了。

这时，皇帝的诏书在紧跟着马戛尔尼。他一回到住所，便接到了诏书。诏书由一乘奢华的轿子送来，必须在它面前屈膝低头，在场的16名清宫官员叩头9次。随后到了礼品。又重复了同样的仪式。

如此急于召见让人不再有疑惑了。马戛尔尼也不再装作听不懂他们的暗示：否则很可能以不那么婉转的方式向他明确指出。他决心要求准予离京。

同一天，在浙江

就在10月3日这天，还是浙江巡抚的长麟上书皇上："臣渡洋至停泊夷船之定海县。据夷官回称：'我们前蒙贡使代奏仰沐大皇帝恩典准令先行回国，实愿及早开行；惟因病人尚未痊愈，恳恩准令暂缓数日。'臣验明病夷尚有20余名，现在医治未痊属实。臣若催行迫促，不惟该夷等妄生疑惧。臣当即传谕该夷，尔等不服水土，既然恳求圣恩要在浙江医治，大皇帝矜恤尔等至优极渥自蒙恩准。并遵旨传谕该夷，以尔国贡使奏称尚有夷官一名吗嘆哆嘶欲在浙江置买茶叶，顺带回国，已蒙大皇帝恩准，并蒙格外加恩免其赴关纳税。宣谕之际，众夷人同声感颂欢忭之情动于辞色。"就这样，在舟山的英国人获得了马戛尔尼为他们请求的照顾。而他本人在北京则并不知道此事。

这份报告是给内阁所有成员阅读的，而一份附片则是专为皇上而写的。我们找到了这份文件，上面有皇上亲手写的朱批。它有点像一次远距离的对话：

"臣长麟谨密奏：嘆咭唎国夷人患病询属真情；而其实系有意耽延欲候吗嘆哆嘶回船置货。

——是。

——臣思此次若令该夷在浙得有便宜，将来又必渎求无厌恳通贸易，仍须禁止驳饬似属不成政体。

——所想甚是。

——臣查从前该国夷人曾经屡来贸易。彼时原有浙江人郭姓，能通夷语，为之交通引过作为夷人经纪。此时郭姓已经病故，是经纪人已属无人，虽尚有伊子郭极观亦能略司夷语。

——更不可信。将此人由别路进京，毋致脱逃，留意西洋人知。

——臣已密嘱地方官将其严行管住，不能与各夷交通。且21年间，该夷等正在贸易，仰蒙谕旨饬禁，该夷等即潜行起身回国，尚欠浙江铺户商人银一万五千余两，至今无着。臣已预令地方官密谕浙江铺户各商，如尔等复与夷人贸易，该夷等势必仍前拖欠。该夷至浙江时铺户商贾均不愿与之交易。如此办理不惟不必明拂该夷之意，亦可永绝其来浙贸易之心。

——所见甚正，是见留心。即有旨。”

紫禁城内有好几个层次。12 名内阁或军机处的成员应当感到放心；朝廷就是通过他们行使权力的。但是，皇帝作为附片的惟一对象——他只将此信给和珅看——将知道所有可能引起他猜疑的事。任何认识夷人的中国人，或认识夷人者的后人，或可能与夷人交谈的中国人都是潜在的公敌。不仅应当唤起中国人对夷人的警惕，而且也要引起他们对可能与夷人交谈的中国人的警惕。这是中国的一个不变量！耶稣会会士早在 17 世纪初就写过：“利玛窦神父熟悉的官员不愿意在自己家里与神父们交谈，因为他们处处对外国人表现出极大的恐惧。”直到 80 年代初，仍然只有少数中国人敢于在自己家里接待西方人。

然而，展示礼品闹出了笑话。老太监前来对丁维提鞠了几个躬，然后告诉他要立即卸下大水晶吊灯：这是皇帝的命令，他要把它们挂在自己的屋里！丁维提拒绝了，十分反感地回到城里。他刚一转身，便来了 7 个人把吊灯拿走。这是掠夺。皇帝不明白科学仪器的价值，表现出一副傲慢冷淡的态度，却抵挡不住中国人对灯具的热爱。

巴罗和吉兰第二天早上到时，已是破坏殆尽。吊灯不见了。盒子被扯得粉碎，派克透镜横在石板地面上。这有些像第一次“火烧圆明园”。丁维提禁不住诅咒起来：“这些透镜举世无双，现在却永远也不会让人知道了。”接着他声称：“中国除了被一个文明的国家征服之外，没有任何办法能使它成为一个伟大的国家。”在下一个世纪瓜分中国的欧洲人也将具有这种信念。

第四十六章

君主给封臣的信

（1793年10月3日）

以下是乾隆给乔治三世的复信，马戛尔尼是10月3日下午获悉内容的。信上签署的日期是9月22日。其实通过宫内文书，我们现在知道7月30日起草了一份稿子，并于8月3日呈报皇帝：在马戛尔尼见到皇帝前6个星期，即在他把国王的信交给皇帝前6个星期！而这份敕书本应是对国王信件的答复！也就是在礼仪危机爆发前的6个星期！因此使团的失败并不仅仅是因为拒绝叩头。这早就策划好了。我们现在猜测敕书的措辞由于这些蛮夷的傲慢而更为强硬；但是，从实质上来说，回信的内容不会有什么不同。

先是接受对方称臣。惯例式的回答可以事先就拟好，因为它基本上没有变化；只是要考虑该国臣民或贡使的特点适当填写而已。

相反，变化大的是敕书的三种文字译稿的先后译法。

原文是用中文古文写的，里面不断使用高傲的接近于侮辱人的语气。

将原文译成拉丁文的传教士仔细地删除了最傲慢的词句。他们自己就说要删去“任何带有侮辱性的语词”。

最后，就是这个样本，使团的头头也不愿意在他们生前予以发表：只有在他们死后才——部分地——为人所知。他们仅满足于把拉丁文的译本概述成英文。为此，就出现了一份以后被认为是正式的译本，但实质上完全是伪造的文本。因为，在被善良的神父们删改过的译文中，马戛尔尼与斯当东还删除了所有可能刺伤英国人自尊心的内容。这是一个删节本的删节本，味道是淡而又淡了。

那么，我们就借助于中文原文，首次发表下面的全文译文[1]。

---

① 好奇的读者可以在与本书有关的《文化冲突——中国人的见解》一书中对三种文本进行比较。

“奉天承运皇帝敕谕暎咭唎国王知悉，①咨尔国王远在重洋，倾心向化，特遣使恭赍表章，航海来廷，叩祝万寿，并备进方物，用将忱悃②。朕披阅表文，词意肫恳，具见尔国王恭顺之诚，深为嘉许。所有赍到表贡之正副使臣，念其奉使远涉，推恩加礼。已令大臣带领瞻觐，赐予筵宴，叠加赏赉，用示怀柔。其已回珠山之管船官役人等六百余名，虽未来京，朕亦优加赏赐，俾得普沾恩惠，一视同仁。至尔国王表内恳请派一尔国之人住居天朝，照管尔国买卖一节，此则与天朝体制不合，断不可行。向来西洋各国有愿来天朝当差之人，原准其来京，但既来之后，即遵用天朝服色，安置堂内，永远不准复回本国，此系天朝定制，想尔国王亦所知悉。今尔国王欲求派一尔国之人居住京城，既不能若来京当差之西洋人，在京居住不归本国，又不可听其往来，常通信息，实为无益之事。且天朝所管地方至为广远，凡外藩使臣到京，驿馆供给，行止出入，俱有一定体制，从无听其自便之例。今尔国若留人在京，言语不通，服饰殊制，无地可以安置。若必似来京当差之西洋人，令其一律改易服饰，天朝亦不肯强人以所难。设天朝欲差人常驻尔国，亦岂尔国所能遵行③？况西洋诸国甚多，非止尔一国。若俱似尔国王恳请派人留京，岂能一一听许？是此事断断难行。④岂能因尔国王一人之请，以致更张天朝百余年法度。若云尔国王为照料买卖起见，则尔国人在澳门贸易非止一日，原无不加以恩视。即如从前博尔都噶尔亚（葡萄牙），意达哩亚⑤等国屡次遣使来朝，亦曾以照料贸易为请。天朝鉴其悃忱，优加体恤。凡遇该国等贸易之事，无不照料周备。前次广东商人吴昭平有拖欠洋船价值银两者，俱饬令该管总督由官库内先行动支帑项代为清还，并将拖欠商人重治其罪。想此事尔国亦闻知矣。外国又何必派人

---

① 在拉丁文译文中，这段开场白被精心地省略了。

② 这样，作为以文件为依据的历史，英国是叩了头的：皇帝就是这么写的。好心的神父把这一段译成：“咨尔国王远在重洋，生性高尚，特遣使前来恭敬致意，祝朕寿辰。所赍表章，朕已披阅，备进方物，用将忱悃，朕已嘉纳。”这样一改便叫人喜欢了……

③ 和珅可能对马戛尔尼建议用他的船把中国常驻使节带到伦敦感到惊讶和不满。他不仅没有对这一侮辱性的建议给予答复，而且还加上了一句话，他假装相信如果中国人提出这样的要求，它肯定只会被拒绝；这就是对这种可能性关上大门的最漂亮的做法。

④ “非止尔一国。”这就把英国放在一群小附庸国一起了。“此事断断难行。”为什么难行？因为从来没有过。从未做过的事是断断难行的。这里我们就触及到僵滞不变的帝国的精神上的深层实质。

⑤ “意大利”（意达哩亚）当时尚不存在，她从未派过特使。可能是指教皇，他并不从事贸易，但他先后于1705年、1720年和1725年派遣三位特使，企图解决礼仪问题，但未成功。

留京，为此越例断不可行之请，况留人在京，距澳门贸易处所几及万里[1]，伊亦何能照料耶？若云仰慕天朝，欲其观习教化，则天朝自有天朝礼法，与尔国各不相同。尔国所留之人即能习学，尔国自有风俗制度，亦断不能效法中国，[2]即学会亦属无用。天朝抚有四海，惟励精图治，办理政务，奇珍异宝，并不贵重。尔国王此次赍进各物，念其诚心远献，特谕该管衙门[3]收纳。其实天朝德威远被，万国来王，种种贵重之物，梯航毕集，无所不有。尔之正使等所亲见。然从不贵奇巧，并无更需尔国制办物件[4]。是尔国王所请派人留京一事，于天朝体制既属不合，而于尔国亦殊觉无益。特此详晰开示，遣令该使等安程回国。尔国王惟当善体朕意，益励款诚，永矢恭顺，以保乂尔有邦，共享太平之福。除正副使臣以下各官及通事兵役人等正赏加赏各物件另单赏给外，兹因尔国使臣归国，特颁敕谕，并赐赍尔国王文绮珍物，具如常仪。加赐彩缎罗绮，文玩器具诸珍，另有清单，王其祗受，悉朕眷怀。特此敕谕。”

世界上惟一的文明

这就是那封信：未经修改的，在传教士为美化它而施行整容术之前的那封信，现在原封不动地展示出来了。马戛尔尼本人不了解原信内容；在他死后，人们不好意思地将它改头换面了。

乔治三世希望传播英国的先进技术，并同中国进行技术交流，希望在澳门—广州的贸易正常化并使之扩大到其他港口，改善欧洲人的居留条件，开辟新的市场，所有这一切都以百余年法度为理由而遭到拒绝。被法典化了的东西不能有任何改变。被锁闭的东西不能去打开。可能谁也没有见过比这更僵滞不变、更封闭的社会。

---

① 固定熟语。严格地说，这是明显的夸张。应当把这个数字除以二。

② 信件行文的精确令人赞叹。作为文明国家的中国具有用书面法典化了的礼法（拉丁文 statuta，意为“被确定和固定下来的东西”）。而作为蛮夷国家的英吉利则只有口头相传的风俗制度，它们通过口头留传给后代（拉丁文为 consuetudo）。

③ 天朝帝国与国际社会不一样，它没有外交部（也没有驻中国的或驻外国的使馆、公使馆或领事馆），而仅有理藩院。担任翻译的神父谨慎地避而不提这个令人感到羞辱的机构。要等到 1860 年火烧圆明园的刺激后，中国才终于设立总理衙门，随后向外派驻第一批使团。

④ 这些字眼在礼品开箱前几周就已确定，当时朝廷还只有礼品的临时清单。

这份恢复了原貌的敕书不仅是从马可·波罗到邓小平时代有关中西关系的所有文件中最奇特和最重要的文章，它也是我所知道的给人印象最强烈的变态的典型。尽管在许多民族的行为中可以发现变态的迹象，但没有哪个国家比满族统治的中国在这方面走得更远了。对于一个民族——一种文化，一种文明——来说，这种变态不仅表现为自视比他人优越，而且在生活中认为世上惟有他们才存在。我们可以形象地称之为集体孤独症。

第四十七章

扔入海里的瓶子

（1793年10月3日—4日）

在10月3日这一阴沉的日子里，画家威廉·亚历山大奇怪地写道："尚有一线希望对公司提出的要求予以满足。"这又一次反映出使团中情报落后于时间。

马戛尔尼现在该着手草拟曾向和珅宣布过的照会。他把尚存的精力都花在写这份文件上面了。第二天，10月4日，李神父和小斯当东两人忙了一天，一个翻译，另一个抄写。

"大不列颠国王请求中国皇帝陛下积极考虑他的特使提出的要求。

"国王指示特使恳请皇帝陛下恩准：

1. 英国商人在舟山或宁波港，以及在天津，像在广州一样经商；他们必须服从中国的法律和习俗，并安分守规矩；

2. 英国商人有权按俄国人从前在中国通商之例在北京设立一所货栈，以便出售商品；

3. 英国商人可以在舟山附近拥有一个小岛或一小块空地，以保存他们未能卖掉的商品；在那里他们将尽可能与中国人分开以避免任何争端或纠纷；英国人不要求设立任何像澳门那样的防御工事，也不要求派驻军队，而只是一块对他们自身及其财产安全可靠的地方；

4. 同样，他们希望在广州附近获准拥有一块同样性质、用于同一目的的地方；或至少被允许在需要时可常年住在广州①；另外，在广州和澳门居住期间，他们应有骑马、从事他们喜爱的体育运动和为健康进行锻炼的自由——他们将注意在得到准许后将不打扰中国人的生活；

① 春节一过，中国人就马上要求外国人乘最后一艘欧洲船离开广州去澳门，他们只准在秋天下一个季风时节时乘第一艘船从澳门回广州。每年进行这一来回迁徙的花费越来越高。

5. 对航行在广州和澳门之间或在珠江上航行的英国商人不必征收任何关税或捐税——至少不要比1782年前征收的税更高；

6. 对英国商品或船只不征收任何关税或捐税，除非皇帝签署的文件有所规定，这时应给英国商人副本，让他们明确知道他们必须支付什么税项，以避免向他们征收得过多①。

本使节希望得到和珅阁老对此作的书面答复，以使英国国王满意。

1793年10月3日"

这正是敦达斯的指示："除非遭到全面拒绝，要得到一份书面答复。"马戛尔尼并不明白他刚收到的敕书的真正意义。令人奇怪的是：天子对这位理性主义者的散文看得十分透彻；而这位理性主义者却不能穿透中国修辞的帷幕。是出于疲劳的缘故呢，还是由于傲慢引起的怀疑？

对新的观念感到害怕

这些要求同在北京设立常驻使团的要求一样"荒谬"吗？否：马戛尔尼巧妙地在文中塞进了几个先例。英国人确实曾在宁波和舟山经过商，俄国人则到北京经过商。但后者很久以来就被赶到恰克图，"就像你们的人被赶至广州一样"。

现在该是总结的时候了。勋爵自忖：一切都在促使他动身，而他却为什么要留下呢？然而，这是多么令人痛心的失望！但想到是在自己那么重视的事业中栽了跟斗，他不觉得自己有什么可责备的地方，这种自慰又是那么的微不足道。从那些一点儿新鲜事物都为之胆战心惊、从那些生活在乾隆末年为保自己的前途而玩弄阴谋的大臣们那里能期望什么呢？因为马戛尔尼认为："我遇到的大多数中国人坦率、真诚，并随时准备帮助我。下层阶级渴望的只是发展贸易，并会以赞许的目光来看英国商人的到来。"

① 帝国的税款由公行的中国商人缴纳。他们把税完全转嫁到外商身上，并随意加上他们宣称必不可少的赚头；不止一个官员还会再加上他们所要的钱数。欧洲商人从不知道他们到底要交付多少。另外，他们可能提出的申诉也必须经过这个公行。也就是说这种申诉根本没有成功的希望。

再说，这些被人称为不可变更的惯例真的不可变更吗？它们反映的不只是偏见的量吗？永恒不变的叩头这惯例不是为了他，而且也是被他打破了吗？马戛尔尼不得不承认乾隆朝廷的墨守成规；他并不相信中国的僵滞不变。10月3日晚，他收到了病倒在床上的钱德明老神父写给他的一封信，这封信使他的预感得到了证实："当中国政府不再对一种新的观念感到害怕时，它是会认真加以考虑的。"在此之前，那位耶稣会士坚决劝他动身。

既然是必须，马戛尔尼也就决定离开。他让人给和珅送去一封信，信中指出如果"狮子"号尚未起锚的话，他就等对他的要求作出书面答复后，马上重返"狮子"号。他附上一封给伊拉斯马斯·高厄的信，信中请高厄等着他。否则，他必须经由陆路去广州，因为"印度斯坦"号装载不下整个使团。

这正是和珅所期待的。夜间很晚的时候，钦差前来告诉马戛尔尼，他获准可以告辞，他给伊拉斯马斯爵士的信已以最快的速度送往舟山。皇上出于极大的关怀，为了避免使团在寒季旅行，把出发的日子定为10月7日——即3天之后。

保持警惕

自10月4日早上起——甚至马戛尔尼还不知道他是否要动身和什么时候动身——，信使已在策马加鞭把一份圣旨送往直隶、山东、江南和广州的督抚："嘆咭唎国贡使瞻勤事竣，于九月初三日起程，由内河水路行走，赴广东澳门。"

朝廷尚未收到长麟10月3日的奏折，里面说英国船仍在定海，并还要在那里停上好几天。他只在10月1日收到一条消息，和珅将它告诉了马戛尔尼："狮子"号即将出发。看来皇帝预见到要通过内河去广州。只要蛮夷尽快到达澳门！他们以什么方式动身对他来说无关紧要，只要讨厌的使团不惹出乱子就启程就行。长麟从浙江调任两广总督，他将使用一切手段注意使团的行踪。

第四十八章

“我们像小偷似的离去”

(1793年10月5日—7日)

在马戛尔尼的随行人员中，由于那么多的消息都很晚才传到，所以到第二天才爆发出骚动。“有人说我们要在后天动身，”托马斯写道，这天的日记里他其他事一点都没提。丁维提愤怒至极：“10月5日，上午10时，不肯定的情况终止了。使团获悉它在北京的时间还有两天。梦幻破灭了。从科学角度看，这是一次十足的惨败。做的几次实验并不能战胜中国人的偏见。特使曾建议其他的试验：热气球、潜水钟、焰火，然而他的对话者的眼里没有露出丝毫对此感兴趣的神情。”马戛尔尼写道：“事情已经了结。”

如果只限于马戛尔尼和斯当东这两位高级官员的记述，我们感觉不到几乎整个使团表现出的惊讶状态。但是只消读一下安德逊、丁维提、托马斯的记述以及兵弁们写的未发表的日记便能了解英国人的惊慌失措和怒气冲天了。

王大人和乔大人以自负的神气向勋爵透露，皇上指派一位大人物松筠来陪使团。马戛尔尼在热河游览庭院时已见过他；他们相互谈过对俄国的回忆。徵瑞将陪伴使团到天津。王大人和乔大人尚不知他们是否也参加旅行。

选择松筠——他是6位组成内阁的大学士之一——表明押送出境时还给了他们很高的待遇；好像在对你百般凌辱之后以加倍的恩惠来给以赔偿。

10月6日，钦差徵瑞，王大人和乔大人一大早就来“帮助准备工作”。或是为了加速准备工作？他们客气地说：“朝里许多人对使团马上就走表示遗憾”，“可惜使团不能留下更长的时间”！

10月6日小斯当东只记了一件事：“今天，一名士兵死去。”人们以为是在读《女人学堂》。但死的并不是小猫，而是英国的一名军人。又死了一个人。为了这一失败多少人白白地死去！伊兹的葬仪要远在通州举行。

安德逊——更恰当地说库帕斯——冷静地写道：“我们的整个故事只有三句话：我们进入北京时像乞丐；在那里居留时像囚犯；离开时则像小偷。”

最初阁老同意马戛尔尼的请求，答应增加两天准备时间，后来这两天时间又被取消了，所以准备工作十分仓促。由于和珅想为自己辩护，乾隆已作出决断：“你让使团滞留不归就错了！要让它尽快离开，因为冬天临近，可能影响他们的归程。”

所有的东西必须在白天打包。许多箱子不见了。匆匆忙忙钉上几块木板就算保护国王和王后肖像的箱子了。由于时间仓促，画上的华盖不是卸下，而是扯下来的；因为缺乏包装用品，便把它给了马戛尔尼的仆人。其他东西则成了中国人的掠获物。“他们窃走了大量的酒，我们自己乱成一团，无法防止他们的顺手牵羊。”

他们整夜准备，直至清晨。没有人能睡眠。最后，筋疲力尽的英国人把被偷剩下来的行李装上车。丁维提总结说：“难以描述的混乱。”

最后的召见，最后的凌辱

10 月 7 日。动身那天的早上。但在离开北京前，使团将被朝廷最后一次召见。

礼仪再次成为凌辱，除非凌辱被礼仪所掩饰。召见只不过是顺路停一下。使节中午离开住所。他穿过城市，来到阁老的府邸，后者同“二阁老”福长安，他的哥哥福康安，以及几位大学士一起接见马戛尔尼和斯当东。所有的人都身着朝服。因为要对贡使完成最后两项礼仪：“送交皇帝的礼品”和“送别使团”。

老皇帝拒绝告别时再召见使团。他肉体上并没有在场；但是他还应该再一次光临。和珅用手指着放在一张铺着黄缎的桌子上的两个纸轴：一个是皇帝赐的所有礼品的清单；另一个是皇帝对勋爵提的六个要求的答复。

“我对和珅说，我希望这个答复是有利的；这样它就会多少缓和人们离开皇帝陛下居住地时很自然地产生的遗憾心情。阁老似乎对在这样的场合说出这样一番客气话感到意外。”也许令和珅意外的是英国人竟把第二个纸轴看得比第一个纸轴更重要，因而表明他始终没有明白中国人是如何理解使节这个概念的。

和珅改变了话题，他希望使团的成员在“其逗留期间吃得很好”，希望马戛尔尼对皇帝“亲自选择松筠”陪伴使团去舟山感到满意。“阁老装出一副亲切的笑容，但我觉得福长安和他的兄弟却表现出一副不冷不热的神情。我有理由怀疑朝内的钩心斗角在这些大人物之间引起了分歧。”

从这最后一次召见中，马戛尔尼坚信自己是阴谋的牺牲品。他在圣·詹姆斯宫里时这种事情见得多了！“我是在宫廷长大的，我了解内中的秘密。”他揣测在当时最专制的君主制度国家比在已经实现君主立宪制的国家里这些钩心斗角要更为厉害，他正是后一种国家的一位杰出的官员。

他显然没有错。即使阴谋并不是他失败的惟一原因，但也不会与他的仓促离京无关。梁栋材神父的一封信暗示说：“这些先生和那些只从书本上了解中国的所有外国人一样，他们不了解这个朝廷里的习惯。他们带来的翻译比他们更不了解情况……再加上皇帝年迈，到处都是狡诈、不公正的人，而所有的大人物和宠臣都贪婪地只想收礼和发财。”

使团既然被打发走了，那就不得不上路。钦差大臣，王大人和乔大人，百余名英国贵族、士兵和仆人，一大批中国陪同人员——这些人组成了大队人马浩浩荡荡地离开了北京，开始穿越中国的长途跋涉。

队伍出发前，叫来了一名五品官——他帽上镶有一颗白色透明的顶珠。他跪倒在地，保持这一姿势，让人在他背上用宽的黄缎带系上两个纸轴：如果说其中的一个，即礼品的清单在马戛尔尼看来是微不足道的话，那么另一个，即皇帝对他的六个要求的答复则将决定（实际上已经决定了）使团只不过是自尊心受到些损伤，但得到了具体的好处作为补偿；还是以彻底失败而告终。

五品官跨上马，走在大队人马的前头。马一跑，缎带便飘了起来，轻拂着决定命运的纸轴。马戛尔尼追逐着仍在回避他的答复离开了北京。

第四部分

真正的使命开始

(1793年10月7日—11月11日)

慎终追远，民德归厚矣。

孔子，《论语》

如果一个民族的每个成员都是弱的，这个民族就不可能长期强盛，现在尚未找到把一个由懦夫组成的人民变成一个强大民族的社会形式和政治组织。

阿历克西·德·托克维尔

第四十九章

迟到的答复

（1793 年 10 月 7 日—8 日）

正统观念能回答一切。

欧内斯特·勒南

告别了和珅，马戛尔尼获准在通州得到信件之前还有五个小时的路要走，通州是将延续 73 天的“黄色旅行”的第一站。

人马在作为招待所的寺院前止步，使团在来的路上已在此住过。背着信的官员下了马，跪在勋爵面前，以便卸下皇帝的信件。这样，马戛尔尼只能在远离京城后才能得知信的内容。太远了，已无法对此作出反应，这就像在束手无策的噩梦中一样。

陪同官员们天使般的微笑和带信官员的礼仪给又一次严厉的拒绝蒙上了一层不现实的光环。中文的原文又使我们看到了神父翻译的拉丁语译本和后来的英文报告都仔细地改得缓和了原来的粗暴语气。这不是阁老对一位特使照会的答复，而是中国君主致英国国王的第二份敕书—— 以此来结束这些讨论。

尔更张定制

“今尔国使臣于定例之外，多有陈乞，大乖仰体天朝加惠远人抚育四夷①之道。且天朝统驭万国，一视同仁。即在广东贸易者亦不仅尔嘆咭唎一国。若俱纷纷效尤，以难行之事妄行干渎，岂能曲徇所请。

① 这是对帝国疆域以外国家的传统称呼。

据尔国使臣称，尔国货船将来或到浙江宁波、珠山及天津收泊交易一节。向来西洋各国前赴天朝地方贸易，俱在澳门①设有洋行收发各货，由来已久。其他海口均未设有洋行，亦无通事，不能谙晓尔国语言，诸多不便。除广东澳门地方仍准照旧交易外，所有尔使臣恳请向浙江宁波、珠山及直隶天津地方泊船贸易之处皆不可行。”

“对北京货行”和“既无洋行又无通事纯属无用的小海岛”亦一样。六个要求的其余内容通过沉默的方式遭到同样的命运。

“人们向我提出一个问题……”

奇怪的是，敕书不仅拒绝了备忘录中的六个要求，还拒绝了并未提出的第七个要求——就像戴高乐在一次著名的记者招待会上回答了一个没有人提出来的问题。乾隆拒绝让“英国国教”讲道，何况它“与以前的基督教并不相符”。

英国内阁从未有过这种传布信仰的念头。中国人是否想通过把这一禁令载入将具有法律权威的文件中以做到有备无患？他们是否想采取主动，对这些蛮夷——如法国人、意大利人和葡萄牙人已经做的那样——有朝一日会探索的这个领域先关上大门？

一年后，贺清泰神父在写给马戛尔尼勋爵的一封信中，有趣地叙述了中国人是怎么做的。当他正同罗广祥神父在城里吃夜宵时，一位官员命令他们立即陪他去圆明园附近的海淀住所。他们不得不抓紧，因为城门就要关了。他们一到，官员就要他们翻译和珅答复马戛尔尼的要求的稿子。但草稿字迹潦草，难以辨认，惟有这位官员能看懂，于是他便逐句念给两位神父听。

当念到关于教会的那段时，两位神父“十分惊讶”，试图使那位官员相信这段可能错了：“英国先生们并没有要求传道，而只是要求为他们的商人开辟商埠。”这位官员固执地不肯改动。这使两位传教士“十分反感”，因为让他们译成拉丁文的那份文件表示：他们在中国“仅仅是为皇帝当差”，并没有“允许他们传道”。

① 皇帝每次讲到澳门，总要同时提到广州。因为通商是在澳门和邻近的城市广州之间进行的。在广州进行贸易只是因为它靠近葡萄牙的商埠：这个商埠为两个半世纪的共处创造了条件。

两位翻译照例缓和措辞的语气，而不敢更改内容，生怕中国人叫第三个传教士检查他们的译文。贺清泰神父补充说："至于责怪变了宗教，中国人一个世纪以前就知道这事了。再说，英国商人带往广州许多有些猥亵的细密画的钟表。"（从英国自澳门向广州运进"猥亵的细密画"，到从香港秘密传入广州，又被讲究道德的人民中国查禁的黄色录像带，真是一脉相承！）

这两位神父向马戛尔尼作出如此这般的解释，是否想消除对他们会在该事端中起什么作用的猜疑？难道他们不会在应朝廷要求翻译英国备忘录时悄悄塞进第七个要求？他们这样就能趁机厚颜无耻地提出一个他们知道不可能被接受的要求导致被中国拒绝，以便长期排除英国国教的可能竞争。这种玩弄权术的设想我认为站不住脚。当马戛尔尼在路上向松筠提出这一问题时，后者并不否认皇帝的答复超越了国王的要求。特使和大学士的见解不谋而合。

相反，可以想象以索德超为首的葡萄牙传教士给和珅出主意，多余地拒绝对方没有提出的要求，——葡萄牙人的猜疑激发了中国人的猜疑。索德超减轻了和珅的慢性风湿痛。钱德明神父写道："一个外科大夫通过给人看病，可以比所有其他富有才华的传教士加在一起为我们神圣的教会获得更多的保护人。"

美梦破灭

马戛尔尼接到这份敕书犹如挨了当头一棒。他在启程前曾说："要使人类的知识更趋完善，要不顾我们天性里的缺陷去建设一个幸福的社会，这就不光需要我们同中华帝国间建立起自由的、不受限制的关系。"但是，这种乐观的冲动却已被粉碎了。

在中国人眼里，这位启蒙运动时代的人只不过是一个低下的商人，一个蹩脚的传声筒。使团耷拉着脑袋回来了，但使团的荣誉却要求不把难以忍受的拒绝透露出去。敦达斯对马戛尔尼下的指示就像是要求保守秘密的命令：要是朝廷全部拒绝，宁愿它没有存在过。应当不予泄露。

像第一份敕书一样，英国人给予其同胞的第二份敕书也是经过删改的译本。1793 年 11 月 9 日，马戛尔尼从杭州给亨利·敦达斯写了一封长信，信中只谈到两份皇帝敕书："委派常驻北京大使的要求被拒绝。所有其他问题不加具体说明就被简单地排除，皇帝陛下认为泛泛地尽应对我们的商人优加体恤就够了。”

马戛尔尼美好的梦想破灭了，这是多么令人伤心呀！“这是英国派往中国的第一个使团，许多人，首先是我，对它的访华满怀着希望。作为该团的使臣，我不能不感到最痛苦的失望。我不能不为失却了最初的前景而感到万分遗憾。”

人们并没有让马戛尔尼长久地沉浸在这沮丧的思考中。当地知府[①]向他指出水位低了，而且每日都在下降。“皇上对您表现出多大的关心啊！他亲自过问让您尽快动身。几天后，这些河流就不能再通航了。”马戛尔尼也许没有完全了解中国，但是这一次他却没有上当受骗：“这位官员也学会了。”对于皇帝的“关心”，他已经吃尽了苦头。

---

① 马戛尔尼在注释中写道：“一个满族鞑靼人”，相反，他明确指出“副将王大人倒是汉人”。这是一种少见的情况：满人和汉人的对等安排——根据惯例，在政府的最高职务中是如此，而在地方上则灵活些——通常是相反的，汉人文官辅以鞑靼武将。

第五十章

一位文人大学士

（1793年10月8日—10日）

沮丧之外，又增添了无聊。通州，都已经见过。船只，也已经见过。然而，马戛尔尼写道："准备工作还需要好几个小时；但是它们进行得如来时一样认真。"人们感到他下决心要使自己放心，就像一名视察军官食堂的将军。在普通士兵方面，安德逊则不那么热情高涨。还是一片混乱："没有人能认出自己原来乘的船。行李还扔在岸上，因为缺少足够的苦力把它们搬运上船。在来时对特使给予的照顾此时都已消失不见了。"托马斯补充道："我们将沿河而下，但这些船只不如来时那么漂亮了。"

丁维提也谈到了仓促混乱的场面。一上船，这位头头就无心再注意周围的事了。

重新找到拒收的马车

码头上出现了一桩怪事：赠给和珅遭到拒绝的那辆马车。它就停在使团下榻的"寺院对面"，"一大群中国人在围着看"。它处境可悲，后来被扔进舱底，经过了中国的各个港口，最终在马德拉斯上岸。这又是一件令人感到耻辱的事。

10月8日，船队解开缆绳。漫长的航行开始了。北方的秋天很干燥，运河和大江的水位大为下降。第二天白天，船只三次搁浅。这就有很好的理由——不仅仅是礼仪方面的——要抓紧动身。

勋爵说，只是到了10月10日下午，"王大人才来告诉我：松筠刚收到皇帝的一封信，他希望告诉我信的内容。过了一会，我见他的船很快向我的船靠拢。"

马戛尔尼上了他的船，感谢这位大官在热河皇家园林里客气的接待。松筠告知马戛尔尼：皇上的诏书责成他保证使团顺利到达舟山，并送使团上船。如果船只已不在舟山，他将陪同使团直至广州。事实上，朝廷刚才终于要求官员如果大船尚未出发，就让它们留在舟山。

随身携带大量书籍旅行的官员

马戛尔尼被吸引住了。人们感到他有些受宠若惊，因为担任内阁成员的6名国务大臣之一竟然劳驾花那么多天时间来陪他。他认为彬彬有礼的松筠同粗暴愚蠢的徵瑞相比有天壤之别。斯当东也对这个“生性谦和”、“为人宽厚”的人赞不绝口。他富有“文学修养”，这可能有助于“根除他的民族偏见”。这是马戛尔尼所遇到的惟一在“旅途中携带大量书籍”的官员。然而，他是鞑靼一蒙古人。他在袍子外面套着一件黄马褂，表现出“一副凛然不可侵犯的样子”。“一天，翻译刚要在他面前坐下，立即被他纠正站起来。”

马戛尔尼终于找到一位水平相当的对话者——因为他的话不再会引起什么后果，所以可以自由表达。在马戛尔尼告辞后半个小时，松筠就来回访。谈话又回到他们在俄国期间有过的经验上去了。松筠奇怪马戛尔尼怎么会在俄国呆了3年。马戛尔尼则费了不少力气向他解释欧洲各国的关系是建立在常驻使节的基础上的。

蒙古人又一次向马戛尔尼讲解中国的礼节。中国只有在重大场合才接见外国使节：如一位皇帝的葬礼、加冕或寿辰，一般是40天，超过40天的情况很例外。只有在皇上龙恩大开时，才允许使团的逗留时间大大超过这个礼仪规定的期限。①

“他详细地谈起了中国的风俗习惯；他知道这与我国的完全不同。违反了风俗习惯而不危害国家是不可能的。因此，外国人不应当对此介意。”

马戛尔尼趁机向松筠摸底，以了解清廷对自己的印象。他为自己进行认罪辩护。他当时对那么多的事都不知道！他肯定没有像希望的那样讨得皇上和大臣们的喜欢。马戛尔尼想让对方说些恭维话。松筠立即使他放了心。不过，他是这样向主子报告这次谈话的：“奴才传知令该正副贡使至奴才船内，敬谨

① 包括路程在内，使团在中国领土上度过了半年多；如果包括澳门在内，那就逗留了9个月。但按到达北京至离开首都计算，则正好是40天整。

面宣恩旨。据该正副使俯伏口称：‘我等仰蒙大皇帝格外恩施，因时届冬令，气候渐寒，念我等不服水土，恐河路冻阻，谕令及早回国。我等实在感激不尽。’该贡使等感戴情状出于真切。”我们又掉进了深藏两种真相的井里。

大学士走后，乔大人和王大人两位老搭档来了。他们又为其君主的宽宏大量唱了一番赞歌：提供了40艘帆船，1000个民工，从8月5日以来，每天花在食品上的费用就达5000两银子。

马戛尔尼折算了一下："5000两银子，即1500英镑。"①他怀疑这么多钱是否真正花在食品上。他记得乔大人说过山东遭受水灾的农民是如何得到赈济的。皇帝发放了10万两银子。"第一位官员扣下2万，第二位扣了1万，第三位是5000，以此类推，最后只剩下2万两给了可怜的灾民。"马戛尔尼想："中国人枉为孔子的信徒，他们在本质上同西方人一样，并具有相同的弱点。"也像今天接受援助的许多民族一样。

拉犁的男男女女

10月11日，马戛尔尼写道：河水很浅，纤夫拖着船只在河底行走。另外，早晚越来越冷，尽管中午时分依然很热。

我们的旅行家们自北向南穿过中国，见到了各种气候和作物。这里主要种高粱——中国人的大多数烧酒都是用它来酿的，包括茅台酒。小斯当东以其敏锐的眼光进行观察："10月11日，早上很凉，顶风。我们来时见到的谷子②现在都已被收割干净。在这些地里已开始种新的作物。"孩子为之惊叹不已，但这里的集约耕作是同人口过剩连在一起的；他在英国从未见到过这种景象。

高粱是16世纪由埃塞俄比亚经缅甸传入的，它在人口大量增长的中国起了重要的作用。在同一时期，葡萄牙人通过澳门从美洲引进了玉米和白薯。安南的大米传入福建。这些新的作物扩大了耕地，带来了两季收获，增加了产量。大家忘了美洲的发现和远洋航行给中国带来了也许同欧洲一样多的好处。从16世纪到17世纪，中国的人口似乎从8000万增加到1.6亿，而到乾隆统治

① 相当于1989年的90万法郎。
② 托马斯·斯当东把高粱错译成谷子。

时期又翻了一番。“土地处于连续耕种的状态；因此使用最简便的犁耕地就行了。如果土壤很松，男女都可以拉犁。”

灌溉是最为发愁的事。通常打开水闸即可：河流和运河的水位高于地面。但是，水位过低时则出现相反的情况。中国人的无限的耐性就弥补了这一点：“两人面对面地站在两块地上：每个人手里拽着两根绳子，绳子系在一只桶底不透水的水桶上；他们将桶汲满了水，然后将桶像秋千似的晃出去；当晃的力量够大时，水便注入田埂另一边的蓄水池里去了。”

讨人喜欢的松筠

10月12日，同松筠又进行了一次谈话。托马斯写道：“我们登上了将全程陪伴我们的大官的船。他给我们读了一封皇帝的信，其大意是我们在整个旅途中应当受到良好的照顾。”听说伊拉斯马斯·高厄爵士同他的船仍在舟山。[①]对马戛尔尼来说这是个好消息：伊拉斯马斯·高厄爵士有希望收到他10月4日的信。对中国人来说也是个好消息：使团越早上船，他们便越早放心。

还有一个好消息：英国人被允许上岸散步——帆船的速度比人步行还慢。但是，乾隆的命令是明确的：“不令该贡使随从人等上岸，亦不许民人近船观看。”松筠因此承担了违犯圣旨的责任，不过仅仅是允许他们在没有百姓居住的地方。对这种随便违背正式命令的做法，松筠只是在几天后才向皇上报告：“该贡使曾向奴才言及，内河船窄，久坐船内易生疾病，意欲间或登岸随舟行走几步等语。奴才因其所请尚近情理，业已饬知管船员弁只许伊等白日在沿堤清静地方偶尔随船散步。该贡使人等遵守约束，辞色之间颇知感念。”乾隆同意了这个建议。

托马斯记下了这个建议的局限性：“在离天津上游1英里处，我们停了半小时。我们在与一所寺院毗邻的一个小花园里活动一下双腿。”在穿过天津时，英国人又重新被关进了帆船。

马戛尔尼有了信心，便又提起他的使命的“主要宗旨”：“使英国商人得到皇帝的保护和厚待。”

---

① 这是对长麟10月3日自舟山送出的报告——途经北京——的传闻。

松筠急忙回答说皇上已下令要宽容对待所有在广州的欧洲人。马戛尔尼还想知道得更多一些。英国商人是否能了解皇帝赋予他们的权利？尽管松筠随身携带着大量图书，但他似乎不理解“权利”这个概念。马戛尔尼坚持问道：商人们是否还会不经说明就给课以越来越重的关税？他说：“如果不停止这种敲诈勒索，每年有60艘大货轮驶入广州的英国贸易今后只得放弃。”

松筠答道：“要知道，税率随时要根据情况作些调整。”他承认东京湾和西藏的战争加重了征税。现在战事已经结束：和平应当使税收减轻。

终于进行了一次真正的对话

马戛尔尼在日记中没有写他还谈了英国追求的其他目的：为它的贸易开放新的口岸；拥有第二个澳门。马戛尔尼认为：除了英国自己开辟商埠外，别无出路。而松筠则认为除了为葡萄牙开辟的商埠外，没有其他进入中国的通道。无论是宁波、舟山、天津，还是其他地方都不会允许通商。特使应该去掉一切幻想。①

然而，自从马戛尔尼来到中国以后，他第一次感到是在进行一次真正的对话。他可以像一位大使在欧洲某个首都一样花上几个小时同一位国家要人讨论他的事务。

能在好几个星期中接近6位主要大臣之一、乾隆和和珅的日常谈话者，真是意想不到的收获！他现在终于能够谈起他出使的具体目的，而不是听凭别人安排，成为一次表示效忠的低三下四的行为。

错误的“使命”——依中国人之见，即完成礼仪的使命——完全结束了。他可以开始进行实质性的谈判。真正的“使命”——按西方的见解，就是现实的使命——开始了。

① 我们是通过松筠给皇上的奏折得知这部分谈话内容的。

第五十一章

天朝文书

（1793年10月11日—15日）

延缓执行圣旨者杖五十。逐日增加，可至杖一百。

《大清律例》

松筠竟迷住了马戛尔尼。特使为在热河和北京时他未作为中间人而直遗憾。勋爵也一度想过：“如果他是在愚弄我呢?”“不会的，他表现出真诚和友谊。他要是不真情实意，那他就是世上头号伪君子。”他必定具有很大的魅力。十几年之后，他当了广州总督，他仍然迷住了东印度公司的代理人托马斯·斯当东爵士，当时他已长大成人，并称松筠为“好朋友”。

天朝文书表明马戛尔尼对正直的松筠和讨厌的徵瑞所作的区分完全是想象出来的。英国人天真地认为天朝官僚机构是由好人和坏人组成的。好人帮助伦敦的意图的实现，如直隶总督、梁肯堂或大学士松筠；坏人则极力使伦敦的目的实行不了，如钦差徵瑞或福康安将军。然而从他们的奏折看出只有神圣陛下的臣仆，只是分寸不同而已——因为还有“方式方法”的问题……

当西方人在20世纪同极权制国家打交道时，这种幻觉仍然盛行：他们试图不断地从中区分出“鹰派”和“鸽派”。这些政权则维持这种神话。

“十足的伪君子”？如果说不泄露密令就是虚伪的话，松筠确实是个伪君子。他避而不谈他受命在必要时动用军队弹压英国人之事。但是他也奉命“不要稍露形迹，致涉张皇”。要严守秘密：让夷人自我暴露，而自己则什么也不要泄露。

但是最后档案暴露了一切。在读过英国对这些交流的说法后，我们现在来看看中国的说法。先是用套皮头花剑进行的绅士式的细腻的决斗，到10月

11 日给松筠和有关督抚下达了下面的谕旨：这就是大刀砍杀了。

“原船当在定海停待调治患病之人。并查出从前该国夷人曾在浙江贸易，现已密行晓谕铺户[1]严行禁止。该贡使等经赴浙江乘坐原船回国，较为简便，较之赴粤可省过半路程。松筠务须会同长麟妥协办理，勿任借词稍有逗留。

“夷人等欲在宁波置买货物一节，惟当凛遵约束，按例置买茶叶丝斤。长麟查出从前乾隆二十一年该国夷商曾至宁波贸易拖欠铺户银 1.5 万余两未偿，已密谕铺户等以前事为鉴，毋庸与之交易，借可杜勾引之弊。此事向未闻之，长麟所查甚为周细。

“若该贡使等向松筠恳请置买物件，当谕以尔等夷船现在宁波停泊，已准就近酌买茶叶丝斤，其沿途经过地方不得再行买物，致违天朝体制。

“浙江人郭姓从前曾经勾结夷商，今已病故，伊子郭极观已经严行管住。著即派要员伴送由别路进京备询，不必全带刑具。”[2]

还算运气。可怜的郭。

皇帝与奴才的对话

松筠 10 月 13 日从天津回复这个诏书时详细叙述了前一天他与马戛尔尼的谈话内容——英国人认为这次谈话非常鼓舞人心。他的陈情书将在 15 日被荣幸地加上朱批。

“该正副贡使免冠屈膝恭聆恩旨，口称我等曾于何地上船放洋事踌躇再三……今蒙传旨知浙江留船俱未开行，我等寔感激不尽。

“该贡使出至舱外，复转入舟中向奴才述称：‘我等意欲沿途经过镇市买些物件。’该夷使贪冒成性。

——小器可笑。朱批写道。

“奴才当即遵旨，谕以内河经过地方，天朝体制，此等处贸易商人向不与外国交易。

——所阻止甚当。乾隆批示。

---

① 在那些没有由官员任命并控制的公行作中介的地方，一切企图与外国人打交道的商人都是奸商。他们不仅破坏帝国的制度，而且都犯了叛国罪。

② 套在犯人脖子上又厚又重的木板，通常还用铁链锁住双脚，以防他逃跑。

“该贡使听闻之下点首凛遵尚知感畏。奴才经过各处时亦总不令该贡使随从人等上岸，亦不许民人近船观看。

——好。圣上指出。

“奴才到浙会晤长麟即催令放洋回国。不令与牙行铺户人等经手，致启奸商勾结之事。

——甚是！不可姑息，皇帝强调。”

这不是一份报告，而是给皇上的一面镜子。乾隆喜欢在其中见到自己的形象。与此同时，还有奏折呈给皇上。一份来自广州，出自巡抚郭世勋之手，送到北京时是10月底：“一得该贡使等到境消息，即派拨文武大员多带员弁兵丁列营站队，旗帜甲仗务令严整以壮观瞻。夷人性情诡谲，难以深信。俟其到粤时，如有妄行渎请之事，当严加驳饬。”

第二份是两江总督长麟的奏折，它将于18日送到北京：“江南境内营讯墩台已饬预备整肃，足壮观瞻。臣复密札经过所属道府将备不动声色，严肃弹压，俾该贡使知所畏慑，不敢少有逗留。臣仍遵旨不与该贡使接见。”

为了驱逐这些讨厌的人，一切都已准备就绪。在巴黎，办事更为迅速。玛丽—安托万内特[①]的案子10月10日开始审理。而16日她就上了断头台。

① 法国国王路易十六的王后。——译注

第五十二章

劳动和日常生活

（1793 年 10 月 17 日—18 日）

四民之中，惟农最苦……水旱、霜雹、蝗蝛间为之灾，幸而收成，公私之债，交争互夺。谷未离场，帛未下机，已非己有。

司马光，11 世纪

10 月 13 日，当英国人回到天津时，比去的时候吸引了更多的人。他们挤在河的两岸。霍姆斯估计有 200 万人。使他感到惊讶的是一个手持鞭子的士兵，甚至只要见到官员就可为使团开出一条路来。“中国百姓一声不吭，便让出一条通道。他们习惯于这样完全顺从，稍有违抗就会即刻遭受十分严厉的惩罚，所以他们从来不敢进行任何抵抗。”

丰盛的食品摆放在丝绸和锦缎的桌布上。它们很快就被搬到船上。进城后不到 3 小时，船队就又重新出发了。

两头母牛和英国茶

途中，一只帆船里上了两位不速之客——两头母牛。在中国，除了鞑靼地区外，牛奶仅用来哺乳牛犊。然而英国人却喜欢在他们的茶杯中倒上少量的奶。他们现在有鲜奶了。

在被粗暴地撵走后，如此的体贴使马戛尔尼陷入了沉思。“难道这正是因为他们想让我们空手而归？”这一时的清醒并没有持续多久：“也许他们开始意识到自己的错误，并希望转变态度？”松筠显然取得了极大的成功。

出了天津，船队避开他们来时走的左边那条河流；他们取南边一条更大的河道，即把收获的粮食作为贡赋运至皇帝粮仓的“运输之河”，这条河也叫“御河”，它是雄伟壮观的南北交通要道、统一中国的大动脉大运河的第一段。

10月16日，小斯当东写道：“该地种满了树木，村庄点缀其间。河流蜿蜒曲折。两岸呈坡面形以防水灾，由于地面比河面低，水灾还是经常发生。”天文学家写得更为具体：“河流蜿蜒曲折，有时绕成一个完整的圆圈；由于水运非常繁忙，船只给人以漂在陆地上并通向四面八方的奇特印象。”

由于水流湍急，每条船20来名纤夫还得使出很大的劲。河岸逐渐增高，绿树成荫，煞是好看。村庄秀丽如画，田园规划整齐。每隔三四英里便有一条小运河通向内地。

岸边有兵士列队欢迎英国人：“兵站之间仅隔数英里。他们保护来往客商免遭盗匪的袭击。”这是一连串兵站中的头几个。事实上，盗匪的历史同中国的历史一样悠久。我们的一位传教士说：“偷盗行为很多，但是很少发生为掠物而杀人的事。”巴罗说“有时大群盗匪威胁到人口稠密的城市”。根据传统的说法，冬季不利远行，因为沿路盗贼猖獗。而有了兵站，盗贼就得谨慎行事。

朝廷惊慌

英国人试图从甲板上捕获有意义的景象，以逐渐构成他们对中国的看法。他们的观察随着纤夫缓慢的速度而移动。在此期间，中国的官僚系统却忙碌不停，信使策马加鞭，文书往返不断。皇帝激励高级官员提高警觉，后者则回答：“时刻准备着！”

这就是10月15日的情况。使团由松筠引导过了天津，溯御河而上。在舟山群岛，5艘英国船只仍然停泊在定海。但是，伊拉斯马斯·高厄爵士由于得不到马戛尔尼的消息——他尚未收到10月4日的信——将于第二天动身。在北京，无论是皇帝还是和珅，就像在帆船上的松筠和使团一样，对此都一无所知。

在舟山隶属的宁波府，新巡抚吉庆刚一上任便忙碌起来。他的前任长麟已经上路奔赴广州担任新职，但突然又中途折回：乾隆要他回到浙江帮助松筠和吉庆监视使团在舟山启程。

10 月 15 日这天，皇帝向官员又下达了新的指示。要不断保持压力。他在拿破仑之前就笃信“最有用的修辞法就是重复”，他不厌其烦地重复他的命令：

“该贡使等见小贪利实为可笑。尔等需买茶叶、丝斤业奉恩旨准在宁波置买，外夷在内地购买物件，若令其自行交易，诚恐人地生疏，铺户等不无居奇苛刻，且奸商市侩易于暗中勾结，是以不得不派员为之经理。但伊等贸易之事，若竟官为经手与之购办说合，则似伊等私事官为承办，不足以昭体制，惟当令派出官役带同铺家持货至贡使前，令其自行交易。

“不妨令该贡使等在船顺道观览，俾知天朝富庶，只须留心防范，毋使借词登岸逗留。[①]总须于严切之中仍寓怀柔，俾其知感知畏，方为得当。”

这个计划庞大，但不论是在引起畏惧，还是让人感激方面都没有达到目的。

同一项命令还解决了悬而未决的人事问题：“直隶原派道员乔人杰、副将王文雄照料该贡使团较为熟悉，一同至浙，可期得力。徵瑞可庸令其前往，批谕松筠自行酌定。”

实际上，他在进入山东省界时，悄悄地没有告别就离开了英国人，英国人当然也不会对他唱任何挽歌。

任何商人都要受到怀疑

第三天，10 月 17 日，从浙江送来新巡抚吉庆 10 月 13 日发出的奏折。乾隆加了朱批。以下是皇帝和官员的对话，后者显然很积极。

吉庆：该夷船五只现俱在浙等候并未开行。

乾隆：好。

吉庆：臣至沿海地方严防口岸，振作营伍，备蒙圣主训谕周详，无微不烛。除预备贡使过境饬属，整肃军容，俾知畏忌；并商同提督镇诸臣督率将备认真操演水师。其各岛屿形势，将来夷船若至宁波等处私行贸易，自应即行驱逐出洋，断不容令其登岸。如有内地汉奸勾引，尤应严行禁绝。

乾隆：是。此宜与松筠酌办。

---

① 正是由于一再强调这条禁令，松筠才下决心承认他放宽了命令。

吉庆：臣伏思汉奸勾引之由皆系贸易渔利而起，现经长麟奏明查禁商侩经纪人等交通买卖，臣复加申禁。

乾隆：因其（长麟）细心，令其回浙，三人同办，自然诸事合宜。

吉庆：臣固不敢稍存疏懈，亦不敢过涉张皇，以致内地民人心生疑惧。

乾隆：更是。

10月16日，当“狮子”号违背了皇帝和使团的共同愿望离开舟山时，英国人就这样开始了他们的内河航行。马戛尔尼从北京发出的信件，由于检查而被耽搁，尚未到达“狮子”号；而朝廷的反应过慢——直到8日才下令——，因此命令未能及时传到锚地。

阿瑟·扬的农艺问题

这位18世纪的英国人热衷于进步；尤其是农业方面的进步。他时刻窥伺着新技术。在这方面中国享有无穷的声望：大家知道这是个富饶的菜园和粮仓。

阿瑟·扬交给马戛尔尼一份关于中国农业和地产结构的详细调查表。在法国大革命前夕，这位著名的学者曾对法国农村进行过观察；他现在想了解中国的土地租约、耕地面积和作物产量。如果可耕面积的收成比欧洲高，为什么穷人还要吞食老鼠、狗和动物尸体呢？专制政权能够促进农业发展吗？规定价格难道不是缺粮的原因吗？他们用什么工具耕作土地？他们如何拉犁？如何提水进行灌溉？养蚕种的是何种桑树？他们如何施肥？粮食如何脱粒？这位知识渊博的人士提出的更为叫人吃惊的问题是有关一年剪两次毛的陕西绵羊，给人口稠密地区造成困扰的大象，用来改良土壤的穷人的尸首……

当乔治爵士看到中国种植小麦的完善方法时，他的惊愕程度不亚于阿瑟·扬在4年前见到法国种植小麦的落后状况时表现出的惊讶程度：“土地干旱；然而小麦长势良好，已有二英寸高。种子被撒在由播种机划出的整齐的垅沟内，这种方法英国不久前才试用。”中国人不采用用手撒种：撒种者的漂亮动作会浪费过多的种子，以致“麦苗有些地方长得过密，而在别的地方又长得过稀”。

“一位使团成员估计中国使用播种机节省下来的粮食足够养活英国全部人口。”先把这种估计一笔带过——使团里不乏专家学者。这种估计尤其突出了联合王国和天朝帝国之间极大的人口差异……

如此多的小麦——却没有面包。至少没有我们那样的面包。但是有馒头，它的形状如同圆的炸糕，是用蒸水蒸熟的。我们的英国人大为吃惊地发现：在马可·波罗500年前带回制作的方法后，中国人，尤其是北方的中国人仍在食用面条、通心粉和细面条。

小土地所有者的喜悦

斯当东观察到中国人感到为难时就笑：我们称之为“苦笑”。不过，他在这里找到了一个经济学的解释：这也许是一种“小土地所有者的喜悦”。这是指责英国通过兼并而形成的大土地所有制的大好机会：“收获给农民带来了喜悦；他们似乎了解到只是在为自己而劳动。大部分农民是自耕农。在他们中根本看不到那种贪婪的英国大地主，后者通过垄断和狡猾手段企图使可怜的佃农破产。”

简直可以说这是一篇竞选演说。远方的谎言拆不穿：许多中国农民实际上是佃农，他们只耕作几十亩地。这实在是仓促下结论的危险之处。斯当东贬低他所非常熟悉的英国社会。他把中国的农村理想化了，但他却只是个匆匆的过客。用一句中国谚语来说，他是在“走马观花”地看这些农村。他周围的中国官员肯定会让他保持这些有利于中国的见解的。

无论是马戛尔尼，还是斯当东都没有觉察到18世纪中国的贫困化。仅在乾隆统治时期，中国的人口几乎翻了一番，甚至还多，在60年里从大约1.5亿和1.8亿之间跃至3.4亿。

无论耕地面积，还是生产力，都没有相应地跟上。在1685年，人均耕地为三分之一公顷——即维持生命的最起码的数量；到1793年，人均耕地降为七分之一公顷。中国人试图用越来越集约的经营方式来应付挑战：手工插秧，灌溉，刨茬子。这是维持生命的问题。农民越来越穷；起来造反的人越来越多。所有这一切都小心翼翼地向马戛尔尼隐瞒了。他见不到人口过剩和已经出现的不发达状况。吃的已不仅是粗茶淡饭，而是吃不饱的问题。他看不到在中国不像在联合王国那样，人口的增长同经济的发展相吻合。在西方，确实发生过工业革命初期贫困加剧的现象；但是，随后贫困消失了。在中国，在人口膨胀和停滞不前与仅局限于农业的生产间有一条鸿沟：它反映了中国社会已卡住无法前进了。马尔萨斯认真读了斯当东的书，很好地提出了这个问题。1793年，中国尚未遭受大的动荡；但是，它的繁荣已经结束：这是衰落前的鼎盛。

斯当东自欺欺人。小土地所有者的喜悦吗？他似乎对高利贷的危害一无所知。尽管毛泽东的史学界对此大加夸张，但这些危害确确实实存在过：放高利贷的官员、土地霸占者造就了这些无地的农民群众，使他们站在太平军、义和团，后来是共产党的一边进行斗争。

英国人“轻信”了官方的说法：即神授的君权保证所有人享福。而传教士后来读到斯当东的记叙时，对他仓促作出的某些判断不免挖苦起来。他没有看到人民遭受着越来越多的不平等，这就导致出一个越来越警察化的体制。社会的动荡不安足以说明旗人为什么惧怕对外开放：乾隆及其官员出于集团的利己主义只是害怕失去他们的绝对权力。

官员们不能自主，他们被关闭在如同蜂巢般的不可改变的结构中；而他们也禁止自身之外的任何自主：不能让一个商人、一个种植者去干任何违反囿于陈规戒条的官僚等级制度所规定的事。当马戛尔尼发出了西方入侵的预报信号时，帝国的领导集团——即善于组织为自己服务的文官政府的军队中的少数旗人——处于守势。除了通过无节制地征收欧洲商人的税收使自己致富外，中国没有对付欧洲的战略……

看鸭子的小女孩

当斯当东不想提出什么理论而一味描写时，也许我们可以对他表示更多的信任：“村里的房屋为了避寒都由一层厚厚的高粱秸搭成的篱笆围着。墙是用经过太阳晒干的土坯或抹上黏土的柳枝做成的。屋顶上盖的是稻草或带土的草皮。屋间用隔扇分开，上面挂着画有神像或写着格言的屏联。”

每座茅屋前都有一个菜园子和小饲养场，“人们饲养猪和家禽，特别是鸭子。人们把鸭子腌上晒干，然后送到大城市的市场上出售。人工孵鸭蛋长期以来就是中国人的拿手好戏。”

在中国，看守鸭子的小女孩同欧洲传统里的牧羊女一样普遍。巴罗在往南一些地方看到一个奇特的景象：“人们通常让孩子放鸭。一条船上数百只鸭子挤在一起，它们听从哨声。听到第一声哨，它们便跳入水中，再爬到岸上；听到第二声哨，它们又回到船上。”

今天同昔日在满清统治下一样，中国农民住的是破砖房或用木板和土坯建的简陋小屋，房顶上铺着茅草或瓦片；还有人穴居在黄土窑洞中。我们的旅行家对饲养场和农作物的描述似乎也适合人民共和国的公民。两个世纪的动乱竟未能改变一幅具有千年历史的图画。

看不见的农村漂亮姑娘

坐在家门口用纺车纺棉花或忙于收割的村妇都长得粗犷。无法将她们同男人加以区别："她们的脑袋又大又圆；她们的身体完全裹在宽大的长袍里。她们穿着肥大的长裤，从臀部一直拖到脚上。"

旅行家们略作解释："这个国家里有着这种习惯，它使得生活在社会下层的美女越来越少。富人或地位显赫的人把所有 14 岁的漂亮一些的女孩都买走。使团的几位主要英国人都见过几个这样的少女。他们十分欣赏这些美人的红润面色和优雅的风度。她们不必在田野里劳动。"最近的研究证实了这个习俗。

留在农村的妇女是经过这种筛选后留下的大量剩余物资。

第五十三章

“破坏夷船”

（1793年10月18日—20日）

置身这布满设防城市的平原地区，人们还以为是在荷兰。冬天临近。托马斯写道：“谷物由于寒冷已停止生长。”据马戛尔尼的记录，这里温度变化很大。他认为这是中国人死亡率高的原因。他也在估计通过出售质地高的英国羊毛可获得的利润，以及通过贸易刺激经济发展可为中国人带来的好处。

王大人和乔大人承认在这些省份经常有穷人冻死：冬天对于数以千计无过冬的寒衣的穷人来说是个致命的季节。“他们家里没有炉灶；有时在屋里生个火盆，但散发出的暖气持续不了多久。”今天仍是这样：冬天，中国人宁可多穿衣服而不生火，他们通常穿两件，甚至四件毛衣。

河流不穿过城市或村庄，因为怕它们泛滥。城镇建设在离它们较远的地方。经过一星期单调的旅行，天文学家感到了厌倦：“与罗纳河或泰晤士河相比，从船上见到的景色十分单调。”小斯当东则对一切都感到好玩：“我们从未见过一条河流像这里一样蜿蜒曲折。”

惟一出的事故发生在拉纤的途中：“中国官员强迫一大批人来作拉船溯江而上的苦差使，但给的报酬很少。因此，许多人都跑了。官员喜欢在夜间换班，这样可以让正在酣睡的村民无所准备，把他们像在窝里的兔子一样抓走。一个头头手执鞭子，让村民们俯首帖耳，就像对待安的列斯群岛的黑人一样。”

10月18日，英使一行到达德州，受到士兵列队欢迎。岸上乐声震天，旌旗飘扬，灯火通明。

在蓝布衣服下

这天，托马斯写道：“今天早上，我们进入山东省。在省界，鞑靼族钦差和另外几名官员离开了我们，又来了几位顶替他们。”山东至今还是最富裕的省份之一，然而也是人口最稠密的地区之一；当地人离开本地前往关外寻找比较宽裕的土地。

这天正值满月。“整夜都在进行宗教庆祝活动：炮声，喧闹声，音乐声，100多面大鼓响彻云霄；还放焰火和烧香”。巴罗还嘀咕说：“这些音乐中，谁的乐器发出的声音大，谁的演奏就越有价值。”赫脱南认为“中国人缺乏音乐感”。这也正是中国人对使团里的乐师的看法。

在河的两岸，小麦、高粱和烟叶的种植面积很大。托马斯记道：尤其英国人看到的一望无际的棉花地。但由于大部分中国人都穿布衣服，中国的棉花生产尚不能满足需要，所以要从孟买进口。这是东印度公司进行官贸易的最重要项目，公司用棉花来换取从中国运往欧洲的茶叶、丝绸和瓷器。

斯当东进一步指出：“在棉田附近种有靛青植物，它的颜色用来染棉布，所有老百姓都穿着蓝布衣服。”人们是否还记得，1956年《世界报》记者罗贝尔·纪兰大胆地把中国人比作为“蓝蚂蚁”，因而激起了我们的知识界的义愤？萨特和博瓦尔把这一小批人带到互助大厅，对这个肆意侮辱英勇中国人民的无耻之徒进行了猛烈的抨击。他们当时并不知道自古以来中国人就身穿蓝布衫，并心甘情愿地自称“蚁民”。此所谓：“吾自卑贱吾自愿，然勿容人欺。”

乾隆年代同明朝一样，蓝布衫已经成为劳动大众的制服。在革命后，这种穿着更为严格，发展成所有人都穿得一样。直到邓小平上台后，穿蓝布衣服的人才少起来，尤其是在夏天，先是女性，然后是男性也纷纷效仿，中国的服装才进入了一个绚丽多彩时代。

腐烂的尸体

马戛尔尼记道：在靠近大城市的地方，河流沿岸都有占地很多的公墓；这种对死者的敬重给斯当东留下了深刻的印象：“天津城后有一块一眼望不到边的沙土平原，上面布满了小坟堆，其数无法估计。这是一块公共埋葬地。中国人十分尊重死者，地面上只要有一点葬过人的痕迹，别人就不敢在那里再挖一个新坑。”

事实上，破坏坟墓会引起鬼魂的愤怒。中国人就是害怕游魂。中国的文学作品中有大量关于冥间孤魂野鬼来纠缠子孙的事。活人也可以报复：古今中国都有捉弄恶鬼的故事。把棺盖揭了，鬼就无法再回到棺材里去了。有的鬼专门纠缠家中的男孩，因此就把男孩打扮成女孩来骗他们……

霍姆斯嚷道："他们埋葬死者的方法使我们感到厌恶。"如何来解释这点呢？奇怪的是，中国人的坟地并不总像他们的花园那样照顾得好。"有时能见到数千具棺材完全打开着，里面的尸体已腐烂。有些棺材只有一半埋在地里，另一半上面盖着稻草。"这些无人管的死者都是穷人，他们的后代——如果他们有后代的话——没有钱为他们修一座像样的墓穴。可怕的悲惨景象。

在迷信和崇拜之间

马戛尔尼注意到"民众极其迷信。他们严格按照吉日和凶日的划分办事。许多中国人，甚至最有地位的人，都参与算卦、看手相和占星术"。

巴罗说，算命者在各省串来串去，挨家挨户地为人算命，以此谋生。"他们到一个地方先吹笛子。任何需要算命的人就把他们请到家里。他们先问要算命的人的生辰八字，然后便为他占卜算命。"斯当东嘲笑说："（中国人）同意大利人一样迷信。"这同欧洲人心目中的具有儒家智慧的中国人这一形象完全不同。又是一个神话破灭了。

中国人日常生活中总有一些驱凶择吉的做法。什么做法呢？比如一对逃跑的恋人爬上房顶，手里拿着一炷香，"以便驱走讨厌的鬼魂"；又如关心地提醒死者，当有人给棺材钉钉子时，不要被槌子的响声吓怕。或建造之字形的桥，以使恶鬼撞上栏杆而跌入水中……

希腊人在死去的亲人嘴里放一枚钱币以便支付过冥河的通行税。中国人则把一颗玛瑙或玉珠放入死者的口里，为的是让他顺顺当当地进入冥府。同一个风俗被传了下来。

简朴而好赌

马戛尔尼发现越往南走人口密度越大。"大量妇女混杂在男子之中；漂亮的不多。她们完全同男人一样在地里干活。"这是劳动时的平等，一种不间断的劳动："中国人没有固定的休息日。他们的繁重劳动不允许中断。"没有星期日；很少有停工的节假日。

这种看法并不是一种批评。当时的现实是最新派的欧洲人希望平民不停地工作。某位工业资产者于1793年写的一篇陈情书中说：“我们常常为泛滥成灾的节假日而叫苦不迭。”这是宗教改革运动和反改革运动以来一直有的陈词滥调。“如果允许在这些日子里工作，一切都会好得多。现在是男人酗酒，而牲畜在挨饿。如果仅在星期日和一年的四个节日里不干活，我们的家庭将会太平得多。”

巴罗很欣赏中国的节日少，并过得很简单：“新年以及连着的很少几天是民众仅有的节日。那一天，最穷的农民也要让自己和家里人穿上新衣。每个人都去亲戚家串门。”

这种格勒兹[①]式的看法是否有点田园诗的味道？皇帝利用新年举行亲耕典礼，百姓在这天大吃大喝。他们用犀牛角制成的酒杯互相为健康而干杯。“大家互祝寿比南山——万万年！”“如胶似漆难分离。”

但是，熟谙本国民众嗜好杜松子酒和啤酒的这位伦敦人通过对比不无道理地认为中国人“朴实并讲道德”：“比起同一工种的欧洲人来，中国人更能长期坚持工作。他们很早就养成良好的生活习惯。父母监督他们的时间很长。他们早婚，很少有放荡的邪念和染上那些影响生活源泉的可怕疾病。”这又是多少有点理想化的看法。中国人也爱喝酒。

观察别人也是在镜子里照自己的一种方式。斯当东的清教主义并没有受到儒教的诱惑，而是要帮助自己说教。同一时期在广州对中国人进行观察的一位法国天主教徒提出同英国新教徒一样的结论：“持续不断的劳动保持了中国人的体力，并防止他们受到情欲的缠绕。他们不知爱情；野心在他们身上几乎见不到；贪财是普遍的，但是它刺激竞争，发挥技能和促进工作。”

不管怎样，儒教留下了无法消除的痕迹。尽管毛泽东时代的寺院式的严格控制放松了很多，最近中国当局仍自豪地宣布在中国除了外国人外没有发现艾滋病例。

然而，中国人有一个恶习：赌博。巴罗指出：“中国人在分手前总是试图通过完全凭偶然性的赌博来碰碰运气。”这个例子经常被人引用。古伯察神父也曾提到：“帝国的法律禁止赌博，但是执法根本忙不过来，以致中国就像一个巨大的赌场。”

中国人也强调指出这一民族特性：“多少人因赌钱倾家荡产，堕落变坏，

---

① 格勒兹（1725—1805），法国画家，许多作品反映道德说教的主题。——译注

种下了祸根。”

宁波的潜水破坏者

10月20日，皇帝又记下了与松筠文书来往的日期：

“九月十一日又寄信松筠等，令暎咭唎国使臣在船顺道观看，谕旨系由六百里发往，约计十三日可以接奉。若即具折复奏，约十八九等日可以奏到，至松筠需十月半前方能抵浙，与长麟等会晤。所有交办事宜，若于十月二十日前具折复奏，约于十月底可到。”

皇帝就是这样在他辽阔的帝国监视着有关他的命令、被撤销的原命令、对前者和后者的反应以及一切执行情况的书信交错往来，考虑着坐船或骑马送信所需的时间。真是令人难以置信的机构……在某种意义上，欧洲迷恋中国是很有道理的：有哪个国家能比中国治理得更为精明呢？

同一天，乾隆收到了长麟10月16日的奏折，当时他尚未收到让他折回舟山的命令，仍在去广东的途中。根据5日颁布的谕旨，他下令沿海各地处于戒备状态。以下是“奏折和朱批”之间的对话，即中国官员和皇上之间“远距离会议”的记录：

“暎咭唎国以僻地远夷目睹天朝法制森严，谅不敢妄行滋事。今既蒙皇上烛照夷奸，自应预为筹备。臣思水师所恃者弓矢枪炮，而夷船亦复枪炮具备。似宜另筹一制胜之道，俾其所知凛畏。①臣于本年夏间访知宁波府素有疍民能在海水数丈之下寻觅什物。②此等人若能招募为兵，虽无别技可用，即其入水锯舵，俾匪船不能转动而攻取操纵，悉惟我用。

——备而不用可也，想不必至此。皇帝批曰，虽带鼓励语气，但又十分谨慎。

“似亦水师制胜一端。臣屡次谆嘱知府克什纳设法招募，惟此等人情愿入伍食粮者甚少，缘伊等捕渔较入伍食粮之利多。

——自然。

---

① 一位高级旗人大官不可能说——真是可悲！——英国人占绝对优势。他的意思是双方大体势均力敌，任何一方都未拥有决定性的优势——而这正是潜水破坏者可能给中国人带来的东西。

② 1丈等于10尺，约3.3米。

“但以臣愚昧之见，水师营内果得此兵，是一兵，即可作数兵之用。每招募一人即给予双份战粮。

——亦恐不副其愿。

“如有拨给别省别营者每名给予安家银二十两，如此办理则疍民自必贪利踊跃弃业归营，是不惟可以制胜夷船，亦于平日海洋捕盗大为得力。臣言是否可采恭候圣明训示。”

在中国这个完全靠习惯办事的国家里，一名巡抚明白他不能主动去破坏外国船员。至于皇帝，他一方面不阻止巡抚去训练疍民，另一方面也明白自己的责任，所以让对方在接到自己的明文指示前不得采取行动。多么好的一堂国家管理课。

第五十四章

"皇上对任何变化都表示怀疑"

（1793 年 10 月 21 日—23 日）

10 月 21 日，冬天降临。托马斯写道："在夜间甚至结了冰。"马戛尔尼对皇帝给国王的两封信进行了一番思索。为什么第二封信要拒绝一个关于布道自由的虚构的要求呢？既然松筠不规避问题，那就应当同他一起对这封言词严厉的信作出满意的解释。

他与松筠首先谈的是敕谕里有关把英国的要求归咎为大使个人提出的那些措辞。他这样说就超越了他的使命的权限：对于一位使臣来说，还有什么比这更令人生气的了呢？松筠让亲手抄写皇上给国王信件的书记来回答。这位年轻的官员解释说，这是朝廷对不能予以满足的要求采取回避态度的一种技巧：根据中国的礼貌，不能让外夷国君遭到拒绝。"在这种情况下，就认为从来没有提出过这个要求；或者责使犯了主动提出这个要求的错误。"马戛尔尼则不管这解释："在土耳其人进攻时，路易十四本人不是主张不是对任何人都可以申辩荣誉攸关的事的吗？"对于马戛尔尼把自己比作路易十四，我们并不感到过分惊讶。但有趣的是他把中国人比作土耳其人。

对于第七项自由——布道自由——，松筠回答说朝廷认为英国人同其他欧洲人自然一样，也是自己宗教信仰的热心传播者。马戛尔尼反对说：英国王室对中国人改变信仰问题毫不在意；在广州的英国商人从来没有司祭相随，使团也是如此。传播信仰同他们不相干。

马戛尔尼重新谈起第一份敕书，他感到吃惊的是里面的主要内容竟是设法拒绝建立常设使团的建议。为什么不提贸易问题呢？而为什么第二份敕书又怀疑英国人谋求特殊利益？"所有的欧洲人都抱怨广州当局对他们作出刁难。"需要尽快解决这种情况，否则贸易将濒临绝境——而中国将为之后悔。勋爵反复谈这事。不是只有中国人才一再重复其主人的话。

松筠安抚马戛尔尼："陛下的敕书仅仅是重提一下帝国自古以来的惯例以

及皇上严格遵守它们的决心。皇上对于任何形式的变化都充满了怀疑。他拒绝英国的要求是因为它们将会招致他无法接受的革新，但是这对英国的利益并不意味着有什么恶意。相反，人们将很快可以看到陛下对在广州的英国人非常友善。”

另外，中国政府的制度给总督留有相当大的主动权；具体说，作为皇亲国戚的长麟在广东能左右局势：他的廉正和礼貌应当给人留下极好的印象。他受命结束外国人在广州遭受的一切不公正待遇。

马戛尔尼抓住了这个机会。难道不能把这些好话白纸黑字的写下来吗？他一心想把一份中国的承诺带回伦敦。松筠提出礼节问题加以反对。使团的使命已经结束：朝廷和特使之间不能再进行任何书信往来了。

松筠拒绝了客人的要求，但又设法要宽慰他一下，就引用了从收到的书信中摘出的一些恭维使团的话。朝廷给松筠一方面下达严厉的可以在必要时使夷人“胆战心惊”的指令，但这些由松筠自己掌握；另一方面，要求他对夷人表现得客气，这样可以使“他们感激涕零”。因此他强调皇上的“善意”，如准许英国人在舟山护理他们的病人，并在宁波以优惠的税率购买东西。

马戛尔尼在敌对国家活动，而他的陪同却受命要他相信天子对他“关怀备至”，翻译敕书的神父这样写道：“usque ad blanditias”（爱抚备至）。

“我们提出了过分的要求”

听了马戛尔尼的说法，我们再来听听松筠的说法：同一事实，两种看法。事实是：两个人交谈，中间只隔着一杯茶。看法是：正好相反的两个世界。马戛尔尼自我汇报，他分析，思考，探索。松筠则向其皇上汇报：他要给反映亘古不变的秩序的长诗再加上几段。

“奴才松筠跪奏为奏闻事。

正副贡使同通事至奴才舟中，据称：‘我们屡受大皇帝恩典；我们所请各条原是不知天朝体制。恐国王怪我们的不是。’

“奴才遵照敕谕指示各条详晰大皇帝于各外国不谙体制之事必据理指驳，尔等不必过虑。

“复据称：‘我们偿后来所请各条原是我国王之意。’奴才因思此条若不向其恺切说明，恐又生枝节，即谕以：‘大皇帝不忍在尔国王处遽加显斥，以保全尔国王颜面，这是大皇帝鸿慈俯体。若是尔国王将来复以己意另具文呈递，必致上干斥责。’

“伊等点首会意，据称：‘惟敕书内指驳行教一条，我等尚不甚明白。我等……并不敢说要咦咭唎国的人在京行教。’奴才当即告以：‘中国自古以来圣帝哲王垂教创法，华夷之辨甚严。百姓遵守典则，不肯妄为致惑异说。’

“该贡使等听闻之际意甚领悟欣喜，据称：‘今见大皇帝所办之事俱按大理；敕谕各条我等如今已能解说，实在心里敬服。又肯照应我们在澳门的买卖，我等回去告知国王，国王欢喜。’”

事情就是这样……此间，倒数第二段的主要内容揭示了3个问题。首先，松筠承认马戛尔尼根本未为宗教问题提过要求，因此信上的有关内容是中国人主动提出的，目的在于预防在这方面提出任何要求。其次，这段内容驳斥了一些历史学家的论点，他们曾怀疑善良的神父在翻译时增添了内容。最后，这段内容明显地预示对布道的限制，甚至要对此进行迫害。事实上，这种迫害很快就开始了。

大运河

10月22日，船队继续前进，两岸都是棉田。河流蜿蜒曲折，在数小时内，太阳竟有20多次改变方向，一会儿在他们的左侧，一会儿又在他们的右侧；时而在前方，时而又到了背后。从临清州这个设防的大城市涌出一大群好奇的人。沿河成行的柳树和山杨比在欧洲要长得高大得多。

傍晚时分，船队离开这条河道，通过一个船闸进入一条狭窄的运河。托马斯写道：“我从未见过如此模样的船闸。”这是一条人工开凿的全长1500多公里的水道的起点，使团将沿着这条运河旅行。马戛尔尼写道：“这个天才工程的完成旨在使帝国的南北各省能够互相沟通。它并不是条完全由人工开凿的运河，而是条经过改造的河流；它大部分河道顺着一个斜坡流过，因而往往水势湍急。”托马斯23日记道：“运河穿过高处的沼泽地，两边河岸陡峭，高出水面很多。在其他地段，水流像条深沟，低于地面三四十英尺。”“我们的行进十分顺利。”

“任何改进的打算都有罪”

乔治爵士诗兴大发：“我们的帆船进入了皇家大运河，它是世界上最古老的这类工程。它流过高山，穿过谷地，还与许多河流湖泊相交。这个杰出的工程与欧洲的运河不同，后者狭窄而无激流。”他对水闸赞不绝口；赫脱南数的结果是：“在整个流程中，有72个闸。”“当一个人置身船首用一根类似桨的东西驾驶时，其他人站到航道边上，手里拿着塞满了马鬃的垫子，随时准备扔入水中以减缓冲撞。夜间，许多灯笼把航道照得通明。”

船夫通过定时开放的闸门时要稍稍交一点通行税。温德写道：“在那些大自然过分妨碍运河走向的地方，就用固定在岸上的绞盘把船拖上斜坡或平坡面，从一个河段拉到下一个河段。有15或16个人在操作；每次将船吊起再放入水中的过程不超过三四分钟。”丁维提这位讲究精确的科学家对此大为赞叹，他对操作过程计了时：在二分半至三分钟之间。

不过，斯当东尽管对这项比英国的运河早出12个世纪的宏伟工程十分赞赏，却认为中国如借鉴西方的技术就会有更大的进步。他试图在某些方面夸耀欧洲技术的优越，然而枉费心机。他失望地作出结论：“在这个国家，人们认为一切都是最好的，并认为任何改进的打算都是多余的，甚至是有罪的。”

半个世纪后，古伯察神父写道：“任何一个有才华的人一想到自己的努力得到的不是报酬而是惩罚，那他就必然会无所作为。”马戛尔尼也从精神方面对技术上的停滞不前作了解释。陈陈相因是进步的大敌。

永恒不变的种植稻米方法

斯当东描述了种植稻米的古老方法。它们至今一成未变。“河流泛滥给地里积上一层河泥。人们用黏土作埂把一小块土地围起来，然后在上面耕、耙，再把先泡在肥料里的种子播在地里。”他们利用沟渠灌溉田地。不出几天，秧苗就长出水面。“当它们长到6至8英寸高时，再把它们连根拔起，掐去顶上的叶片，再插到犁沟里。最后，用水将田全部淹没。当稻子即将成熟时，水便消失了。”6月初收早稻。“人们用锯齿形的镰刀割稻。一人用一根扁担挑两捆稻子，挑到打稻场，他们用连枷，或是用牲口踩进行脱粒。”

早稻收下后，立即准备再次播种。晚稻在10月至11月收。“这些土地同样适宜种植甘蔗。中国农民收完两造稻或一造甘蔗后就满足了，到来年春天再重新耕种。”在这期间还插入种一次蔬菜。永远不让地空闲着。

稻米毕竟是一种娇嫩的谷物。“在秧苗期，一场旱灾便会使之夭折；而临近成熟时，一场水灾将会使它遭受重大损失。最后，与其他任何谷物相比，鸟类和蝗虫更喜爱吃稻粒。”

作为向上天去说情的人，皇帝在旱灾时禁食。1689年，康熙的一份诏书回答了他的高级官员的请愿书，他们焦急地希望皇上保重身体：“朕可与他人比耶？先人而忧，后人而乐，理固宜然。近因久旱无雨忧劳过甚，以致癯弱。人或可欺，天亦可欺耶？……荷天之眷，得降雨泽。此后雨泽沾足，朕庶解焦劳也。”

现在的中国领导人可能不再禁食了。人们追捕鸟类，用杀虫剂赶走了蝗虫。但是，在康熙之后的3个世纪，乾隆之后的两个世纪，对粮中之王描写的这种情况却没有变化。真是陈陈相因的惯例。

第五十五章

无与伦比的邮政

（1793年10月20日—24日）

英国人注意到朝廷的书信来往频繁。建立在庞大的物力组织基础上的邮件传驿使他们大为赞叹。他们不像我们那样自从有了电报、电话、无线电和电传后就麻木不仁了。他们不停地计算着距离和时间，然后与英国邮政所需时间加以比较。英国人是出色的运动员，他们对优良成绩表示钦佩。"骑马送信相当迅速，通常只需10来天时间就能跑完从广州到北京的1500英里[①]路程。"

官方文书由负责军马的部门传送。大量的驿站从北京开始，星罗棋布地伸向全国。它们由"驿丞"来负责。使团离京越远，传送书信的速度就越快。前往天津途中，传送的速度是每天400里——200公里——，而南下时，达到了最高速度：600里。

根据朝廷和使团间互通的信件上的日期可以看出，一封信从京城到杭州大约需要5天。10天可以抵达广州，而使团将用80天左右的时间完成这段行程，对使团行进的路上评论的传送速度要比使团的速度快8倍。

惟有国家才能通信

英国人的钦佩被证明是有道理的：在同一时代，英国邮政创下的最辉煌的成绩远远比不上中国驿传。

当然，在中国只有官方邮件才这样传送。对于私人邮件，皇家传驿部门除了少数例外都不管，对带的信件则无一例外都要进行检查，以作为传递的代价。北京和广州的传教士之间的通信需要3个月。"通过谨慎而简便的途径"——即通过一名乐于助人的官员——，神父们得以把信偷偷塞入官方

① 合2780公里。

邮件中。但是几乎肯定要被拆开看过。

在英国和在整个欧洲一样，“邮政信件”是为所有人服务的公益部门。它确保社会的无数分支之间的沟通，而不设法进行监督。在中国，惟有国家才能通信，而且只是为自己进行；当它照顾某些人允许为他带信时，这些人已被作为人质控制在手。

为保证对皇帝的服务，中国的所有效率都越来越高。自唐朝起就是如此。在中国建立传驿制度10个世纪之后，由于法国王家邮政部门取得的最新进步，塞维涅侯爵夫人在维特雷只需八九天便能收到在布里尼昂的女儿的来信，她竟然为此惊叹不已。法国邮政部门的速度只是中国的三分之一。

马可·波罗描绘过徒步或骑马的、身上带铃的信使。满清皇帝保留了徒步信使，他们平均每小时走7公里，中间互相替换。这有时是一种可花钱找人代替的劳役，有时则是世袭的差使——尽管酬劳不高和工作辛苦：邮件送晚了或损坏了都将挨竹板子；而且无论什么天气都要赶路。

进步路上你追我赶

17世纪末期，驿站间的距离为70至100里，这就使马跑得疲乏不堪。到乾隆时，出于作战的需要，驿站成倍地增加。帝国政府买了数千匹马：每个主要的驿站甚至能有100匹。只有很少的官员有权使用这些马，如外地发生叛乱时的炸药专家等。

皇家驿站还有自己的传说。8世纪初玄宗时的绝色美人杨贵妃爱吃荔枝；而荔枝长在广东，离当时的京城长安有3000里。天子为了让她高兴，就动用了他的传驿。荔枝的保存不能超过3天，驿马必须每天跑1000里，即500公里的路程……

我们的英国旅行者多次见到这些马上驿使。安德逊为他们拍了一张快镜照片：“我们见到传驿的信差，他们迅速地沿着运河在路上经过。”信差的背上用布带系着一只大竹篓，里面封着信件和邮包。“有几名士兵护送信差，其中一名掌管竹篓的钥匙，他只把钥匙交给驿丞。竹篓下面挂着小铃，马一跑就叮当作响，成为驿使将到的信号。共有5名士兵骑马护送信差，以免遭到偷盗。中国的路上不那么安全。在英国亦是如此：1757年，朴次茅斯的邮车就被劫过。”

我们的旅行者老老实实地承认英国的落后，不少观察家对此作了证明："邮政是联合王国最缓慢的、最不可靠的传送手段：为了避免偷盗造成的损失，人们习惯把钞票或证券撕成两半交给信差，通过不同的邮政渠道寄送这两片纸。"保罗·瓦莱里认为："拿破仑的前进速度像恺撒的一样慢。"

在驿马传送邮件方面，欧洲永远赶不上中国大大领先的地位。然而，双方速度的比较将发生逆向变化。中央帝国不仅没有进步，反而在退步；而欧洲通过革新，不断地快速前进。夏普发明的光学电报在1796年启用。10年之后，蒸汽船问世。再过了20年，出现了铁路。由此开始了进步路上的你追我赶。而在这场竞赛中，不久前还领头的中国却踏步不前。

英国人要是读到竹篓里的内容，他们就不会那么惊叹不已了。松筠在他们的眼皮底下把这封信放进了竹篓："本月十三日，奴才接奉朱批奏折，并钦奉上谕，贡使等在内地购买物件令其自行交易一节。将来奴才会同长麟、吉庆遵照谕旨令派出官役带同铺家持货至该贡使前，令其自行交易。〔……〕该贡使等倍沐皇上恩待，辞色之间颇知感念。又见天朝法制森严，兵威整肃，亦颇形凛威。将来令其在船顺道观览，俾知民物康阜，更足以慰其倾心向化之忱。"

以下是朝廷的官员于10月21日放入竹篓内的信件：

"钦差户部侍郎松、两广总督长、浙江巡抚吉：

"上谕：松筠奏折，诸凡皆妥，览奏欣慰。此事松筠在军机处行走面聆谕旨，其颠末系所深悉。松筠起身时，朕复详加面谕。令该贡使等沿途行走甚为安静，能知小心畏法自无虞其耽延，但其人心志诡诈，总宜持之以法不可犯，毋任使巧。现据吉庆奏于初五日已抵浙任事，长麟因其细心亦已有旨令其回浙同办。计松筠于十月半间可抵浙江。如该贡使等置买茶叶丝斤完竣，限其上船开行回国。固属其善，倘该贡使等尚有藉词逗留之处，想松筠等定能面为晓谕，词严义正，饬令即行开船，该贡使自必凛遵。钦此！"

第五十六章

“迫使中国人挨饿”

（1793年10月24日—28日）

中国人确实是个奇特的民族；但他们也是用和我们相同的物质构成的人。他们不信任外国人；不过，他们难道没有理由这样做吗？

马戛尔尼，1794年1月

眼前不再是积满淤泥的平坦地区了。通过一个又一个闸门，运河逐渐升高。托马斯在日记中写道：“马戛尔尼勋爵又去找松筠谈话。运河的两岸普遍陡峭，所以从船窗往外我们几乎看不到任何周围的景色。”他的父亲说得更明确：“10月25日，船队抵达运河的最高河段。汶河在这里与它直角交叉。一堵结实的墙用来抵挡河水，河水的一半流向北方，另一半流向南方。如果在此地扔下能漂浮的物体，它们立即会被分离，顺着两个相反的方向流去。”船队艰难地逆水而上，然后就将顺流而下直至黄河。

在人类的行为中，也有分界线。马戛尔尼同和蔼可亲的松筠随便谈了一会儿后，禁不住转起一个对中国充满威胁的念头来。

松筠告诉使节皇上很满意，他曾向皇帝报告旅行很顺利。除了称赞，皇帝还送奶饼一匣。马戛尔尼没有具体说明他经过何种礼仪接受了礼品。而松筠则对此作了如下报告：

“因正使头疼，该副使先至奴才舟中，禀称闻得大皇帝恩赏食品，欢喜之至，但正贡使实因偶感风寒，现在卧病等语。奴才虽知其患病，然未可听其自便。次日早晨，该正贡使停舟相待，扶病至奴才舟中。该贡使等免冠屈膝，喜形于色。据称我等受了许多恩典，屡蒙圣心垂念，今又赐以吉祥，我等心里实是感激。这样远路蒙恩赏以贵重食品，我等犹获珍宝，一定得以平安回国等语。察其意甚真切。”

然后就谈话。松筠坚持不懈地重复，说英国人从这一新的表示中能够看到皇上的好意。就以皇上名义郑重其事地给了这么一匣奶饼！使节对此无法容忍，他将满腔怒火发泄在日记中：“如果北京朝廷并不真心诚意，它会期望我们长久地被这些谎言所欺骗吗？它是否真的不明白只消几艘英国战舰便能消灭帝国的整个海军？只需用半个夏天，英国战舰便能摧毁中国沿海的所有船只，使以食鱼为生的沿海居民可怕地挨饿？”

乾隆难道没有考虑过这种可能性？他之所以没有阻止长麟训练疍民，正是因为他估计到这样一种危险性。现在出色的疍民也许正在训练往旧帆船的船体上钻眼呢。皇帝不断增加的预防措施正表明了他的不安；但是，这种不安很快就消失了。他在信中暗暗地承认了英国军舰的强大，但他又马上强调了他们在陆上的劣势。

然而，英国即便在陆军装备方面也在不断取得技术上的进步。有一天英国将有办法把另一种含义——英国的含义——强加给中国的历史。为什么乾隆不屑于让马戛尔尼赠送的速射大炮当他的面试放一下，并建议大量进口这样的大炮呢？他是否在想：“身后之事与朕何干？”肯定不是。属于数千年传统之中，并希望自己的后代能长久统治下去的皇帝念念不忘的是帝国的永恒。那又为什么呢？是怕未来的造反因此会更危险，因为对皇朝的危害通常来自内部的背叛，所以他拒不大量配备火器吗？也许是这样。但是，恐怕主要还是乾隆本能地对新生事物反感。对任何新生事物均如此。

一架望远镜吓跑了人群

通过山东的高地后，旅行家们发现了使贡使激动不已的新的景色：“现在运河由伸展在我们左侧的一个大湖来供水。旭日初升之时，两岸成行的树木，房屋，山丘上的宝塔，用篙撑的、用桨划的或用帆行进的无数船只构成了一幅蔚为壮观的画面。我们留意到有许多村庄以及灌溉闸。天气温和宜人：真像英国的 10 月。”

孩子也十分高兴：“运河穿过了好几个湖水不深但面积很大的湖泊，小岛、渔船以及无数漂亮的花点缀其间，这种名叫睡莲的花我们在北京附近已经见过。”不过，他抱怨有风：“风很大，很讨厌。”

10月26日，勋爵还写道：“在拉多加湖附近建造一条开始同湖平行的俄国大运河，让湖水流入运河的想法似乎是从中国人那里借鉴而来。”第二天，船队在一片广阔的沼泽地上继续行进。由于土堤异常高，运河是在其上方穿过。这是多么了不起的工程！

托马斯很开心：“我忘了指出：我们是在日夜兼程地航行，自然就需要经常定期更换纤夫。尽管严密监视，纤夫仍能逃跑，结果是在另找纤夫时耽误了船的行程。这只是发生在某些中国官员的坐船和货船上。”夷人的撤离则不允许耽误！所以为他们优先指派了足够的纤夫。

丁维提将三脚望远镜充上电，以便看到远处的优美风景。“这架仪器不止一次地吓跑了大批中国人，他们把它当作一门大炮，因而觉得英国人是地球上最凶恶的民族。”中国官员说服英国人拆除了望远镜。中国人不愿任人仔细观察，尤其是由洋人来观察。

用鸬鹚捕鱼

10月28日，小斯当东指出：“今天早上，我们进入江南省①。由于地面大大高于运河水面，中国人不得不往下深挖以便使运河能够顺流而下。白天温暖舒适。”他的父亲打听用鸟捕鱼的办法：人们用鸟捕鱼，又捕捉这些捕鱼的鸟。

这里把鸬鹚训练来捕鱼，这是一种羽毛褐色、喉部白色的鹈鹕类鸟，黄嘴巴，蓝眼睛。湖面上有数千条小船或简单的木筏：每条船上站着一个人和几只捕鱼鸟，最多有12只。“随着主人的一声信号，它们便扎入水中，很快就嘴里叼着一条大鱼飞回船上。”它们被训练得不经许可不会吞噬任何东西：因此没有必要在它们的颈部套一根线以防它们把鱼吞下去。如果对一只鸟儿来说鱼太重了，另一只鸟便会前去相助。渔夫们除了小船之外别无他物，小船十分轻盈，可以扛在肩上走。这种捕鱼方法十分有效，所以“拥有一只鸬鹚须向皇上捐很多税”。

鸬鹚捕鱼，人捕鸬鹚。斯当东父子看得十分开心。渔夫们把一些葫芦漂浮在水面上，而鸬鹚对葫芦是习以为常的。然后，渔夫们钻入水中，头上顶着

---

① 清初置江南省，辖今江苏、安徽二省，实兼辖江北地。——编者注

一只葫芦。这样他们便能悄悄地接近鸬鹚。他们抓住鸬鹚时，悄悄地将它按到水里，以不惊动其他鸬鹚。他们用这种方法把鸬鹚一个一个地都抓住。至今中国许多地方仍在使用这种奇特的捕鱼方式。浙江宁波与广西桂林相距很远，但我在两地都曾见到当地人仍这样捕鱼。

英国人还观察到另一种独特的技术，即摇板捕鱼法："他们在船边安上一块上了漆的木板，和水面成45度角。当月亮出现在天际时，转动小船以使月光照射在木板上，好似波动着的水面。上了当的鱼便会跳上木板，渔夫用绳拉上木板，把鱼扔进船内。"

只有种植业没有畜牧业

中国人如此精于捕鱼，是因为没有比此更好的办法。吃烤牛肉已经吃出了名的英国人对肉类短缺感到十分惊讶。中国只不过是一个没有畜牧业的种植园："只有在山区的县里才能见到牲畜，因为在那里人的劳动是徒劳无益的。没有一块好地用于种草。"巴罗证实中国人丝毫不想改良牛和马的品种："他们根本意识不到可以从中得到很大好处。"

絮利①给了法国两只乳房。而中国仅有一只：有"种植"，却无"放牧"。"老百姓没有吃过肉用牲畜的肉，除非碰到一头因病或事故死亡的拉车的牲口。食欲打消了他们的一切顾忌。"

中国人至今讨厌吃带血的牛排。他们喜欢熟食而不喜欢生食——但对吃什么熟食则并不讲究："在中国吃得最多，在市场上能买到的动物是在住宅附近能养的动物，首先是狗和猪。老百姓贪婪地吃着，甚至吃他们自己身上的虱子。"巴罗写道："一位中国官员毫无顾忌地当众叫他的仆人在他脖子上寻找咬了他的虱子；当仆人抓住了给他看时，他就将其放在嘴中认真地嗑起来。"这是个常举的例子：鲁迅笔下的人物阿Q甚至因为自己身上的虱子比别人的少，不能与他们同样地享受其美味而愤愤不平。

使团发现中国人素食安排得很好，荤菜则不然。一方面很先进，另一方面又很原始。斯当东指出："他们赖以谋生的手段仅使他们得以温饱。只是在

① 絮利（1560—1641），法国国王亨利第四时的财政大臣，重视农业的发展，他说过的一句名言是："种植与放牧是法国赖以生存的两只乳房。"——译注

大城市和沿海港口工业才有所发展。在农村，有人乘人贫穷放抵押贷款。习惯容许高利贷。”

中国只知道资本主义是利用贫穷高利盘剥。这是资本主义吗？可以说正好相反。这种倒腾钱的方法并不利于投资，而是利于消费。

一个商人如果积攒了一笔巨款，他的子孙马上就要想得到一定的地位。他们花费大笔钱财为的是无止境地追求社会名誉。除了这个与资本主义格格不入的中国特点外，还有其他两个阻碍发展的障碍：一个是精神方面的；另一个是社会方面的：对土地投资的传统偏爱；劳动力的过剩。在西方，机器的进步先于人口的增长，机器能够节省劳动和时间。中国的人口增长早于机器的广泛使用，过剩的廉价劳动力对寻求节省体力起了抑制作用。巴罗对此已有明见：“中国人不愿意从机器的力量中获取极大的好处。在这个人口众多的国家里，机器甚至被认为是有害的东西。”

除了饥荒年代，中国人能够勉强生存。但是，他们的活动不利于任何发展：这样的经济起飞不了。另外，任何人都不考虑这点。“子罕言利”，而赞扬“博学于文，约之以礼”。英国人指出：这并不是进步的动力。

第五十七章

乾隆发怒

（1793年10月28日—11月1日）

28日，松筠收到皇帝的一份简短而口气温和的谕旨。英国人正在顺利地撤走。他们从舟山上船，可以在广州停靠；在谨慎的监视下，他们可以和自己的同胞接触。然而，乾隆没有摆脱掉萦绕于脑际的想法：“著长麟驰赴粤省，先为密谕西洋别国夷商勿为夷使所惑。”

在给朝廷的奏折中，浙江提督颇有把握地宣称：“所有经过营汛墩台奴才先经专委妥员逐加查勘，稍有剥损，立催修葺。”

但是，10月29日，晴天霹雳落到了使团头上：26日的一份谕旨飞速追上了船队，通知松筠定海总兵看见4艘英国船只起锚。船上的军官对总兵解释说他们动身是由于病号的状况不好。他们只留下“印度斯坦”号，还有120名船员。巡抚吉庆于10月18日向朝廷汇报此事，并说留下这条“大船”还是向高厄争取过来的让步。皇帝发怒了：

“唤咭唎船只到定海时，因患病人多恳留调治，经长麟准其暂留候旨。今又借称病重，忽欲先行，固属夷性反复非常。着传谕松筠即向该贡使谕知已留大船一只在浙等候。经浙江巡抚亲往看视，足敷乘坐，尔等仍当赴浙乘坐原船归国。倘或该贡使等借称船少，又欲迁延观望，即应严词斥驳。

“唤咭唎夷性狡诈，此时未遂所欲，或至寻衅滋事，固宜先事防范。但该国远隔重洋，即使妄滋事端，尚在二三年之后。况该贡使等目观天朝法制森严，营伍整肃，亦断不敢遽萌他意。此时惟当于各海口留心督饬，严密巡防。若即招募蛋户备用，此等之人素以捕鱼为业，于营伍技艺本不谙习，在蛋户则所缺多矣，必致失所，此事失算，竟可毋庸办理。”

皇帝再次强调害怕报复的问题足以表明他完全明白（尽管他没有承认）英国人海上军事力量的优势。因为他始终想着要尽快摆脱他们，他对吉庆的建议如获至宝：“印度斯坦”号一艘船就可以运走整个使团。

松筠就将此事告知特使。马戛尔尼因激动而叫嚷。就是不乘坐“印度斯坦”号！他怒不可遏：“欧洲人提任何建议朝廷就猜疑有什么阴谋，这种病态的怀疑给我们造成了最大的困难。因为没有我的消息，也不了解欧洲的局势，伊拉斯马斯·高厄爵士可能已朝东行驶，而要到明年5月才能回来。”

朝东行驶：方向是日本。马戛尔尼估计伊拉斯马斯正在进行自己受命要完成的计划，他也正式让高厄在时机成熟的条件下独立完成这个计划。后者以为使节将在北京度过今冬明春。如果他明年5月才从日本返回，这次在舟山未能会合对于返航会引起灾难性的后果：“如与法国冲突，我们的商船将在航行中得不到保护：还能想象到比这更紧迫的危险吗？”

马戛尔尼作了十分悲观的假设。中国人出于习性可能把他写给高厄的第二封信像第一封信一样耽误了。第二封信抵达时已为时过晚。我们现在有证据表明马戛尔尼没有猜错。

确实，马戛尔尼10月4日从北京发出的信本可以在8日或9日就到达浙江新巡抚的手中。这封信未能在16日前到达定海，这只能用扣信来解释。此后，任何一名皇家信差都追不上“狮子”号和3艘护舰了。

也可能浙江巡抚故意放走“狮子”号，因为他知道由于船长尚未回船，“印度斯坦”号将会留下。他真心认为整个使团能登上“印度斯坦”号。这是一举两得：马上就能摆脱一艘巨大的、危险的战舰；而接着又能遣走使团——既省时间又省钱。这位可敬的官员对于船舶知识如此贫乏，以致他都未能识别“印度斯坦”号。吉庆10月28日写道：“现留大船即系该正副使原坐之船，极为宽大。”

不知法度的英国人

至于乾隆，他的愤怒不知向谁而发。他不明白这些船竟能随意起锚：“这些英国人究竟有什么法度？”

这正是马戛尔尼在归途中发生的主要的事。是谁的错误呢？首先，这要归咎于中国官员的朝三暮四和拖拖拉拉——他们害怕皇上的训斥。奏折、诏书和敕令矛盾百出。起初朝廷促使船队启程；随后又认为把它们留着使节便会早些离开帝国。

马戛尔尼拒绝登上“印度斯坦”号激起了皇帝的恼怒。乾隆不曾想到英使敢抵制他。他见到使团已经上了船，便向他们最后一次表示善意："该贡使等应在洋面度岁（指农历新年，即1794年2月1日），着发去御书福字一个，赐予该国王，又御书福字一个，赏给贡使以下人等。"英使的执拗使这一场打算都落了空。使团的行程比预计的要长一倍，耗费也要多花一倍。

可是松筠已竭尽全力设法说服马戛尔尼。他让"贡使到他船上"，告诉他英国船离开的消息。他对马戛尔尼说皇帝希望他能乘坐留下的那只船。夷使反驳道："我等乘坐原船回国实所情愿，但从前来时系海船5只，今止留1只，实不敷乘坐。"

大学士说："业经浙江巡抚查明，现留之船甚为宽大，足供乘坐。"使节回答道"那里船只大小宽窄我等是知道的"；载运过多的人员"易生疾病，恐一以染百，全不能保命"。"伊等复称'止求大皇帝恩施格外，予以再生，准我等仍走广东；我等将沉重箱桶等件分拨几名随从要人照料，由定海上船。这就是大皇帝天高地厚活命之恩，我等永远不忘。'该贡使等泪随言下，实属出于真情，尚非托故逗留。恭候训示。"

是否为了哄骗皇上松筠才声称马戛尔尼哭着恳求让他经陆路前往广州呢？介绍这个所谓的情节完全用的是中国风格，而不是英国风格。但肯定接连进行了两次微妙的谈话，因为托马斯在同一天记道："松筠大人来到马戛尔尼勋爵的船上，他们的谈话持续了很长的时间。"

如何解释马戛尔尼的迅速转变呢？起初他急不可耐地要在舟山登船；然后又"恳求"允许他走内河去广州。托马斯又一次把勋爵的真实感情告诉了我们："今天，我们遗憾地获悉'狮子'号和双桅横帆船离开了舟山。""遗憾地"——very sorry——表明了英国人真心诚意是想从浙江启航。

但马戛尔尼现在同在叩头事件上一样坚决：他要通过内河去广州。为什么他不顾皇帝的命令如此坚持呢？并不是因为使团的人马必须挤在一条为运货而不是为运客设计的东印度公司的船上不舒适和有失尊严。"印度斯坦"号是东印度公司最好的船，它拥有舒适的舱位。如果这艘宽敞的船容纳不了整个使团，马戛尔尼满可以同小部分人一起上船，而让无关紧要的随从——士兵、乐师、仆人及各种临时雇员——通过运河去广州。

然而，他的头脑里甚至没有闪现过这种念头。惟一可以说得过去的解释是：他不愿意放弃同国家要人之一再待上40天的机会。他希望从北京开始同松筠一起旅行中建立的接触能这样延续下去。何况要来陪他的要人长麟总督将在未来若干年内成为公司与英国商人真正的对话者。

使团的表面使命失败了。它的真实使命还将继续：对朝廷进行以讨人喜欢的形式施加心理影响，以使他们对英国人的要求表现得更为理解——这是在欧洲对一位君主身边亲近的人开展的外交工作方式。考虑休息和消遣，马戛尔尼本应该走完去定海的短途路程，乘“印度斯坦”号前往广州。但考虑到他的使命，他想充分利用出现在面前的意想不到的这个机会。

松筠善于应付。他懂得如何同时取悦乾隆和马戛尔尼。他对皇帝杜撰使节流泪的故事；又对马戛尔尼编造皇帝的微笑。10月31日，马戛尔尼感到庆幸：松筠竭力“消除这个事件引起的不良印象”，并告诉他皇帝从此后对使团的印象“非常好”，他“现在相信并不是出于不当的动机或恶意好奇才向他派遣使团的，而只是为了向他表示敬意并恳请得到贸易上的特权和皇帝的保护”。

马戛尔尼利用这个好机会重申他要求得到皇帝的第三道敕谕。松筠答道他就此事已给朝廷写了信，但是他并不认为朝廷会违反常规。再说，“皇帝的风格是给予一般保证，而不作具体许诺”。

专横的谕旨，奴性的答复

松筠就这次谈话写的报告并不客气。他猜想将会收到越来越严厉的谕旨。事实上，11月1日，皇帝指示他：“倘该贡使以黄埔①系伊国夷商泊船之所，禀请欲仿澳门之例，建盖房屋，砌筑炮台，即当词严义正，面加驳饬。以天朝法度向有定制，尔所请与定制不协，不便准行。”如此坚决的答复“想该使臣亦不敢再行妄渎也”。

他向乾隆禀告：“兹因正贡使病体尚未痊愈，奴才略示体恤，过舟慰问。”马戛尔尼从未暗示过他生病。这是不是大学士为了避免皇帝责备他亲自访问特使有失身份而为自己作的辩解呢？“谨遵旨先谕，以尔等所请各条与天朝体制不符；尔国王断不因所请未遂致怪尔等。将来尔国夷商到澳门贸易者仍与各国一体公平抽税照料体恤。”

马戛尔尼可能是这样回答的：“是我国王恭敬的意思，得邀大皇帝鉴照，

① 珠江的一个岛，在广州下游约15公里处，西方——尤其是英国——船只停泊于此。

广东澳门的买卖得以永远沾恩，我国王必定喜欢，我等便可放心将来在澳门的买卖。长麟总督一定就近照顾。如有非分妄干之事，他必驳斥。”“据正贡使称，我们夷商是再不敢妄干多事的”。

接着，松筠对英国人说：“大皇帝敕谕岂可以妄求得的?”马戛尔尼听罢“点首”称是。他甚至承认松筠的解释使得“我的病也必就好了。该贡使等言及皇上，则欢颜乐道。其感戴敬服之意较之前此情状尤属出于真诚。将来届期颁给赏赐福字等件，伊等及伊国王又得普沐恩施，自必倍为感悦。”

乾隆在下一个星期收到这份报告后写的惟一的朱批有些模糊不清。是否要对此表示遗憾呢？对于他自己声音的回声他又能作何回答呢？

第五十八章

用公鸡祭河神的地方

（1793 年 11 月 2 日—6 日）

11 月 2 日，船队驶入黄河。“我们在一座大城市附近抛锚，并受到鸣炮欢迎。无数条帆船停泊在码头。”

这是哪座城市？安德逊找不到一个人能告诉他。他尝到乘坐飞机飞行在一个陌生国家上空的人的失望心情。不过托马斯的日记指出那天早上船队沿着清江浦城航行。

“由于闸门开放水流湍急，船队以十分吓人的速度进入一个港湾。”船队将竭力横渡黄河，顺着激流而下，然后重新进入另一段大运河继续南行。这种航行很危险：船员们必须得到河神的支持。

渡河前的祭河神仪式

“船老大被所有的船员包围着，登上船首。他手里提着祭品——一只公鸡。他割下鸡头扔进河里，把鸡血滴在船的各个部位；他还在舱门口插上几根鸡毛。”为什么要用公鸡呢？同一个“ji”在汉语中，既表示“鸡”，也表示“吉祥”的意思。不幸的家禽为用同音词求神而付出了生命的代价。

随后，在甲板上摆上“几碗肉类菜肴；在大碗面前又摆上油、茶、酒、盐各一杯”。船老大叩了三个头，双手高举，口中念念有词，祈祷神灵。

在仪式进行过程中，人们敲着鼓，焚着香，烧纸钱，放鞭炮。船老大然后把油、茶、酒和盐倒入河中。“仪式一结束，船员们拿走肉碗，痛快地吃上一顿，然后就信心百倍地横渡河流。渡过河之后，船老大还要叩三个头表示感谢老天爷。”

这种仪式后，中国人还是要费很大力气才能战胜狂暴的急流。自助者天助！“有些船没有怎么偏航便渡过了河；而有些则被水流冲得很远：必须再费力气把它们纤回来。”

就在11月2日这一天，皇帝获悉特使拒绝登上留在舟山的船只便再次火冒三丈，随即又作出了让步：“谕令松筠传谕该贡使，今大皇帝俯念尔等下情，准尔等有长麟顺便照管仍由广东行走，其沉重物件即着尔等分拨从人照料，由定海上船回国。”

乾隆又一次作了让步，但是他也不放过教训别人的机会：“着松筠再传谕该贡使：本部堂乘坐之船，令其在何处等候，断无不凛遵指示，以定行止。若在船官役兵丁擅自开行，必将官员参究，兵役治罪。今尔等在浙船只并不候尔等之信，辄敢先行开洋，可见尔国法度不能严肃，任其来去自便。”最后还要让松筠告诉特使：“尔等回国后当告知尔国王，加以惩治。”

英国人不该逃脱中国司法的制裁。当他们在中国提出傲慢的要求时自然是如此。甚至在他们回到自己国内时也是如此。

夷人赢了。但要让他充分明白他只不过是个蛮夷。

漂浮的菜园

11月3日，通过清江，“巨大的城市，多得令人难以置信的帆船和百姓。”

往前是一片沼泽地，如果没有中国人的灵巧，那里不可能种上东西。“他们把一层土铺在漂于水面的竹筏上。他们在土上种植蔬菜。同样，他们也能在船上开辟这种人造菜园；他们在填满了土的箱子里，甚至在不断使之湿润的绒布上种上菜籽。”

离开了山东便进入江苏。在此之前，纤夫同所有的农民一样穿的是破了的一式蓝布衣服。刚一越过省界，纤夫则穿着簇新的镶红边的制服，头戴尖红帽。这个省的总督受命不接见特使，他是否想以此向使团，或是向飘扬在船桅上端的皇帝的旗帜表示敬意？

这种含糊不清的表示还加上了喧闹的音乐。托马斯记载小山坡上种有茶树。他还说给他喝了羊奶，“有点像奶油”。

这里是帝国最富庶的地区。但夷人只能从船上来估计其繁荣的程度。然而，使团的几名成员企图溜出去看看，但是逃跑者被用武力逮住，并被押送回来。大学士让斯当东放心：“这种严厉的办法除了关心你们的安全之外别无他意。”

11月4日晚，船队抵达扬州。有人对小斯当东说：“该城因其规模及优美的建筑而闻名于中国”，他双目圆睁，然而见到的只是沿着运河伸展的城墙。“在城墙下，我们受到了250名用弓和箭武装的士兵的列队欢迎。”天朝军队的炫耀并未给这名西方儿童留下深刻印象。

11月6日黎明时分，船队到达扬子江，即蓝河，它比黄河更为壮观。然而，尽管名字那么叫，它的河水同黄河一样黄。“为了重新驶入扬子江对岸往南延伸的运河，船只先是得沿着江的北岸行驶。江面上的波浪如同海涛般汹涌澎湃……我们见到了江豚。”

在经过镇江城之前，马戛尔尼发现犹如出自于中国画的景色。一个圆锥形的岛屿矗立于江中心；寺庙、钟楼、小亭被绚丽多彩的树丛间隔，坐落在井然有序的山坡上。①整个景色“犹如一位巫师通过魔法在江面上变出来的一个迷人的建筑”。马戛尔尼在他的手稿上画了一幅素描，并明确指出它叫“金山”。在此之前，他一直不喜欢中国画，认为画得不像真的：现在他发现中国画具有现实主义风格。“怪诞不是在想象中，而是存在于中国的大自然之中。”

皇帝变温和了

也是在11月6日这天，皇帝又给松筠、长麟和吉庆下了一份谕旨：

“倘该贡使等再三诚恳必欲由广东行走，有不得已之实情难以拒绝，亦只可俯从所请，不过沿途稍费供支而已，仍当令长麟带同贡使由水路至江西过岭赴粤，附搭该国贸易便船回国，以示怀柔。”

正及时！金钱上的损失不会致命；一切恢复正常。朝廷要花五周时间才能确定英国人离开中国所走的路线。乾隆的意志最终又一次在马戛尔尼的意志面前动摇了。

用作摆设的士兵

受到历代皇帝大加赞赏的天朝情报工作有如自动装置那样精确：“兹贡使

---

① 读者可以攀登这座著名的金山，山顶上有一座宝塔，可供人参观。

船只于初二日渡江。凡人烟辏集之处，大小夷人并未登岸。该夷人等一路目睹田塍绣错，人物蕃熙，备仰太平景象，其悦服之情见于颜色。”

在镇江，等待着他们的是声势浩大的军事操演。但是，马戛尔尼注意到城墙濒临坍塌，这种景象与2000多名士兵随着音乐声在旌旗下接受检阅的场面形成对照。兵士的装备如何呢？是弓和箭、戟、矛、剑，还有几支火枪。他们戴的头盔从远处看像金属那样闪闪发光，然而人们怀疑它们是用涂了漆的皮革，甚至是用经过烧煮的纸板制成的。五颜六色的制服、衣冠不整的形象丝毫没有一点尚武气派；软垫靴和短裙甚至给士兵们添上了女性的色彩。

王大人明确指出，这种华丽的装束只是“在重大场合里”才从衣柜里取出。而对于作战来说过于笨重的钢盾牌也只是用于炫耀而已。马戛尔尼很想从近处瞧一眼。他遭到拒绝：这是防务秘密……

不必挖苦了！天朝的军官们不开玩笑：他们护腿套上的扣子一个也不少。指挥队伍的王柄总兵给朝廷写道：“其经过各营汛墩台弁兵俱一律整肃威严，该贡使及随从人等俱甚安静。”任务完成了。

英国人非但没被吓倒，他们还认为获得了能在这里轻而易举地登陆的证明。英国人对示威演习作了如此肯定的结论，以致为半个世纪之后他们在有些地方遭到英勇的抵抗而感到意外。在长江江心矗立着一座小岛，叫作焦山。如今你还可以在那里观赏在鸦片战争中击退英国人的堡垒。恩格斯曾颂扬了这一战果——这是位善于使用更为巧妙的武器来征服中国的入侵者。

为什么宁肯用这种粗劣的火枪而不用在欧洲普遍使用的精制步枪呢？巴罗向王大人提出这个问题。这位武官回答说：在西藏，步枪显得不如火枪有效。巴罗反驳道：“问题在于兵士们没有养成不将枪管支在铁叉架上的习惯。”但他不抱幻想：“偏见是根深蒂固的。”而取消这些偏见是否符合英国人的利益呢？

不够威武的军人

王大人和乔大人解释说：这支到处可见，存在于中国人民之中的军队有100万步兵和80万骑兵。巴罗对此持怀疑态度。但是，两位官员是分别说出相同的数字的。他们估计全国人口为3.3亿，国家的年收入为5000万或6000

万英镑，其中1000万进入皇帝的银箱；800万[①]用于军事开支。这笔钱足够维持以上数目的军队了。

如此精确的数字使人感到惊讶。然而，今天从各方面来看这些数字是准确的。如果说帝国的官僚机构意识到在乾隆统治时期人口翻了一番，难道它会看不到贫困化和爆炸的危险吗？它拥有准确的数字——它仍保持一成不变？

考虑到中国的人口是法国的12倍，农业产量也比法国高得多，贸易结算总有盈余，马戛尔尼就不再认为两位陪送官员是在夸大其词了。

但是，战争远不是这支军队日常关注的事。除了分布在北部边疆沿线和被征服的省份内的鞑靼骑兵外，天朝的兵士担负着警察和司法的任务。他们有时当狱卒，有时管船闸。在另外的地方，他们征收税款或看守粮仓。总而言之，他们是为民事机构服务。还有的在路边、河流和运河沿岸站岗放哨。“这些兵站每隔三四英里便有一个，驻守的士兵从不超过6名。”

一句话，这些士兵与其说是军人，不如说是民兵——同满族的“旗”[②]不同。皇帝甚至拨给他们一小块地。他们在当地结婚。“除了在重大场合身着制服外，他们平时穿得同普通百姓一样。他们更多是在和平时期起作用，但缺乏战争要求的勇气和纪律。”

这些兵士要对自己的制服和马匹负责，他们还得考虑自己和家人的生计，他们的饷银是不够养活家人的：他们更像农民而不像军人。巴罗见到有的士兵拿着扇子而不是火枪向特使致敬。他们有的坐着，有的蹲着，直到当官的命令他们起立。“当我们突然出现时，他们便匆匆忙忙穿上制服。但穿上制服后，他们更像是要登上舞台而不是去进行军事操演。”

一条同中华帝国同样古老的谚语既说到了大兵的作用，也说明了他们不受尊重：“好男不当兵，好铁不打钉。”

一个武装的小民族

打仗时，皇帝并不指望这些平庸的“钉子”，而指望他的满族的“旗”——

---

① 分别相当于1989年的：300亿至360亿法郎用于公共预算；60亿法郎用于皇帝开支；将近50亿法郎用于军队。

② 在汉学中传统使用的这个词在此处用于法语里的一个古老意义：在一位贵族老爷的军旗下作战的附庸之统称。“帮”一字也有同一来源。

马戛尔尼尽可能多地收集有关这些战争机器的资料。什么样的战争机器呢？在17世纪初由清朝创始人努尔哈赤组织的部队，他们用各自军旗的颜色来区分：黄旗、蓝旗或红旗。满族人被编入这些“旗”中。这些“旗”遍布全国战略要地，任务是为汉人的军队配备军官。同欧洲封建贵族一样，“旗”中的世袭成员被免除一切劳役和捐税——除了杀人。

“旗”是政权的精锐部队，但同时也是一个武装起来的民族。一个非常小的国家：30万满人控制着3亿多汉人。无论是罗马，还是亚历山大，或是西班牙，都未能做到这一点。正是除了英国人在印度这情况外，人们见到过征服者和被征服者之间如此不合比例——1比1000——的吗？每个“旗”由一名鞑靼——满族将军指挥，它们是这种统治的工具。所有满人均是士兵。况且他们无权从事其他职业——如工匠、农民，而尤其不能当商人；但是当官则可以，那是为同一个君主政权效力。

这难道不是与旅游毫不相干的“情报”吗？

第五十九章

苏州，中国的半个天堂

（1793年11月7日）

安德逊写道：“霾雾消散后，富饶的田野、迷人的景色展现在我们眼前，宝塔矗立在山丘顶上。”马戛尔尼看到一座设计优美大胆的桥：3座桥拱十分之高，船只不用卸下桅杆便能通过。而这是运河上的船夫熟知的做法。温德写道：“通常帆船有两副桅杆。在桥多的地方，船夫干脆放下主桅杆，而支起安着铰链的副桅杆，他们可随时降下和升起。”

然而，“百姓看上去有些泄气”：他们还没有从由于3个世纪前朝廷从南京迁往北京而丧气的元气中恢复过来。整个江南地区都遭受到损失。把京师迁往靠近鞑靼的北方完全是出于强烈的政治原因。因为江南是帝国最美丽的省份之一，气候宜人，土地肥沃。

船队于该日夜晚抵达苏州。小斯当东描绘了旅行者和看热闹者双方的好奇心：“我们欣赏着建筑在河岸上的房屋，有些甚至用桩基架在水面上。无数的男人和妇女聚集在自家的窗口看着我们，而在河面上，则有许多大大小小的帆船。”

大为惊叹的小侍从写道：“夜幕降临后，我们从一座有90多个孔的石桥边经过，这座桥简直长得没完没了。”巴罗则说：“我们的仆役中有一位瑞士人，他还没睡，就开始数起桥孔来，一直数到头昏眼花，竟喊了起来：‘先生们，看在上帝的分上，到甲板上来吧，这是一座我从未见到过的桥，它长得没完没了！’”这座桥的桥孔与大运河平行，好似伸向淹没在黑暗中的无穷无尽的远方。船只钻过桥拱，过了一条沿着运河的路，便能驶进一个大湖。“尽管是在夜间，我们还是能从中央桥拱开始分辨出45个孔。”

读者今天仍然能欣赏这座完好无损的桥。它被称为“宝带桥”，是在唐朝修建的，即英国人此次使华的1000多年前。真是一座坚不可摧的桥。

供风流幽会用的画舫

我们的旅行者因为没有多少事可做，甚至没有太多的东西可看，便想象出很多东西。苏州是“中国的威尼斯”，这不仅仅由于它有运河、小桥和轻舟，也由于它能提供“肉体享受”。至少在它的一些地区“画舫飘荡，鼓笛声飞扬，那里汇集了城里所有的妓女和艺人”。

按照中国的一种说法，严肃的斯当东也“风流”起来：“在英国人看来，这座城市里的中国妇女比较漂亮，也更会打扮。她们戴着水晶耳坠或金耳坠，而在前额上戴一顶黑缎软帽在两眉之间呈三角形。”人们向他列数中国妇人的诱人之处。传统承认有七点：“诱人的眼睛，甜蜜的嘴，柔软的身材，灵活的脚，端庄的脸部，优美的脖子和细长的指甲。”

英国人从护送他们的中国人那里学到一句谚语——至今人们还在引用：“婚在苏州，吃在广州，死在柳州。”在40天后，人们将通过宴请他们证实这个理想的历程的第二阶段。人们对他们解释说：柳州的木材质地高，能做最好的棺材，所以说要死在柳州，英国人希望能躲开这一阶段。但是，他们很快便明白来到苏州不仅仅是为了结婚。

在城市的郊区，英国人果然欣赏到了“风景如画、群山环抱的令人叫绝的太湖”。苏州的居民从湖里大量捕鱼。太湖尤其为“娱乐消遣的幽会”提供场所。人们乘着小船游湖，船上有一间“非常干净的屋子”，而且肯定“漂亮的船女所操的职业不止一种”。

中国所有的小说文学对花船这种提供幽会场所的漂浮妓院均大加赞美！在两年中不近女色的英国人紧贴这些轻舟而过时又如何能不想入非非呢？当然他们的道德所冒的风险很小，因为他们不能停下。他们只能眼巴巴地瞧着这种肉体享受随波消逝。

教育学家赫脱南通过中国导游又印证了传教士的叙述。苏州是“最富有的商人的居住地，是培养最伟大的艺术家和最出色的演员的地方。它决定中国的审美潮流，它拥有最漂亮的女人，最小的脚，最时髦的服饰。这里是整个中国最淫逸奢侈和放荡者汇集的地方。中国人经常说这句谚语：‘上有天堂，下有苏州[①]’”。

---

① 实际上，至今经常被引用的这句谚语还要加上杭州，苏州和杭州作为地理名词组成一对。

商人的住宅比其他地方的漂亮得多。其他的住所则是“无人照管”，因为居住者成群结队日夜在水上静静地滑行的花船上“消磨时间”，船上载着美貌的姑娘，她们打扮得花枝招展，一看就知道她们的身份……这些居民在姑娘的怀抱中挥霍其钱财。前来出售货物的富商“由于沉湎于她们所提供的乐趣而沦为乞丐”。

丁维提的望远镜并没有闲着。划船的姑娘待在船首和船尾。温德写道：“我见到她们穿着华丽，有的掌舵，有的擦洗游船。”赫脱南的目光更敏锐：“船中间是一间装着玻璃的屋子，透过薄纱，有时能见到年轻人在配备有靠垫的长靠背椅上演奏音乐，身穿短衣衫的姑娘陪伴着他们，这些姑娘十分放荡，不像是老老实实地坐着，她们是培养干这一行的学校里的学生，这座城市长久以来就以这学校而闻名；因此在这个国家，同在亚洲其他各国一样，肉体享受成为一门学问，甚至成为商业中的一个门类。”

在苏州和杭州，读者仍然能见到上了黑漆和绘着花卉的类似的游船上船女在划桨。但是，尽管她们看上去是那样讨人喜欢，摇橹时是那样灵巧，向您介绍沿途风光时又是那样笑容可掬，您对她们的品行不会产生任何怀疑。而直至 1949 年，她们之中从边摇橹边要价三个铜板的穷家姑娘到傲慢的水上花魁应有尽有……

在整个远东，长久以来风流韵事一直是对包办婚姻束缚的一种补偿。花魁娘子与普通妓女全然不同，后者只是“浓妆艳抹的陈货”。根据强制的礼仪，要花魁顺从必须先向她大献殷勤。

在漫长的几个月里，他们未近女色，并不得不对每个人的举止严加监督，以免令中国人和特使阁下生气。现在他们兴奋起来了。这是个消遣。旅行中的一点春意。

第六十章

被出卖的未婚妻

（1793 年 11 月 8 日）

可有救你女儿的法子？

——既做人家的媳妇，要打要骂，概由人家，我怎能作得主？

叶圣陶《一生》，1919 年

我们的旅行者一涉及这个有趣的课题，马上就扩大了他们的调查范围。他们不费劲地发现卖淫并不是中国妇女体现其商品价格的惟一现象。一个中国作家写道：“穷人家中只要有一个漂亮女孩，马上就会形成彩礼竞争，而父母把女儿许给付彩礼最多的人。”女孩没有选择余地：她将去出价最高者的家里。因此，中国妇女无论其身份如何，总是被出卖的——出卖一小时或是出卖终身。

巴罗写道，事实上，男人在这方面没有得到好处，因为，“在姑娘乘坐花轿被一长列人送到他家之前，他不能见她。然而，如果他用事先给他的钥匙打开关着他未来妻子的轿子时，他发现她不合他的胃口，他可以将她退回给她父母。但这样他就失去了已经交出的彩礼。”

巴罗难以理解这种感情不起任何作用的家庭包办。确实，直到那时欧洲大陆的习惯仍然是协商婚姻，但在英国这种婚姻方式开始让位于恋爱结婚。“人们根本不允许订婚者事先进行交谈。在中国没有表示关切和温存的无声形式。男人娶女人是因为习俗对他的要求。”一个 20 多岁的独生男子就叫“老光棍”，被人瞧不起。

如果说儒教社会几乎不承认妇女的一切权利，首先包括出生后生存的权利，妇女还剩下一个权利，即结婚的权利。结婚为她提供了生育男孩的机会——她通向权力的惟一途径。

根据巴罗的说法，年轻妇女在其丈夫家中首先“是一件无生命的家具，同在娘家时一样”。古伯察神父以挖苦的笔调写道：“打妻子成了具有如此高雅的事情，以致做丈夫的尽量避免错过机会：否则就会表明他是个笨蛋，有损于他的尊严。”

报复也是一道中国菜——有时是热菜，有时则是凉菜；我们的旅行者如果读过中国故事中丈夫挨妻子打的不幸遭遇，他们对两性之战的看法就会全面一些。最愉快的报复方法就是不忠贞：中国文学中有许多挖苦的话，人们以为它们出自于女人心或弄臣：

> 水性从来是女流，
> 背夫常与外人偷。

如果说这个主题在各国到处可见，那么我们的英国人没有注意到另一种更为奇怪的现象：所有的年轻妻子都是婆婆的仆人。在中国，年轻姑娘更多是作为媳妇，而不是作为妻子进入一个家庭的。中国人不说娶老婆，而说娶媳妇。

服从父母使年轻的丈夫不能向着妻子反对母亲；而年轻的妻子对公婆尽的义务要比对丈夫尽的义务还要多。惟有岁月能解决这种矛盾，使状况颠倒过来：年龄最终将使媳妇变为婆婆。最初是女孩，当年龄允许她戴簪子时便成了媳妇，后来成为婆婆：这是中国妇女的三部曲，她最后成为受合家尊敬的老祖母。

两性间的斗争

相反，一夫多妻的现象没有躲过我们的旅行者的目光。它是正常现象。巴罗解释道，当丈夫将第二、第三个老婆带回家时，第一个妻子“既不嫉妒，也不难受”；或者，她“认为什么都不流露出来更为明智”。这种克制是有道理的。因为沉默并不能抑制不和：《金瓶梅》中不抱幻想地指出：“一个碗内两张匙，不是烫着就抹着。”

妾：这个概念激起巴罗的反感，他对此作了玩世不恭的解释：“在婚姻是一种合法卖淫的国家里，当妾的也就不会有什么羞耻了。”

巴罗继续说：一夫多妻制“是一种能在自身找到治疗方法的弊病。在这个国家里，十分之九的男人为养活一个妻子所生的孩子尚感到十分困难，如何又能买第二个妻子呢？何况，在一个许多小女孩被遗弃，而习俗又要求每个男子都结婚的国家里，谁讨两个老婆就会妨碍另一个男人找到妻子。妻妾成群只存在于上等人家或一些富商家庭。限制奢侈法禁止修建漂亮的房子和一切讲究排场的行为，而鼓励人们偷偷地沉湎于声色之中”。梁栋材神父哀叹改信基督教的人太少，他把这种情况归咎为“中国人沉溺于肉体享受”。

巴罗报道说：“国家的每个高级官员根据其经济状况和对女色喜好的程度，有6个，8个或10个妻子。广州的商人也都妻妾成群。”我们今天知道中国有钱人家的私生活就是变着花样集体戏耍。他们的私生活以“内宅”为舞台。人们在那里首先翻阅许多床头经：“两个并肩叠股而坐，展开春意二十四解本儿，从头至尾，看了一遍，不肯放手……然后离座上床就寝，在锦帐之中，效于飞之乐。”

在“在可爱的英格兰”与维多利亚时代的英国之间的我们这些英国人真不知道他们应该对此表示反感还是嫉妒。但当有人谈到皇帝的后宫有几百名美女时，他们尤其感到困惑不解。就是他年轻时也怎么能应付得了呢？

他们不了解道家生理学及由此产生的性实践。根据这种学说，男性的要素阳为男人带来了无穷的精力。但是要有若干条件。它应经常与女性的要素阴接触，并在让女人充分舒服时全部汲取阴的精。他自己要全神贯注，但是并不释放自己的精。男人就这样延年壮身。

中国男人与众多的妻妾频繁发生关系，却又不让自己泄精，这样他就能够满足众多的妻妾，因为她们的满足对增强他的阳是必要的，所以也能使她们感到十分满足。当他决定要孩子时，他便能生出传宗接代的、强壮的男性继承人。

但是女性的阴有它自己的利益，同男性的阳的利益发生矛盾：阳达到极度兴奋时，阴便得到增强。有些内行的女人成功地挫败了男人的计谋，使他控制不住。在两性间的斗争中，她们就取胜了：她们的阴精从阳精方面得到增强。这些女人懂得“采战之术”，道教的传统赋予她们永恒的魅力。

丝绸的秘密

苏州是女人的都城，也是女人最珍贵的外衣——丝绸的都城。大运河现在确实经过种植桑树的地区。出使的一个目的就是调查种植桑树、养蚕缫丝等有关丝绸的技术，以便把它们引进印度。但是中国人对此保持着警惕。自古以来，丝绸在中国一直是国家秘密，也是整个民族的秘密，出卖这个秘密者要被处死。

在运河的两岸，只见桑林围绕的极大的村庄。桑叶已经摘去：为什么呢？赫脱南只得到极少的情报："种桑树的人不管养蚕。他们把桑叶按分量卖给养蚕的城市居民。"根本不可能带走这些小树的树苗和蚕的样品。丝绸还将保持着它的谜。

"总不知足"

还是11月8日这一天，松筠的一份奏折似乎离中国卡普[①]的乐趣甚为遥远：

"唊咭唎贡使恳请仍由广东行走，当经松筠峻词斥驳。而该贡使等泪随言下，亦只可准其所请。奴才又将浙江省停泊夷船擅自开行一节向其明切严谕，据称他们管船之人如此不遵教令我等实在羞愧无地。奴才遵将恩旨宣示，该贡使免冠屈膝，喜溢于色，据称我等蒙大皇帝怜悯从此得有活命平安回国。复称前蒙大皇帝恩典准我等在宁波地方买些茶叶丝斤，但我等所带银两无多，现在浙省停泊之船原系一只货船，不知可以将洋货兑换否？

"奴才谕以宁波地方向无洋行，尔等既称乏银，想在宁波断不能多买茶叶、丝斤，况尔等又可赴澳门、黄埔，尔等所存货物仍应赴彼处交易。该地方自然钦遵恩谕概免纳税。"

皇帝接到该奏折后，用朱笔批注道："总不知足。"

---

① 卡普是意大利康帕涅省的一个城市，在那不勒斯附近，那里过去风气奢靡。——译注

第六十一章

黑暗中的微光

（1793年11月8日—11日）

船队在大运河上航行了600公里后接近杭州，在那里松筠将让位于长麟。正赴任的新两广总督将陪同使团，因为“狮子”号突然出发以及马戛尔尼拒绝搭乘“印度斯坦”号打乱了整个计划。

松筠最后一次发挥作用：向马戛尔尼说长麟的好话。任命这样高的人为两广总督表明皇帝有意同英国商人建立更好的关系。这个任命难道是使团获得的惟一具体成果吗？不管怎么说，松筠使出的心理攻势说明是有效的：乾隆的形象又带上了仁慈的光环，而马戛尔尼又重新抱有希望。他正在草拟的、准备让马金托什船长从“印度斯坦”号上传递的文件证实了这一点。

完全绅士派的总督

确实，长麟可以被看作是“左右局势的人”。新任两广总督是满人，乾隆的亲戚。他享有正直的美名。1792年，他为几名被和珅诬告犯有阴谋罪的人辩解而失宠，现在他已走出了政治上的低谷①。

两人之间的第一次接触至关重要。两个人将互相观察并作出评价。从宫内文书看不出长麟对马戛尔尼的看法——中国人一般不作心理分析：他们的记载更着重道德的判断。而马戛尔尼作为真正的西方人，喜欢具体说明他的印象，并详细叙述他们谈话的内容。

11月9日早上，船队在杭州附近停泊。总督的游艇立即靠向勋爵的船。

---

① 他在广州只呆了15个月，他的政治生涯又将停步不前。是不是因为他对马戛尔尼和欧洲贸易的态度被认为过于宽容？还是由于和珅的积怨？无论如何，他只等到和珅死了，才重新在突出的岗位上任职，直至1811年去世。

马戛尔尼说，长麟“先与松筠谈话，然后前来对我表示欢迎[①]”。

英使马上对他产生了非常好的印象。长麟除了受过良好的教育外，为人直率、仪态高雅——一个真正的绅士。他的谈话与松筠全然一样。他肯定地说他接到皇帝的命令，要对在广州的英国人表现出最大尊重；他们有事可以直接找他。

这些西方人把最可鄙的物质主义和天真幼稚如此紧密地结合在一起，东方人如何能不嘲笑他们呢？这个十足的绅士在对英使大献殷勤的同时，却希望把采珍珠的渔民训练成作战潜水员去破坏英国船只。

长麟不停地说着如长途航行劳累等寒暄话，并说英使进京“非常讨得皇帝的喜欢，他不断地表示自己极为满意”。他甚至交给马戛尔尼皇帝送给国王的又一批礼物：绣金的丝绸[②]，尤其是一张“福纸”——即天子御笔写的福字。“一位中国皇帝对另一位君主表达友情的规格不能比这更高的了”，这是马戛尔尼为他的英国读者写的。他没有指出这种姿态对皇帝来说不要付出很高的代价；没有指出对于这一巨大的行动来说这只是个微不足道的成功。

大家记得乾隆的本意是，这“福”字应该意味着向即将在舟山登船的使团“告别”[③]。路线的改变使这字蒙上了一层滑稽可笑的含义，马戛尔尼对此并未察觉。他也不可能知道这些礼物原先应由松筠转交给他。作为好朋友，松筠把这事留给长麟去办，后者因此可以借此作为愉快的见面礼。

来年，遭到可怕虐待、备受凌辱的荷兰使团也将得到皇帝御笔亲书的福字，那是送给实际上并不存在的荷兰国王的！……

回避的技巧

使团在杭州要停留几天，以便把人员和行李一分为二。一部分人与物将同马金托什继续前往舟山搭乘“印度斯坦”号，另一部分人与物将同马戛尔尼与长麟一起走陆路去广州。“印度斯坦”号留下除了等候船长外，还在等待把

---

① 相反，小斯当东透露是英使拜访了总督。但是有可能不一样吗？

② 根据皇家档案，这是一种“礼袍”。但是，马戛尔尼没有明白——或者他不愿使人想起身着天朝服装的乔治三世的样子……

③ 北京的文人至今仍然为他们的外交官朋友书写这个字作为告别礼物。在新年，人们将这个字倒贴在门上，表示好运自天而降。

在当地换取的货物带走的许可。既然它还停留在那里，最好是把货舱装满！谁知道呢？因为这样做就将开创一个先例。中国人懂得下的赌注：不是几吨茶叶，而是一条原则。因此长麟向马戛尔尼和马金托什作了回避技巧的精彩表演。

他解释说："舟山的商人没有与外国人通商的习惯，另外，他们也没有能使英国人感兴趣的货物。最后，他们希望用现金支付——也就是说用银币。"而长麟知道英国人没有银币。可能受马金托什的鼓动，马戛尔尼建议以货易货。他并没有明确指出，但是内阁档案反映出皇帝的愤怒。

实际上乾隆密切注视着事态的发展。松筠的建议使他大为不悦：

"前因该贡使等恳请在宁波置买茶叶、丝斤，原已降旨允准。今该贡使又以银两无多为词，欲将洋货在彼兑换。

——真可鄙。

"应赴澳门、黄埔将货物交易。"

然而他还是个好君主，他允许和珅提出一个改良方案：

"今已将丝斤购备运往，如该贡使等购买无多，不妨酌量准其交易，倘伊等因松筠饬谕不复在彼置办，即听其前赴澳门、黄埔购买亦无不可。"

乾隆又一次用朱笔添上："若听其一事，彼又生法求恩不已矣。"

长麟重弹松筠一再提出的异议。马戛尔尼放弃了在宁波贸易的计划。强行突破行政封锁是办不到的。对私人——即"奸商"不能抱任何希望，他们明显已经起不了作用。为什么要试图同这些人作交易呢？天朝的等级制度随时会使之付诸东流的。使臣抓住赐予他的微薄的补偿不放。总督向他宣布，作为特殊的恩赐，"印度斯坦"号将免付出口税。马戛尔尼对这些一本正经地不断重复的句子已经听腻了，对那种毫无意义的永恒的微笑也看够了。但是，他还是想，皇帝的优待，对自古以来的惯例的违反，尽管并无惊人之处，难道不是具体地说明他的使团并非毫无用处，而新的做法将会逐步建立吗？

托马斯从特使和他父亲的只言片语中猜出了他们的想法，他坚持说："长麟极为谦恭，非常客气。"

马戛尔尼对他着了迷。他越来越庆幸自己一再坚持走陆路去广州，让"印度斯坦"号只把使团的一个分队送走，而不是相反。展望他将要与一个决定广州和澳门欧洲人命运的人一起度过几周使他日益感到这是他使命出人意料的延长——一种挽救使团的决定性的好运气。

“不许民人与之接触”

从第二天——11 月 10 日一起，总督又来看特使，并重弹老调：“皇帝陛下对你们大有好感。”马戛尔尼不愧是个好外交官，他马上就试图使这样的好感具体化。他从另一条战线发起进攻：关于丝绸的某些秘密在意大利和法国尚不为人所知，而英国人在这方面也一无所获。正是在杭州附近种植的桑树最多，养的蚕也最多；而在城里制造出最有名的丝绸。马戛尔尼曾询问过他船上的船夫：一些人认为红桑起主要作用，另一些人则认为是白桑。究竟如何？很显然，总督对此一窍不通。中国的等级体系里从上到下的人都对外国人的好奇心加以回避。又是一个不适宜的问题：搞间谍活动。

可是，斯当东不是成功地发现了一个工业秘密吗？“蚕是在特地搭起的蚕室内养殖的，那里远离各种嘈杂声；因为中国人认为哪怕是狗吠声也会妨碍蚕的生长。”让我们再往下看：“缫丝之前总是把蚕闷住。为此，他们把茧放在匾上，再把匾用水汽蒸。当茧被缫完丝时，中国人就大嚼蚕蛹。”如果说中国人津津有味地品尝长满其身的虱子，他们就不可能对蚕蛹的滋味无动于衷。继工业秘密后，又发现了一个集体行为的秘密：英国人识破了中国人的心理现象。他们的猜疑不是得到了证明吗？

这种猜忌不仅反映在丝绸方面，而且也反映在对杭州这座城市的本身。在歇脚的数天时间里，英国人被关在船上不许登岸。乾隆的朱批一次又一次地重复着：“不许民人与之接触，不令贡使从人等上岸。”这些蛮人没有想到皇帝为他们费了这么多的朱墨。

托马斯的日记证实了这种隔离措施：“那位大官来到勋爵的船上同他谈话。但是我们还没有到达城墙边上，我们不得不在郊区夜间睡觉，白天闲待着。”这是他在 11 月 10 日的日记中写的话。

乔治爵士记叙了一件有意义的事情。一部分运往广州的行李被错运到前往舟山的船上。3 个英国人被派去寻找行李：惟有他们能认出这些行李。他们由一名官员及其仆人陪同骑马前去，他们从东面绕过城市。终于可以自由一会儿了！抵达河边后，他们登上牛车，每辆由 3 头并排套在一起的水牛拉着，用一根绳子穿过鼻孔来驾驭它们。牲口飞速奔向河里，在水中它们只要能站得住便前进。随后，旅行者们从牛车上到船里。到了河对岸，他们乘坐轿子前去舟山运河。

事办完后，英国人又骑上马，用马刺刺马的两侧朝城里飞奔而去。当他们已看见城墙的时候，追着他们的中国官员叫守城的卫兵在他们到达之前关上城门，然后对英国人解释说城门打不开了，因为只有巡抚有钥匙。他们因此不得不再次绕着城走。关城门的命令引起了军队的警惕，马上动员起来作好战斗准备。王大人“见到3个英国人居然能在中国防御得最好的城市之一造成惊慌不禁哑然失笑”。

然而在他们到达的第二天，王大人已经同巴罗和李神父一起去熟悉杭州南面上船的地方；他们那时是穿城过去的。小斯当东写道：“他们回来后，对城市和店铺作了出色的汇报！”他们那些被迫待在船上的伙伴则像被禁闭者那样表现得十分不耐烦。

望远镜里的漂亮女人

建造于钱塘江和帝国运河之间的杭州是两条水路的必然通道。货物在此换船转运。这是联系南北的大商埠。“可以想象货物的转口为这座城市带来了巨大的活力，它的人口几乎同北京一样多，城里到处是店铺，它们可以同伦敦的店铺相媲美：丝绸店、毛货店、英国布匹店应有尽有。”

在铺着大石板的狭窄路面上，万头攒动；夷人一出现就引起交通堵塞。女人们都打扮得十分吸引人，但只是在衣服的颜色、发型和头上插的花上作些变化。一件丝织内衣代替衬衫。外面穿着灯笼裤和皮里上衣，一件厚厚的袍子套在最外面，腰间扎一根腰带。

中国女人“认为体态丰腴是男子美的标准，而在妇女身上则是个大缺陷。她们极为注意保持自己身材的苗条”。她们把指甲留得很长，“以表明她们有人侍候”，她们把眉毛修成“细长弧形”。

画家亚历山大作了如下概括：“我们见到的大部分妇女不能算美。尤其是用小脚快速行走的平民妇女。上流社会的妇女很少出来。我们通常在远处见到她们。例如我们用望远镜有时会无意中见到一名妇女正在关窗。在我们看来，她们是漂亮的，但可能是因为她们化了妆的缘故——主要用扑粉和胭脂。”

雷峰塔

古今都一样，旅游在中国从来不是盲目进行的。王大人“有礼貌地邀请巴罗先生和其他几位团员乘坐一艘华丽游艇游西湖，一条准备饭菜的船跟随其后，湖面上荡漾着无数条供游人消遣娱乐的小船。岸上有达官贵人的宅第，一座皇帝行宫，还有不少寺庙。自山边冒出的小溪流入西湖，上面跨着美丽的石桥”。这副景象没有任何变化。《儒林外史》并不过分夸张地断言：“这西湖乃是天下第一个真山真水的景致。”

在树林中，有“几千个修筑得像房屋一样的坟墓，墓是青色的，配上白色楹柱，排列得像是一条条小街道。差不多每个晚上都有人拿着火把前来湖边的坟地向其家属的遗骸祭供”。

在一座山峰上矗立着几座宝塔；其中一座位于岬角边上，名叫“雷峰塔”。“塔顶已毁坏，上面长满了绿苔和荆棘。据可靠的说法此塔是孔子时的建筑物。”在传统戏剧《白蛇传》中，这座著名的塔被用作布景。始终不变的中国……

第六十二章

“于严切之中，仍寓怀柔”

（1793 年 11 月 11 日—13 日）

在杭州，马戛尔尼收到一封舰队司令的信：此信几乎是一个月以前寄的。高厄解释说，所有船员都患了重病，包括医生；船上药品缺乏，尤其是奎宁和鸦片。因此必须去广州。

这封信的旅行速度显然同“狮子”号启程的消息一样快——马戛尔尼是在两周前由松筠告知“狮子”号启程的。为什么这封信又那么慢呢？马戛尔尼猜测：先要传教士翻译，然后是审查……可是为什么这么“猜忌”呢？

如果以为只有英国人在受这驿站拖拖拉拉（而这驿站本来是很快的）的罪那就错了，它使任何来到中国的人都难以忍受。在同一时刻，罗广祥神父两个月来一直试图同始终待在“印度斯坦”号上的安纳与拉弥额特两位神父接触。最后他从澳门给他们写了封信，在那里他明白一定会把他们打发走：“8月份，你们离我们是那样近；我立即想方设法获得皇帝允许让你们来。但是，由于怀疑你们是英国人，他们把我叫到宫里，向我提出了一大堆有关你们的问题……我无法往你们的船上寄信，也无法请使团返回时带给你们……钱德明神父在10月8日至9日的夜间突然去世；请你们在作弥撒时为他祝福。请多保重。要快活些，要有耐性，有勇气。”这是在天朝官僚体系推不动的惰性面前一位把自己奉献给上帝的人表现出来的始终不渝的愉快心情。

要有耐性！这位罗广祥神父在几年前就劝其教友要有耐性。1789 年 6 月 25 日，他就曾写道：“我恳请你们不要一遇上中国办事拖拉就气馁。这的确是使人感到屈辱，但这是不可避免的。”

高厄的信尽管晚到，却还很受欢迎：马戛尔尼获悉“狮子”号并没有动身去日本，便松了一口气。为了更加保险，他给公司驻广州的代表写了一封信，总督同意当晚就送出，信中指示伊拉斯马斯爵士在得到新的命令前留在澳门。

这封信没有被耽搁，特使想把“狮子”号留在广州，这同中国人希望看到英国人尽快离去的念头不谋而合。事实上，广州当局担心“该正副贡使及随从人等上下几及百员名，到粤后虽有货船可以搭附，恐其借口买卖未齐，转多停搁”。当局为预防起见“又派拨熟谙海道员弁前赴该船，令其与前船一同停泊[①]”。收到这份奏折后，乾隆批注道：“是。”为使中国最终摆脱夷人，一切都已准备就绪。

告别迷人的松筠

前往停泊在舟山的“印度斯坦”号的使团成员于11月13日离开杭州。松筠同浙江巡抚吉庆一起护送他们，以便监督他们动身。

他前来向马戛尔尼告别。他显得有些激动。他要求马戛尔尼宽容些。他解释说两国相隔万里，它们的习俗必然相异。因此英国人不应当从坏的方面来理解中国人的态度。他希望他们不要带着对中国不利的印象回国。

马戛尔尼愿意相信这些良好的表示不仅代表松筠个人，他的理由是“松筠也经常处于被监视之中”。实际上有两名中国官员都随时在协助他；他们肯定是坐探。大学士表现得如此可爱，那是因为让人知道他这样做对他有利。马戛尔尼写道：“他迷人的态度躲不过朝廷的耳目，这种态度应当受到朝廷的赏识。在这扑朔迷离的宫廷内还是可以有一个正直的灵魂的。”他得出的结论是这种和蔼可亲的举止预示着未来很有希望。然而从宫内档案看出，这也是他的任务之一：“速将啖咭唎贡使送走，于严切之中，仍寓怀柔。”

松筠精于此道。其证明便是他谢绝马戛尔尼想送给他的告别礼物的方式。他以如此自然恳切的态度来表达他的托辞，以致特使都没有想到为他而生气。然而，这同和珅一样都是拒绝礼品，也都是对同样的命令表现出同样的服从。但是，马戛尔尼认为松筠有绅士风度。这位中国高级官员都配当个英国人。

如果说大学士对特使表现出热情，他在皇帝面前可一点都不流露出来。以下是11月13日他写的最后一份奏折：“本月初九日，该正贡使至奴才船中

---

① 同一份奏折写道郭世勋让人在澳门调查两个名叫安纳和拉弥额特的人。这就是我们船上的两位神父。

跪请大皇帝圣躬万安，敬捧呈词……口称我等外夷不识天朝体制，一切礼节全未谙习，仰蒙大皇帝格外施恩体恤备至……具见悃忱。”

同一天，小斯当东写道：“今天，松筠来船上看我爸爸。我给妈妈写了封信，由马金托什船长带走。”12 日和 13 日，马戛尔尼也说他接待了松筠的来访。大学士则让朝廷相信是特使前去拜访他：极权社会的等级原则同民主社会的平均主义原则带有同样的强制性。一名贡使应当尊重一位大学士，而不是相反。皇帝可能会批注：“好”，如同我们所说：太好了！①

私下对话

英国人正在为去广州作准备，有的走水路，有的走陆路。他们远没有料到在此刻通过皇家传驿，一场无情的对话正在他们穿越的中国两端进行着。

乾隆 10 月 21 日从北京发出给广东以及其他沿海各省巡抚的谕旨：告诉他们夷人的“不适宜的要求”，他们要求或在舟山，或在广州附近有一个能“长期居留的小海岛”。

郭世勋仅在 11 天后，即 11 月 1 日回复乾隆，而又过了 11 天，即 11 月 12 日，乾隆用朱笔批注他的复件。以下是他们的对话，它确定了马戛尔尼的彻底失败。

郭世勋：暎咭唎国人投澳居住须向西洋人赁屋，形势俨成主客，是以此次该国贡使进京吁请在于附近广东省城地方赏给一处，以为收存货物之地，与西洋人之澳门相埒。

乾隆：此必不可行。

郭世勋：其所吁求之处正其贪狡之处。

乾隆：是！

郭世勋：西洋夷人在澳门居住始自前明，迄今二百余年。该夷等在彼生长居聚竟成乐土，国朝教化涵濡，不殊天帱地载。况广州附近各处濒临洋海，尤不便任听外国夷人纷投错处。

乾隆：是。

---

① 可惜的是对我们来说，失去了松筠，也就失去了一位宝贵的见证人。我们有关中国的资料就少了。

郭世勋：今该贡使贸然陈请，设想非伊朝夕。诚如圣谕，海疆一带戒备宜严。现在督臣长麟莅任在即，臣当与悉心商榷，设法稽查，凡沿海口岸港汊炮台墩汛一律加意防范，不使该国夷人有私自相度地面妄思占住之事。

乾隆：好，实力行之。

郭世勋：如伊等欲择地居住，必借内地奸人指引。

乾隆：此尤应禁者。

郭世勋：臣现在密饬地方官严行查察，倘有洋行通事引水及地方无籍之徒串同嘆咭唎夷人诡图占地，即不动声色，密拏审究，从重治罪，以杜其渐。

乾隆：是。

使团曾从大学士松筠的和蔼可亲中推断天朝会听使团的话，事实并非如此。天朝甚至怒不可遏。

给英国国王的报告

马戛尔尼在抵达广州的时候写完了他长达28页的第一份报告，他委托马金托什把这份为国王写的报告送交给敦达斯。他因此就有机会把有关使团的消息先传到欧洲。我们将从这份奇怪地未加发表的文件中摘录若干段落。这份文件的内容不仅同我们上面所引的突然发现的无情对话，而且同特使及其伙伴在他们各自的日记中描绘的观点相距甚远。然而，主要的事都写入报告了：失败后的伤感被摇曳不定的一线希望所缓和："我满意地注意到伦敦王室和北京朝廷初次直接接触的结果开始就英国商人的问题在中国人的思想里开花结果。"

从一开始，马戛尔尼就描写了不可克服的障碍。首先是欧洲人的嫉妒："我从一些非官方的或私人的消息中获悉某些代理商行中的欧洲人设法对抗他们想象中的我们的计划。我们在各方面都要防备葡萄牙人，他们认为自己保持着同北京关系的垄断权。然而，澳门正在日趋衰落，只是有了淡季居住在那里的英国人的出现才得以继续存在。"

其次是中国人的多疑："尽管对我们接待的排场很大，但鞑靼族的达官贵人用怀疑的眼光看待我们的每一项建议，这是再明显不过的了。就好像我们是来颠覆这个国家的。"

他的使团被礼仪上的义务弄得精疲力竭，而无法谈判任何问题："我此行的主要目标甚至都没有提到。我所有的时间都被礼仪占去了，如果我不稍稍地坚持，希望使这个政府对我们怀有良好感情的话，就没有任何机会实现我使命中最起码的具体目标。”

幸好，在沿着大运河的归程中终于同大学士建立了友好的关系，并把事情向前推进了一步：“松筠向我援引他每天从皇帝那里收到的信中的主要段落，并告诉我最重要的批注。他说通过十分仔细的观察，他真正相信我们除了想增加贸易之外别无其他想法；但他明确指出，在一个中国皇帝看来，这是件微不足道的事情，不值得麻烦一个使团。”

马戛尔尼这样便能回到皇帝给国王的两份敕书里令人失望的内容上来：“我向松筠指出，除了圣上提到的有关在北京常驻使节的要求——这一要求被拒绝——之外，没有提及任何其他各点。他回答说：皇帝陛下认为他允诺照顾我们的商人就足够了。至于我给和珅的照会，他对我的要求逐一加以拒绝；我提的问题似乎是被故意歪曲，好像有人竭力使它们易于遭到皇帝陛下的拒绝。但是，我还是让他们知道，由于得不到重新考虑，我们在广州的人的处境很快就会变得难以容忍，以致有可能中断一切贸易。（……）我感到宽慰的是听说皇帝对我们，即对使团和我们的国家怀有好感，他决心保护这种贸易。如果他拒绝了我们所有具体要求，并不是因为这些要求提得不得体，而是因为皇上年事已高，他不认为改变自古以来的习俗和创立新的先例是件好事。”

在这个衰老的君主之后，比较年轻的继承者将会采取另一种态度……英国人从不认输；必须维持一点希望之光。

第五部分

峰回路转，希望复萌

（1793年11月—1794年9月）

子曰：能以礼让为国乎？何有？不能以礼让为国，如礼何？

孔子，《论语》

中国人对皇帝说：您是我们的父母，有了您我们才能活着，有了您我们才有今天。请您再次龙恩天开，了解我们的不幸，看看我们所不敢向您说的情况，救救我们吧！

钱德明神父，1774年

人是有感觉，能思索，会考虑，并在地球表面自由行走的动物。

《百科全书》，词条《人》，1751年

第六十三章

老传教士的遗嘱

（1793 年 11 月 9 日—10 日）

马戛尔尼在修改他第一份由敦达斯转交国王的报告时，就已经认真重读过钱德明神父的来信，这封信是后者在极其困难的情况下，托人于 10 月 3 日——即皇帝第一份敕书下达的当天——转交的，好像是专为减轻特使因遭拒绝而受到的打击写的。

当时，勋爵只是把信大致读了一遍，认为那只是神父对他这位受辱使者好心地表示安慰而已。但几经阅读，他理解信里的深刻而准确的分析。要是他知道，神父已在 10 月 9 日，即在病榻上写这封信后的第 6 天离开尘世，他从中获得的是一份什么样的遗嘱呀！

这位可敬的老传教士在信中解释："对于中国人说来，使节团的任务不过是在盛大庆典时来互赠礼品而已，它在中国逗留的时间不能比庆典的时间更长。在上个世纪和本世纪，任何一个派往北京的使节团，其逗留的日期均未获准超过这期限。"他补充说："中国人不签署条约。与他们打交道需要许多时间，故而大可不必性急。"

他接着说：在广州的对外贸易是"下级官吏的牺牲品"。他们的压力只能有两条出路：或"完全放弃贸易"，或通过使节团向中央政府提出"严厉的指责"。然而，在决定组团和由此可能产生的效果之间，肯定需要好多年的时间。

如果马戛尔尼"早些到达，在巴黎的消息尚未使政府及六部[①]感到担忧前就来"，那么，他遇到的麻烦就会少得多。法国国内的动荡使他们十分"害怕"，于是他们变得更加"敌视任何改革"。仁慈的耶稣会教士是否在把他自己的恐惧说成是中国人的恐惧呢？

---

① 指各部及各部尚书们。

斯当东也提出法国革命会引起中国人的疑虑："人权宣言已译成印度斯坦文，它不可能在性情温和的印度人中引起骚动。而中国人的情况就不同：他们更容易产生强烈的印象，而且引起民众骚动。"他试图在可憎的和珅外再找一个替罪羊吗？对那丢脸的失败的一个补充说明？我们在广州的一位观察员，前面提到过的夏庞蒂埃·德·科西尼排除了这种论点："我怀疑法国大革命会引起中国政府的不安。我甚至怀疑它能否理解大革命的原则。与那个一听到荷兰没有国王便放声大笑的暹罗国王相比，它对民主的概念不会懂得更多。"

垂死人对未来的忠告

神父继续说："然而，马戛尔尼使团给人留下深刻的印象，而且必然会产生有利的结果。"当中国人的思想适应了原先使他们反感的新鲜事物时，那么，这种印象在他们身上引起的不安也将平息下来；到那时，正使的提议就可能得到重新考虑。

钱德明神父建议每年都派船递送一封两位君主间的私人信件，以加强刚刚建立起来的联系。另一方面，也可以由国王委派一位常驻广州或澳门的代表与总督保持接触；他可以接受朝廷邀请参加节日或新皇帝登基的庆典。这位常务代表将维持有益的联系。尽管敦达斯和马戛尔尼的要求未得到直接的满足，但使团在中国的这种继续存在方式将给他们的努力带来实实在在的利益和持久的报偿。

是否应该排除钱德明神父本人受到中国政府操纵这一可能性呢？传教士们完全是仰仗皇帝每天的恩准才能在中国生活的。他们完全从属于中国的官僚等级体系。他们怎么可能不会自觉地或不自觉地按照皇帝的意旨办事呢？但他们是要留在中国的，眼看英国人一败涂地地离开中国对他们没有任何好处。相反，他们可以企盼从英国贸易中改善自身的境况和传教的机会。马戛尔尼写道："钱德明神父懂得，如果欧洲与中国没有更好的关系，福音的传播就不可能有较大的进展。他很明白，如果中国向我们开放贸易，将大大有助于他的任务。另外，他的教派将独得传教的好处。在传道这问题上，他们无须惧怕英国人。"

关于神父的信，斯当东是这样记叙的："不该为遭到拒绝而气馁。在中国人的国民意识中，只要是有点新意的东西他们就一概抵制，但可以反复提出同一要求，这并不会触怒他们的。”

总之，在这封信里，老传教士重复了他在1789年已经写过，而马戛尔尼不愿意相信的那些话：“中国在接待派来的使团时，只把它们看作是一种归顺和尊敬的表示。”事实证明他是对的。但当他在记下这永恒不变的事实外，再加上一点对开放的希望时，他是否还是对的呢？正使为此绞尽脑汁。老耶稣会教士提议通过广州互换信件和礼品；不多久，马戛尔尼和他的中国对话者就转而赞同这一主意了。①

这就引起了他在给东印度公司的董事长们写的信中表达出的乐观情绪，此信是在他写给敦达斯的第一份报告后的翌日写的：“我坚信，我国的贸易将受益于使团的访问。我们搜集了许多有关中国北方居民的需求和习俗方面的材料，这将使我们能通过广州向北方出口大量物资，直至时间为我们开辟一条更为直接的渠道。那时，我们将认识到我们选择了一个明智的做法。我国并没有在那里失去任何发财和通过扩大我国的声望和贸易来加强地位的机会。”多么漂亮的曲言法：在绅士之间，大家都克制地进行陈述。

12月23日，他又给敦达斯写信：“我向总督指出，我第一次阅读皇帝的敕书时认为中国政府对英国持冷漠甚至是敌视的态度；然而，听了总督本人以及陪我到杭州的那位大人向我说明皇帝对我们的真实感情后，我就完全放心了。”松筠的话还萦绕在他耳际：“尔等见了长总督，一切更可放心。”

“选择明智的做法”直至“时间为我们开辟一条更为直接的渠道”。让时间来安排一切吧……“只要在处理任何事情时不操之过急，只要小心机智地行事，中国是可以与遥远的国家和谐相处的。”这是钱德明神父最恳切的意见。

① 确实，乔治三世在1795年写信给乾隆；1796年写信给新皇帝嘉庆并送来礼物，祝贺他登基。总之，这正是中国人希望得到的东西：向皇帝表示敬意。

第六十四章

在南方内地

（1793年11月14日—17日）

11月14日，使团的主要人员动身去南方。他们得到了一份厚礼：准许他们穿过杭州城。

小斯当东用最清新的笔调为我们描述了这次旅行：“今天一早，我们一长列队伍与士兵一起出发，穿过城市来到钱塘江边。第一次为我们打起了华盖。杭州是一座很大很美的城市。我们从几座雕刻奇特的凯旋门下穿过。”

兴高采烈的托马斯以为——当然他的同胞们也不例外——这些凯旋门是为欢迎使团而搭的。然而，这些显然是他已经在北京见过的“牌楼”。牌楼大多数是木结构的，但也有像这里一样用石头砌成的。

见习侍童对“又大又漂亮”的店铺赞赏不已。它们的铺面悬挂着“珍贵的皮毛”。

两军对峙

出城时，“使团的队伍受到礼炮、乐队和数百名士兵的列队欢送”。安德逊看到的士兵人数是托马斯看到的10倍：“一支由几千名戴着头盔的士兵组成的队伍，排列成十分整齐的队形，站在路边。”

“为了便于登船，并使这场面更为壮观”，架设了“用藤条串联起来的一排车搭成的码头”。它直通停泊在河中心的船只，因为靠河岸处的水不够深，成千上万的人来观看这一场面。看热闹的人有的站在水牛拉的车上，有的三四个人一起骑在水牛背上，这些驯良的水牛竟然对此无动于衷。安德逊指出：“中国人大量使用水牛来做拖运的工作，特别是在农业方面。”这点只在南方适用；现在，我们已到了南方。

检阅军队给英国人留下强烈的印象，几乎所有在场的人都对此有所评述。“无数的旌旗把中国军人的漂亮制服衬托得更为军容壮丽。蓝色的制服上绣着大炮就表示炮兵。他们的炮比我们至今在中国看到过的威力要大得多。使团成员从两座雄伟的凯旋门下经过时，受到这支炮兵队伍的鸣炮致礼。”马戛尔尼则认为这些炮“不易操作”，炮口上铁的厚度同炮的口径差不多相等。

一小队英国士兵齐步成纵队行进，在河边的中国士兵向使团下跪致礼。[①]他们在河边，身穿军礼服倒显得十分威武。然而，马戛尔尼喜欢想象他们是在欣赏仁慈陛下的士兵的豪迈步伐和无可指责的动作。英国人在打量着中国人；中国人也在打量英国人。

在外交官的背后，露出了军人的面目。外交官明白他已输掉一仗。而军人的目光则在估量赢一场战争的可能性，尽管这场战争在半个世纪后才会爆发。

南方从这里开始

5点左右登船结束。由带席篷帆船组成的船队启航了。即使这些船载荷量很大，但航行时吃水并不深。

镇江是扬子江和大运河的会合点，过了镇江，这一行旅游者才算真正到了南方。这是另一个中国。中国南北方的差异比我们南北的差异还要大。中国的南方土地肥沃，盛产稻米、茶叶和鱼类；在这片土地上集聚着人类财富，人们的生活也更讲究排场。

“11月15日，早晨醒来时，我们发现自己已置身于一个从未见过的美丽的景色之中。”小斯当东大声说。马戛尔尼是这样形容的：“美丽和动人的景色。”托马斯对沿途风光的描写：“一边是耕作过的广阔平原，另一边高山贴岸耸立，满是悬崖峭壁，就像是从江中升起的一样。河深很少超过4英尺。布满卵石的河床覆盖着暗绿色的苔藓。我们的船常常触着河底。”

赫脱南估计这次浅水航行的风险。桨常常碰在峭壁上，船颠簸得很厉害，他直担心要“遇难”。每条船由二十来人拉纤，“如果不是迷人的景色分散他们的注意力，”那么船夫和水手此起彼伏的喊声简直令人“难以忍受”。噪

---

① 拉弥额特神父认为，士兵不是对使团，而是对船上飘着旌旗的长麟下跪。显然，他的看法是对的。

音是表现中国生气的一个独特方面。

中国的南北要道真是这样不方便吗？并非如此。现在正是因为船队离开了这条要道。如果船队选择北京——广州的直达航线，那就不必绕道杭州：它就要沿长江而上250公里，而不是横渡长江走大运河的最后一段，它朝东航行是为了去舟山群岛。英国人要搭“狮子”号回去时，朝廷已确定了这条航线。后来朝廷认为勋爵完全听任摆布乘“印度斯坦”号，因此还坚持这条路线。现在只好抄一条“近道”了。马戛尔尼骄傲地记道：至今还没有一个欧洲人来过这块中国内地。马可·波罗没有到过福州以南的地方；传教士和外国使臣则被迫走御道。继热河之后，这又是一个“第一”。

我们已经来到与开罗处于同一纬度的地方。农作物散发出带有异国情调的沁人心脾的香味。沿途看到“稻田、甘蔗种植园、橙树、柚子树、石榴树、栗子树、蔬菜、茶树、樟脑树和竹子”。

小斯当东对乌桕树入了迷：“任何一种植物都没能引起这样大的好奇心。我们感到奇怪的是，一棵树居然能提供给我们只习惯于在动物界获取的物质。这是这个特殊地区的主要的优势之一。”这种树的叶子是红色的，它的白色果实里的籽含有一种可用来制造蜡烛的肥皂般的粉状物。“中国的蜡烛比较粗短。烛芯是木制的。火苗很亮且一直很均匀。”儿子惊叹不已，老子补充解释：“把种子捣碎后放在水中煮沸，从中提取油脂。用这种物质制作的蜡烛比用动物脂肪制作的更坚硬，而且不散发出气味。”而用这种方法生产所需的成本大大低于欧洲。

在使用煤气和电灯前，这是中国在技术上领先的一个项目，但这种地位很快就被超越了。

最早的橘子树

11月16日，特使在王大人和乔大人的陪同下，拜会总督。过了杭州，两位大人还陪同使团使他特别高兴。他认为，这是出于长麟的特别照顾：“总督对他们很了解，他知道我们相处得很熟；为了使我们旅途更愉快，便让两人一直陪送我们到广州。”这纯粹是勋爵在情感上的异想天开。我们从皇家档案中查实：在10月15日，朝廷就决定派这两位官员一直到他们上船回国才算完成陪同任务。

托马斯惊呼道："啊，原来中国也有橘子树!"他像克里米亚的一位葡萄合作社的经理一样大惊小怪。后者曾对我说："怎么，在法国你们现在也酿制香槟酒了?"然而，他的家庭教师赫脱南先生却知道这种水果在德语中称为"中国苹果"(Apfelsine)，它是"通过葡萄牙人传入欧洲的。里斯本可能保存着第一株橙树"。像我们莱茵河彼岸的邻居一样，我们把希腊人说是在金苹果园里成熟的这些"金苹果"——橘子（mandarine）[①]还给了中国。

赫脱南甚至明确指出，中国的橘子分三等。上品是供"达官贵人"的，这种橘子的皮是深红色的，容易剥开，汁液最多。第二等供应"各类头目"，皮呈黄色，味道略逊于前者。三等品则是"下层苦力"吃的，也就是在欧洲我们所吃的那种橘子。等级制度还要扩展到哪里呢?

像马可·波罗以后的许许多多旅行家一样，家庭教师按捺不住要说，中国甚至比西方人想象中的还要高超：这种优越性现在波及到他自身了。差异还要扩展到哪里呢?

秘密外交的内幕

11月17日是他们一起旅行的第三天，马戛尔尼和长麟作了一次严肃的交谈。有多少次勋爵已感到终于要谈到正题了……特使的叙述可谓是一份典型的外交报告。

新任两广总督回拜马戛尔尼。谈话自然地涉及中英两国的贸易问题："在广州，从他那里能得到什么帮助?"他要求特使写一份书面说明，以便"从容不迫地反复阅读，完全掌握问题的实质，并在了解事实的情况下采取行动"。他同意北京应该改变对英国商人的态度。

诚然，他与皇帝的私人关系以及他在政府中的地位使他有极大的行动自由，但他不是一个人。他的行动要触犯某些既得利益。朝廷中有几位身居要职的大臣敌视英国："尤其是他的前任福康安，看到他采取与自己相悖的态度可能会不高兴。"总督清楚，和珅拒绝使团的要求使马戛尔尼多么失望，但他劝说马戛尔尼切勿贸然行事，以致使朝廷"不敢有任何宽容的表示"，使他可能

① 橘子在法语里叫 mandarine，像是另一个词 mandarin（中国官僚）的阴性形式，故有此说。——译注

进行的有利于英国人的尝试“失去信誉”。

像与松筠谈话时一样，马戛尔尼毫不迟疑就“坦率地表示他深感失望”。他受到“冷淡”甚至是“敌视”的对待，但他尚未在信中提及此事，“那是考虑到松筠和长麟”。他们“对使团颇有好感”，并一再肯定地说，皇上对使团亦有好感。因而，尽管在北京发生了这一切，他仍有权期望“长麟支持他的要求”。这就是他禀告英国宫廷的主要内容。下面就是长麟不要“用他的行动来否认”马戛尔尼所说的内容。

勋爵终于感到谈话已进入实质阶段。这样的交谈值得从陆路绕个圈子。“总督走了不一会儿，就给我和使团的全体先生送来茶叶、扇子和香料作为礼品。”托马斯补充说：“还有丝绸礼品。”

令人生畏的对手

长麟借口缺乏经验，引导马戛尔尼“开头炮”。他确定了自己善意的界限。谈到朝廷表现出的不利迹象，他能理解英国人会采取报复的态度，但他强调指出，这种态度势必将妨碍任何积极的发展。马戛尔尼不会知道，无论是以前的松筠还是现在的新任总督，他们得到的重要指示恰恰是：在必要时用武力来防备英国的任何暴力行为。长麟的机智就在于他审慎地把朝廷的忧虑让马戛尔尼知道，把这种忧虑和期望从他那里得到商业利益作了权衡：这样他就把威胁回敬英国人。真是手段高明之极。

马戛尔尼尽量不正面回答。他不对英国人的表现作保证，而是逼长麟作出抉择：该由总督通过实际行动使他能向英王陛下写一份他所希望的有利报告。

特使甚至不屑于要求一份书面文件（现在是他本人应该提供一份书面文件），松筠早已使他明白他不会得到这份文件，并劝他不要立足于讲话或文件，而要立足于明确实际的现实。

而长麟这位手中掌握欧洲贸易命运的人，对他来说就是最实际的现实，总之，是他可以捕捉到的惟一现实。

第六十五章

逆来顺受

(1793 年 11 月 18 日—20 日)

高明的外交并没有使英国人忘了他们的“技术情报工作”；他们的固执将又一次战胜中国人的猜疑。印度总督康华里勋爵曾希望把蚕丝和茶叶的生产引入孟加拉。这个设想也得到东印度公司的赞同，并专门告诉了马戛尔尼。可能这就是促使他“恳求”松筠让他从陆路去广州的理由之一。

南京的蚕丝在原地加工，洁白无疵，而到异地加工便发黄。是什么原因呢？这就要研究桑树的质量、蚕种、土质、加工用水的成分等等。显然，马戛尔尼不了解这样要求太高了。他没有得到预期的成果。然而他弄到了蚕卵。

在长达 20 个世纪里，蚕丝一直是中国的独家产品。蚕茧的生产秘诀都是禁止出口的。但是有几个窃贼把秘诀带到中国境外。公元 555 年，两个景教教徒把蚕蛾的卵装在白藤手杖里带到了拜占庭。7 世纪，文成公主把蚕茧藏在发髻里带到西藏。9 个世纪以后，奥利维埃·德·塞尔①如法炮制，把蚕茧藏在他妻子丰满的胸口里，从意大利带入维瓦莱斯。马戛尔尼的确也把蚕和生产过程的一些情报送到了印度。但他并未能推动英国的生产技术。

但他在茶叶方面则取得较大的成功。这种植物引起了英国人的兴趣，因为他们与中国人同样需要饮茶。无论是英国人还是中国人，我们很难想象他们能离得开茶。然而，在中国饮茶是在公元 500 年前后才普及的。孔子还要过 100 年才能喝上茶。至于英国，回忆录撰写人萨缪尔·佩尔斯是于 1660 年在伦敦的一个咖啡馆里品尝了第一杯茶（cup of tea——原为英文）。总之，在 18 世纪，对茶的爱好形成了英国人和中国人之间少有的共同点之一。当然，在这共同的爱好中有着不同的文化背景。

---

① 奥利维埃·德·塞尔（约 1539—1619），法国农艺家，曾把多种植物引入法国。维瓦莱斯为法国中央高地的东部地区，夹在罗亚尔河与罗纳河之间。——译注

这批旅游者不断谈到有关茶叶的信息。吉兰说："它是中国人从早到晚的饮料。"斯当东则像一个熟谙供求规律的经济学家那样在计算："在中国，茶叶的消费量极大。即使欧洲人突然全部不再饮茶，它的价格在中国市场也不会下跌。"他认为喝茶是一种美德："茶的最大好处是使养成这种习惯的人十分喜欢它，从此就不再喜爱饮发酵过的烈性酒了。"这一评语出自霍格斯①的同辈的书中则别有一番风味，因为他们不但对喝茶颇有兴趣，而且对杜松子酒和啤酒也同样嗜好："茶在英国就像啤酒一样，在城市的小酒店里或大路边上都有出售：付一个小额硬币，喝上一杯，然后继续赶路。"

英国人是否知道"喝茶时嘴里要含一块冰糖"？他们是否知道，漂亮的女子在给她的情人准备刺激性欲的茶时，放入"一种会起泡沫的胡桃加咸笋混合物"？茶的魅力是无限的。

饮茶把他们带到茶叶生长的地方。在南下途中，他们已发现茶树。斯当东对"一层层排列在山坡上的茶树"赞叹不已——沼泽地则用来种稻。"为了便于采摘茶叶，要设法不让它长得太高。"安德逊把它描绘成一种类似醋栗的植物。他记录了10月18日第一次见到茶树。显然，他把日子至少提前了半个月。那时他们还在北方；在这个纬度、这个时间，英国人第一次发现的是棉田。不过，作为植物学家，他倒没有弄错："贡茶"是用最早开的花制成的。新叶焙制成"炸药茶"。②

1794年2月28日，马戛尔尼从澳门写信给康华里勋爵："如有可能，我想弄几株优质茶树的树苗。多亏广州新任总督的好意——我与他一起穿越了中国最好的茶叶种植区——我得以观察和提取优质样品。我责成丁维提博士把这些树苗带到加尔各答。他将搭乘'豺狼'号前往。"③在经过一片精心种植着漆树④、乌桕和茶树的平原时，马戛尔尼的确顺利地叫人挖掘了这些树苗：中国的陪同人员这一次未加干涉。把优质树苗引入印度，光这一项也就不枉此行了，而且在下个世纪将要百倍地偿还这次出使的费用。

---

① 霍格斯（1697—1764），英国版画家，大量作品反映英国当时的社会风俗。

② 这种绿茶的名字——gun powder沿用至今。它的叶子卷缩成小圆球状，用水冲泡时，叶子舒展开来并像鞭炮那样发出噼啪之声。中国人称这种茶为"珠茶"。它销往近东地区，当地人在茶中加入薄荷一起饮用。

③ 实际上，"豺狼"号是在1794年4月中旬离开驶往欧洲的舰队，前往孟加拉的。

④ 这种漆树生长在中国和柬埔寨的一些特定地区，在孔子时代，人们就已经利用它所产的乳胶。

基德上校在加尔各答建立了一所植物园，他想在里面增加新的品种。为了满足他的要求，几株带土块的树苗被小心翼翼地运到了孟加拉。他说服东印度公司在印度大规模栽种茶树，这种树以前在印度鲜为人知。当丁维提带着这批货抵达加尔各答时，不幸的基德已不能为此而感到欣喜：他刚刚去世。但他的夙愿得偿：茶树、乌桕和漆树在那里落了户。随着它们的繁衍，加尔各答植物园向印度所有的苗圃送去了使团挖来的中国树苗的后代。1823 年，在阿萨姆邦发现了一棵野生茶树，于是把这两个品种进行杂交。但可以说当今相当一部分“印度茶叶”来自马戛尔尼挖来的中国茶树苗。

巴罗将向世界揭露“邦蒂”号起义的事实并把这史诗般的行动描写出来。此时，这艘船已前往塔希提岛寻找面包树。仁慈的陛下政府想把它移植到安的列斯群岛。启蒙时代是醉心于植物的时代。伦敦懂得科学、航海、殖民、贸易和工业的进步是合成一体的，只有它们互相补充才能在世界上建立霸权。

一次离奇的会见

夜色降临。船队在绵延的山脉前停止行进。王大人和乔大人登上马戛尔尼的船，向他介绍两位琉球国王派来的使臣，也就是他们的同事。该国王每两年都要派人到福建厦门进贡，那是允许他们上岸的惟一港口。

据马戛尔尼所说，这两个人皮色白净。而托马斯却说：“他们皮肤黝黑。”但两人对他俩的印象极好。马戛尔尼说他们“讨人喜欢”，他的年轻侍从则认为他们“相貌漂亮”。两人所穿衣服的样式同中国的差不多，但衣料质地精细，外套一件好看的棕色披肩，衬以松鼠皮。他们头上分别缠着一黄一紫的丝巾。

马戛尔尼一直在伺机进入中国。机会来了。这些岛屿离大陆不远，它附属于中央帝国，对外国人来说，这是一个既陌生又好客的地方。能否在琉球群岛重温法国人在交趾支那的旧梦呢？这是在英国东印度公司唾手可得的地方实现的路易十六的中国梦。假如就在离中国近在咫尺的地方开设一个对华贸易商行，又不受中国官员的控制……因为这两个人善于交谈，特使收集了许多情报。

最重要的情报是欧洲船只从未到他们的国家去过，但只要欧洲人愿意去，在该国一定受欢迎。该国在京城附近有一个很大的深水港。

马戛尔尼带回去的情报并非没有结果。当1816年英国派遣第二个使团时，阿美士德勋爵搭乘的船到琉球群岛进行过察看。当然，最终是日本攫取了这个处于战略要地的群岛。在第二次世界大战时，大家能看到它起的作用：它的主要岛屿叫冲绳。

皇帝再度不安

11月19日，乾隆发了一道焦躁不安的御旨。他获悉两艘英国小型护卫舰将在虎门[①]靠岸；"狮子"号可能随后就到。

"所称现到小船二只催令购办食物后即开行回国一节所见尚欠周到。所有该国先到船只务令其在粤停泊等候，其续到之大船二只一并饬令湾泊等候贡使。嘆咭唎贡使到粤后若希图在黄埔地方盖房居住，当严行斥饬，并禁止内地奸人指引。并著长麟于途次接奉此旨，带同贡使攒程行走，以便及早到粤乘坐原船回国。若即饬令开行，将来贡使抵粤必更借口耽延，复萌知智，别有干求，此为最不可行之事，彼必更多一番枝节。

"若原船已经开行，伊等在黄埔居住等候，止当密为稽查，毋许勾结滋事。

"其一切食用可以不必照内地之例，官为料理，致令贡使等得以从容坐食，免有耽误。

"免其纳税系指此次贡船而言。外省办事往往胶柱鼓瑟竟将该国别项贸易商船概行免税，转致西洋各国心生冀望，纷纷吁请一体免税，成何体统？惟当按照定例收纳，以昭平允。"

这几句翻来覆去的老话反映了天朝的本身逻辑。在我们的逻辑用逐条详细陈述进行逐步推理的地方，他们却用赘言。语法同逻辑学，也同帝国一样，是建立在不知疲倦地重复的基础上的。

准备派新的使团

这是第二次有礼貌的较量，它与那种反复咆哮形成了对比：总督用可能

---

① 指流经广州的珠江的入海口。

再派一个使团来华作诱饵。英国人不是希望两国的交往更为频繁吗？“11月20日这天，总督来访。他自称对可能有的怨恨情绪表示不安，因为它将通过我给国王的报告引起中英两国间的关系紧张。”

马戛尔尼一再否认有此事，但长麟仍然疑云不散：“为了证实我的诚意，他请求我同意他对皇帝说：英国国王将保持同中国的友好关系，并将派遣第二个使团来华。”

这种做法很巧妙：如果英国同意定期派遣使团，那么最终不就成了像琉球群岛一样的纳贡国吗？马戛尔尼避免正面回答：尽管他的要求遭到拒绝，他还是体面地受到皇帝的接见；但是，“只有有了充分的理由，可以希望从中得到适当的好处，第二个使团才会来中国”。

“适当的好处”指什么？长麟没有接茬儿。他可不愿意让对方来提派遣第二个使团的条件。他要对方提出具体的时间。马戛尔尼避而不答。可是长麟却说他很满意：他要给朝廷写信，说蛮夷国王将在“某日”召见另一位使臣。

让我们再看看真相的另一方面。长麟在给皇帝的奏折中，说马戛尔尼作了这样的声明：

“该国王此次进贡实是至诚。我们未来之前，国王曾向我们商议，此次回去隔几年就来进贡一次是早经议定的，惟道路太远，不敢定准年月。将来另具表文再来进献。若蒙恩准办理，即将表章贡物呈送总督衙门转奏，也不敢强求进京，只求准办就是恩典。”

还能想象出比这更假的报告吗？但长麟并不以为自己在作假。他按照天朝的意旨来解释含义不清的话。遵守原则远比尊重事实来得重要。长麟通过马戛尔尼的嘴说出朝廷惟一能接受的安排：其中包括在广州先预交礼品单。这次马戛尔尼一踏上中国领土就没有按此办理，所以使北京很为恼火。

而在这种吹毛求疵的描写中，我们又发现了钱德明神父的忠告：“在中国人的国民意识中，只要有点新意的东西他们就一概抵制……”朝廷认为重要的是：英国人再次表示敬意。而英国人认为重要的是：不要切断来往。

老传教士掌握了双方内心深处的愿望。他具有在两个世界之间架设桥梁的天赋！然而，这两个世界相距又是多么遥远！

特使像他的护送人一样满意：“每同长麟会见一次，我对他的敬重就增加一次。他会使东印度公司得到各种好处，对此我抱有希望。”他认为长麟是“一位有个性，非常谨慎又富于洞察力的人”。虽然这种不变的制度是那样的僵化，他仍继续幻想不顾这种千古不变的僵化制度，通过私人交情来解决问题。

应长麟的要求，特使交给他一份有关英中贸易备忘录。这篇有十五个条款的文章，重申以前提出的要求：包括从澳门和广州间的过境税直至“有权赛马”和“进行各种喜爱的体育活动”。里面还添上了一些新的要求：

“英国人可以与所有的中国商人，而不局限于只与公行有接触。准许中国人教英国人汉语。遇到因刑事犯罪而起诉的情况，涉嫌者的同胞不应受到追究。”

最后一点要求承认了美国的存在，这个国家是在凡尔赛条约签署后十年诞生的：“不要把英国人与另一些在广州做生意、讲英语的人混同起来，这些人属于另一个民族，他们居住在世界上一个完全不同的名叫美洲的地方。”

美国人的确在获得独立之后不久，即于1784年就派出第一批商船到广州，并于1790年任命第一位驻广州领事。他们没有浪费时间。为了不使人把他们与自己的前主人混淆起来，他们也不落后。

第六十六章

一段旱路

（1793 年 11 月 21 日—22 日）

现在要从陆路翻过这片高地，它把桐江盆地和信江盆地分隔开。这一段路程一天就走完，那是 11 月 21 日。

对这段附带的陆路和山路，见习侍童作了极自然的描述："今晨，我们离船上岸，我们或坐绑在竹筒上的椅子上，或骑马，或坐轿子[①]赶了 80 英里路，来到另一条河边。路极好，与花园里用石屑铺成的小径一样；为了使路保持干燥，在它穿过稻田时还加高了路面。车行道上没有车轮压过的任何痕迹。山上新种了许多松树，不然群山会是光秃秃的一片；在树下，有几座好似小石屋的坟墓，上面还有用铁栅栏护挡的小窗户。山谷里种满了稻子和蔬菜。"

作物的茂盛使马戛尔尼惊叹不已："沿途每寸土地都是精耕细作的。为了得到最好的收成，地里都施足了肥。山坡修成梯田。一年至少两熟，常常是三熟。"

这一段旱路中可以随意采集植物标本。长麟允许马戛尔尼再带走一些茶树苗和种子。它们将使孟加拉致富，也有助于竞争。

小斯当东说："这里是浙赣两省交界处，走不到 1 英里就穿过一个村庄。我们看到人们在踩水车，它像我们的链唧筒[②]，把水汲上来灌溉稻田或梯田。我们来到一个名叫玉山县的四周用城墙围着的城市的郊外。郊区很大。我们沿着长长的石级而下，来到一条河边，找到了为我们准备的船，不过比原先的船要小。"

---

① 安德逊记道："王大人总是关切地询问我们每个人的特殊爱好，并为我们提供各人所喜好的交通工具。"

② 赫脱南明确指出，英国的链唧筒"肯定受到中国人的启发"。公元前 1 世纪，中国就发明了链唧筒，而欧洲在 15 世纪才开始使用它。

液体黄金

马戛尔尼不无幽默地写道："农民把人粪肥当作最珍贵的财富贮存起来。"这次乡间出游，英国人可以不慌不忙观察中国的这一永恒特色。①托马斯在日记里是这样写的："比起其他肥料，中国人更喜欢使用人的粪尿。他们有专人和专门的地方收集和存放粪便。"这种奇怪的做法既不是只是中国的这个地方有，也不是只是这个时期有，而是这次郊游让在场的大多数人都看到了此情此景而已。

对这个微妙的题材，赫脱南是拿着镊子来处理的。他把路边的小建筑用神话的帷幕给遮了起来。"这些克劳阿西纳的神殿并非为公众方便，而是为从中收集供品的人而修建的。"

所谓"克劳阿西纳的神殿"就是半埋在土中的粪缸，"供行人使用，有人淘粪池，把粪便收集起来当肥料使用。"斯当东指出："老人、妇女和小孩经常身背一个筐，手里拿一个木耙不断地拾找粪便。"巴罗已经写过：人们在这种底肥中掺入其他垃圾使其更肥。"每个理发匠把修剪下来的发须小心翼翼地收藏在一个小袋子里用作肥料。"尤其是，"每家每户有一个粪缸。当粪缸满了时，很容易拿它去换蔬菜和水果。"从粪缸到蔬菜，中间经过施播肥料，这是一个完整的循环，什么也没有糟蹋，什么也没有创造。

在粪便中掺些土，经过搅拌，制成饼状，在太阳下晒干。因此，一个体弱的老人对于赡养他的家庭来说并非是毫无用处的。

在广州，英国人再次看到这种技术："这种盖在房子两侧水池上的厕所可以满足过往行人大小便的需要而又不造成浪费。在气候炎热的地方，用这种方法积肥应是十分有害的。"然而，要保存这种液体黄金，也就"顾不上什么体面和谨慎了"。

如果巴罗、赫脱南或斯当东读过弗洛伊德的著作，他们就会提出这样的问题：这种积肥方法会对中国人的行为产生什么后果？心理分析学指出，学习爱好清洁对人格的形成起决定作用。喜欢整齐、清洁、严于律己以及对金钱的

---

① 人们还记得乔治爵士一踏上中国的领土就对此十分惊异。但由于不好意思，或没有在近处看到，大部分目击者自那时起都没有再提及此事。这次，没有一个人会错过这个机会。

精打细算等均源于此。埃里克·弗罗甚至把创业精神看成是要留下一点文明的痕迹来弥补这可鄙的痕迹的愿望引起的升华。他认为，在新教的教育中这种厌恶感最为明显，这种自我肯定的需要最为强烈……

在中国人自己经常描绘的某些集体的缺点，诸如幼稚、羞愧、群居、无纪律、浪费、肮脏等等和没有按照要求严格地度过“肛门”阶段之间，难道不存在着某种联系吗？一个社会一代一代地受到文化里已有并流传下来的障碍的影响，发展缓慢甚至陷入瘫痪，这不也是可能的吗？对粪便几乎是虔诚的使用，把它们作为好处收集起来，而不是感到可耻而抛弃。这种不该利用时的利用难道不会世世代代地影响中国人的心理平衡，甚至使抑制性的神经官能症流传下去吗？不止一个精神分析学家试图作出肯定的回答。我们则满足于提出问题，仅此而已。

贡院[①]

晚上，使团一行没有找到旅舍。“他们被安排在县里一个年轻书生参加考试时的考场里住宿。”

旅行者现在面对的是中国体制中的一个幻影。它曾使启蒙时代的欧洲那样神往。耶稣会教士在散布赞赏情绪之余，于18世纪中叶把这种制度搬到法国他们自己的教会学校，组织了一整套的考试和会考，最高的是颇有声誉的中学优等生会考。斯当东说：“这类考试是在巡抚、县的主要行政官员和许多观众在场的情况下公开进行的。应试人要参加笔试和口试。录取的人不仅得到一个科名、赢得进入贡院的荣誉，而且他们已踏上谋得高官厚禄的路途。”

做官的道路“对所有的中国人是畅通的。人民确信官的权势是由自己的功名得来的，因此对当官的表现出服从和尊敬”。斯当东热情赞扬：“毫无异议，政府实施这种制度对社会秩序是有利的。”

旅行者有没有看到考生忙于应付考试的情况？他们有没有受陪同的骗？还是他们满足于重复在那个世纪已广为流传的冗长的无稽之谈？对此，他们没

---

① 有一个大胆的比喻把“贡院”作为“朱砂洞”或“玫瑰谷”的同义词。在中国文学作品中，这指女子的私处。（此处“贡院”当为县学，清代只有京师、省城等举行乡试之所才有贡院。——编注）

有明确说明。

但任何事物都有它的反面。这样招收来的官员将成为什么样的人呢？斯当东作了这样的推测：他们组成可怕的官僚体系，剥削既无财产又无知识的人民，或使他们灰心丧气。“那些穷而无告的人处在当地官吏的淫威之下，没有任何诉苦申冤的机会。在这一点上，与下级官吏打交道的外国人的处境倒也与他们相似。”他隐隐约约地看到已被中国人自己批判了25个世纪之久的这种制度的缺陷。这种批判始于孔子，虽然官僚政治是受到孔子的启示而产生的。孔子在公元前5世纪就揭露“出纳之吝，谓之有司[①]”。距今不到100年，还有人这样写：“民家被官家害了，除却忍受，还有什么法子？”

旅行者在揭露这些小官黑暗专制的同时，却对这一发现感到兴高采烈：除了世袭政权外还有一种社会制度可以行得通。他们批判这种社会制度时，并不是以在他们国家仍占优势的贵族的名义，而是以正在他们国家产生的民主的名义进行的。为人民服务、并接受人民监督的公职制度，这就是毋庸争议的理想所在。

使团也像耶稣会会士和启蒙时代的哲学家一样，认为中国的考试制度值得称道。就像到了20世纪60年代和70年代，革命的中国成了其西方信徒仿效的榜样一样，这些英国贵族像1968年的“毛主义者”一样，对中国完全着了迷。

无疑，马戛尔尼的同伴暗中在将通过“靠山”（我们叫“走后门”）招收国家工作人员——下自海关管理人员，上至一个部的常务次官——的制度作比较。这种制度在当时的英国就像在法国旧制度的王朝时期一样占着优势。它是构成人们称之为“惯见的腐败”的一个决定因素。在他们对这种制度狂热崇拜的同时，雅各宾派或者拿破仑对官僚体系的幻想已在酝酿。几年以后，法国皇帝在他的教育部长的支持下把大学教师变成“国家耶稣会士”，由他们负责通过会考招聘国家公职人员。

然而，长期以来在中国就流传着这种说法：“要被录用，才能并不是必须的，而且光有才能也没用。”《儒林外史》里有一名屠户对他的女婿说：“这

---

① 孔子这段话出自《论语·尧曰》篇，全文是：“何谓四恶？子曰：不教而杀，谓之虐；不戒视成，谓之暴；慢令致期，谓之贼；犹之于人也，出纳之吝，谓之有司。”对最后一句话一般理解为：同是给人以财物，出于悭吝，叫做小家子气。“有司”是古代管事者之称，职务卑微，只能管些小事。不应理解为“官僚体系”。——译注

些中举的都是天上的文曲星！你没看见城里张府上那些老爷，都有万贯家私，一个个方面大耳？像你这尖嘴猴腮，也该撒泡尿自己照照！不三不四就想天鹅肉吃！趁早收了这心！”

走后门就是腐败吗？假如有“另一种逻辑”呢？“孔子曰：吾党之直者，异于是，父为子隐，子为父隐，直在其中矣！”家族要使得到的地位像祖产一样永远传下去。我们能责备它们吗？在天朝考试制度中，继承遗产的人要比享受助学金的人多得多。

怎样教学？通过背诵熟记的课文、通过按照严格的规则容不得临时发挥的作文来教学。只有结结巴巴的背，没有创作，更谈不上评论和批判了。要符合事先准备的范文，就像这位私塾老师所说的：“我都是引经据典。我自己的东西呢？从来也没有过。”依然援引孔子的原则：“述而不作，信而好古。”

正当英国人大唱赞歌之时，乾隆却自己揭露起这种制度的无效率来，尽管没有对它进行否定。他说：“从来内外大小臣工办事，难得适中，非过即不及。”

在许多方面，英国人渐渐发现那些“启蒙时期”给中央帝国罩上的恭维帷幕消失了。但是在有些地方，他们的幻想又冒了出来。他们认为政权掌握在知识贵族的手中：“谁要是没有成功地通过最难的会考，那他就得不到荣誉。”的确有一位像松筠那样随身携带大量书籍旅行的人，但又有多少学究式的粗人呢？我们的旅行者知道和珅来自哪个阶层吗？且不说被他扶上去和打下来，以及被他收买和被他抛弃的那一群人又是来自哪个阶层？

是否应该像人们经常做的那样，把中国的这种制度与共和政体法国的公职制等同起来呢？我们能接受他们惩罚一位高级官员的方式吗？某地遭到了蝗灾，巡抚马上就挨打并被革职；还有一位大官，因为在公众场合表现得过于高兴，损害了他职位的尊严而被扣去一年的俸禄。提出任何一个被认为是不好的建议的人，都要受到惩处……

有人问孔子：“何谓四恶？”孔子曰：“虐、暴、贼、有司。”他能否猜到这四恶将并存在这个停滞不变的社会里，而根据他的学说建立的贡院将在里面起着最重要作用？

中国的体制不仅仅对欧洲人是个幻影，它也是一个不时实现的中国梦。有多少父亲对他们赶考的儿子说：“我的祖上都是平民百姓，只要你能考中，我死也安心了！”对于一个中国农民，无论是过去还是现在，没有比儿子中秀才和成为“书香门第”对他们更有吸引力了。

十全十美的制度是不存在的。在哪个社会里“继承遗产者”不受惠？我们应该承认中国的考试制度有个好处：它给这个停滞不变的帝国引进了一点社会变化。当然这种制度尚有许多不足之处，中国人自己也争先恐后地进行了揭露。

这种以文取士和形式主义的结构一直延续到帝国的末年。然后“文化革命”把两千年来的能人统治的优点连着它的缺点一扫而光。但它并未取得完全成功。

第六十七章

“我国的造化”

(1793 年 11 月 15 日—22 日)

这期间在浙江，使团的另一部分人正去舟山：有本松上校、丁维提博士、画家亚历山大、马金托什船长，还有包括霍姆斯在内的卫队士兵、仆役以及维修设备的机械师等人。

这队人马经过浙江宁波府。英国人曾在那里拥有过一个货栈和一个代理商行，由于“行为不端”他们丢失了这两个点，直到 1859 年才费了大力把它们夺了回来。这个港口城市位于杭州湾的南岸，是当时那个地区的商业中心。以后被地处杭州湾北部的上海所取代。

马金托什的贸易问题在那里被提了出来，但马戛尔尼并不知道。

无偿馈赠换取感恩戴德

大家记得，乾隆设法把宁波变成了一个商业冷落的地方：赶走了在本世纪初与英国商行有往来的所有“奸商”，所有的“买办”的后裔。马金托什船长事先被告知，他不能进行任何货物交换。皇帝再三重申“只能在澳门和黄埔进行贸易”。

然而，读了士兵霍姆斯的记载就知道，不是所有人都认为宁波是商业冷落的地方。买卖在那里还十分活跃。“11 月 15 日，我们看到了宁波这座著名的城市，它建在一个荒芜的峭壁的圆丘上。”当地百姓对英国使团表现出“特别的恭敬”；城里的头面人物“更是热情殷勤”。英国人觉得他们比其他地方的中国人更健谈。“宁波用自己的船同巴达维亚、菲律宾诸岛以及沿中国海的其他公司进行大量的交易；它通过广州口岸为欧洲商船提供商品。”

城里的主要官员给每个英国人送一份礼，有丝绸、茶叶、南京土布、烟丝和其他小玩意儿。为使英国人逗留期间过得愉快，他们费了不少心血；但是天公不作美，一连下了七八天的雨。英国人只能待着不动。“我们急于回到离我们仅40公里的‘印度斯坦’号船上，这使我们的情绪变得更坏。中国官员觉察到了这一点，但他们并不生气。”11月23日上午，画家亚历山大确实也这样记载：“雨下个不停，透过船篷往下流。风从缝隙钻进船舱，我们在风雨中度过了一个不眠之夜。”

突然间他们看见了一包包的茶叶和丝绸。这是中国送的礼品。为此，浙江巡抚从远处弄来丝绸，因为宁波并不出产。

中国人的令人惊奇的心理！为了掩盖拒绝的真正原因，就竭力贬低宁波的重要性。不能在那里进行贸易。但是这最后一招做得很漂亮：不要任何东西作交换，只要表示皇上的宽宏大量，就像皇帝所指示的，要让对方“感恩戴德”。

军人准备弹压

松筠是这样向皇帝报告去舟山的部分使团成员的沿途情况的：

“奴才等前于15日经过宁波府时，该夷官等曾向伴送的官员言及杭绸，意甚欣羡，亦未敢言欲购买。奴才等见其颇为恭谨，因而商酌莫若略备茶丝，传宣恩谕，酌量赏给，更足以昭圣慈体恤。因传主该夷官四员，谕以此处向无洋行，无从交易，况尔贡使今已前赴广东，自可在澳门、黄埔地方照例购换。今蒙大皇帝俯念尔等恭顺远来，现在登舟开洋，不无日用之需，特赐尔夷官四人每人杭绸四匹，茶叶各五十斤，丝各六斤；随从兵丁亦各酌量给予茶叶、布匹。该夷官等当即免冠伏地，连次叩头祇领，其感激欢欣之状形于辞色。

“现在派委宁波知府克什纳伴送夷官等过海回其本船，又提督王彙于稽查海口之便亦可在定海就近弹压照料。”

这后一条消息不应引起怀疑。前面一条倒是值得怀疑。无论是哪一种情况，松筠只是按照皇帝想看的方式写的。

“印度斯坦”号的底舱装满了丝绸和茶叶，当然还有从英国白白带来的呢绒；甲板上挤满了使团的部分成员。东印度公司船队的最好的商船扬帆启航。“在它的身后拖着一条长长的黄水纹。”

特使一行在去广州时也被台风困在路上。狂风大作，大雨瓢泼，这个地区常常这样：“江水发着虎虎的吼鸣，冲撞着两边的山；浊浪吞噬着雨柱，飞着、喊着、跌着、翻着、号着、喘着……”航行推迟了。马戛尔尼写道：“11月22日。由于一天一夜没完没了地下着大雨，我们整整一天待在玉山县没动。”

小斯当东叩头

翌日，趁下雨之机，勋爵让见习侍童把给皇帝的问候信写好。这封信是总督授意他写的。长麟发现信里的中国字字迹娟秀，询问出自何人之手。“当我告诉他这是小斯当东的杰作时，他不相信一个12岁的孩童能在这样短的时间里取得这样神速的进步。然而当他目睹男孩在由他抄写的信的下方用端正的楷书写上自己的名字时，才相信这一事实。”

下面是这封通篇恭维之词的感谢信的译文。信是由马戛尔尼用英文写的，再由见习侍童用中文誊写。特使为此十分骄傲，所以把信递交给了敦达斯。可是在英国档案馆里我们没有找到这封信的踪迹。相反，信的全文被细心地保存在皇室档案里，而马戛尔尼提出要求的照会却一份也没有。这些照会谈到的只是一些微不足道的贸易：它们没有资格归档在皇帝陛下的文书里。而这个“中国化”了的孩子的恭维对皇帝倒是一份极其宝贵的贡品，因为这封信在对天朝制度的本质进行恭维。

按照惯例，每当写到皇帝两字时，就要另起一行。这里总共换了七次行。比起他的主子对叩头的态度，小托马斯对这一套礼仪更为适应，因为他的脊梁骨更柔软。

“暎咭唎国使臣吗嘎哷呢谢
大皇帝恩典。我们国王敬
大皇帝大福大寿，实心恭顺。如今蒙
大皇帝看出我国王诚心，准我们再具表文进献，实在是
大皇帝大寿万万年，我们国王万万年听教训。这实在是
大皇帝的恩典，也是我国的造化。
大皇帝又不嗔怪我们，又不限年月。我们感激
喜欢口不能说，我国王也心感激。求大人[①]

① 这封感谢信应由使团的一位陪同——可能是长麟本人——回到宫内时念给皇帝听。

替我们奏谢

大皇帝恩典。

此呈系哆吗嘶哃哧亲手写。”

越来越卑下

这是一篇仿作吗？当然，但他没有忘记最主要的：“我国的造化。”他在向朝廷礼仪屈服的同时，又不失掉自己的尊严。在索德超眼里却可能认为太注重自己的尊严了。这位葡萄牙的耶稣会会士翻译过一封类似的信件。那是早些日子马戛尔尼写给乾隆的信，感谢他赠送“福”字条幅。也许他认为那封信还不够阿谀奉承，没有一一列举皇上的恩典。这位葡萄牙传教士成功地写了一篇仿作的仿作。这篇文字也珍藏在内阁档案中。它是这样开头的：

“㖊咭唎贡使马戛尔尼跪请

大皇帝圣躬万岁。仰蒙

大皇帝格外施恩，体恤备至。前蒙赐我国王温谕并许多贵重稀有之件，昨又蒙

御书福字，颁赐国王，我等亦得同沾洪福，又蒙

颁贵蟒袍绸缎佩包等件，荣宠无比。又准我等仍由广东行走……”

第六十八章

一名官员当众遭受鞭笞

(1793 年 11 月 23 日—27 日)

国家设立法制，原以禁暴止奸、安全良善。

康熙，1662 年—1722 年

11 月 22 日。尽管有雾，船继续行驶。沿途景色像幽灵般展现在眼前。马戛尔尼有这样一段记载："我们周围的东西在夜雾朦胧中变得那样巨大，那样令人提心吊胆。"小斯当东对耸立在江边布满松树的群山印象深刻。傍晚，天色渐渐晴朗起来，我们第一次看见了甘蔗地。托马斯的记载："一些榨甘蔗用的小磨坊，有几个建造在河里，因为河水很浅。这样建造并不费事，磨用水力驱动。"在此以前，英国人在中国还未见过磨坊，感到非常奇怪，因为这里既不少风也不缺水。

次日，江水在巨大的岩石中突露而出。"一些中国人在忙着把岩石凿成砖那样大小；有些石块呈鲜红色。好几个岩洞里还住着百姓。我们船队过时，他们走出来看。在岩石的开阔处建有花园和房屋。这种奇观一直延续了 7 英里远。"只有到了中国，才能看到在悬崖坡上开凿出来的路，还有悬空在深渊上方的房子。

11 月 26 日。船队驶出山区。江面突然变宽。这就是著名的鄱阳湖。说大实话的托马斯指出，他们根本没见到鄱阳湖："我醒来时，有人对我说：昨天夜里，我们穿过了一望无际的鄱阳湖的一角。"

真是不可救药！父亲不曾料到会被儿子出卖。他不能放过这个大湖而不谈谈……谈谈他所没有看到的东西："船队进入鄱阳湖①，它是中国最大的

① 从信江口到赣江口，他们顺江而下走完了信江这段路程，现在溯赣江而上。

湖，附近的许多河流从四面八方通到那里。”它给好几条运河供水，这些运河两岸都筑了坚实的高堤，以防湖浪。“据中国船员讲，湖里的大浪同海浪一样危险[①]。”湖边是渔民的草房：“住在里面的穷苦人以打鱼或在浮动竹疏篱上种植蔬菜为生，每家都有自己的一块地段，可以在那里捕鱼或饲养各种沙丁鱼，腌好后晒干行销全国。”

船队在这四通八达的湖上重新沿着北京——广州的正常路线航行。

爱得深，罚得严

托马斯说船队总是被安排在夜间穿过城市。船队的生活几乎是千篇一律，没有变化：驻军站放一通炮表示欢迎；士兵模样的人穿着露出虎牙的短褂，用鞭子招募来的纤夫，用鞭子驱赶着拉纤；老百姓被小心翼翼地隔离，不让他们与蛮人接近。使人厌烦的惯例。

11 月 25 日，发生一桩意外事件。托马斯说：“我们的两位先生上岸步行。他们被两名士兵推倒在地，还挨了揍。这一切都是在一位蓝顶珠三品官的眼皮下发生的。”斯当东指出，王大人和乔大人先叫人把这两名士兵鞭打一顿，尔后，又在总督面前告了一状，惩办那位官员。托马斯说得更明确：“总督摘掉了那位官员的顶子，还鞭笞了他。两个遭鞭打的士兵还被上了枷。要不是勋爵求情，他们还得挨几十竹板的打。”

对我们的旅行者来说，这是探讨中国司法的一个机会。伏尔泰对这一微妙的主题是这样写的：“帝国的宪法是世界上最好的、惟一的一部以宽大为怀作基础的宪法，但这并不妨碍官吏让自己的子民挨板子。”“爱得深；罚得严”这句格言在中文里也有对应的说法。

中国式的惩罚

“中国政府关心社会安宁，而很少考虑对个人人身安全的保障”，斯当东解释道。由巡抚或知府宣判的死刑，“在叛乱的情况下，有了总督的命令就可以立即执行”；犯普通法犯人的案卷要送到北京并由“大理寺”核准。死

---

① 今天，鄱阳湖仍然有一个多涡流的区域，“像百慕大三角”那样，不时有船沉没。

刑"一年执行一次，在秋季"——落叶的季节也是脑袋落地的季节。"死刑犯每次很少超过200人。在人口这样多的国家里，这个数目是非常小的。"比较普遍的惩罚是："罚款、坐牢、充军和鞭笞。只有对犯有危及国家安全以及'杀人罪'的人才处以死刑。不管杀人是否预谋都不能得到特赦。[①]"盗贼只有在使用"暴力或作案手段残忍"的情况下才处以死刑。"中国处刑的仁慈说明犯罪的人不多。"斯当东举戴枷作为处刑仁慈的例子。这种处罚比起英国用绳子套在脖子上，把小偷勒死要宽大得多。"枷"这种刑罚是把一块大木头当中挖一个洞套在犯人的颈部，另挖两个小洞套住犯人的两只手。犯人带着枷仍然可以行走，也允许他们时不时地休息一会儿。"不过，休息时间稍长一些，解差就要用鞭子抽打，逼使他继续行走。"

斯当东向王大人、乔大人了解各种情况。这两位大人除了回答客人因好奇而提出的问题外就无事可做了。托马斯写道："拖欠债款而坐牢是暂时的。皇帝的利益高于一切：任何财产都不受其权利的保护。"中国人不好吹毛求疵：因此，在中国"遗产的转让很简单，家庭很团结"。

这一评语与耶稣会会士的评语一样使人"得益匪浅"。为了逼问口供在堂上严刑拷打，用来夹脚和手指的夹棍和拇指铐，把犯人的屁股打得皮开肉绽的竹板，这一切英国旅行者则从未听人说过。对我们知道的过去存在并沿袭至今的监狱生活里的一大弊病——腐败——他们也一无所知。这些犯人，如果家里无法或不愿供养他们，就得饿死。对此他们一无所知。对关政治犯的监狱里的秘密也一无所知。我们在想，这里，英国人是否在想透过中国来批评西方。对于他们，中国过去是，而且在将来很长时期里也将是一面反的镜子。西方人的丰富的受虐狂正在里面寻找那些残酷的现实。

① 如果处决人数等于一般法谋杀犯的人数，那么200人这个数目是非常小的。在同一时期，在旧制度统治时期直至1830年的法国，因犯普通法的罪行而被处以死刑的人就有好几百人，而法国的人口是中国人口的十二或十三分之一。我们其他的见证人是怎么说的呢？拉弥额特神父回答说："被判秋天处死，而皇帝又不给以赦免的罪犯在各省省会处决。在一些省份，每年一次处决好几百犯人。"这里还不包括死于严刑拷打的人数。

第六十九章

旅行者的失望和幸福

（1793年11月27日—12月4日）

景德镇——“有大德的镇”——过去和现在都是瓷都，但过去它生产的瓷器只供皇帝享用。与这个皇家大作坊相比，塞夫勒作坊简直是小巫见大巫了。小斯当东，这个可怕的小间谍指出，英国人“从外面绕过去了”。他们不能进到市内，更不能参观城市，打听生产过程了。

斯当东沉着地断言：“在我们经过的路旁，有一座没有被墙围着的城市，名叫景德镇。在那里有3千座瓷窑同时烧着；夜间，整个城市就像着了火似的。”他没有看到这座城市的面貌，但他读过耶稣会士写的信：“在景德镇，目前足有3千座瓷窑。夜幕降临时，人们以为看到一座着了火的城市。”这两篇文章还提到“火神”——这真是奇怪的巧合。

斯当东被当场捉住：他只不过是读了到过这里的人写的文章而已。古伯察神父也将逐字重复同一篇文章，并肯定地说——他是加斯科尼人[①]——城里有100多万居民。这些“旅行者”都厚颜无耻地互相抄袭，而真相则出自孩童之口。

这个季节的江西，麦子开始生长，甘蔗马上可以收割。斯当东写道：这个省的农妇摆脱了残忍的裹小脚的陋俗。她们是“那样的壮实，外省的种地人常常跑到江西来娶一个这样的女人为妻”。马戛尔尼说得更明确：“出嫁的妇女与未嫁的姑娘的区别是：前者把头发梳成发髻，后者把刘海垂到眉间。”昔日所见的东西，现在仍然能见到：还是在同一个江西省，辨认未嫁的大姑娘和已婚的妇女还是看她前额是否有刘海。在中国，即使是发式也是一成不变的。

妇女常常像拉车的牲口一样把犁架在身上：“在这个省里可以经常看到农夫一手扶着他妻子拉的犁，一手撒种。”这种景象您或许还能见到，但已经少

① 加斯科尼是法国西南部的一个旧省名，法国人认为当地人爱吹牛。——译注

多了。历来，中国人自己先嘲笑这些做法。17 世纪的一篇短篇小说里写道："男人只想晃着胳膊到处游逛，把脚伸到桌下就吃现成饭。而地里的所有活儿全由妻子和女儿去做。烈日炎炎，她们就在头上扎块破头巾，还要在泥里走来走去，锄去地里的野草。"

因而，裹脚曾是妇女地位提高的一种象征：小脚解除了她们的田间劳动。天足妇女是劳碌的妇女。裹了脚的妇女是更解放的妇女。这也许有助于解释为什么女性心甘情愿地毁伤自己的肢体。

"搜刮民脂民膏"的官吏

阿瑟·扬给马戛尔尼和斯当东列了一张调查表。这促使他俩对农村的产权制发生了兴趣。在江西，土地以3 年、5 年或7 年为期出租。事实上，土地收益的分成是地主和雇农平均分配。由地主交农业税：理论上是"全部收成的百分之五"，但实际征收税额是"总产量的百分之十"。

斯当东没有谈到的是：俸禄很少的文官，为自己而提高征收款额。百分之五与百分之十之间的差额就进了官员的腰包。原则上订得非常适度，而在执行中腐败又比比皆是。在完善的理论与不完善的实践之间有着一段距离。今天的中国不也存在着同样的问题吗？

我们的旅行者，就像今天他们的后继者一样，并没有觉察出这种差距。安德逊兴奋地说："征收实物税实在是明智之举！它可以激发那些靠辛勤劳动谋生的这阶层人的热情。"只有在中国才能有一种能激发人努力干活的直接税……巴罗也同样赞叹不已："在中国征收的税一点儿也不高：用实物交付收成的十分之一，加上盐税、舶来品税和一些微不足道的、对国家的广大民众几乎没有影响的税。"

他忘了谈"劳役"。温德把它补上了："雇农要强制服封建劳役。"他们得付出劳力去做诸如拉纤的活，违者罚款："他们服劳役就像为公共事业服务一样是强制性的。"

中国的大众舆论用比我们这些看得眼花缭乱的旅行者更切合实际的谚语来描写当时的情况："官吏搜刮民脂民膏"，还有"火往肉上窜，钱往当官的口袋里掉"。在英国人的心目中，启蒙时代哲学家笔下的中国还没有完全让位于严峻的现实的考验。

船队溯赣江而上，于12月1日进入山区。江水迂曲地从峡谷中流过。托马斯观察了船工祭祀河神的仪式：“每次启航时，他们把许多纸钱、纸船、肉、盐等扔到河里用以祭佛或河神。”

山顶上“有瞭望塔，它们与卡塔赫纳和马拉加之间的西班牙沿海的瞭望塔很相似”。①马戛尔尼发现，在离岸不远处有几座漂亮的新修复的白色9层宝塔。天气变冷了。

晚上，在建府②前英国人受到热烈欢迎。他们对此已经感到不习惯了：“聚集在岸边的一大群人熙来攘往。来迎接的官员费了好大劲才在人群中开出一条道来，来到我们面前。礼炮声、焰火的爆炸声热闹非凡。如果没有经历过这种场面，我们一定会感到惊慌不安。”还是老一套，但它仍然使英国人感到高兴。

当地的官员难道没有接到不准欢迎“红毛”的通知吗?“为欢迎我们而搭的牌楼在灯笼、彩色纸灯和火炬的照耀下显得非常漂亮。这些友好表示以向使团赠送水果和蜜饯而告终。”

为欢迎我们吗？我们的旅行者又以为牌楼是为欢迎他们而临时搭的。那么，究竟是安德逊患了夜盲症，还是他的“编写者”又富于想象力？托马斯说：“我们什么也没有看见，因为天太黑了。”在这两种说法中，我们宁愿相信孩子的话。

第二天，赣江里的船突然多起来。特使的船队超过了许多轻木③原木扎起的木筏，“有的长达几百英尺”。撑筏的和“他们的家小都住在用木材段支起来的小舱里。一大群孩子从舱里跑出来，好像蜜蜂出窠一样”。

船队深入江西境内。这个具有革命传统的省直到20世纪还相当贫穷。

“中国人吓昏了”

12月4日，托马斯记着：河里充满暗礁。温德认为这就是受惊的传教士

---

① 这些西班牙瞭望台源自阿拉伯。假如走丝绸之路的阿拉伯人仿效了中国的瞭望塔呢?

② 马戛尔尼叫它 Ki gan fou（吉赣府）；而托马斯和安德逊叫它 Singafou（清江府）。

③ Batsa（轻木）是一种珍贵的热带树木。它比软木轻但很坚固。这一特性使它成为一种很好的热和声音的绝缘体。它也是一种制造微型模型的稀有材料（过去用来制造军舰模型，如今用来制造飞机模型）。

所说的“十八滩”，但他不动声色。尽管他已注意到“河里遇难船只的漂流物”，他还装出一副沉着的样子。巴罗干脆把当地险恶的名声归咎于中国人的惊慌失措：“他们驾驶技术不熟练。他们一有问题就惊慌失措，吓昏了头；而只要冷静一点，他们是能够摆脱困境的。”孩童又一次作出恰如其分的评价：“只要不在夜间去那里冒险，几乎没有危险。”对于溯江而上的船队，急流的危险性要小些。但是暗礁相当多：用了两天时间我们才通过这段河道。

在过十五滩时，有几艘小船撞翻在岩石上。这引起了水手的恐慌。他们“口中念念有词，祈祷河神保佑，同时使劲敲锣[①]并焚烧檀香木，用它的烟来刺激河神的嗅觉神经，以引起他的注意”。巴罗对此不屑一顾。“无动于衷”已成西方人在异国旅行的精神武器之一。

同一天在北京，一个因使团而遭到不少麻烦的清白无辜的人恢复了自由：此人名叫郭杰观，因为懂英语受到怀疑。朝廷出于谨慎把他从宁波押解到北京。现在怀疑消除了。他从未与英国人有过任何来往，甚至连一个英文字也不懂。他的父亲同夷人确实有过联系，不过那是40年前的事。他已不构成任何危险。那么，他此番来北京就没起任何作用？当然不是。他消除了皇帝的不安，并促使天朝官僚机构提高了警惕。

还是12月4日这一天，安德逊看见一座漂亮的建筑物。它是寺庙还是某一位大官寻欢作乐的地方？陪同人员告诉他，第一种假设是对的。但第二种假设使他想入非非。他很欣赏中国把建筑设计在自然景色之中的艺术。

他不知道的是风水和等级在建筑中起的作用。选择大门的朝向和建房的位置时都要考虑既能避邪，又能得到神道的保佑。建筑物位置的高度与房主在社会金字塔中的地位相称。建筑的漂亮可能与风水没有多大关系，而仅仅与审美有关，除非中国人的头脑里充满了山水、风景间的强烈顺序感。因此，风水和审美已混为一体。

---

① 锣被认为可以消灾。

第七十章

标志进步的火柴

（1793 年 12 月 4 日—6 日）

囿于模仿的奴隶生而复死，生命只属于追求创造的人。

安德烈·谢尼埃①

12 月 4 日，总督在王大人和乔大人的陪同下，从晚上 8 点起，与勋爵一直交谈到午夜。长麟比往常更彬彬有礼，他谈话无拘无束。主要谈的是贸易问题：中英两国的贸易额和数量、与其他西方国家相比中英贸易的重要性。他手头带着材料。他怀疑广州的官员用诈骗来的钱财中饱私囊，损害皇帝的利益。马戛尔尼说话谨慎："因为我从未在广州呆过，所以无法说得具体；不过到广州后，我将运用我的权力尽可能弄到他想要的情报。"

总督想点火抽烟时，发现专为他点火的侍从不在跟前。马戛尔尼随便从自已衣袋中取出一个小磷瓶，燃着一根火柴交给他使用。长麟非常诧异，特使怎么能把火放在衣袋里而没有烫着呢。马戛尔尼向他说明这类打火机的原理，并把这个磷瓶作为小礼物送给他。

值得注意的是长麟从未见过火柴。据 10 世纪的中国文献记载，火柴在 6 世纪末就发明了。当时把火柴叫作"火奴儿"。清朝的中国在其鼎盛时期却忘了它的存在。上个世纪以来，中国人给火柴起了个别名——洋火，"外国的火"。"洋"是指所有来自海外，实际是来自西方的东西。火柴作为大众所用的一种新事物，它表明了西方技术的优势。中国有许多东西原先处于领先地位，尔后又落后于别国，这只是许多类似例子中的一个。中国领先于西方几个

① 安·谢尼埃（1762—1794），法国诗人，曾写诗赞扬 18 世纪哲学与科学的进步。——译注

世纪，甚至两千年，可是在满清王朝时丢失了曾是只有它掌握的许多生产秘密。中国不但没有进步，反而后退了。大罗尼在《火之战》一书中写过：史前人发明了火，后把它丢失而无法找回。我们这时怎能不联想到书里的这些震撼人心的篇章呢？

沉睡的中国

这一小插曲把谈话引到中央帝国与西方的比较：它显示了“中国人尽管在某些机械领域是出类拔萃的”，但在医学、外科和科学方面，“今天落后在西方各国的后面”。“我常常看到数量相当大的盲人，但从未见过装假腿的或残肢的人。是否应该得出这样的结论：中国人不会治疗眼疾，而骨折常常会引起死亡呢？”

总督只得同意这种推论。“我便趁机向他介绍英国最近的一些发现和发明，并指出与我同行的专家学者很愿意把这些发明传授给中国人。当然这要得到中国当局的许可，例如可以通过治疗青光眼或抽出虹膜来使盲人重见光明，骨折复位、截肢，用一个机械装置使溺水者复苏等等。”

这次谈话终于触及了马戛尔尼之行的实质：就这一点便可说明不在舟山上船，而选择与长麟同去广州是对的。总督给勋爵提供机会，使他能说明那些朝廷不知道或佯装不知道的事实。

直到16世纪，中国大大领先于西方。它的工艺能力是无与伦比的，与它的科学相比更处于领先地位，因为中国的发明主要靠灵巧，很少是靠思辨取得的。

中国人比欧洲人早500年使用十进位制；在1000年前，他们就有零的算术概念和负数了。他们比欧洲早1000年就使用带轭圈的前胸马具，而在欧洲要到菲利普·奥古斯特和弗雷德里克·巴尔帕鲁斯[①]时代才普遍使用这种马具。他们比我们的祖先早15个世纪就观察到了太阳黑子、制造出瓷器、发明了幻灯、使用游标卡尺。他们比世界其他地方早两千年用拉线播种、在菜畦里锄草、用金属犁铧耕地。西欧在18世纪才发现的旋转风选机、马戛尔尼的随

---

① 菲利普·奥古斯特（1165—1223），又称菲利普二世，法国国王；巴尔帕鲁斯是西罗马帝国的皇帝弗雷德里克一世（1122—1190）的别名。——译注

行人员对其精巧赞叹不已的播种机在中国已存在了20个世纪。还有活塞鼓风机、生铁炼钢术、钻井提取天然气或悬索桥技术均领先于西方。

李约瑟在他15卷巨著中一一列举了这些发明创造。这位英国学者证实，这些文艺复兴时代震撼了西方的发明都应归功于中国人。它们借助十字军东征，或穿过伊斯兰国家，或靠最初几次远航的成功，可能很晚才传到西方。诚然，李约瑟有时也会在论证中加入一个研究人员所惯有的偏执情绪，在研究一开始便提出了他应该在以后发现的原理。威廉·戈尔丁在《特命全权大使》一书中说：在马克·奥雷尔①时期有位希腊人去中国。他带去了大部分以后我们归功于中国人的那些发明。我们能否完全排除这一可能性呢？

反正，我们文明的几个最重要的业绩显然都要归功于来自中国的发明；甚至有几种使西欧征服世界的武器也是得益于中国。中国人发明罗盘和尾柱舵② 远远早于欧洲人，但这些发明却在欧洲导致了远洋航行和探险；中国人发明了印刷术和纸，却引起我们阅读和文化的爆炸——推动了戈登堡活字印刷的发明；他们发明了纸币，却有助于我们银行体系和贸易的发展；他们发明了火药和火器，却改变了我们战斗的精神。但这任何一项发明创造都没有在中国产生这样重要的后果。有些发明在中国甚至根本不用。

15世纪初，太监郑和统率400艘临战装备的船只，勘测了太平洋和印度洋沿岸。船队经过的线路从帝汶岛至红海，可能还到过好望角。然而，在同一世纪末，当葡萄牙航海家伐斯戈·德迦马从反方向穿过好望角进入印度洋时，中央帝国却永远放弃了海上冒险。那么它的智能是否就像贝特莱姆描写的得了孤独症的儿童那样，“从此便控制在保护自己生命这惟一目的上而不顾外部现实”了呢？

被抵制的外国影响

明朝历代皇帝要求百姓严格遵循孔子的教诲，效仿古人，抵制外国的有

---

① 马克·奥雷尔（121—180），罗马皇帝，公元161至180年在位。——译注

② 李约瑟认为六分仪的发明也应归功于中国人。但这只是一种原始的六分仪。西方人把它作了改进，而中国人自己却不再使用了。这又是中国后退的一例，而同时欧洲却在进步。丁维提肯定地说：中国人没有从地面测量天体距离的仪器。他们只使用一个很简陋的罗盘，作为航海的全部仪器。

害影响。正当欧洲人刚刚从黑死病的恐怖中恢复过来，感到有法加快原先的缓慢进程，从18世纪的愚昧跨入已知世界的大门时，中国却发布了静止不动的通谕。正当人类冒险在世界范围展开之时，中国人却带着自以为优越的感情把自己封闭起来。封闭是不可能的：他们很快发现商人和传教士来到了他们的沿海。

随着马戛尔尼访华，欧洲敲响了他们的大门，把中国卓绝的发明介绍给中国人：欧洲人与中国人一样，并不知道这些发明来自中国。西方人使这些胚芽长了出来，而中国人却任其枯萎。从贸易和相互渗透中，中国较之西方更有利可图。丁维提不无讥讽地说："中国人总在船头上画两只眼睛。如果问其原委，他们总是回答：如果不画眼睛，船如何辨别航向？"中国人被迷信禁锢，而西方人却从迷信中挣脱了出来。

在使命行将结束之际，马戛尔尼终于找到几位能正视这一差距的对话者。他们完全被吸引住了。"从他们所提的问题，从他们所作的评论，以及从他们对谈话的感受来看，他们的思想开放使我感到放心。"

马戛尔尼在1793年2月1日一篇未发表的日记中就写过这样的话，当时他还在海上航行："如今，使气球凌空升起的技术就像驾驭双轮轻便马车一样简单。通过简单的机械操作，哈维斯博士已毫无困难地使死人复活！"特使的想象走在了科学的前面。但确实从1773年起，威廉·哈维斯就证实了人工呼吸的原理，约翰·亨特后来发明了一种专用的器械。确实，法国人雅克·达维埃尔手术治疗白内障和奥地利人贝尔治疗青光眼使眼外科有了长足的进步。面对1783年在巴黎上空、1784年在爱丁堡上空升起，并于1785年飞越英吉利海峡的气球，怎么能不浮想联翩呢？这种气球马戛尔尼此番带了一个到北京想作表演但未成。

对科学的信仰

马戛尔尼试图用他对科技进步的热情使对方受到感受。"总督及其同伴好像从梦幻中走出来。朝廷对我们的发明无动于衷，他们对此不得不表示遗憾。和珅确实不如他们眼界开阔吗？还是因为他处处要受到一种比个人的信念更重要的制度的约束？"

马戛尔尼向和珅建议中英两国进行科学和技术交流。和珅对此兴趣不大。马戛尔尼感到不悦：“在热河的一次谈话中，我向他列举了欧洲学者的几个最新发明，特别提到热气球，我特意带了一个这种气球和一个当场能做示范表演的人来。”他阻止气球升空和其他一切试验。

“康熙皇帝的继承人并没有继承他那种深得传教士赞扬的对科学技术的爱好。”马戛尔尼对此感到遗憾。朝廷变得“那样自负，它竭力对西方的技术优势进行保密；它不能不看到这种优势；然而，只要它还没有找到消除这种优势的对策，它就不想让中国人了解情况”。让热气球在北京上空升起？那不啻于全中国都知道西方人的优势：简直不堪设想！钱德明神父在1789年肯定地说：“在我有机会在北京谈论过的所有发明中，空中航行引起的反响最小。他们把气球纯粹当作一件新奇的玩意儿。”这是一种人们不想有的好奇性。为什么？19世纪末，严复是这样写的：“圣祖有道曾孙，处今日世变方殷，不追祖宗之活精神，而守祖宗之死法制。”这种谴责，对于采取鸵鸟政策的乾隆与和珅是完全适合的。

马戛尔尼与长麟几乎同时意识到，中国的发明只不过是些修修弄弄的手工产品，而西欧越来越成为科学的产物。当时在广州的一位法国人接着说：“他们的所有技术手段都是通过经验和观察得来的。”

马戛尔尼没有认真读过耶稣会士写的书。帕雷宁神父在1740年就提出中国人在科学上落后的原因：“他们缺乏那种叫做‘好奇’的不安心理，而正是这种好奇心使科学大踏步地前进。”如果说“需要是发明之母”，那么，何种需要才能刺激这位写过“天朝无所不有”的乾隆爷呢？

马戛尔尼用当时时兴的信仰上的表白对这次至关重要的谈话作了如下的总结：“要阻止知识的进步是徒劳的。人类的智慧不断发展，这是常理所在。一旦攀登上最初几个台阶，这种努力在达到最后一个台阶前是不会停止的。”他的朋友塞缪尔·约翰逊指出：“人的欲望随着他获得的东西而增长，他迈出的每一步都使他发现他立即就想得到的新鲜事物。”这种永远满足不了的好奇心，还有那些贪得无厌的欲望，天朝的体制对它们一概加以谴责。它这样做是对，还是不对呢？

中国人能永远忍受这种制度吗？丁维提终于使广州的中国人对他的科学表演产生了兴趣。北京对话者的狭隘、固执曾使他沮丧，现在他重新鼓起了勇气。马戛尔尼想，中国人不会长期任凭压制而不起来反抗的。农民起义频频发生，这难道不是那种压抑不住的内部燥热的征兆？

幕后的暴乱

马戛尔尼曾多次提到动乱的问题："在那些众所周知的贫穷省份，尽管政府严密监视，仍有秘密会社，它们总能设法避开政府的警戒。它们秘密集会，唤起人们对失去了的独立的回忆，触痛新近的伤口，考虑报复的办法。"

真是看得透彻！陪同的中国官员会向英国人透露这些情况吗？当然不会。很显然，这些都是传教士说的。不管怎样，勋爵从中得出了结论，而下个世纪将证实他们十分富于洞察力。这些"秘密社团"利用人民的不满情绪。如果他们是汉族，就煽动他们的反满情绪；如果他们是异族人，那么就煽动他们的反汉情绪。这是能避开政权控制的惟一结社形式。对于它的成员来说，这是惟一能推动进步的因素。黑格尔也许会说，这是惟一能摆脱那个既可怖又可敬的父亲的方法，因为在这位父亲身上集中反映了所有人的祖先、帝国的历朝以及中国人的集体心灵的特点，因为这位父亲对我们这些西方个人主义者认为是不可侵犯的个人意识进行绝对的统治。在这些秘密会社里，个人并不分散无力，而是组织结合在一起，就像杜尔凯姆所证明的那样，组成一个活力远远超过所有分散的个体加起来的总和的心理存在。

今天我们知道，乾隆统治期间叛乱四起。有几次叛乱竟传到传教士和澳门的欧洲人的耳里。有几次发生在使团访华前几年间，它对此亦有所闻。[①]还有几次发生在使团访问之后。就是在平息陕西白莲教的叛乱中，我们的朋友王文雄在1800年送了命。

下面我们另一位老朋友梁栋材神父写的一篇未发表的见证。他抄录并翻译了登载在《京报》上的这份作为例子的陕西总督的奏章：

"有人通知我，一个邪教派在集合，背诵经文。当地官员派出了弓箭手以制止骚乱，派去的人受到粗暴对待。我亲自前往郃州。反叛分子有两千多人，

---

① 1771年至1776年间，四川西部山区的土著发动金川起义；1784年的甘肃回民起义；1787年台湾汉民起义，要求恢复明朝；1791—1792年西藏廓尔喀人起义。1795年又发生四川和湖南交界处的苗族部落起义，后被我们的老相识、镇压起义的老手——福康安将军平定。由白莲教发动的起义更具有政治色彩、更带汉族的特色、反满情绪更激烈。白莲教起义比上述任何起义更活跃。它利用受当地官员迫害的湖北老百姓的反抗，使这部分百姓加入他们的行列。白莲教的起义自1795年始，至1804年才结束。

且武装得很好。他们排成战斗行列。两个妇女站在头领的左右两侧。她们头发蓬乱，一手拿剑一手执旗，嘴里念着咒语。这些反叛者作战十分勇猛，战斗持续了五个小时。”

“在参观战场时，我看到他们的头头躺在地上，一边一个女人。我让人把这些罪人的头割下来，放在笼子里示众。百姓高兴极了。”

梁栋材神父悲叹道：去年圣诞节前夕，也是在陕西，天主教会“被当成秘密社团来对待”，并以“夷人会党”定罪。乾隆是不会仔细区分反叛分子和基督教徒的。

在不变的表面豪华的背后，帝国的内部却动荡不安。满族政权不是一个无偏见的政权。它所受到的威胁完全可以解释为什么它对所有可能否定这政权的事物作出如此胆小的防御反应：英国人是这一面临危机的秩序的扰乱者。

一封北京来信

前几次会谈按照规定向北京作了汇报，11 月 20 日交给长麟的关于贸易的备忘录也送到了北京。内阁让皇帝签发一份 12 月 1 日的诏书，它未就马戛尔尼提出的从开设商埠到准许骑马等 15 条要求中的任何一条作出答复。但是，它把拟议中派遣第二个使团的前景变成了许诺。

12 月 9 日晚上 9 点，使团一到安南府，总督就把皇帝的诏书拿给马戛尔尼看，诏书的抄件将在以后给他。以下是诏书的内容：

“嗣因尔等不谙中国体制，冒昧渎请。今据尔禀称，将来尚欲另具表文，再来进贡。大皇帝鉴尔国王恭顺悃忱，俯赐允准。但不必拘定年限，总听尔国之便。此次尔国所请，未邀允准，系格于定例，大皇帝并无怪意，尔国王尽可放心。”

马戛尔尼避免把这封语气傲慢的信同他的日记掺和在一起，尽管是以缓和的语气改写过了。①他只记下了长麟对他作的客气的介绍：“他向我解释里面的措辞十分友好。如果国王想再次派遣一位使节，后者将受到接见。”但特使明白，他的后继者将像所有贡使一样严格服从礼节，首先是从广州上岸：这是对他自己溯流而上到天津的不言明的谴责。他补充说：“然而，我毫不后悔

---

① 原文仍在他的文件中。读者可以在“文化冲突”中找到根据中文原版译过来的全文。

选择了这条航线；它使我们掌握了中国东北海岸的地理。”再一次透露了这次考察的军事目的。再说，1816 年的阿美士德勋爵的使团也没有顺从皇帝的要求：它再次从黄海过来。

朝廷有的是建议，惟独对叩头礼没有提。回到这个棘手的话题就等于强调使团曾敢于违背这个千年习俗。中国人把这件事同他们所犯的种种“失礼”行为混在一起，并认为它们已经得到纠正。文件一个接一个，官方的正式说法使人以为（当然没有说出来）英国人真行了叩头礼。历史就将这样写！

多么奇妙的炼金术！长麟把马戛尔尼的备忘录送到北京，他在里面加上蛮夷表示后悔并一再申辩对皇上深为敬仰之类的内容。而皇帝像原先一样粗暴拒绝英国人的一切要求，对他们作出虽仁慈但很尖刻的谴责。总督向特使转达这些谴责时语气又很客气，而李子先生在翻译时还要把语气改得更为温和。马戛尔尼归纳时用了亲切的语调。斯当东对此则只字不提。

一次又一次的交谈，我们看到双方有意安排的误解在扩大。皇帝好像不断听着马戛尔尼在对自己说他并未说过的话。马戛尔尼则做得好像没有听到皇帝对自己说他确实说过的话。长麟挽回了乾隆的面子，马戛尔尼则挽回了乔治三世的面子；总督和特使又共同保障了这次一起旅行时的平安相处。钱德明神父的阴影笼罩着 12 月的那几次会谈：“顺从习俗，要耐心。”这是一位在中国朝廷生活了 40 多年的神父临死前写的话。在此同时，勋爵在日记中毫不掩饰已准备好用武力打入中国的喜悦心情。

第七十一章

南下广州

（1793 年 12 月 6 日—14 日）

12 月 6 日。继续溯赣江而上，船队穿行于群山间，山坡上的梯田里种着甘蔗。赣州府是一座大城市，四周围有城墙。使团受到士兵的列队欢迎。旌旗招展、锣鼓齐鸣、礼炮阵阵、人山人海。

7 日。河道太浅了，必须换乘更轻巧的船只，除非“把河底的石块搬开，再用铁耙在砾石中耙出一条航道来”。经过两天的缓慢航行，于 9 日来到南安府。显然，船再也不能前进了。这已是第二次从陆路穿过一片高地了。这是梅岭山口。此山并不是因为高而闻名，它还不到 300 米高，而是因为它地处北京——广州的正常航线上，它是 2500 公里航程中的惟一的一次间断。前面的那个山口是因为英国人要绕道浙江才遇到的。

梅岭山口马乱跑

马戛尔尼的叙述很简单：“12 月 6 日。根据各人所好，我们坐轿子或骑马上路了。”多么幽默！除了斯当东，其余人的选择只限于在不同的马中进行。“赣粤交界处的群山构成一幅罗曼蒂克①的景色，让人叫绝。”山腰里凿出来的崎岖小道使人免得绕大弯子。下山后，来到一片稻田中间。从一条江到另一条江中间有 50 公里的山路，我们用了 9 个小时才走完。据耶稣会士马国贤②说，

---

① 自 1750 年起，在英文中经常使用 romanique 一词，它指那些“能使我们想象起小说里的描写的地方”。法国人在滑铁卢战役后才用这个词。像在许多社会问题上一样，在表示王朝复辟时期重新时行的对自然的敏感方面，英国人领先了许多年。

② 马国贤（Matheo Ripa，1682—1745），意大利耶稣会教士，1710 年抵澳门后到北京任宫廷画师。1723 年回欧洲，1732 年得教皇许可在那不勒斯设立训练华人的学校——中国学院（即使团翻译李先生曾在的学院），任管理。——译注

1710年时这条道上游客云集，说它像一条山路，倒不如说它更像一条去集市的路。而在1793年，这里的情况就不能同日而语了。

马戛尔尼舒舒服服地坐在华盖下，欣赏着四名轿夫的矫捷步子。你可能以为轿子作为体面人的交通工具是以庄重的步子向前走的。这就错了：他们的轿夫“走得很快，比飞鸟还要快”。给当官抬轿的轿夫每天从早到晚要走100里。他们这一行可不让人羡慕。乾隆年间的一首叙事诗对他们的命运有所描写：

> 按日轮派听驱使，
> 扛抬迎送奔长途。
> 赤足击地茧重裂，
> 秃肩磨扛血缕濡……

这些中国人是多么的勤劳！“从杭州开始，我们的船夫每天至少有20次双腿齐膝被河水弄湿。河水浅时，他们干脆拉着船走。我看到两名脚伕把一个几乎重达1吨的货物从一条船抬到另一条船上。”

他们的诀窍是什么？“他们只吃米饭，可是结实极了。”中国人的人种是否优于其他人种？“我们不相信在安的列斯群岛上的黑人会干那种使人精疲力竭的活。而对欧洲人来说，仅仅干活时的叫喊声就会使他们疲惫不堪。”见过中国人干活的欧洲人，有时难免会有一种颠倒过来的种族主义：对本民族的蔑视。

使团的其他人只能在圈着300匹马中挑选。每人交出在下船时发的号，挑出归他骑的马。大家都上马出发！安德逊运气不佳：一匹尚未完全驯好的劣马：“可我已交了我的号，不管它有多差劲，是我挑的，也只好认了。”就这样，“外交团成了骑兵团”开始出发，大队中国士兵紧跟在两侧一起行进。

这支英国骑兵队里不是只有认可合格的骑兵：“我们全神贯注地在看着自己出洋相。从没有人见过这样的马队。大多数机械师、士兵和仆人都是些可怜的骑手，他们都是第一次骑马。”绅士就值得骄傲了，因为他们所受教育的第一项就是骑马……现在听到的是一片嬉笑声，看到的是他们惊慌失措的滑稽样。

爬山时，因为道太窄，只得下马步行。在顺利到达李公乡后，就在那里用午餐；又是士兵列队欢迎、鸣炮致敬。安德逊对妇女更感兴趣："这里的妇女比起已经路过的那些地方的妇女享受有更大的自由。"

过了山口，从攀登陡峭山坡的危险中解脱出来的骑手们，"欣喜若狂地"从南面的缓坡上往下冲。到达地处平原的南雄时已是傍晚。店铺和住家都已点上了灯笼。士兵为我们在人群中开出一条道，一直到知府衙门。晚宴设在灯光通明的院子长廊里。"中国人不能设想，豪华的场面能不张灯结彩。"

马戛尔尼谢绝邀请，不在"巡抚官邸"过夜。他的随行人员却都留在那里。他急着赶回停在码头的船上。不讲情面的托马斯指出，这根本不是"巡抚官邸"，而又是"贡院"。运来装船的行李都有一个标签，上面标明该下哪条船。工作是多么的仔细！

总督先行一步

进入"他的"省界，总督就要离开使团。马戛尔尼想他可能要为在广州接待英国人作准备。事后，他就明白：长麟到了他职务所管辖的地区再陪夷人就不合适了。他先行的原因，不是因为迎接使团，而是要与它保持距离。

又一个说好话的机会。总督"给皇帝的奏折里措辞极佳，所以他敢说使团在离开中国前，一定会再一次得到皇帝的恩典"。马戛尔尼将计就计："皇帝对我的最大恩典，就是对在广州的英国臣民表示仁慈。"这下，他对长麟的善意，对王大人和乔大人的乐于助人都充满了信心，他认为王、乔两人很受总督的器重。

托马斯在日记中写道："河道太浅，尽管船吃水不深，还是不时要用人力在缺水的河道上拉拽。"英国人缓缓前进，而长麟却兼程赶路。这次动身时，赫脱南突然充满了怀乡之情："我们离非常想去的那个地方只有几里之遥。在这个多事之秋，我们已有 15 个月没有来自欧洲的消息了。"

任务完成

不管英国人在做什么，龙的眼睛总盯着他们。12 月 12 日，江西巡抚陈淮终于摆脱了英国人，上本皇帝说：

"两广督臣长麟带领该贡使于十月十八日入江西境，计正副贡使及随从各夷共七十七名，行李什物一百九十七抬。赣州镇臣在交界地方接护。十九日各船装放行李，二十日开船行走，二十六日经过省城南昌。臣渡江会晤督臣长麟，知该贡使等沿途甚属小心恭顺。十一月七日，轿扛人伕马匹早经齐备，即于次日登岸过岭，进入广东境。并接督臣长麟来札，备述江西一路墩台营汛队伍俱整齐严肃，夷人等均知凛畏。”

驿差快马传信。夷人顺利撤走。龙可以重新入睡了。

多种用途的船女

沿北江到广州的一段航程有260海里。广东是最富庶的省份之一。但其北部还是比较贫瘠。小斯当东记道：山冈上种着落叶松。在田野里，相隔一段很长的距离可以看到一座小房子。石坝调节水流，有口子的地方水以很大的速度流了出去。

韶州位于北江与一条从西北方流来的河流的汇流处。巴罗说：“它周围的风景美丽动人。这一带平原上种植稻米和烟草。山冈上则种棉花。”托马斯则说：“山区多岩石且险峻。很少或根本不种树木。今天我们看到船由妇女划桨掌舵。”安德逊写道：“沿途我们常常看见这样的妇女，她们手划着桨或掌着舵，一个孩子捆在背上，另一个孩子挂在前胸。”但划船的多半是年轻妇女。她们身穿白色衣裙，头戴草帽。

巴罗又说教起来：“她们除了撑船外，还操一种不那么体面的职业。但她们是得到父母和官方同意的。只要能分享好处，他们是允许这种下流买卖的。”家庭和国家是可耻的同谋……令人反感!

当拉弥额特神父发现斯当东也怀疑国家同这些妇女分成时，他真的惊呼起来并补充道：一个拉皮条的丈夫是要受到“鞭笞和发配充军的”。但法律不是对同已婚或未婚女子发生婚外性关系判处有“罪”吗？杖八十。按仁慈的遣使会教士的说法，道德秩序在广州和北京都已占了支配地位。有谁相信呢？

第七十二章

那里憎恨洋鬼子

（1793年12月15日—18日）

对原始人来说，外族人是敌人和坏人的同义词。本民族所做的一切都是好的；其他民族所做的一切都是不好的。

卡尔·古斯塔夫·荣格，1931年

直到那时，英国人不高兴地感到他们逗中国人乐。一进到广东省，他们惊讶地发现他们会遭人憎恨。

这真是一个打击：因为在这里，大家最知道他们。可是他们看到的不是那种对他们既尊重又好奇的心理，而是农民从屋里跑出来高喊“鬼子！番鬼！”巴罗挖苦地说：“这些如此有教养的中国人就是这样对待一切不是他们本国的东西的。”诚然，有人向圣女贞德提了个问题想难倒她：“上帝爱英国人吗？”她的回答是：“上帝爱待在自己家里的英国人。”

使团一行越接近广州，他们遇到的出言不逊的情况就越多。王大人“曾责备南雄府知府这些辱骂英国人的行为；中国的军官对使团加紧了防卫”。英国人发现了殖民地关系中特有的那种一触即发的奴性和骄傲的混合物。中国人同意为英国人做最低下的杂活，但反过来又极其蔑视他们，视他们为“在人的等级中比自己还要低几等的人”。

这种敌视不仅针对英国人。在广州的一位法国人也观察到这一点：“我和几个法国人坐轿子出城闲逛。我们路过一个村子，孩子们向我们扔石子，骂我们。别人劝我们对此千万不要介意。”为什么“扔碎石”“石块战”在今天的新喀里多尼亚和巴勒斯坦还沿用？在任何时代，当两个敌对的种族接触时都会发生这种事。

一天，巴罗看到他的仆人在晾晒他午饭时喝过的茶叶。问其原委，仆人说要把这些晒干后的茶叶与其他茶叶掺杂起来一起出售。巴罗冲他说："真可耻！你就这样欺骗自己的同胞？"仆人反驳说："不，我的同胞很聪明，他们才不会上当。"接着，他又补充说："我们供应你们的所有东西都太好啦。"巴罗生气了。仆人便说他是指第二地域的英国人（second shop Englishmen），也就是美国人。

也许这还是第二层次的侮辱。因为，与头泡茶相比，中国人更喜欢喝二泡茶。头泡茶反而可以倒掉不喝。对中国人来说，茶叶只冲一次水就扔掉那简直是荒唐。

煤矿

这里，"险山峻岭中的一条长长的隘路"成了煤矿。英国人见到了……熟悉的砂石。见习侍童观察到："坑道横向挖在山坡上"，挖出的煤"直接装上船，运到瓷窑"。中国人也用煤屑制成的煤饼做饭。

托马斯对"用手工而不用机器"采煤感到惊讶。英国人为他们的绞车、轨道和铁皮运煤小车而自豪。已经席卷他的国家的"工业革命"是那样深入孩子的心灵，天朝的落后使他一目了然。但使用机器又有何用？它只能在已经过剩的劳动力中增加更多的失业者。今天中国面临的问题早在两个世纪前就由一个 12 岁的孩子提出来了。

中国人采煤已有许多世纪的历史了，连马可·波罗见了也觉得是一种奇迹而为之瞠目。但奇怪的是中国人十分忽视这种矿藏。因为做饭需要燃料，他们便破坏了自己的森林；而乱砍滥伐造成了严重的后果。木材对于一个中国人来说，就像他们吃的大米或面条一样宝贵。中国老百姓世世代代就这样反复地说："小的把钱都还了柴米店里。"为什么不要煤呢？这是发展抑或不发展中的一个谜。

洞中菩萨[①]庙

江水穿过蕴藏着煤的群山。12 月 14 日夜间，船队进入滑石山峡谷。远处

① 中国的菩萨，印度或西藏称为菩提萨埵，就是说一个功德圆满可以成佛，但他像佛那样出于同情同意转世的人。观世音的化身千手千眼观音几个世纪以来一直转世成达赖——喇嘛。

一座山峰俯临江上，几乎看不清它的山顶。“一个奇形怪状的庞然大物，四周都是可怕的悬崖峭壁。”这里有一座遐迩闻名的在岩壁上凿出来的寺庙。

在漫长的行程中，这是一次难得的观光游览。12月15日拂晓，马戛尔尼和几位特权人物坐了一艘小艇，溯流而上来到一个小湾。他们在一个狭窄的岸边下船，岸的一边是水，一边是绝壁。这里是进入岩穴的惟一通道。晨光熹微，这一行人来到一座石阶跟前。

到了上面，一位年长的光头和尚把他们领进一座地下迷宫。进门是一个大厅，和尚们在这里用膳：一个立体形的洞穴，洞口朝河；厅内有漆木桌椅，还有几盏灯笼。一盏伦敦制造的大玻璃宫灯尤其引人注目。这是广东一个有钱的信徒施舍的。

拾级而上，他们来到神殿。它比用膳室要大得多。里面有金碧辉煌的一尊巨大菩萨像。他的脸像撒拉逊人，他狞笑着露出金色獠牙。他头缠冠冕，一手举着刀，一手拿着杵。但马戛尔尼说：“我对这位巨神知之甚少”；靠他养活的众僧对这位神也几乎一无所知。祭坛设在他的脚下，上面有灯笼、蜡烛和炷香：“简直像天主教教堂里的祭台。”墙上挂着许多木牌牌，上面写着箴言与佛教训戒。塑像对面的墙上有个开口处，看出去一望无底。“岩石投下摇曳着的阴影，脚下是沉睡着的深渊，令人害怕的黑暗，这一切都使人毛骨悚然。”

穿过长长的廊子，和尚把这些游客带到其他屋内。这些屋子都是在石头里凿出来的，有厨房、禅房、食物贮藏室等。和尚点燃火把。马戛尔尼看到庙里的住客：他们就像任凭秃鹫啄食的“普罗米修斯那样，让迷信和宗教狂热把自己吞噬”。他认为这些虔诚信徒的状况是可悲的：“人的尊严、精神力量都被抛入这些宗教地牢，并在那里腐烂。”奇怪的是，一位这样地位的人，竟一接触僧侣生活就产生这种无法摆脱的嫌恶情绪。他比伏尔泰还有过之而无不及。后者译了罗彻斯特的一首诗来质问僧侣：

> 醒醒吧，好好地做人，跳出你的迷梦吧。
> 人是生来要行动的，而你却要想！

在离开这个自己愚昧还要使人愚昧的寺庙时，特使给了施舍，而且给的数目大大出乎众僧所料。因而他能想象他们准会在祈祷时加进一个新的内容，即祈求中国政府“采取更开放的政策，为英国游客的自由来访敞开大门”。

马戛尔尼把他写的富于“浪漫色彩”的感想给他的伙伴们读了；他们认为写得言过其实。他为之辩白，指出那是在他参观寺院以后十分反感的情况下写的。

口径不一致的见证

人的见证具有相对性：“我常常想，要是能读读使团成员写的日记，一定是大有裨益的。即使是随身仆从的回忆录也有某种价值。”马戛尔尼说得十分正确！看来他自己并没有这样做。而我们却遵照他的建议阅读了大量的日记和回忆录。

安德逊——他恰好是马戛尔尼的随身男仆——对这次参观的见解更有趣。这可能与他的文化修养和阶级出身有关。他不像他的主人那样，满脑子的浪漫主义，阅读哥特语小说。岩穴对于他只是件好奇的东西，而不是恐怖的东西。陡直的梯子还是有扶手的。饭厅里有一扇漆得很漂亮的门。一扇窗照亮神的塑像；而那个“朝着无底深渊的开口处”在他的笔下则成了一个“从那里可以欣赏河上景色的阳台”。

游览这个寺庙使温德有机会讲述一个他从陪同人员那里听来的故事。一个菩萨附在一位女子身上。“一次她在清澈的水中沐浴，看见一枝神奇的睡莲。她觉得睡莲实在美，就把它吃了。不久她就怀孕，生下一个男孩。她把孩子的教育托付给一个地位低下的渔翁。孩子日渐长大，成了一位文人学者，一位贤人，死后成为神。他的母亲像圣母玛丽亚那样受到尊敬。”

显然，一切都能使这些西方人趁机在东方寻找维护他们信念的武器。天主教对圣母的崇拜为这个故事提供了材料。霍姆斯承认未从中国人那里了解到任何有关他们的宗教的情况：“他们很善谈。可是一提及宗教，他们就缄口不语了。这是他们不能泄露的一个谜；对于他们的信仰，我们不能发表任何意见。不过，他们的偶像却相当多，连最小的村子都有一个共同的偶像，几乎家家户户都有自己单独的偶像。”

一个在洞穴里凿出来的寺庙里住进几个和尚，这对托马斯来说没有什么可大惊小怪的：“寺庙有三个洞口，一个凿在另一个上面。第一个洞与水面相平，第二个洞建在50英尺高处，第三个洞离水面有100英尺。每一个洞都有一个祭坛和一尊佛像。岩石是一块巨大的大理石，‘大理寺’之名由此而来。

楼梯很暗，但还不至于到要照明的程度。洞穴里很干燥舒适。和尚为来访者沏茶。”每个人都用自己的眼睛在观察。小男孩心平气和地描绘着寺庙，并对题词特别注意，因为他的中文有了长足的进步，已能辨认那些方块字了。马戛尔尼没有看到任何能使这个寺庙合乎人情和恬适安静的一面。

晚上，托马斯见到“那些巨大的悬崖做出各种怪姿态，奇形怪状的树木紧紧贴在上面”。与人工的建筑相比，大自然更使这孩子感到不安。

河水在山间迂回，山上树木苍翠，但地闲着没有种作物。有人问王大人和乔大人。他们解释说所有的荒地都归皇帝所有；只须通知就近管辖的行政官想在荒地上种庄稼，就能成为这块地的所有者。但荒地已不多了。马戛尔尼补充说：“不管怎样，在中国不会有一块土地闲着供那些游手好闲的老爷打猎用的。”通过中国，又给欧洲打了一巴掌。

有预见的结论

航行临近结束。英国人从北到南穿过中国，历时 10 周。圈子就要兜完，他们还未到广州市郊。12 月 18 日晌午前，他们来到一座属于公行的夏季别墅；人人情绪激动：他们在那里首先见到自己的同胞。东印度公司的专员布朗先生、欧文先生和杰克逊先生带着欧洲来信专程来此迎候。“离开英国已有 15 个月，这些信件特别受到欢迎”。

马戛尔尼得到了一些消息。两国已经宣战。这并不令人诧异。相反，路易十六的结局倒是意想不到的。亚历山大在日记中写道：“指挥‘孟买城堡’号的蒙哥马利船长于 1 月底离开英国。他告诉我们法国国王已被处死。根据国民公会的命令，逮捕了我们的同胞托马斯·潘恩。此事在伦敦引起轰动。”①

次日，使团进入广州。更恰当地说，是离开广州，“狮子”号到了洪口②。

有人见到了英国人重逢的场面，那就是中国军队。自从来到中国后，马

---

① 鉴于他对共和派的信念，托马斯·潘恩（Thomas Paine）被宣布为“法国公民”。1792 年他入选“国民公会”。他没有投票支持处死路易十六。同孔多塞一样，他在谴责死刑问题上的态度是前后一致的。因为他不懂法语，因此在“国民公会”从未发过言。他的监禁说明了罗伯斯庇尔对逃亡或留居法国的外国人极不信任。他因热月政变获救。

② “狮子”号抵达澳门已两个月。伊拉斯马斯爵士以为马戛尔尼勋爵要在北京过冬，因此在船员的体力得到恢复后，他几次试图开往日本。由于气候恶劣，只得把这次航行推迟。后来他接到了勋爵要他在广州等待的指示。

戛尔尼见过许多士兵向他致敬，但从来没有在广州那么多。长麟办事办得不错！马戛尔尼至此才真正明白：表面上出于对他的尊敬，实际是向他表明天朝军队已做好战斗准备。

这样做时中国人又一次暴露了他们的弱点：这些用弓箭武装的士兵没有多少战斗力。面对一次指挥有方的进攻，他们的抵抗是无力的。最令入侵者难办的，是中国士兵的人数。这倒不是因为他们会给入侵者造成损失，而是入侵者看不到使他们蒙受的损失到何时能完。杀掉几百万人在中国可能都觉不出来。除了使对方立即归顺，胜者得到的仅仅是从毁灭对方中满足了虚荣心，而不是从统治对方中收到实利。

这个结论富有远见卓识，读了都使人有些眼花缭乱。勋爵称中国人为躲闪的冠军。从他们身上还可以发现其他力量：他们用做屏障的文化差异；巨大的空间，有了它帝国可以四分五裂而成倍地增加隐蔽地点和抵抗力量；还有数量。尽管他们很弱，有了数量就可以保持“后备军”。因此他们不可能完全被制服。1937 年，德日进在面临日本侵略时发现了这一点：“被入侵的中国，在抵抗中化成灰烬，但不知道侵略者有何办法把这些灰烬黏合在一起。”

第七十三章

广　州

（1793 年 12 月 19 日—23 日）

12 月 19 日早晨，使团上了皇家平底大船顺着珠江南下。两个半小时后，英国人在一个名叫河南的小岛下船。在那里，为他们准备了一所公馆。总督长麟、巡抚郭世勋、海关监督苏楞额及本地的主要官员身着朝服，站在铺有地毯的平台后面迎接。随后，所有人走进一间大厅，里面有两行排成半圆形的扶手椅。马戛尔尼就是这样绘声绘色地描写那次隆重欢迎的；两个世纪之后，“贵宾”代表团在中国受到的接待仍然同这一模一样。

别这么性急，英国绅士！您忘了一个准备仪式，而小斯当东却在日记中把它透露给我们了：“我们在一个帐篷下通过，来到一间陈设漂亮的大厅。大厅深处有一御座。我们在那里受到 Suntoo①及其他大官的欢迎。他们对着御座行三跪九叩礼，感谢皇帝赐予他们一次舒适而又顺利的旅行。我们模仿他们也行了礼。”

疑问又产生了。因为当时在场人之一，海关监督苏楞额在 1816 年断言，他看见过勋爵在广州叩头。那么，模仿什么呢？托马斯没有确指。久而久之，英国人会不会屈从于天朝的习俗？还是继续满足于“英国式的叩头”——行单腿下跪一次的礼节？这里省几个字却给后来人添了麻烦。

为了拒绝向皇帝行叩头礼，马戛尔尼经过了那么多的周折。现在马戛尔尼会同意对空御座叩头，那是不可思议的。可是英国人又再次面临不利的处境：集体仪式。最大的可能是他们跟着做，就像在热河，他们在人群中第一次见到皇帝时那样。可能他们是单腿下跪，略微低头致意，但是随着天朝的节拍，三长三短。这是“得体的礼节”，也是马戛尔尼和皇帝都不愿意接受而又

---

① 小托马斯在日记中穿插着用音标写的中国字，Suntoo 显然是“总督”的注音字，但是按满族陪同人员的发音标的。

接受了的一种折中做法。

“仪式后，我们和中国官吏退到一间又大又漂亮的大厅里。”马戛尔尼直接把我们引到这间大厅，而对那段如此难走的弯路却只字不提。

中国官员们在英国人对面坐下。谈话进行了1小时，谈的主要是旅途见闻和“狮子”号抵达广州的事。总督让这艘英国船进入黄埔港[①]，这是对军舰少有的照顾。

接着是看戏。“一个颇有名气的戏班特意从南京赶来[②]。”主人准备了“丰盛的中国饭”，还为客人备了礼品。总督“主持了仪式”。他对英国人给以“最高待遇。这使广州的中国人为之瞠目，因为他们从未见过外国人受到这般尊重。从此，他们便不能再怀疑皇帝的政府对使团的重视了”。特别是我们无法怀疑马戛尔尼也在设法使自己相信这一事实。因为，晚上小斯当东在他那可怕的小本本上又记上了：“我们每人都按身份坐下。总督请我们喝茶和奶。寒暄几句后，他起身，在几个大官的陪同下，把我们带到他让人为我们准备的一栋房子里，更确切地说，是一座宫殿里。他待了几分钟，然后所有的人都走了。”

“茶和奶”“寒暄几句”“几分钟”。多亏了托马斯，我们才知道是在他们的新住地，在总督及其副手们未出席的情况下请他们吃饭：“总督给我们送来一席丰盛的中国式晚餐”，接着是演戏：“他让人在我们住所的一个院子里搭了个舞台，在台上整天不断地演中国戏为我们解闷。”

不停地演戏

使团的住所是一座中国式的宫殿，由若干个大庭院组成。有几个楼按欧洲风格布置，里面有玻璃窗和壁炉。即使是在热带，12月份生上火，马戛尔尼也感到舒适。还有池塘、花坛、对比明显的树以及花丛。

恰好在住所的对面，河的对岸，就是英国代理商行。马戛尔尼一行本来是可以住在那里的：它比所有中国馆舍都舒服。但是“中国人的原则决不能让

---

① 欧洲商船停泊在这个岛。

② 演员来自南京，它是昆曲的诞生地。这是在宫廷里演出的一种高雅的剧种。“京剧”在以后才取而代之。这个剧团路上走了整整1个月才赶到广州。（昆曲的诞生地应为昆山市。——译注）

特使与商人住在同一栋房子里。在这一点上，只好随乡入俗了”。

晚上，终于只剩下了英国人。男孩不无宽慰地在日记中写道：“晚上，我们共进英式晚餐。代理商行送来了我们想要的一切。”吃了6个月的中国饭菜，烤牛肉和羊肉里脊的滋味使他们重新回到了“家，甜蜜的家”。

第二天大清早，勋爵推开窗户：舞台正对着他的卧室，戏已经开演了。演员接到命令，只要使团住着，他们就得连续演下去。马戛尔尼十分恼火。他设法免除了戏班的这份差使。演员被辞退。巴罗报告说：“我们的中国陪同对此十分惊讶。他们的结论是英国人不喜欢高雅的戏剧。”

马戛尔尼不无幽默地设想，如果为了给一位天朝特使解闷，英国的宫廷大臣召来考文特花园剧团的明星为他演出，这位特使在伦敦会有何反响呢？肯定他很快就会感到厌倦。这是一个进步：马戛尔尼开始同意文化是相对的了。

“别指望改造我们”

小斯当东说第二场戏不像第一场戏是总督赐的，而是海关监督安排的。但孩子并没有因此而受到感动：“监督不在位已有两个月，但他已表现得比前任更贪婪。他毫无理由地向一名中国商人勒索20万元。尽管皇帝有旨，他还企图对我们的商船征税。”准是马戛尔尼和他的副手流露过他们的苦衷，结果让机灵的托马斯听出了说话的意思。这件事使使团的最后希望也化作了泡影。

巴罗说得更明确：“‘印度斯坦’号因携带过礼品而免征税；然而公行的商人已交纳了3万两银子的税款①。他们要求海关监督归还这些银两，但他只交出1.1万两，说原来就交了这点钱。从中可以看出，进入皇帝国库的税收只是很少的一部分。”这件事本身就说明了问题：3万两银子中有1.9万两由他人征收。对国库来说，就这一笔税就损失了三分之二。

就这样，坚持事实的东印度公司的专员们使马戛尔尼渐渐失去了信心。当提及“中国官吏敢于敲诈勒索”时，巴罗援引其中一个说的话，乾隆本人也不否认会有这种意想不到的训人话。“你们来这里干吗？我们把你们国内不产的珍贵茶叶给了你们，而你们却把我们毫不需要的你们厂里的产品来作交换。你们还不满足吗？既然你们不喜欢我们的习俗，为什么你们又老来我国？我们

---

① 即1989年的600万法郎。

又没有请你们来！而你们来了。如果你们循规蹈矩，我们还是以礼相待。请尊重我们的殷勤好客，别指望改造我们。”

这就是中国的声音！这也许是自古至今一个民族在感到自身受到威胁时发出的激烈言论。

12月21日托马斯的日记：“西班牙与荷兰的专员今天早晨来拜会勋爵。晚上，乔大人派来一批杂技演员。他们也是专程从南京赶来的。他们的演出十分惊险。”转盘、顶缸、飞刀：这些节目孩子在热河已经看过，再次观看仍然兴致勃勃。他又恢复了孩子的兴趣。

商人的航程

从欧洲来看，广州是“中国的门户”，是一个整体。英国人发现这个整体是复杂的。广州离海的距离并不比巴黎到塞纳河的距离来得近。称它为“中国的门户”，那是对已经穿越了几道大门的人而说的。

首先要经过澳门。由于河道多暗礁，船只绕道那里很危险；要出高价聘请领航员和开货物通行单。接着要绕过虎门，这是一个由两个要塞防卫的海峡。还要借助先后三次涨潮通过浅滩上的三个危险的“沙洲”。这之后，才能抵达黄埔岛。欧洲的船不能越过这个海岛。这是刁难吗？不是。我们遇到的一名法国人说：“中国的大帆船可以逆流而上直至广州，而欧洲的船吃水太深。”最后，从黄埔到广州，要征收通行税三次。每处都对小艇要仔细检查一番，然后方能到达代理行。

英国、法国、荷兰、西班牙和瑞典的代理行都集中在河的北岸，从旗杆顶上悬挂的旗帜可以辨认。英国代理行前是一排上面有顶棚的长廊，亦称游廊（véranda）。这个词来自印地文。所有的代理行都只有一层，但很宽敞且陈设典雅：英国的风格。

在这些代理行的四周形成了一个占地很大的中国市场：主要是店铺和手工作坊。欧洲人只准在他们的广州代理行中居留数月：秋季与冬季的开头，春季和夏季禁止他们待在广州，他们被打发去澳门。两地安家，两笔开销。虽然广州与安得列斯群岛处于同一纬度，但冬季还是相当寒冷，需要穿皮毛衣服。分辨力极强的安德逊能辨别豹皮、狐皮、熊皮和羊皮衣裳；这种衣服做工好，穿的人很多。中国人做皮毛衣服都是毛朝里。生壁炉，穿皮袄：这里热带地区的冬季倒有些个别。

中国当局的不信任无处不在。对于欧洲人来说，在中国生活是很艰难的："我们自己去买任何东西都要受欺负，因此，我们的开支要比我们在孟加拉的代理人要多出一半。"

马戛尔尼在日记中承认被幽禁在馆舍里。安德逊明确指出："在特使逗留广州期间，总督只来访过一次。"长麟已完成陪同夷使的任务。从今往后，他全部投身于行使他的总督职权。职务变了，他的性格也变了：他从体贴殷勤变成傲慢无礼。丁维提透露说"一直受到严密监视的勋爵深居简出"。

徒劳的外交努力

马戛尔尼不再天天写日记，因为生活千篇一律。社交活动反复不断但大同小异。会谈则在绕圈子。马戛尔尼对所有的会谈都作了汇报。他此举的目的无非是要使人相信会谈频仍。"我12月21日"与总督、巡抚及海关监督"会谈时"，"其他大官也参加"。他自我吹嘘：其中有几个"从远地来看我"。好像这三天真的在会谈中度过似的……事实是——我们从天真的见习侍童及那个说没有其他大官参加会晤的随身男仆处得知——特使与总督、海关监督只有过一次会谈，那是12月22日。特别值得一提的是粤海关监督持明显的敌视态度。他"根本不想改变接任时的海关情况"。但马戛尔尼指望得到那位总督的保护，他"单独与监督谈了许久"。

马戛尔尼不甘心只做这么点事就罢休，就又任其想象力驰骋起来。12月23日给敦达斯的电报考虑到两种可能性。或由"狮子"号护送东印度公司的船队，使它们免遭法国革命者的袭击，"想到在尚未用尽一切方法完成对华使命前就要回国，我就感到非常难受。当然，能保护这些珍贵船只平安返航又使我内心得到了某些补偿"——即把没有完成使命回国归咎于法国大革命。或者商船队没有"狮子"号的护送先离开广州。马戛尔尼留着这艘军舰去设法完成同日本接触的使命："我在交趾支那①曾受到热情欢迎。当时我就打算再去。然而，在此期间，我获悉北京朝廷把这一王国视为它的属国，任何一国要排除中国与这王国会谈都会引起中国的不快。相反，与日本打交道就不存在任

① 18世纪，欧洲人对今天越南北方和南方的合称。

何这类障碍。”

他想象1794年10月底，当他完成赴日使命归来之时，就可以检验新任总督的友好措施在澳门和香港所产生的效果了：

“我对长麟的陪同十分赞赏。他认为（下面是他的原话）：要改变他国家对英国商人的态度，这不仅事关公正，而且有关国家的荣誉。他为能成为推动这一进程的积极工具而自豪……他看到了我们在印度的军事力量以及在海上所显示的威力需要人们谨慎地对待我们。

“我提醒他国王陛下希望在中国有一名公使，即使不能长驻，至少也能临时逗留。皇帝陛下在12月1日的一份特别亲切①的诏书中提到，他乐意接待一位新的英国公使。这封信表明，朝廷的态度朝着有利的方向发展。

“将来这位驻华公使的使命之一，可能就是平息北京政府对我们同西藏中国人的敌人之间的所谓联系表示的不安……下一位代表可以此为理由同中国结盟，从中我们可获得若干有利条件，如以我们在尼泊尔对他们表示支持来换取割让一块土地让我们可以方便地经商。”

马戛尔尼全然是在梦中说胡话。可以说他把所受的侮辱全都忘了，也可以说他从5个月的日常交往中什么也没有学到。除非他本人也在耍什么狡猾而虚伪的招数：如果他不能使美好的计划实现，那是战争的错误。他被过早地召回国，把一位伟大的外交官变成一个普普通通的护航者。

① 指12月1日的诏书——又是一封君主给附庸的信——我们已在第七十章对其内容作了概述。

第七十四章
会　　合

（1793年12月24日—1794年1月1日）

如果说马戛尔尼深居简出，他的随行人员就自由多了。这使我们得到几个中西合璧的广州的珍贵镜头。当然，与以往一样，最生动的描写来自小斯当东。

游览手工业区

“12月22日。今天我们摆渡到对岸的英国代理行去，这条河要比泰晤士河宽得多，代理行的建筑确实非常漂亮。我们逛了附近几家大店铺。令我惊讶的是商店的名字，甚至他们所卖商品的名字都用罗马字写在每家店铺的门上。更令我惊讶的是：大部分商人都能用英语交谈。他们的英语还相当不错。我们看到一家很大的瓷器店，品种之多不亚于任何一家英国瓷器店。街道很窄，两旁商店林立，没有住家，很像威尼斯的梅斯利亚区[①]。”

广州已不再完全是中国了。今天在那里仍然可以看到许许多多用罗马字写的招牌；在那里，常常可以听到人们说英语。这些现实已有很长的历史了。

“12月24日。我们再次过河。在众多的店铺中，我们参观了一间画室和一家泥人店。我们在画室观赏了几幅画着船的油画。这些油画或运用英国手法，或运用中国手法绘制。我们还欣赏了几幅极美的玻璃画。在泥人店里，我们看到许多用黏土捏成的泥人儿。它们像大玩具洋娃娃，脸上着色，身穿衣裳。有人告诉我们，在衣服里面，泥人儿的身体像它们的脸和手一样逼真。”孩子除了手和脸就看不到别的了：中国的廉耻禁止赤身裸体，即使是玩具娃娃

① 梅斯利亚区是威尼斯的一个街区，在圣马可广场以北，街道狭窄，两旁都是小店。——译注

也不例外。我们还发现“在英国见到过的、头能转动的瓷娃娃”。

托马斯和家庭教师一路闲逛。这位先生也给我们留下了他对广州这个“集市”的印象：“他们把所有在欧洲制造的产品模仿到了以假乱真的程度：从各种家具、工具、银餐具等器皿直至箱包。所有这些仿制品的工艺与英国制造的一样好，而价格要便宜得多。”在欧洲市场上出现过仿造中国的假古物，现在轮到中国来仿造欧洲的新产品了。

这一伪造工业大有发展前途：只要看看今天的广州，如离夫子庙不远的自由市场就行了。“中国裁缝简直可与伦敦的相媲美，但价格要低一半。”由于许多丝、棉织品在原地生产，因此“没有一个地方穿衣服能比广州更便宜了”。现在价格没有变；但想穿英国的面料和裁剪式样的衣服，那么最好到香港去买。

“在广州，浆洗内衣的技术非常好，而且比欧洲任何一个首都的洗染店的价格都便宜。”中国洗染店已经有了使他们日后征服加利福尼亚的名声了。“只要不受骗上当，总是有好生意可做的。”因为“中国人认为对洋人不老实是机灵的表现”。这些讨厌的中国人把诈骗提高到一门艺术的位置：“很少有欧洲人没有遭受过这方面的教训。”可以猜想赫脱南并不属于那些“幸运的少数人”（happy few）之列。

另一个有关语言的信息：当时就有人说一种英—葡语混杂起来的洋泾浜语。赫脱南听到一个中国人不客气地回答说：“You no savey english talkey（你不会英国话）”。多灵的听觉！德国家庭教师的面目被揭穿了。

赫脱南不知疲倦地又把学生领进一家制造自动木偶的工场：“一个耍杂技的在一根绷紧的绳子上跳舞、一个画画画得好极了的小家伙、一只会叫的狗。所有的动作都伴有悦耳的铃铛声。”中国人酷爱这些小玩意儿，并着手仿造。大家就能理解为什么丁维提的机器并没有对玩腻了的朝廷产生惊人的效果了。

但托马斯至少还没有玩腻：每次他都争着过河去对岸。“我们去看了中国人是如何切割玻璃的。他们使用的是一种钢具，而不是钻石。我们还看了镜子的制作。中国人把水银涂在锡片上，然后再把涂有水银的锡片贴在玻璃上。接着我们还观看了瓷器的烧制和上色。先把瓷器放在温度递增的火上烧，一直烧到它能耐炉温，它在炉中被烧得通红。瓷器上的图案是趁热画的。”

绅士们一起过圣诞节

勋爵把下人打发到“狮子”号上去，与陛下的士兵一起欢度圣诞节。其余人则过河到代理行午餐。有身份的英国人，相聚在天涯海角是多么高兴！托马斯在日记中是这样写的：“我们在一个挂着巨幅油画的漂亮大厅里用餐：有代理行的先生们、东印度公司船队的大多数船长和我们。”丁维提透露：在这张节日的餐桌旁就座的至少有60位绅士。

安德逊指出了奇怪的一点：“英国商行的大班们得到特使的允准，请随使团来的乐师去他们的教堂演奏，因为他们对我们已经没有用处了。”我们从偶尔听说的一桩小事中了解到：在广州的英国人并非全都抛弃了基督教信仰。两年前去世的卫理公会创始人约翰·韦斯利半个世纪里没有在英国骑着马白跑：结果是卫理公会的复兴。为什么东印度公司没有从他们那里给广州带来一点火苗呢？

总是别出心裁的天文学家随身携带科学仪器漂洋过海，现在竟在讲授一系列物理课程。一些“英国和欧洲”常驻代表和侨民表现出“极大兴趣”。一些懂英文的中国人听起来困难就多些：“一个满脑子生意经的本地人”以为丁维提“要推销他的产品，所以才讲得这样头头是道”，就问他“要拿多少佣金”。丁维提记下原话，但不再为此激动：“中国人的观念与欧洲人的观念形成多么奇怪的对比。”一个公行的商人问他能否“不站起来就变掉挂在墙上的一幅画”。对于天文学家，这真是在另一个星球！

元旦那天，绅士们再次相聚庆祝。3点左右，在英国代理行摆了一桌与圣诞节同样的筵席。小斯当东饱餐一顿，但天黑时就被带回住所。他有点儿嫉妒了：“其他先生都留下来晚餐。”这个12岁的孩子的处境真是奇怪。700个英国人中唯独他能用中文应付，也唯独他被打发去睡觉……因为他毕竟还是个孩子。

英国人在一起生活：但并不总是这样令人愉快。托马斯告诉我们：“狮子”号在舟山锚地停泊的数月中，有6名英国军官发生过3次决斗。中国人对这种野蛮的习俗有所了解吗？在他们的书信中未提及此事。否则，他们从中更能证明英国人的“残忍”了！在中国，人们也同样重视名誉；但他们不认为非要用剑捅破胃来“挽回面子”。

在欧洲，法国国民公会议员没有理由抱怨这第一个抛弃基督教信仰后的圣诞节：胜利指引着他们前进。12 月 23 日，旺代人在萨韦内被打败。韦斯泰曼将军当晚在国民公会骄傲地写道："不会再有旺代了。我刚才正把他们埋葬。我让马把孩子踩死，对妇女进行了屠杀。我没有留下一个俘虏。我消灭了一切。"

花会

中国人会纵情玩乐吗？巴罗有幸参加过他们的一次活动。使团的总管与护送团的总管乔、王两位大人成了好朋友。因此，他应邀出席了一次娱乐，没有其他宾客。由于使命的重要性，使团过着封闭的清教徒似的严格生活。巴罗是惟一能看到中国官员不总是严格的儒教徒的人。他为我们掀起了帷幕的一角："中国人在一起时的表现与在外国人面前的表现大不相同；如果他们彼此信任，他们就无拘无束。"

王大人、乔大人遇见了他们一位做官的朋友："晚上，此人在一艘豪华的游艇上为他俩摆花酒，我也应邀参加。"巴罗到时，发现三位官员都有女人相伴。每人身边都有"一个穿着华丽的年轻女子"，她们"嘴唇、面颊和下巴都施了胭脂"，脸的其他部分和脖子上"抹了一层铅白粉"。这三个美人儿一一向巴罗敬"一杯热酒，同时自己先用嘴唇在杯里抿一下"。与日本上流艺妓完全一样。

晚饭的菜肴之多，质量之好都是巴罗所从未见识过的。席间，年轻女子吹箫唱曲。穿得挺花哨，可唱得并不好。没关系："我们毫无拘束、自由自在地度过了一个十分愉快的夜晚。"在告辞时，主人让巴罗对此只字不提；他们担心"同僚们听说让一个夷人参加这一放浪形骸之事会不高兴的"。因为巴罗知道——当然这并不难——这些女人在当时"出租了服务后"，在他走了之后还将把她们的服务延长下去。如果王、乔两位大人请巴罗留下来，他会承认这事吗？

第七十五章

与外界联系的修士和奸商

（1794年1月1日—8日）

潘启官，广州公行之首席行商，外表迷人，但内心之邪恶无人可及。不少人目睹他一再背信弃义，甚至就是他的受害者；令人难以置信的是，他们竟还对他十分轻信，且以为也能赢得他的信任。他自称欧洲人的父亲，而出于感激，有人竟握住他的双手激动不已。

夏尔·德·贡斯当

正当巴罗寻欢作乐，小斯当东参观兼有中西色彩的小手工作坊时，斯当东和马戛尔尼却在设法了解他们的大老板——公行的一些大名鼎鼎的商人。他们都是些什么人呢?

和今天到1997年间的香港“共产党资本家”相仿，这些实业家操纵着仍是英国的“殖民地”与永远红色的帝国之间的贸易流通。1793年，中央帝国已经实行同样的体制：在天朝的官僚体制严密监视下，由少数几个人负责与夷商的贸易。在修道院也一样，内院应与外界联系：这个工作由专门的修士负责。在广州，则由公行的行商负责。

还是这些与外国人交往的贸易经纪人，在19世纪被称为买办，这词来自葡萄牙语的“买主”一词。国民党时代，这个买办集团在中国起着极其重要的作用。蒋介石夫人的娘家——宋氏家族在与国际资本家的交往中发了财。这也是共产党当时视他们为最可怕的敌人的原因。邓小平的“开放政策”和“现代化”难道不是在为买办的东山再起作准备吗?

马戛尔尼会见这些商人。“我与潘启官[①]交谈过，他是那些最有权势的行商之一，为人奸诈、狡猾。章官，论权力不如他大，但比他有钱。他更年轻，也更坦率。”至少当章官声称“已完全作好准备与代理行发展商务来往”时，马戛尔尼是这样评价的。在潘启官的问题上，勋爵似乎陷入了我们的瑞士见证人夏尔·德·贡斯当所批评的天真幼稚的状态。

这些人都属于受人歧视的商人阶层，却都有官衔。英国人对此感到惊诧。奇怪的是潘启官在行商中的地位最高，“却只有一个不透明的白顶珠，而章官却有水晶顶珠，这说明后者的官衔比前者高”。那是因为潘启官很谨慎。章官也很谨慎：他衣袋里还有一颗蓝顶珠——它当然更神气，但有危险。“他肯定地告诉我，他绝对不在公开场合戴它，怕那些官吏要缠着他送礼。”还是不要炫耀自己“用一万两银子”[②]买来的这种荣誉为好。

再说这些商人的顶子并“不给他们带来任何权力”。严格地说，这些官衔的标志不是卖的，而是在北京一些有影响的要人因为收了商人的礼物“觉得不好意思而把顶子作为荣誉称号授予他们的”。

马戛尔尼所了解的情况与当时在广州的法国人和瑞士人的描写以及传教士们在日记中所反映的现实有出入。正当伏尔泰称道通过考试选拔官吏的好处时，富官与富商之间就像黑手党那样有着一种真正的勾结关系。获利最多的行业——盐业和外贸——常常是出租的，盐政和海关官员要经常受到勒索并交付赎金。在地方行政机构供职的官员绝大多数是汉人。但在公行的人员配备上——也就是说在对外关系方面，因为战略上太重要——一般都安排的是满洲人、蒙古人或是入了旗的汉人，有时甚至是皇亲国戚。

那些靠了血统或靠了墨水上去的特权人物到了任期满了的时候，也要给大臣送礼以便连任或提升；他们同时也是让他们腰包里装满银两的商人的玩具……捐官、买顶珠翎子、渎职以及前资本主义经济阶段的其他特征与马克思·韦伯所称的世袭主义完全吻合：公私不分。“属于大家的东西都是我的。”还需要说这种制度今天统治着第三世界吗？

---

① 潘佑读，当时在广州的外国人都知道他叫潘启官，这是他父亲（1714—1780）用过的名字。他继承了父亲的遗产，自1793—1808年任广州公行首席行商，死于1821年。——原注。据梁嘉彬所著《广州十三行考》，他的正名为潘致祥。——译注

② 相当于1989年的200万法郎。

南方不知北方

在同行商交谈时，马戛尔尼估计，东印度公司竭力想在中国的中部和北部开设商埠是非常正确的："公行的商人们从未去过首都，对于北京就像对威斯敏斯特一样，知之甚少。只有用强制手段或出于强烈的利害动机才能使他们离开故乡。"然而，英国的呢绒并不是在中国的这个热带地区销路最好。

公行的业务范围不超过南京，它把从欧洲买来的大量商品往那里发送，再从那里购进大批运往欧洲的货物。事实上，"南京是最大的商业中心"；"左右中国市场的人"都云集在那里。马戛尔尼希望在舟山和宁波开设商埠是有道理的，它们可以打开南京的大门。现在，他猜到为什么获准在那里开设商埠如此困难的原因。因为，这不仅与惯例相左，而且还会对广州的商人和官吏构成威胁：他们是惟一与西方贸易有利害关系的中国人。他们给南方提供一个有限的出口市场，而不供应北方。然而，就像太监那样，他们自己不能做的事也不让别人做。

因此，广州的公行不但不能发展贸易，而且只能限制贸易。此外，它依赖一群官吏而生存。没有各级官吏的同意，它绝不敢主动做任何事。它不像西方自由商人的行会组织，就如广州官衙也不像任何欧洲的自由城市的政府一样。中世纪在欧洲就获得的对一个地方或一种行业实行免税的做法，中国对此一概不知，因为它被天朝的官僚政权弄得四分五裂。

中国的贸易只有在其被分割的期间才不受约束，才得到发展，才可以算是前资本主义经济时期。当帝国统一、官僚政权取胜时，经济受到约束；投资猛跌，商业的盈利首先造成公职人员的腐化——或商人社会地位的上升：他们进入到官吏等级的行列。在满清时期，行政权和经济权成一整体，被皇权牢牢控制。

马戛尔尼推测，如果在中国有一个政治上强大、经济上有影响的商人阶级，那么中英间的困难将会少得多。皇室档案给我们从反面提供了一个确凿的证据：政府看到"奸商"自发地与夷商接洽就感到害怕。

元旦诏书

就像作为西方元旦的新年礼物，马戛尔尼收到的不是皇帝的一份新诏书，而是12月1日的诏书。这是乾隆同意让人交给特使，以便让他在国王面前替自己解释的。托马斯对这段插曲直言不讳："1794 年元旦。今晨我们获悉皇帝的诏书下了。我们来到住所对面的一个大厅。总督已在里面。"

大家默默注视着里面放着诏书的黄绸轿子。在乐曲的伴奏下，打着华盖，轿子由士兵护送着抬了进来，大家都跪拜在地上，犹如皇帝在场。"当轿子经过时，我们下跪，低头〔……〕这时总督把诏书交给勋爵，勋爵用得体的礼节接过了诏书。"我们永远也不会知道马戛尔尼把头朝地上低到什么程度。他做得很得体，得谁的体？孩子谈论这个礼仪时，就像他的长辈谈论人粪一样谨慎。

从一个英国读者的角度：特使用英国作者感到最轻松最讨人喜欢的方式描写这些礼节。据他所述，是总督"身着礼服"先来到馆舍，通知他皇帝诏书已到，并"告诉了诏书的内容"。没有什么惊人之处：无非是"皇帝再次表示他对使团感到满意，对英国人有好感，还要对他们表示恩惠和保护"。他提到了派遣第二个使团的前景。他竭力证实，中国之所以拒绝英国的要求是因为它们"与中国的习惯做法不相容；他也无权满足他们的要求"。这是最重要的解释。皇帝的权力是带有宗教性的。神权不容别人去解释，充其量也只能对它稍作调整。

这封信使特使可以免遭英国政府的责难。信里对一切都作了解释：为什么出使失败，为什么帝国停滞不动。

那天早晨，总督"格外地彬彬有礼"；他宣布"两份告示已经贴出去了，要最严厉地惩处那些损害英国人利益，或渎职使他们受到损失的人"。马戛尔尼不会彻底失败？读者可以这样认为。

中国人坚持不懈地重复他们的话，马戛尔尼则又递交了一份备忘录。他的固执也不亚于中国人。他确实在广州了解了情况。直到那时，他的情报都来自设在伦敦的东印度公司总部 16 个月之前发出的指示，而总部的指示是依据七八个月前来自广州的邮件作出的，中间的时差是两年。马戛尔尼后悔在 11 月 20 日答应了总督的要求把备忘录交给了他。中国人就抢在他前面了：他们给了些含糊其辞的回答，而他还得准备一份全面的，把今天的情况也包括进去的材料。

新照会概要重述了代理行的要求。它们是：不再对来自澳门的货物多次征税；东印度公司的船可以直驶黄埔港停泊，以避开澳门险滩；为避免争端，要校准衡器；让英国人买块地扩大代理行；英国人不必每次要求专门准许就可以招募搬运工和水手；如果他们的权益受到损害，他们可以找总督本人！

至少还需要半个世纪和一场战争，这份新的陈情书才会得到答复。

第七十六章

后 卫 战

（1793年12月29日—1794年1月13日）

12月29日晚，人们听说一艘东印度公司的船驶抵澳门，它是6月7日离开英国的。它带来了悲惨的消息："'华新汉'号把公司的其他船撂在马六甲海峡。'公主'号被3艘法国军舰劫走了。法舰有两艘分别配备有67门炮和50门炮，另一艘是快速护卫舰①。"

翌日，1793年的圣西尔韦斯特节，送来了由"华新汉"号从英国捎来的包裹和信件。这是人们得到的过时7个月之久的有关战争、亲人和家庭的最新消息。

1月2日，3艘被延误了的船开到广州，使本年度东印度公司的所有商船在广州集中。使团一行于12月19日到达广州时，已有5艘船泊在码头；在辞旧岁、迎新年的时候，则有18艘船在那里抛锚。有几艘船以前去过马尼拉，另有几艘从科洛芒代尔海岸过来。在回国前，它们都在广州装货。

船队在地球两端往返的节奏是这样：6至9个月的去程，一两个月在中国卸货装货；6至9个月的返程，一两个月在伦敦卸船装船。如此，周而复始，从远西到远东。英国也正是以这种节奏使财富源源而来，国力不断强盛。

战争的消息使马戛尔尼回到现实世界。该是顺从形势，结束使命的时候了。也是结束他的"抱负"的时候了。他克制着内心的悲伤用庄严、感人的语气说：

"在充分考虑了摆在我面前的所有情况，考虑到已准备待运的货物的价

---

① 除了在1793年9月"公主"号被劫外，同年10月又有第二艘船"波莉"号被一艘法国海盗船劫去。国民公会被巴列尔所做的关于"英国对法国人民所犯下的罪行"报告所感动，于1793年5月26日宣布：法国不再抓英国俘虏。

值（至少300万英镑，相当于1989年的18亿法郎）后，我核实了‘公主’号已被劫，在巽他海峡确有法国海军力量；认真阅读了来自巴达维亚的信函；鉴于没有得到来自英国船队的任何消息、以及交趾支那目前的形势，尽管这对我来说十分痛苦，我现在不得不取消原来抱有幻想的一切打算。”

现在甚至想用在日本的成功来弥补在中国的失败也已为时太晚，“日本始终吸引我，到那里去冒险可以为发展我国的工业开辟一个新的阵地”。

没有必要再花上15个月来等待政府的指示了：“在船上”，他确实就是“仅次于上帝的惟一主宰”。

但是目前，他还不能马上作出具体的决定。商船队在两个月内不可能在广州聚齐装货。在这方面他并不着急。他和他的部下可以休息，中国人也不打扰他。

广州，一座半开放的城市

长麟许诺的告示很快就贴出了：他在1月2日及5日发布的。在这之前，英国人只听到对他们说的好话。总之，他们现在掌握了可以用来对付第三者，也可以用来对付他们的对话者——中国当局的文件了。但就实质而言，那只是些“连篇空话”。第一个告示规定了粗暴对待或榨取夷人钱财者所要服的刑，它是针对一些“卖白酒给水手的小人物的”。第二个告示是针对向欧洲人敲诈勒索的官吏的。应该指出的是，这两个告示丝毫没有改变以往的习惯。对备忘录不作任何回答。

使团继续在严密监视下生活。丁维提在岸边散步，看到一种据他说是鲜为人知的蓝色植物。他俯身去拾，此时不知从哪儿窜出一个军人，威胁着不让他捡。“类似的遭遇发生过好几次。”

马戛尔尼在日记中写道，东印度公司的先生们被圈在广州城外的代理行里不能进城。因此，能跑遍这个大城市是很自豪的；欧洲人虽然对其知之不多，但一提起它就像谈起一座熟悉的城市一样。“我很好奇，想看看这座城市。我从它的一端穿到另一端。大家说它有100万居民：看到到处是人，也许这并不言过其实。”

人们“都很忙碌”：他们忙于“制作缎子鞋”、“编织草帽”、“鼻梁上架着眼镜锻造金属”。“街道很窄，都是石板路面。在街上既看不到二轮马车，除了我的仆人骑的之外，也看不到马。”广州只是个大市场。而从军事观点来看：“城墙完好”，但“没有一门炮”。

永远是那位说大实话的圣约翰——小斯当东——告诉我们，好奇心并非是这次参观的惟一理由：“1 月 7 日。今晨，我们乘船到城门口。下船后就坐上轿，穿过市区来到总督府。我们到时，一名仆人请我们不必进去了。我们立即转身离开。中国的礼仪就是这样。”

马戛尔尼一言不发就回去了；他十分恼怒，但在日记中对中国这种离奇的礼仪只字未提。

一堂出色的外贸课

马戛尔尼发现，在广州，英国人和中国人之间的关系十分奇怪。是否长麟的告示一实施，一切都能解决了呢？在它们颁布后，一些外国人仍然遭到小的敲诈勒索。当然，肇事者受到了惩罚。但马戛尔尼并不认为这是个解决办法。“有些更多的事取决于我们，它们比那些告示和惩罚更能保护我们。”

第一件要做的事，就是欧洲人要坚定地团结一致，而不是互相敌对，从而使那些滥用职权或不正派的官吏不能巧取豪夺。这就是工联主义，尽管这词还没有出现。我们在广州的一位见证人，夏尔·德·贡斯当在英国使团到达前数月，在他的日记中已经注意到这一点：“所有了解中国的人，都将同意这个观点：这个懦弱的民族在坚定与强硬的态度前总是动摇让步的。商人们都同意，住在广州的欧洲人只要团结和一致要求，就足以使他们免受过去一直受到的欺侮。”

但是，欧洲人要靠自己作出努力，改善与当地居民的关系。勋爵指出：“欧洲人躲着广州人。”他们只局限于与“那些在代理行工作的人有来往”。他们穿与“中国式样尽可能不同的衣服”。“他们对中国的语言一窍不通；他们甚至不想学汉语”，尽管小斯当东的例子证明可以在几个月内取得进步：“他学说与写已有很长一段时间了。多亏了这样，他能很自如地说写。他常常对我们有很大的帮助。”

结果是：欧洲人任凭中国仆人随意摆布，后者又听不懂人家对他们说的那种莫名其妙的话。“一个身穿长袍、头戴软帽的中国人来到伦敦商业区做买卖，而又不会说英文，大家能想象吗？与广州人对待欧洲人相比，他们不会受到伦敦人的欢迎，就像现在欧洲人不受广东人的欢迎一样。”

英国人可以“任意按他们的意旨来左右中国的贸易，就像他们在别处所做的那样，如果他们表现得有分寸，处处谨慎行事。尤其重要的是，要有耐心和不屈不挠的精神”。不懂中文，只能维持一种不好的关系。

不该把错误都归在欧洲人身上。因为规章制度禁止中国人给外国人教授中文。联系都要通过学过英语的中国翻译，虽然他们是东印度公司的雇员，但仍然处于皇帝权力的控制之下。所有想不顾这些规定的努力都没有成功。这是11月20日的备忘录里提出的要求之一；很自然，它是不会得到答复的。

一切都没有改变：不经过人民共和国当局的挑选，一个中国人是不能成为外国常驻代表的翻译、仆人或助手的。尽管中国当局不付给他工资，但他继续接受它的领导。

该走了

还有两个月！马戛尔尼还可以再试试同中国人对话。但自12月22日始，没有进行过一次认真的谈话。那么传达诏书呢？它没有成为一次会谈的机会：它倒使他想起那次预示他归国的阴森的仪式。那些告示呢？那是答非所问。到总督府的拜访呢？那简直是一种凌辱。再也没有什么可企盼的了。

马戛尔尼决定在下逐客令前就到西方的领土——澳门去。但他善于辞令，知道怎么说话：“因为不想过多打扰中国人，又怕总督以为特使对他在中国的逗留不满意”，他以健康状况不佳为托词。

长麟抓住了机会。“一致同意”把返程的日期定在第二天，1月8日。在起锚前，马戛尔尼作了最后尝试：他邀请总督于翌日晨来英国人馆舍共进早餐。他想借此机会，把东印度公司的专员介绍给巡抚和海关监督。总督接受了邀请，但毫不掩饰他的惊讶：这些商人难道有那么重要吗？马戛尔尼尽量向他解释英国商人与其他国家商人间的巨大差异，但无济于事：“中国人永远不会明白这一点的。”

赫脱南说：他们不能懂得这一点，首先是因为“最小的芝麻绿豆官都自视在最富有的商人之上”。更何况这些都是受人辱骂、挨人石块和遭人打得只能躲藏在代理行的商人①。

英国商人在广州的名声很坏，因而勋爵要使中国人理解他们的优越地位就更为困难了。赫脱南作为一名地道的德国人开心地指出了这种矛盾："在中国商人受到歧视，然而，他们的身份在欧洲所有的文明国家都受到尊重……英国商人感到双倍的痛苦"，因为他们"在本国备受尊重"，但他们在中国却被视为"西洋诸国中较为强悍的人"。

当然，赫脱南夸大了商业在"欧洲文明国家"享有的尊敬：敌视经商和商人的偏见在法国、意大利、西班牙、葡萄牙，甚至在德国的一大部分地区都相当普遍；它们与在中国盛行的那种偏见并无多大区别②。但他的观察很正确，他用了"最残忍的人"这个我们在皇帝笔下常用过的说法。安特卡斯托骑士的一句话说得再明确不过了："中国人发现，这个胆大妄为的国家希望独霸同亚洲的贸易"，它"增加远航中国的船只，而这些船随时都可改造成军舰"。

对于英国人，"商人"一词本身就代表他们的智慧，他们是文明的先锋。中国人对此是不能理解的。当商人不是英国人时，马戛尔尼与中国人一样也蔑视他们。这倒也不假。

告别

1月8日，在代理行共进早餐。特使把东印度公司的专员们介绍给总督、巡抚及海关监督。这些中国的大官答应给予他们理应得到的关照；对特意为他们准备的点心大加赞赏，特别对甜葡萄酒和雪梨—白兰地酒赞不绝口。

下午1点，马戛尔尼、斯当东、伊拉斯马斯·高厄爵士和本松上校登上"狮子"号的小艇。使团的其他先生们以及王大人和乔大人分乘几艘小艇。船队顺珠江而下。

当英国人起锚时，皇帝还在监视他们。潮州镇总兵托尔欢1794年1月9日上奏说："督臣长麟委令奴才先将贡使之随从跟役押送蠔墩各上原船。初七日风色稍定；该贡使当即率领各夷人望阙行礼，叩谢天恩、开行回国。"

---

① 赫脱南不是说在旅途中因为指使他人殴打英国人而被降职和挨鞭打的官员就来自广州，此人在那里就养成了这一恶习。

② 自从伏尔泰对此写了一封在《哲学通报》全书中最为中肯的信之后，这种谴责一直没有变过。

托马斯用他惯有的清新笔调写道："顺江而下用了1小时15分钟。我们先从所有东印度公司的船前经过，船员们在我们过时向我们致敬。有几艘美国、西班牙、荷兰和热那亚的船。[1]除了'狮子'号与'印度斯坦'号，大部分船都放下了桅杆。[2]我们终于到了'狮子'号，它看着真是雄伟。它鸣19响礼炮向我们致敬。乔大人、王大人和他当官的兄弟很乐意同我们在船上共进午餐。乔大人和王大人同我们经过这段长时期的相处，现在就要分手，感到十分激动。"

马戛尔尼肯定，王大人和乔大人"没能忍住眼泪"。"这是他们感情的真实流露。如果有朝一日我忘了这两位的深情厚谊或他们为我们帮的忙，我将是最坏的忘恩负义者。"如今的旅游者在与中国陪同相处几周后，尽管可能为他们的奇怪举动不止一次地骂过街，但在离开之际，又有谁不把他们搂在怀里深为感动呢？

如果朋友乔大人是……

第二天，马戛尔尼收到王大人和乔大人差人送来的20大筐水果和蔬菜。"他们肯定再也见不到我们了。所以我对这种关心更为感动。"

感动促使勋爵为乔大人订出无法实现的计划。这位不可救药的西方人以为两个人之间建立起来的私人交情可以消除一个否定个人、扼杀私人关系的制度的后果。今天，又有多少在中国或其他共产党国家的我国外交官抱有同样的幻想，把希望寄托在他们与二流人物间的"私人关系"上。要克服制度的惰性，只有最高层领导人才算数。有时是在……

乔大人是一位出色的文人。总督很器重他。[3]这位总督迟早要官居首位。有了这层保护，再加上在陪同使团时取得的种种经验，这就可以确保乔大人仕途似锦。马戛尔尼在梦想：为什么海关监督的职位就不能由乔大人担任？这个位子对他再合适不过了。"如果委任他到广州任职，对英国人就太有利了。"

马戛尔尼自以为王大人与乔大人由于做过陪同使团的工作就肯定能升

---

① 没有一艘法国船。住在广州的一位法国见证人于1801年写道，"十年以来"，在那里没有出现过法国船。

② 因为怕台风。

③ 这是马戛尔尼没有任何根据的固执想法。

官；将来他们会达到国家权力的顶峰。这两位可靠的朋友是英国人的利益所在。任何一个对中国的今昔有所了解的人看到马戛尔尼这样都会禁不住微微一笑的。王大人在维持社会治安的默默无闻的战斗中送了命。乔大人最后在北方的一个省里任按察使。

以后的 3 天从黄埔到公海。为了绕过 3 个沙洲，每天都要耐心等到天黑涨潮。

1 月 13 日，“狮子”号通过两个守卫“虎门”的要塞。马戛尔尼估计后说：“防御很薄弱。大多数开口处没有炮，在少数几处有炮的地方，最大的炮的直径只有 6 英寸。”只要涨潮和顺风，任何一艘军舰“可以毫无困难地从相距约 1 英里的两个要塞中通过”。

在要塞前的空地上，进行了最后一次检阅。马戛尔尼用厌倦的目光看着周围的一片军旗、横幅和戎装的军人。只要说明一点就足以使这条用牛羊的肠膜吹大的龙泄了气。与“狮子”号交叉而过的武装船上装满了士兵，但并没有鸣礼炮。原因就不言而喻了：炮孔里没有炮。这些炮孔都是在船舷上画的逼真画。这难道不是中国本身的形象吗？马戛尔尼思忖。“破败不堪的旧军舰，它只能靠着庞大的躯壳使人敬畏了……”

第七十七章

明天的中国

（1794 年 1 月 13 日—15 日）

我们是未来的信仰者，我们信赖的是希望，望着的是曙光。

于勒·米什莱

在离开中国之际，马戛尔尼在专心做总结；他以前在解释对话者谜一样的行为时经常出错，但他总结的预言性质直至今天仍令人感到吃惊。[1]

经验使他擦亮了眼睛。他对此进行了思索，并最后把自己的想法说了出来。当时这些英国人在吸烟室里评论起（尽管在自己人之间）各人幻想的破灭。这次使命失败后，还有“更直接的途径”可以使英国的贸易打入中国。勋爵不同意这些头脑发热人的意见。他陈述了中英交恶可能给两国带来的危害。

只要几艘三桅战舰，中国就会分崩离析

首先，一个显而易见的事实：中国将吃苦头。“如果中国禁止英国人贸易或给他们造成重大的损失，那么只需几艘三桅战舰就能摧毁其海岸舰队，并制止他们从海南岛至北直隶湾的航运。”更严重的是：“朝鲜人将马上就会获得独立。”“把中国和台湾维系在一起的联系是如此脆弱”，只需外国介入，它立即就会被切断。还有“从孟加拉只需稍稍鼓动，在西藏就会引起动乱”，这是易如反掌的事。

“葡萄牙人在地球的这部分土地上已经死亡”，澳门“依赖着英国的金

① 这些总结还有一部分没有用英语出版（而法语则都没有出过）。

钱”，葡萄牙人的“存在只是个幽灵”。来自马德拉斯的一支小武装力量[①]可以轻而易举地从葡萄牙人手中夺走这个宝贵的半岛。“我们也可以定居在伶仃岛”，澳门“就会在很短时间内自动崩溃”。

现在我们是在1794年，19世纪中国的全部历史好像已展现在我们面前。马戛尔尼出使使我们可以画出这段历史的轮廓，我们只需按着轮廓就能确定未来的面貌。

1月和2月，巴瑞托上尉乘“豺狼”号察看了地处澳门和香港间的岛屿。他的报告指出，伶仃和香港适合殖民。1842年，英国确定把香港变为殖民地。正如马戛尔尼所预言的，这种安排造成了“澳门的衰落”。勋爵的另一个预言也将实现：守卫虎门的两个要塞在鸦片战争中将被“六门舷侧炮”摧毁。

他预言：封锁这个海峡，“广州就会窒息”；数百万依靠外贸或捕鱼为生的中国人将“被迫挨饿、抢劫或起义”。中国将处于混乱的境地，这“将使俄国有机会在黑龙江流域建立统治权并攫取蒙古诸省；面对如此有利的时机，叶卡捷琳娜二世原有的野心就会暴露无遗”。马戛尔尼拥有在俄国供职以及与松筠会谈的经历，他很清楚两次被哥萨克攻克，而两次被中国人收复的阿尔巴赞要塞造成了中俄两国在黑龙江流域的冲突。

但是，发动战争就等于中止贸易。联合王国也将遭受巨大损失。“我们在印度的殖民地，因贸易中断，将受到最大的损失”，因为中国是“棉花和鸦片的销售市场”——是的，这词终于说出来了。“在英国，毛纺工业很难从这样的冲击下恢复过来”：估计每年将损失五六十万英镑，几年后的损失将翻一番。一个正在发展的白铁、铅、五金制品、钟表和其他机械制品市场亦将关闭。英国不仅会失去丝绸，而且也会失去一件“生活必需品”——茶叶（马戛尔尼倒确实带了不少幼苗可以在印度栽种）。这里还没有把“商船”和“国库”的那些一点也捞不回来的损失计算在内。

确实，这些损失都是可以弥补的。中国对于英国并非必不可少。随着时间的推移，失去的市场可以在别处再找回来。对侵略性经济的强烈信心使马戛尔尼兴奋不已。

---

① 同马戛尔尼的计划完全一样，以葡萄牙被法国人占领为借口，这部队于1808年占领澳门，但没有得到预期的成功：中国很快作出反应，而且起了决定作用（请阅下面第八十四章）。

破败不堪的旧船

不管英国人进攻与否，“中华帝国只是一艘破败不堪的旧船，只是幸运地有了几位谨慎的船长才使它在近150年期间没有沉没。它那巨大的躯壳使周围的邻国见了害怕。假如来了个无能之辈掌舵，那船上的纪律与安全就都完了。”船“将不会立刻沉没。它将像一个残骸那样到处漂流，然后在海岸上撞得粉碎”。但“它将永远不能修复”。

于是，亚洲及世界各地的贸易将受到“扰乱……各国的冒险家都将来到中国”，企图利用中国人的衰败来建立自己的威望。而“在他们之间将展开无情的斗争”。在这种对抗中，富的愈富，穷的愈穷。“英国靠着它的创业精神已成为世界上航海、贸易和政治的第一强国；从这样的急剧变革中，它将获得最大的利益，并将加强它的霸权地位。”

从最近的将来考虑，“只要尚有一线希望可以通过温和的方法取得成功”，英国的“利益”以及它的“人道精神”应促使它不入侵中国。

马戛尔尼认为克莱夫勋爵的征服天朝帝国领土的计划实在“荒唐无稽”。他要给中国人时间，让他们抓住使团刚刚提供的机会：即对英国人有个好评价，并从而“更礼貌地与他们相处”。

那怎么办呢？应该在广州安排一位由国王委派，同东印度公司分开的全权公使。特使又采纳了钱德明神父的建议。我们的一位见证人夏庞蒂埃·德·科西尼对此是这样评论的：“这位代理人在贸易活动中没有直接的利害关系。他代表国家，这样他在中国政府面前比一个商行就会更受到尊敬。”

马戛尔尼明确指出：这位国家代表的任务是，“保持使团所赢得的一点进展”，因为它“已使中国政府对英国人有了一个有利的评价”。因为“帝国的最高层人士”由于使团做了工作而抛弃了“偏见”，进而到了“尊敬英国，表示了对英国人的友谊”。证据就是私下交谈时“十分愉快”和辞别时的恋恋不舍。一位精明的外交官应会通过与总督、巡抚、海关监督的直接联系把这种好感维持下去。

马戛尔尼深信，在北京让他负责转交国王的表示中国拒绝与英国保持经常联系的那封信，因为有了最后一份诏书而过时了。在这一点上，他错了。他不明白，中国人之所以谨慎地对待他，那是因为他们不想给英国人以报复的理由。他却以为所有中国人对他的看法都同王大人与乔大人的一样。

他那发自内心深处的人道主义使他透过不同的习俗来看他的同类。在作为中国人之前，中国人首先是人。他们有些怪，确实如此。“但他们同我们一样也是有血有肉，也受七情六欲的支配。他们不信任外国人，但难道他们的怀疑没有道理吗？在英国人去过的世界所有地方，他们哪有不因为意识到自己的优越而不向对方表示蔑视的？”“既敏锐又自负”的中国人必然会发现“英国人的这种乖戾”。

马戛尔尼是人道主义者，所以也是乐观主义者。他像孟德斯鸠一样，认为偏见来自对自己和他人的无知。歌德读了中国小说《玉娇梨》后发现，人类感情的相同点超过了异国情调。马戛尔尼也许会同意这种判断。

只要在广州有一位英国常驻代表就能促进两国人民之间的友谊了吗？中国当局给予这位代表多大的自由呢？问题不会提出来，因为建议还没有下文：东印度公司消极抵制。

法国人皮隆①看见马戛尔尼登船回国：“使团没有取得预期的成功。”10年后，他这样分析了马戛尔尼的失败：“我们看到他带着全体随从人员和一部分礼品回到广州，而从中国政府那里什么也没有得到。他们为什么要来呢？当然不是为了扩大贸易，英国的贸易情况很好。中国人在想：他们要干什么？他们要像在印度那样干涉我们的内务。”

1月8日，罗伯斯庇尔同时揭露了他的“左”派和“右”派——“忿激派”和“宽容派”——对手。13日，“宽容派”的一员，法布尔·德格朗蒂纳由于在清理法国东印度公司财产时渎职而被捕。

在广州湾，“狮子”号船尾朝着香港和伶仃岛扬帆南下。而英国的未来却在那里。马戛尔尼已经摸好了这里的行情。

---

① 这位法国东印度公司的代理人在1791年被派往中国编制财产清单和处理公司的资产。从此一直没人管他。

第七十八章

中国人更兴旺发达……

（1794年1月13日—2月1日）

走开！让我们保持古老的习俗。

圣·絮·佩尔斯

1月13日晚，“狮子”号在离澳门6海里处抛锚。次日，大风迫使它停在原处。15日，它终于在澳门停泊。英国人将在此停留两个月；一份给乾隆的奏折是这样描写他们的处境的：“暎咭唎人投澳居住须向西洋人赁屋，形势俨成主客。”中葡的关系也一样：可以说在澳门中国人是房产主，葡萄牙人是二房东，而英国人则是三房客。

伟大的卡摩恩的住所

勋爵及其一行受到澳门总督唐·曼努埃尔·平托和首席法官唐·拉扎罗·德·西瓦尔·菲雷拉的欢迎。在码头的欢迎人群里，有一连“黑人和黑白混血儿组成，由欧洲人指挥的骑兵”。“他们身材瘦小，脸上有花斑，军装破烂不堪，给人留下极差的印象。”总督和他夫人表现得热情好客。葡萄牙传教士在北京受辱后，使团现在受到这样的欢迎，实在出乎意料。霍姆斯惊叹：“在一个天主教国家举行这样热忱的接待，实在使我们惊诧不已。教士甚至想在殷勤招待方面超过文武官员。”首席法官“善于观察，很机灵”；他“讲一口流利的法语”（今天仍然如此，澳门的神职人员和公务员宁愿讲法语而不讲英语，尽管香港近在咫尺，或许原因就在于此）。

使团住在英国代理行。马戛尔尼住在上城的一幢房子[①]里，是东印度公司的一位先生提供的。“这是一个罗曼蒂克的地方，有一个大花园。”卡摩恩从1558年住在这幢房子里写他的史诗《琉西阿德》。

诗人的名字在澳门和在贡伯拉[②]一样富于魔力。由于他给一位夫人写了太充满激情的诗句，被里斯本宫廷驱逐出来；又在一次斗殴中杀死了国王的一名军官而被流放。在澳门，他写诗以使伐斯科·德·迦马和那个时代葡萄牙海上冒险的先驱们的无畏精神永垂不朽。他那“失踪和死亡者财产管理人”的职务使他有些闲暇。在回来时，他自己也差点失踪或死亡：暴风雨打翻了他的船。有人说他一只胳膊露在水面，手里举着手稿，泅水逃生。对一位作家来说这是多么富有象征意义呀！这位被诅咒的诗人真是命运多舛！他被判处为死者服务，像被处罚的中国人一样——这正是澳门的命运，它在苟延残喘中死去。通过文字这个奇迹，他却经历了世世代代而永垂不朽。行动已告结束，而歌颂行动的诗句却流传至今。

含糊不清的主权

安德逊介绍环境：“有人以为澳门是一个岛。错了。它与大陆相连。葡萄牙占领的是一块面积不到4海里长、半海里宽的土地。要越境是很危险的。”这一点始终千真万确。[③]

城市建筑在一块岩石上，房子都为欧洲风格，街道狭窄，顺着山势而上；有几座教堂、修道院，还有市政厅（亦称参议院）、总督官邸和英国洋行。城里有1万中国人，受“皇帝任命的一名官员管理”，还有1000左右葡萄牙人，此外就是各代理行的欧洲人，以及“大量的黑人和亚洲奴隶”。小港防御风浪的条件很好，但码头不能容纳大吨位的船只。一个配备有大量火炮的堡垒俯临全市，可从各个方面防御。“在葡萄牙领土的对面，中国人也建筑了一

① 这幢房子后面的一个公园以及附近的一个岩洞都以卡摩恩命名。房子后被改建成博物馆。1986年、1987年和1988年，在这座博物馆里举办有关卡摩恩和这个葡萄牙殖民地4个世纪历史的展览会。在这些展览中，对也在此居住过的马戛尔尼却只字未提。

② 贡伯拉，葡萄牙中部城市名。——译注

③ 只是今天的澳门通过第二道筛子——“经济特区”珠海延伸到中国领土，就像港通过深圳特区一样。

个堡垒，不让外人入内。”

自负的帝国怎么会容忍这个刺激人的瘊子存在呢？葡萄牙的主权并不像在西方大家想象的那样绝对。事情就像马戛尔尼对皇帝行的礼：各执一词。北京可以把澳门视为中国的领土，里斯本同样也可视它为葡萄牙的领土。赫脱南揭开了这种同居的谜。“中国皇帝向葡萄牙人征收高达50万杜卡托的税额。葡萄牙总督应避免得罪中国官员。”安德逊还说：“双方有各自的警察。如果葡萄牙人对其强大邻居的不断侵权表示反对，那么他们很容易就会被赶走。”一旦发生冲突，那些防御工事根本不堪一击。

1月30日，托马斯写道：“我们参观了澳门的参议院。在那里，我们看到几项授予澳门的特权，其文件用中文刻在石头上。”这些授予的特权完全证明了澳门的从属地位；而只用中文刻写这一点就突出了它们同天朝的紧密关系。拉弥额特神父证实了托马斯见解的正确性。“在参议院这幢房子里，我们看见中国官员让人刻在两三块碑上的限制性法令。这与领土赠与的概念完全相反，葡萄牙人不喜欢把它们拿出来展示……”

斯当东曾写过：“这些花岗石碑上用中文刻着中国皇帝割让澳门给葡萄牙人的文件。”全权公使又一次轻信了。而托马斯则再次显出比他生身之父更为精明。当一个葡萄牙人对父亲胡吹北京已同意给葡萄牙的那些虚构的好处时，儿子则一言不发，任其信口雌黄，在一旁辨认刻在碑上的字。

用不着让葡萄牙人挨饿，中国人自有刁难葡萄牙人的巧妙办法。葡萄牙人派议员到北京“对他们认为不公正的捐税表示抗议”。在澳门的中国人决定要“报复这有损天朝的举动”，尽管葡萄牙人并没能得逞。“他们叫人举着偶像，连续3天在街上游行，因为他们知道葡萄牙人对此很反感并因而不再出门。”主教只得“给中国人送上一笔巨款以让他们停止游行”。20世纪末，时逢中国旧历的节日，这种举着偶像游行的长列在澳门和香港仍然可见。人们越是认为中国人西方化，他们对这些节日越重视：这是他们忠于自己身份的方式。西方人现在已对此习以为常了。

内阁未发表的文书使我们了解到为什么葡萄牙人能和中央帝国和睦相处。在中国人面前他们绝不声称主权问题，他们只对欧洲来访者夸夸海口。他们顺从地叩头，从不表示厌恶。他们一个世纪派出两至三个使团，他们交纳数额很大的税款并为朝廷尽力效劳。“西洋夷人在澳门居住始自前明，迄今200余年，该夷等在彼生长居聚竟成乐土。国朝教化涵濡不殊天畴地载，我皇上深仁丕显，泽及彼臣。”

这些夷人已经渐渐受到了文明的熏陶。

很明显，英国人则顽固地停留在生番的位置上不动。因此，当他们企图取代葡萄牙人在澳门的地位时，天朝就作出了强烈的反应。

葡萄牙人奇怪的衰落

对于英国人，澳门是一个必然的基地，也是引起强烈嫉妒的对象。为什么不是他们呢？为什么是这些不能从如此有利的地位中捞到好处的葡萄牙占领者呢？唉！要是他们处在葡萄牙人的地位……

再说，他们已经开始为自己寻摸一份好处了。荷兰、瑞典、法国和西班牙的代理行都远远不能与他们相比。赫脱南指出：“英国人比别国人多得多，而且也比别国人富得多。他们住在向葡萄牙人租来的大房子里，建筑风格和室内陈设都合着他们的口味。”葡萄牙人“非常懒惰”，“根本不想寻找新的财源，因此，所有人都生活在极端贫穷之中”。英国人之间还悄悄地说：这些人不知羞耻，让他们的妻子去卖淫。“因为穷极潦倒，他们便嫉妒别人，尤其是英国人。主教和教士视他们为最可恶的异端分子，并十分憎恨他们。”

这个小民族的命运是多么不可理解！在15、16世纪时它是那么引人注目、那么到处侵略，而它的衰落又是那么彻底，连在自己的殖民地甚至在宗主国的领土上都被殖民化了……并非只有英国人才明白澳门代表一种被错过的机会。一位法国观察家说：“如果澳门从属于一个活跃的、灵巧的民族，它可以很快达到高度繁荣。它所处的地理位置将吸引大宗贸易。”难道大家不认为在读一篇对未来香港的描写文字吗？

最终，在澳门最取得成功的是中国人。外国客商，特别是英国商人花费的巨额款项都到了中国人的腰包里，因为一旦各自独立，他们就是最勤劳、最会模仿、最善于适应而且是效率最高的人。他们什么都制造，而欧洲人向他们买所有的东西。在爪哇，英国人已注意到中国人充满了活力，并已把荷兰人淹没。“他们建造所有的房子；对于他们，只要能赚钱，就没有费力低贱的活儿。他们是洋人惟一的仆人，因为葡萄牙人只有黑奴。”

这座国际性城市的情况真是惊人：贫穷使葡萄牙人处于社会的边缘，而英国人则由于财富也处于社会的边缘，其他的欧洲人生活在一个圈子里。中国人想方设法搞钱，当然那是在他们自己家里；然而，只要他们不在自己人中间，只要能避开天朝官僚的严格控制，那么他们就能更兴旺发达。

但是，出于同样的原因，天朝很难容忍他们这样做，就像乾隆不能容忍巴达维亚的中国人一样。容忍那些专靠与夷商贸易为生并受到后者影响而玷污自己的人？呸！“在澳门的中国人是这民族中最卑劣的一部分；我想说的是那些该民族都不把他们计算在内的人。”

商埠和传教基地相安无事。传教工作在澳门由一位常驻官员负责。他是意大利人，“他把收到的钱转交给在中国各省的传教士，把中国修道院的修士送到意大利学习，把那些刚学成回国的新传教士安排到各自的教区。”做起来可不如说说容易了，拉弥额特和汉纳神父就是个例子。

托马斯要去参观圣约瑟夫修道院。[①]他的大朋友李雅谷先生1773年就是在那里度过的，正好是他去那不勒斯前。斯当东是在那不勒斯中国学院觅到他的。英国人建议他去英国谋得一个职位：他们能给一个中国人的报酬还有比请他与他们一起生活更高的吗？“虽然他对与我们分离表示遗憾，但他宁愿在其出生的故土终其余生。”

李雅谷继续从事传播福音。直至1802年，他都有书信给他的故旧。他在一封发自陕西的信中说：“由于湖广[②]、陕西和四川诸省日益蔓延的叛乱，从这里到澳门的路几乎无法通过。”他像众多的其他传教士一样，成了叛乱的受害者吗？再也没有人听到过他的消息。

“天主教”城市与“异教徒”

像在马德拉和里约时一样，这些新教徒必然会把葡萄牙的明显衰落与天主教的强大统治联系起来。天文学家记道：“到处可见牧师和教士。到处是十字架，甚至插在城堡上的旗帜中间都能看到十字架，好像他们是防卫设施的一个部分。”1月19日星期一。小斯当东的日记有这样几句话：“钟敲了一整天。”他数了一下，总共有13座教堂。他参观了其中的好几处。它们“非常漂

① 在这所修道院里，我们见到了非凡的戴西拉神父。

② 湖广指湖北、湖南。叛乱还应该加上河南。也就是说，从1795年至1803年，当时的18个省中，有5个省被卷入白莲教的叛乱。

亮，是按罗马风格装修的”。

行圣灰礼仪的星期三，做了一天弥撒。长长的仪式队伍走遍全城：“手持镰刀的死神开道；后面紧跟着一个擎着血迹斑斑十字架、全身披黑的人；再后面是圣母、耶稣和诸圣的像，每尊塑像被安放在盖着黑布的棺材上，周围都是旗帜、十字架和钟。”

几小时后，中国人组织了一次反游行。“渔民手提灯笼和用纸或绸制作的、从内部照亮的大鱼灯，打着锣游街。”有的鱼涂着鲜艳的色彩，“鱼颌和鳍还会动”。“中国人的愉快情绪”与“葡萄牙人的凄凉严肃”形成鲜明对比。文化上的对抗，文化上的较量。

但英国人是否对宗教很精通呢？丁维提遇到的一个中国人可不这么看。当天文学家参观澳门的一个中国寺庙时，他看见几名虔诚的水手把祭品放在祭坛上。其中一个水手向他示意，他在这块圣地是多余的人：他用蹩脚的洋泾浜英语说：“英国人对宗教一窍不通。”(English no savey much about religion.)

他们的新教教会活动过于审慎，所以整个东方都把英国人视作“异教徒”。一下子，他们就无权有自己的墓地。安德逊发现他的同胞的墓“被中国人的墓团团围住”。“只有天主教徒有自己的墓地①。”安德逊的抱怨，多么像中国人在抱怨。他的同胞被迫长眠在远离祖先的地方成了孤鬼，安德逊为此十分感动。可又多么像英国人在抱怨：“墓地，令人向往的墓地!”啊！那些在教堂周围铺着草皮、竖着白色苔藓的小墓地！这种抱怨又是多么合乎人情：在死者中占有一席之地……最好还是每人都回到自己家里。

---

① 葡萄牙人好像故意要显得安德逊在说谎，后来竟准许英国东印度公司建造墓地，墓地恰巧造在离马戛尔尼小憩过的“卡摩恩住宅”不远处。

第七十九章

令人吃惊的军事同盟要求

（1794年2月1日—3月19日）

这一回，使团可真没有什么盼头了。长麟拒接特使于1月底自澳门写给他的一封信，原因是他已对北京说了使团已经放洋回国。在离开澳门到回国前的这段时间里只好被迫休假。他们不断互相拜访。他们会见了俄国人和瑞典人。“狮子”号的船长在一位俄国绅士家里甚至还见到“一艘刚抵达这里的法国战舰的舰长，伊拉斯马斯爵士曾在澳门海域追击过这艘战舰”。追击已成为过去；两位对手可以平心静气地围坐一桌交谈往事。

当英国人与另一些英国人在一起时，他们干些什么呢？见习侍童写道：“这些先生们经常玩板球。”英国人无论在哪里，只要能稍微从事他们的民族体育项目，他们就有宾至如归的感觉。所以这也是马戛尔尼向皇帝提出的迫切要求之一。

中国的春节带来了一些生气。据托马斯的日记记载：“到处都摆满了假花。”还有鞭炮，这是穷人的焰火。“离节日还有好久，他们就早早地放起了鞭炮。”好像在7月14日前的法国孩子一样。家家户户一派节日气氛：“中国人用镀金饰物和彩纸装饰门面。”所有中国人都穿新衣裳：“他们规定那一天要穿第一次穿的新衣裳，穷人则要把这件衣服穿上整整一年。”

离开广州时马戛尔尼就终止写日记了。托马斯因为在日记里只写些互相邀请的名单而感到厌烦，因此从2月1日起也停写了。

乾隆在中国春节前的1月25日签发两份诏书。勋爵已离开广州，因此不知道这回事。

第一份诏书历史学界对它毫不注意。但这份文件里有着十分有意义的材料，因为它披露：英国曾建议与其结盟，共同对付法国！乾隆起草这份诏书的目的是要所有夷人了解和记住天朝的观点。

这一文件的确原封不动地重复了长麟给皇帝上的奏折里的内容：长麟把

英国人的主动要求告诉给皇帝。居住在北京的三位欧洲主要传教士——索得超神父、罗广祥神父与贺清泰神父——都被郑重其事地召到朝廷，听读诏书。皇帝的答复明确而又圆满："暎咭唎国或因与佛兰西人打仗吃亏，希冀天朝救助。殊不知大皇帝抚驭外夷，从无歧视。伊等彼此争斗，互相胜负，天朝惟有置之不问。大皇帝于外夷无分厚薄。"

神父们回答说："佛兰西与暎咭唎人因何打仗，我等实在不知详细。大皇帝统御万国，一视同仁。小邦无分厚薄，我等素有稔悉。"

难道长麟仅从自己的想象就得出要求军事结盟的结论？对此，我们怀疑。即使朝臣们有癖好只对皇帝讲他爱听的话，他们还不至于凭空捏造出一个皇帝丝毫不曾料到的情报。确实，无论是马戛尔尼，还是斯当东，抑或我们在英国外交部或印度局的档案中能找到的任何一份机密资料都没有影射过这件事。然而，它又不是不足信的。敦达斯曾指示马戛尔尼，要把法国人描绘成贪得无厌的人，他们想霸占印度并准备向中国输出革命。远在使团出访前，即1780年初，在东印度公司的档案中就有了这种设想。这次提议只是把这一设想付诸实现而已。1783年，乔治·施密斯建议缔结一个反法攻守同盟条约。

我们可以假设，当马戛尔尼了解到有关欧洲与雅各宾共和国冲突的最新消息，又深信长麟是一个友好的对话者，他是可能打出这张牌的。他没有递交书面请求。而与此同时，为了能开设一个商埠、得到一个岛屿，或仅仅为了取得英国人进行体育活动的权利，他可以接连发出几份照会。或许他只想在谈话中探探口气，而长麟却信以为真了。

马戛尔尼是一个富于想象力的人。他能很快找到使这艘"被虫蛀蚀的军舰"沉没的方法，也能很快找到方法使"西方最强大的国家"和"东方最大的帝国"联合起来对付共同的敌人。如果法国像在絮弗雪①时那样恢复了在印度洋的优势，它就会重新产生路易十六在交趾支那的野心；或者，一旦占领葡萄牙，它就要把手伸向澳门（1808年，朱诺占领了葡萄牙，给了英国人占领澳门的借口），这时中国的港口，甚至中国军队的支持将是十分可贵的。反之，让英国人在东方诸海域为他们充当维持安全的警察，对中国人也是大有好处的。

乾隆拒绝了这个荒谬的建议：外夷间的争端，只要不来扰乱天朝的秩序

---

① 絮弗雪（1729—1788），法国海军军官，曾在印度洋上打败过英国海军。——译注

就与天朝无关。再说，他再三让人问英国人：你们是否与邻居和睦相处？而英国人总是回答：是的。而在离开帝国的时候，他们却建议中国卷入他们的战争！

国王借以取胜的最后一句话

对于皇帝来说，第二份诏书是一个延长号。它是向满族和蒙古亲王、向内阁颁布的诏书。故而也是向皇朝、向它的盟国，并通过它们，向全体中国人——因为它是要公布的——“向现在和将来生活在这个国度里的所有人”颁发的；因为这是一份供编年史用的文件，因此也是提供给历史的文件：

“贡使于十二月初七日风顺放洋回国。因奉有恩旨，允许再来进贡，其欢欣感激之忱，形于辞色，益加恭谨。仰见我皇上抚驭外夷，德威远播，凡国在重洋及岛，无不效悃献琛。现在该使臣等启程回国之时，即预为下届贡忱之计，似此倾心向化，实力从古所未有。”

热河的仙人掌上的刺都掉了。使团离得越远，官方文书就越给它涂脂抹粉。

在世界的另一端，与这凯歌遥相呼应的也是洋洋自得的语调。1803 年，巴罗坚持认为：“新近派往中国的使团，向一个对英国人几乎一无所知的民族出色地显示了英国的尊严，为未来奠定了获取巨大利益的基础，也为那位设计并执行了这一计划的政治家的才智增添了光彩。”

启航前的几个星期里，忙于装载东印度公司的船只集中船队，为未来的部署还要让巴瑞施上尉进一步勘测香港和伶仃的地势。安德逊在结束语中意味深长地说：“葡萄牙驻军部队列队欢迎。要塞的大炮一声接一声，与我们的野战炮的 19 响礼炮互为应答。”

英国人在作战的气氛中全上了船。外交沉默了，要由大炮来说话——国王借以取胜的最后一句话。这是路易十四时的大炮上刻的铭文：Ultima ratio regum。

目前，他们只是放着空炮。还要等多少年呢？马戛尔尼的离开像是在向和平告别。

第八十章

处于战争状态的海洋

（1794年3月17日—9月6日）

18个月前，使团离开的是和平时期的英国；马戛尔尼之所以要乘战舰去中国，那是从崇高的使命考虑的。现在从中国回来的船队虽然主要由商船组成，却都配备了火力，处于临战状态。法国军队取得的战绩“令人不安”。

3月17日，在广州为东印度公司装货的英国船，还有要求英国保护的一艘西班牙船和一艘葡萄牙船与“狮子”号会合。它们也都配备了火力①。“伊拉斯马斯·高厄爵士向每个人交代了法国进攻时各自的任务。”

返航的旅程只持续了5个半月。船队兼程并进：只在爪哇和圣赫勒拿两处为了补给才停泊。整整1个月穿越中国海域；在印度洋上航行两个月；还用两个月过大西洋。开始时，罗伯斯庇尔战胜了埃贝尔派②，继之又战胜丹东，而当英国船队开到朴次茅斯时，他的脑袋已滚入桑松的篮子里了。

在这次穿洋过海回国途中，除了战火波及所有海域外，没有遇见任何去时所见到的事。返程好像与中国毫不相干；然而，它使人可以测算出远征所跨越的时空③。

法国一个舰队游弋在巽他海峡，随时有可能与之相遇。3月29日，在新加坡附近发现一艘帆船。追逐开始。真遗憾，原来是一只小渔船！“我们所有人都迫不及待地想同我们天然的敌人较量一番。”天然的！这个评价戴高乐将

① 由于私掠船或海盗船出没在东印度洋一带，因此前往那里的任何商船都配备了强大火力。“东印度人”号与一艘三桅战舰无多大区别。

② 埃贝尔（1757—1794），法国资产阶级革命家、雅各宾派的左翼领导人，被罗伯斯庇尔处死。丹东则被罗伯斯庇尔以温和主义罪处死。桑松是巴黎有名的刽子手。——译注

③ 马戛尔尼在外交使命结束时就停止写日记。他利用航海中的漫长白昼整理在中国时从现实生活中随手匆匆记下的笔记，并撰写使团汇报。从我们众多的当事人中，只有斯当东（父亲）、霍姆斯和丁维提还向我们描述旅途中发生的种种事情。

军可能会认为是合情合理的。他说过法国的传统敌人并非是偶尔的对手——德国，而是偶尔的盟友——英国。

敌人的帆船快出来！

4月2日，舰队一行穿过赤道。4日，进入邦加海峡。在那里，发现一艘抛锚的船。“豺狼”号向它呼唤。该船升起东印度公司的旗子。它来自孟加拉，在巽他海峡受到“四艘法国巡洋舰的追击，它们也许还等着我们，我们迫切希望与它们交火”。嗨！错过了这次交锋的机会，斯当东便想：法国人准是吓跑了。“得知英国船队由一艘威力很大的军舰护送，他们放弃了埋伏在那里的计划。”

中国海域内的中国和马来海盗船远比法国巡洋舰多得多。4月7日，在巽他群岛附近，在12只马来船的旁边，有一艘荷兰造的配备有18门炮的小型护卫舰：“它极可能是在靠拢时被马来人劫持的。”英国人“因为不负有维持海洋安全的使命”，放走了这些海盗船。到爪哇后，他们十分后悔：“护卫舰上的30来名荷兰船员去年夏天惨遭杀害。大家都很后悔没给这些野蛮人公正的惩罚。”

4月11日，又一次警报。发现两艘悬挂英国旗的船。大家认为这是敌人的诡计。追击开始了。“我们肯定它们是法国船。我从未见过如此高涨的热情。鼓手命令大家各就各位：人人都像去做一件轻松愉快的事那样高兴地服从了。但是，为首的那艘船再次升起英国旗，放下顶桅，并鸣炮15响向我们致敬。”

这是我们的同胞，他们从孟加拉出发追踪“法国海盗船”。对我们这些准备向敌船靠拢愣充英雄的好汉们，这是多么令人失望啊！“如果能消灭敌人，那么我所感受的快乐肯定远远胜过与同胞重逢的快乐。每个水手都很不情愿地离开岗位。只在发掺了糖水的烈性酒时大家才又高兴起来。”

这些英国水手真可爱！在长期遭到中国人的限制无所事事之后，他们欣喜若狂地正想体验一下重新获得的行动自由；他们还兴高采烈地想一试对法国人的优势——对世界上所有民族他们都认为占优势……事实上，当中国人说英国人“在西洋诸国中较为强悍”时难道有多大的错吗？

法法之战

法国人把劫持来的“公主”号改建成一艘共和国的战舰。自1792年起，“法国人”这词已成了一种含糊的说法。皇家海军已经分裂。那位登上“狮子”号的孟加拉舰队司令对马戛尔尼描述了法法战争中一个鲜为人知的插曲：“一艘悬挂百合花图案旗①和一艘悬挂共和国旗的法国护卫舰相遇，在爪哇海岬展开了一场恶战。拥护共和政体的人失利；被俘后被扔进一条小船送给了马来人，后者像对待那些倒霉的荷兰人一样把他们全杀了；而王权主义者在战斗结束后便驶回法国了②。”

维莱尔当时在印度洋游弋，他证实说：“船员们喊着‘国王万岁！’或‘国民万岁！’的口号打招呼，然后鸣炮致礼。”就像1864年美国南北战争期间，一艘拥护联邦的船与一艘拥护南部同盟的船在英吉利海峡展开了一场恶战，南部同盟的“阿拉巴马”号装甲护卫舰被击沉。

海战也包括欺骗对手的策略。两艘英国军舰拦劫了两艘“美国”船，把它们遣送到巴达维亚；“尽管它们悬挂的是美国旗，可实际是两艘法国船，因为船上的货归法国所有。”

4月14日，船队抵达爪哇海岸的一个淡水补充点——安盖拉。“我们的小艇一靠岸，马来人就想偷东西。我们的人洗了衣服，马来人手脚很麻利，居然顺手牵羊拿走了好几件衬衫。”英国人毫不犹豫，决心要在这些人身上报他们同胞犯下的罪，因为他们还在后悔先前放走了那些马来海盗。你偷衣服，我就抓人。“我们的人在树林里追捕那些马来人，并可怕地毁伤他们的肢体；他们中的几个人因挨了斧砍，受了致命伤。没有任何东西能阻止这种野蛮行径。”有力的预防措施！真是“西方较为强悍”的人……

4月16日，“豺狼”号离开船队，驶向加尔各答。丁维提博士携他的植物，同船前往孟加拉。他的植物将在那里茂盛生长。

---

① 百合花是法国王室的标志。——译注

② 我们研究了法国国家海军档案，没能证实英国海军司令叙述的这一插曲。也许这是法兰西岛的武装海盗船。

同一天，法国把恐怖集中到巴黎。共和二年芽月27日的法律规定："被控谋反者"将"从共和国的各个角落押送到巴黎的革命法庭审判"。

穿过印度洋的一段航程没有遇到什么麻烦事，但航速很慢。所有船队都受到这种限制："我们的航速本来可以为10节，而现在最多只有5节。"

在返航途中的惟一娱乐就是"狮子"号上的一个巴布亚人，他是在法国双桅船"阿美利"号上被人发现的。该船在澳门附近被伊拉斯马斯爵士劫获。这是个性情温和——甚至可以说是非常出色的土著人。"他从船上跳到海里去找别人扔下去的皮阿斯特硬币。他甚至可以找到同时从船头和船尾投入水里的两块硬币。他还让两个欧洲人同时向他身上投掷长矛，当矛近身时他就用手接住。"

中国是一个难以识透的世界，因为那里的文化走的是另一条道，它达到的顶峰与我们的十分不同，然而是顶峰。这个巴布亚人也是一个难以识透的世界。但他还处在所有人的共同起源的阶段——未被玷污的人。他既不是西方人，也不是中国人，而只是一个智力超常的动物。那么，他同谁更接近呢？与英国人抑或中国人？马戛尔尼怎能不想中国人正处于巴布亚人和英国人之间的状态呢？

到马达加斯加附近，我们进入一个暴风雨地区：正值南半球的秋季。英国人发现他们的水银气压计性能可靠："水银柱突然下降了四分之一英寸。"马上进行一切准备来对付大风暴。"准备工作刚刚做好，巨大的雷闪接着就打起来。天黑得船首的人无法看到船尾的东西。"

5月7日这一天，罗伯斯庇尔规定了对上帝的信仰①。

圣赫勒拿岛

到了风急浪高的40度线。5月23日，"'印度斯坦'号的前桅杆被刮断"。6月2日，绕过好望角。目标：圣赫勒拿岛，这是大西洋南部的一个避风港。它属于投资加固这港口的东印度公司。除了好望角，从广州或印度回国的船只只能在这里补充淡水。这岛很小，很容易错过去。因为病人的数目大增，所以大家更盼着到这岛上停泊："在外科医生的名单上"，仅"狮子"号船

---

① 当时罗伯斯庇尔迫于左右派的压力，作出了这一规定。但这里上帝（l' être suprême）已不完全是基督教里的上帝，而是一种自然神与国家主义的结合了。——译注

上的病人就达一百来人。

“6月18日[1]，发现了陆地和几艘船。”再一次做好战斗准备。这一回又是白忙一阵：从中国出发的船队与另一支从英国开来迎接的船队同时到达圣赫勒拿岛。海军部不知道东印度公司的船只已在“狮子”号的保护下航行了。

岛上岩石的样子令人望而生畏。“险峻的海岸既可怕又荒凉。”“位于恐怖所在”的山谷风景“确实非常优美”。在此停泊的水手和旅客有时要比岛上的居民还多。岛上没有旅店；然而，“所有民房都像一家人一样欢迎客人居住”。同一个大家庭：东印度公司。

岛上居民有两种生活节奏。当一支船队来此停泊，小岛居民就忙碌开了。船队一离开，它又空闲下来。“政府为居民组织文娱活动，以免他们纠缠于内部矛盾。”拿破仑在1805年去奥斯特尔里茨途中是否也读过斯当东描写的这一片断呢？他对所有事物都表现出好奇心，我们猜想他也许读过。但那个时候他绝不会想到，有朝一日，英国政府将让其远方的侨民观看关在笼子里的“吃人巨妖”。

冒险的结束

病号要么死去，要么略为恢复体力，舱内装满了给养。1794年7月1日，船队又扬帆出航。一同启航的还有来增援的舰队，5艘从孟加拉和孟买开来的东印度公司的商船，还有一艘从南极回来的捕鲸船。

伊拉斯马斯规定了航行的序列，因为由“‘狮子’号担任全面指挥”。信风使舰队顺利地穿过了赤道。到佛得角群岛附近洋面，信风停息了。船在此停了10天。后来又刮起了风，船队就继续前进。

7月21日，刚恢复航行不久，瞭望水手发现有一支舰队从东北方向开来：共有11艘船。又一次战斗准备。浓雾使人看不清旗帜和信号。“在‘狮子’号甲板上，只有炮和弹药。”斯当东父子二人相持不下：“在那里只有一个小孩，他父亲认为他太小，不适宜参加战斗。但孩子不愿意在父亲作战的时候自己退缩到安全地点，恳求父亲让他留在甲板上。父子之间这场充满挚爱的

---

① 这是命运的征兆？两支舰队在圣赫勒拿岛会合的日子恰好是21年后拿破仑在滑铁卢被打败的日子。

争论，由于雾突然消失而得到解决。原来发现对方的舰队是自己人。”每人都表现得很勇敢。他们获悉“英国舰队在豪勋爵的率领下赢得了对法国人的一次全面胜利①”。

这时在巴黎，罗伯斯庇尔被国民公会剥夺了法律权利。他受了伤，处决时他已经半死——一起处决的还有105名拥护者，其中包括圣·朱斯特。那是发生在热月9日。

船队经过亚速尔群岛东部，朝爱尔兰方向航行。“9月20日，船队到达爱尔兰南端，遇到一艘丹麦船。8月29日这船曾被一支由7艘军舰组成的法国舰队搜查过。看来那支舰队刚好同我们错过，伊拉斯马斯爵士的船队的实力敌不过法国舰队。”

听到马戛尔尼的舰队到达，法国方面也作了战斗准备。“共和二年果月二十日，从布列斯特，海军军需官给维拉雷—儒瓦耶泽海军上将的命令：准备一支由最优秀的军舰组成的小分队，搜寻来自印度的船队。”可惜太迟了！命令是9月6日下达的，而就在同一天，船队“在离开两年后”进入朴次茅斯港停泊。

那次分手对许多人来说竟成永别。在返航途中，痢疾肆虐。不得不从“狮子”号上扔下102具尸体——而全体船员才400人！在当时，这就是远航的代价。但人们忘了死者，因为自己活了下来而十分高兴。

马戛尔尼十分自豪地写信给东印度公司的先生们：船队避开了法国舰队的追踪：

“我高兴地通知诸位，平安抵港的不仅是与我们一起从中国出发的13艘船，而且还有5艘从孟加拉和孟买开出的船与我们在圣赫勒拿会合，每条船上都满载着东印度公司的价值几百万英镑的货物。

“我要把在中国取得的进展推迟到在伦敦与你们见面时再说。这些进展将使你们在中国的代理人能在完全不同于直至目前他们所处的条件下生活和工作。我也鼓励你们在那里的年轻代理人学习中文，否则他们将任人摆布和

---

① 这是英国对1794年5月28日、29日和6月1日在豪与维拉雷—儒瓦耶泽之间进行的海战的说法，后者的14艘军舰正护送从安得列斯群岛和美国返航，满载谷物、糖和面粉的一个商船队。有6艘法国船被掳走。尽管豪在数量上占优势，但维拉雷—儒瓦耶泽仍然将商船队完好无损地护送到布列斯特。他的任务圆满完成。法国对这次海战的说法是着重描述“复仇”号上共和派的英雄传奇。

愚弄。

“由于皇帝的旨意而对使团表示的敬意对中国人的思想起了有益的影响：英国人不再是他们蔑视和辱骂的对象了。从此中国人的态度对我们好多了：而这一切的巩固还有赖于东印度公司的努力。”

尽是幻想!

对于使团的成员来说，这次极大的冒险圆满结束了。每个人都有这样的体会：生活中不会再有任何事情可以与这两年的生活相提并论。对于霍姆斯，“经历了这样漫长、这样艰巨的海上生活，战争的疲劳只能算闹着玩了”。斯当东认为：“走过的国家和各种会晤给他留下前所未有的不可磨灭的印象。”全权公使就是用这些简洁、谦虚的话来结束他的《纪实》一书的。

使命结束了。但是，无论马戛尔尼怎么说，使命并没有完成。

第六部分

马戛尔尼之后的一系列不幸

事情往往比人们所想象的更为重要。有些好像是偶然的、个人的、某些特殊利益或外界因素导致的事情，实际上却有着远为深刻的根源和更为重大的意义。

吉佐，1823 年

竞争是残酷无情的。 谁输了就倒霉！在这场争斗中，必然会犯下许许多多的罪行；这种兄弟残杀的斗争是对一切道德的基础——团结——的接连不断地犯罪。

米哈伊尔·巴枯宁，1870 年

占领领土主要是指从那些和我们人种不同，鼻子比我们扁平的人那里掠夺土地；当我们仔细考虑时就会发现这并不是一件光彩的事。

约瑟夫·康拉德，1902 年

第八十一章

不再迷恋中国的欧洲[①]

(1794年—1816年)

这个幅员辽阔的帝国满足于它有的丰富自然资源与工艺人才……

托马斯·斯当东，1810年

马戛尔尼避开了法国的大炮。回英国后，他就得面临骄傲好胜的个性使他更为害怕的东西：严厉的批评。它的秘密未能保守住。这根本是不可能的，因为全国都在热情地注视着这一史无前例的冒险。使团失败的消息在船队之前就已在英国不胫而走。直至1794年6月，伦敦的报刊还在发表落后了9至10个月的有利于使团的消息。《绅士报》得意地描写着使团受到的豪华与热情的接待。但是，马戛尔尼1793年11月通过马金托什从杭州带的快件1794年7月到了伦敦。另外，有一些来自广州的商船也到了，它们带来的消息在欧洲迅速传开。是官方渠道走漏了风声，还是半官方渠道无法控制造成的呢？英国是一个新闻自由和有透明度的国家，英国从报刊上零零星星地什么都能知道：由叩头引起的摩擦，不让传教士自由会见英国人，从北京仓促动身，大使提出的所有要求都遭到拒绝；就是《绅士报》也用大标题突出了使团的惨败。

舆论马上就作出了反应。一位风流的读者在这份报上写道："马戛尔尼勋爵向可悲的清朝提出的建议中是否有英国妇女可以在我们的海外办事处居住，或者我们驻中国的办事人员应该发誓坚守贞洁呢？欧洲妇女应该不再买中国的丝绸、瓷器和茶叶，直至满清皇帝撤销使她们不幸的禁令为止。"这是有

① 除了引用某些未发表的文章外，这第六部分并不能给汉学家与历史学家提供什么重要的东西，我是为那些不如他们那样了解中国历史和1794年至1911年间该国与西方关系史的读者写的。

关女士们名誉的大事。抵制还用抵制治。这就是以商业报复形式出现的《莉西斯特拉塔》①。

有一种观点给尖锐批评马戛尔尼定下了调子："使团的准备工作最多也只能吸引一位印度王子或非洲小国王。"可能这位记者仍然还相信"中国的优越"："如果真想让中国赞叹不已，应该准备得更为充分些。"虽然大家指责政府和使节，但更多的是批评中国。爱国的反应甚嚣尘上。但这种反应又是模棱两可的：大家责怪政府使民族遭到了无法接受的污辱。

"记事"很快就发表了，但这之前伦敦沙龙里所讲的故事使欧洲人对中国的好感大受影响。哲学家的吹嘘筑起的烟幕从20年以来越来越淡了，现在不用多久就会消失殆尽。马戛尔尼的远征应该产生强烈的印象，并应通过一切和平的手段说明英国是"世界第一强国"。由于这次使命失败，它将使人看清真相，并为下一世纪的武装对抗开拓了道路。

烟幕后的真相

越来越邪的流言使官方人士处境困难。他们既无法把一切秘而不言，又无法把一切公之于众。在日记中，马戛尔尼经常写得十分明确——但他不想把它发表。他也不想发表他的《报告》，尽管没有一个国家有人写过比这更有真知灼见的有关中国的感想。他知道那只是一个泥足巨人，只要轻轻一抵就可把他打倒在地：这既是一种诊断，又是一个预言。

他取得了圣·詹姆斯宫廷②的同意，请斯当东公布一种既可信又保留英国面子的说法。这样在1797年就出版了《英王陛下遣使觐见中国皇帝纪实，主要摘自马戛尔尼勋爵的文件》③。这一官方历史并不想隐瞒失败的事实，而只想消除人们的怀疑：英国外交官并没有犯错误致使中国人那样无礼。它也想避免给人这样一种印象：英国遭到了羞辱而毫无反应：斯当东把事情的真相装

---

① 《莉西斯特拉塔》，古希腊喜剧家阿里斯多芬写的剧名，剧中主角是一位名叫莉西斯特拉塔的雅典妇女，她把所有的希腊妇女集在一起，让她们拒绝同自己丈夫同房，并占领了雅典卫城，迫使男人媾和。莉西斯特拉塔在希腊文中是"打垮千军万马的女子"的意思。——译注

② 伦敦宫殿名，亨利八世时建造，从1697年至乔治四世（1820—1830）时一直为英国王室的所在地。——译注

③ 中译本名为《英使谒见乾隆记实》，北京，商务印书馆1964年版。——译注

饰了一番，使它显得更为得体。要说他撒谎还不如说他隐蔽了某些事实，并仍然不时地让古老的中国保留传说中的某些特点。

另外一个审慎的措施是：不要让中国人知道英国人改变了看法，已不再像中国人所希望的那样来看待中国了。这同耶稣会教士的处境相同：英国人在整个18世纪作了不少努力，这次远征更为突出，所以他们的使节为了不把一切都弄糟而不能什么都说出来。外交上的考虑使他让自己的副手在介绍中华帝国时描绘的景象不能全部离开原先的神话，但也保持了足够的距离来消除这种神话，这样，英国使团所反映的对中国的看法预示着西方在19世纪对中国的态度。马戛尔尼使团在西方与远东的关系中是个转折点。它既是一个终点，又是一个起点。它结束了一个世纪来的外交与商业上的接近；它在西方人中开始了对中国形象的一个修正阶段。

当然，使团所揭露的事实并不完全是个晴天霹雳。已经有人提出：中国并不像莱布尼兹、伏尔泰或耶稣会教士所吹嘘的那样是个理想中的乐园。孟德斯鸠就不愿随波逐流，陷入这种盲目的崇拜。勒让蒂伊从1731年起发表了《环球记游》，他一下子击中了中国人的要害："他们体制的恒久不变并不证明他们的优越，因为这阻止了他们取得任何进步。"海军上将安逊在他的《回忆录》中第一个主张炮舰政策：这发生在1743年，即鸦片战争之前整整一个世纪。

但在中国的西方人质太多了，有传教士和商人，也涉及太多的商业和金融的利益，所以只能让公众舆论（或公布的舆论）小心谨慎些。东印度公司的职员的个人信件或私下评论把不应说的在广州发生的事——已遭到或担心遭到的羞辱——都告诉了伦敦。尽管如此，公司考虑的是不要妨碍正常的经商活动；它怕得罪中国人，失去它在那里仅有的一点利益。

那里的个人没有个性

有位法国人，因为没有什么负担，所以比较自由地表达了他的不耐烦情绪。路易—克雷蒂安·德吉涅已在广州住了4年。他写道："现在是中国改变直至今日的观点，而用新的眼光来看待欧洲的时候了。"不，中国并不想马上就用"新的眼光"来看待欧洲。而是英国，然后是西方在马戛尔尼出使之后将改变对它的看法。

从此，中国的形象黯淡了。可以举黑格尔的例子来说明这种变化。我们知道他除了读过《耶稣会士书简集》外，还读过斯当东的《纪实》。他承认正是从《纪实》中——只是从《纪实》中——才得出了对中国的极为简洁明了的看法："中华帝国是一个神权专制政治的帝国……个人从道德上来说没有自己的个性。中国的历史从本质上来看仍然是非历史的：它翻来覆去只是一个雄伟的废墟而已……任何进步在那里都无法实现。"

歌德既未读过斯当东的著作，也未读过黑格尔的书，所以仍然在说蠢话。他对中国的了解来自一本酷似自己写的《赫尔曼与窦绿台》的中国小说。"这本书讲的是一位十分纯洁、十分正派的青年的故事。他因品德高尚而有幸谒见了皇上；讲的是一对十分贞洁的恋人，他们被迫在一间屋里过夜，但却能授受不亲……这就是道德和礼仪。全然由于严格的节制中华帝国才维持了数千年之久，并将还要长期地存在下去。"但在迷恋中国方面歌德已经显得落后了。

无官职者不慌不忙地进行破坏

在一个自由的国度里，官方说的事实并不能总占上风：出版商和记者可以帮助别的证人表示看法。使团里的这些无官职者起到了让中国这颗星星在乌托邦的天空里黯然失色的作用。

安德逊的代笔者孔博为了迎合读者的看法以及保证书的成功，就系统地描绘了一幅崇拜中国的图画，并对英国社会竭尽挖苦讽刺之能事。但几处无情的描写却使这篇有倾向性的作品露出了破绽。有一处描写中国人把英国人扔到海里的臭了的肉捞起来后津津有味地吃了起来。这揭穿了中华帝国繁荣的谎话。另一处是一位对本国的海军感到自豪的英国人的想法，他谴责"对陈规陋习的顶礼膜拜"及"对机械工艺的无知"，这些都是"造船技术不发达"的原因。这些太令人反感。这些用鞭子开道的士兵令人反感。中国人做饭的肮脏环境令人反感。英国人走过时他们就哄堂大笑，这也令人反感。这就是那个"幼稚的"民族，那个在未来的几十年大家一致同意给以"教训"的民族……

赫脱南得意地发现中国人完全不懂得制革艺术，他们也不会远洋航行；他们的游船缺乏"舒适的设备"；"他们的建筑虽然远看富丽堂皇，近看却做工粗糙，镀金不匀”。最后，世上的最大的君主，“今日统治中国的这位善良老人就同其他君主一样也受他的佞臣所骗”。无与伦比的政治制度在哪里呢？消失了，随同技术，随同舒适感一起消失了……

中国使霍姆斯这位不会拐弯抹角的士兵感到震惊。会是这些中国人发明的火药吗？他们见到一门臼炮空放时也要吓得魂不附体。他们对你表示尊重，但不让你独自在城里走出一步：难以想象的多疑！他们又是多么无知呀！“中国人无法相信除了他们之外还有别的民族存在。”

安德逊、赫脱南、霍姆斯都是些无足轻重的见证人，但他们让人意识到还有许多其他这样的见证人，在他们之后耶稣会士与“哲学家”们建造起来的大厦就塌陷了，代之出现的是一个落后衰败同高级文明的声誉不相符的国家。

10年之后的巴罗

使团回国后10年，当巴罗发表他的野心勃勃的报告时，中英间的局势已和以前完全不同了。努力维持到乾隆死时的英中关系在嘉庆统治时大为疏远，当时中华帝国正遭到越来越强烈的震撼。巴罗并不需要那么小心翼翼。因为同拿破仑的法国在打仗，他需要吹嘘英国的优越。给读者留下印象最深的是书里批评中国的那部分内容。《爱丁堡评论》这份十分严肃的杂志欢呼这个“半野蛮的”帝国“声誉扫地”。中国人生活“在最为卑鄙的暴政之下，生活在怕挨竹板的恐怖之中”；他们把妇女关闭起来，并给她们裹脚；他们残杀婴儿，并犯有其他违情悖理的罪行。他们无法接受精密科学和自然哲学，并对最必不可少的工艺技术一窍不通。他们的社会关系建立在一种愚蠢的形式主义的基础之上。他们“胆怯、肮脏并残酷”。最后，中国人“不从事体育，缺乏有益的消遣”，所以“没命地赌博”。他们的语言呢？“几千年以来，中国人像家禽那样叽叽喳喳地叫着，而不会像人那样说话。”总之，“巴罗先生的伟大功绩就是他那健全的理智和评论的直率”。

小斯当东长大了

应由使节的扈从来完成这种令人心碎的修正，并用他的无与伦比的汉语知识来支持他那不可更改的看法。

使团的使命结束后，他继续关心着中国问题。他在准备报复。从1798年至1816年，他长期住在广州，先是作为东印度公司的职员，后来是专员，最后当上了公司的代理人。1800年他19岁时发现了中国的法典：《大清律例》。西方人总抱怨中国官员断案时随心所欲，这本西方人以前从未读到过的法典可能是中国官员断案时的依据。他将用10年时间来翻译它，并在1810年出版了厚厚一大册。《评论季刊》的书评把此书的翻译出版看成是一桩具有历史意义的大事：这是第一本直接从中文译成英文的著作。

这些研究很快就使托马斯·斯当东成为一位熟知中国人精神世界的专家。遣使会教士里什内在1810年给他写信说："您经验丰富，又经过无数的斗争，所以肯定了解中国官员的种种权术；您对他们来说是个可怕的对手。"这位神父了解他：托马斯同中国的关系是对立双方的关系。这是文化领域里的宣战。

托马斯勋爵在他译著的前言中说得非常直截了当："马戛尔尼勋爵和他的使团在中国的短暂逗留足以使他们发现：中国人所吹嘘并得到许多欧洲历史学家承认的中国对其他民族的优势全然是骗人的。"

小斯当东的教训没有被人忽视。严肃的杂志纷纷作出了它们的结论，《爱丁堡评论》当时写道："一个民族的法律是他的精神状态和性格的明白无误的见证。作者在他的精辟的前言中指出了某些传教士在介绍中国的书中传播的那些别致的观点完全经不起现实的推敲。在欧洲人最近进展最快的那些领域里中国人的知识十分缺乏。"

"不进则退"

这道鸿沟不但区分了乌托邦的中国和真实的中国，而且隔开了真实的中国和欧洲。大家越来越认识到："一个民族不进则退，最终它将重新堕落到野蛮和贫困的状态。"马戛尔尼在使团返英后几乎一字不差地这样说过。从中国回来15年之后，他的观点尽管没有公开，但已在报刊上到处可见。

那份著名的苏格兰杂志的撰稿人提出："中国人的精神状况可以成为最奇怪的研究课题，这将超过迄今为止最好的游记而引起我们深入思考。这就是中国人，昔日他们还是人类无与伦比的精英，今天已降为人类学研究的奇物了。"天朝的法律只是十分细致并不断干涉个人的行为；这并不能只归因于所有的极权政治都喜欢出来对制定规章的过分热情之上；而只能使我们得出这样的印象："中国尚未达到社会普遍发展的某个阶段。"在中国，"个人的荣誉感并不存在"。这是"这个奇怪的民族所遭到的最严重的谴责"。而"一个民族是否强盛和幸福完全要严格地取决于它的每人诚实的荣誉感是否强烈"。

在马戛尔尼访华后，大家了解的中国的情况反过来损及了这个国家——包括它的可尊敬的古代文明。伏尔泰曾经严肃地表示过："使中国人超过世界上所有民族的东西是：无论是他们的法律，他们的风俗习惯，或是他们的文人所说的语言四千年以来都没有变过。"在英国人的实用主义目光中看来这纯属开玩笑，让它继续下去则同他们正在宣传的并且还要大声地在全世界宣传下去的对自由和进步的看法是完全背道而驰的。

"应该毁掉迦太基"

安德逊的那句毁灭性的句子不断地引起了反响："我们像要饭的一样进入北京，像囚犯一样被监禁在那里，而离开时简直像是盗贼。"把前去告诉中国皇帝英国人应是宇宙主宰的英国外交官当作盗贼！这是多么冒失的行为呀！他们轻而易举地就把英国人的优越感打下去了。马戛尔尼在出使前写道："使中国人留下强烈印象并非难事。"事情失败了，必须另想别法。

英国人富有爱国心，中国人是否同欧洲大陆的哲学家想象的一样对他们来说并不重要。他们从未赞赏过法国或德国修辞学的言过其词，伤害了他们自尊心的是那个遥远的民族竟然把他们的使者当作附庸和野蛮人。这个民族，一定要把它彻底剥夺，就像对加来城的有产者那样。

英国人的性格在这点上亘古不变！戴高乐将军坚定不移地反对英国加入欧洲共同体，一位感到理屈词穷的英国人在 1967 年某天就像遇到一场全球性的大灾难那样对我说："可是……他会使我们丢脸的！"

英国人擅长记仇，并为一点小事就记仇。中国必须为此付出代价，必须如此。他们特别具有一种令人钦佩的集体坚韧性，这使他们可以追求长远的目标，他们可以把孔夫子的这一教导据为己有："人无远虑，必有近忧。"1808 年与 1816 年是对华关系的两个艰难阶段，但他们都要在半个世纪之后才决定真正地投入行动。

开始时他们听从了钱德明神父临终前用拉封丹的一句诗所表达的忠告：耐心地等待那漫长的时日……

第八十二章

蒂津——丢了脸的使团

（1794 年—1795 年）

从规模来说，马戛尔尼使团是历史上最大的。以后又有过三个使团。因为后三个使团原定的目标不高，所以能使我们通过比较更好地弄清马戛尔尼失败的（来自中方和英方的）原因。

勋爵尚未回到朴次茅斯，西方的又一个使团要求北京接见。这个使团来自一个很久以来就在远东有着利益的强国：联省共和国①。率领这一使团的伊萨克·蒂津只有寥寥可数的几名随从。他按着对方的要求磕了头，而使团的失败却没有因此而避免。这反倒说明了马戛尔尼不让步完全有理。

10 年之后——奥斯特里茨之战那个秋天——一个由 200 人组成的俄国使团取道中亚的草原向中国出发。他们未能超越库伦——属国蒙古的首都。

在滑铁卢之后，英国人为刚取得的胜利洋洋自得，又一次想打破中国的孤立状态：他们的经济比以往任何时候都更需要一个世界范围的市场。阿美士德勋爵甚至未见到皇上：他们的副手托马斯·斯当东爵士，即原先马戛尔尼的扈从劝请他不要叩头。他们回广州时样子十分可怜。

在回英国途中，他在圣赫勒那停泊。在该岛，滑铁卢败将教训了一番胜者，怪他们未同他长期梦寐以求的东方对话。

各团欧洲人都互相来往，只有那些把宇宙分成五方的人还在闭关自守。

给英国人一个教训

荷兰东印度公司驻广州代表安德烈—埃弗拉特·梵·布拉姆梦想在北京朝廷代表荷兰执政府。在广州占主导的看法是：英国使团之所以失败乃是因为

---

① 指 1609 年至法国大革命之间的荷兰。

它不会办事。梵·布拉姆就想告诉世人怎样做才能受到中国人的欢迎。应该在礼节和效果方面给傲慢的英国人上一课。他觉得乾隆登基六十年庆典是一个机会。他到处活动，他敦促在广州的西方同僚同他一起向天子致以敬意，这些人不急于表态。他并不因此而气馁。他有一些盟友：广州的中国官员正想设法弥补一下马戛尔尼使朝廷遭到的羞辱。

巴达维亚和海牙最终都同意了：一个荷兰使团要去朝贺乾隆。伊萨克·蒂津当过荷兰东印度公司驻日本和孟加拉的代表，梵·布拉姆感到不幸的是自己只能作他的副手。

这次出使简直是一场噩梦：它完全是马戛尔尼使团的漫画式的重现。但它还是通过两者的不同说明了在中国人眼里一个外国使团意味着什么，另一方面也衬托出马戛尔尼使团所取得的某些成功。

广州的中国官员要使臣放弃任何要求。长麟和苏楞额让荷兰人答应只限于向皇上朝贺：使团尚未上路就已失败了。1794 年 10 月中旬两广总督召见蒂津：皇上将在 1795 年 1 月 21 日春节之前接见蒂津。

1794 年 11 月 22 日，荷兰使团离开广州；除了蒂津与梵·布拉姆还有 7 人，其中包括德·吉涅骑士。这个法国人在广州已住了 10 年，对中国人十分了解[①]。他将担任翻译。他在这次事件后写了一本用词尖刻的书，正好对美化一切的梵·布拉姆的报告起了平衡的作用。

应该加速进行：只有 50 天时间，却要从陆路从南到北穿越整个中国，沿途的住所都极不舒适。地方当局很不客气、经常吃变质的食物、轿子上的油纸被好奇的百姓撕破……为了行李还得争吵不休：中国人建议托运，荷兰人却坚持要随身携带，他们怕朝廷召见时礼品未到。

冬天寒风刺骨，路很难走，住处又没火，雨水穿透了轿子。一过长江就飘起了广州的中国人未见过的雪花。一路上事故不断，有一处要坐木筏过河，人呀、马呀，加上行李乱成一团："我们的行李抵达对岸时都弄湿了，一部分还都坏了。"有时轿夫把使臣撂在路上自己先去吃饭。后来梵·布拉姆的轿子坏了，只好坐手推车行完了全程。"我们用 49 天时间走完了 600 古里[②]，抵达北京时已筋疲力尽，饥不择食。"这同当年接待马戛尔尼用 5 艘官船这种尊敬

① 法国国王、国民公会与督政府把他完全忘了，他只是在 1801 年才回到法国。

② 1 古里约合 4 公里。

态度适成对比。荷兰人想证明谦恭的态度强似傲慢的态度：这次表演一开始就显得不妙。

对着鲟鱼叩头

1月11日，他们到的第二天，一位中国官员就来送给使臣一条皇上赏赐的“300斤重的鲟鱼”。对着皇上的赏赐，蒂津和他的副手“像别人要求的那样叩了头”。翻译吉涅则写得更为确切：“行了九叩之礼。”梵·布拉姆听信了伴同的奉承话并反复地说：“在皇上和内阁大学士的眼里，我们的地位远高于英国人。”

来人告诉他们召见将在第二天进行。“我们提出了许多反对的理由，但毫无用处。使臣最后还是答应了，那些中国官员对我们表示十分亲热。他们向使臣示范应如何施礼，使臣跟着他们学：叩了许多次头。”

凌晨3时，荷兰人被命令取下了他们的剑，然后同蒙古和高丽的使臣混在一起，在凛冽的寒夜中久久地等待着。“中国官员用鞭子乱抽：高丽人挨得最多。”

宫门打开时，中国人让各国使臣下跪。乾隆坐着轿子出来了，对高丽的人瞅了一眼，然后让轿夫在蒂津前停了下来。“他的第二位内阁大学士福长安走在轿子的左边，他从使臣阁下手里接过了镀金的盒子，把它传给了皇上。这时我们都行了三跪九叩大礼。”皇上问蒂津荷兰君主可好，接着就往前走了。

吉涅尖刻挖苦地作了这样的总结：“皇上在宫殿外面的院子里接见了大使；除了对他说的两三句话以及送给他吃一些微不足道的小东西外，尽管他离皇上才几步远并可以被看见，但皇上却一直没有再注意到他。”

当晚，中国人来搬走了献给皇上的钟表。天气十分之冷，梵·布拉姆向他要些煤和几件家具，他们一切都答应，但什么都不干。第二天，荷兰人又进到宫里，他们被带到一间既冷又充满了烟味的屋子里。梵·布拉姆看到大臣们的居处也同样简陋，算也聊以自慰。怎么能想象“这些房子组成了皇宫”呢！他揭露了引起这许多失望的罪魁祸首：“这情景同传教士们寄往欧洲的谈到中国首都和皇帝宫殿的有人说明的报告无法相符。但我描写的是我现在见到而以前完全想象不到的东西。”

马戛尔尼的马车

福长安向荷兰人问了问他们是否感到冷，然后就把他们打发走了。没有谈到任何政治问题。荷兰人事先答应过这点。1 月 15 日皇上让人给他们送了些葡萄干，梵・布拉姆又得三跪九叩表示感谢。答应的煤终于运到了！但根本不可能见到传教士，难道这就是“远比英国人更受到尊敬”吗？18 个月之前，开始并没有禁止神父们同英国使团接触，只是在打发使团走时才这样做的。“有人秘密地给我送来了我的朋友梁栋材的一封信，”梵・布拉姆在 1 月 18 日记道，“他向我表示极想把一些重要的事情告诉我。我让来者带去了回信。我们总希望能同他们联系。”这种希望也落空了。

没有必要派的使团：因为在同一天，在几千公里之外的欧洲，荷兰的执政在法国国民公会的军队进攻下正在逃往英国。这些荷兰人则成了一个已不复存在的国家的使者——当然他们只是在 7 个月后才得知这事。

吉涅给罗神父写了一封信，梵・布拉姆答应把它交给遇到的第一位传教士。18 日这位法国人被召到和珅处：一大群中国官员问他为什么来北京，问信的内容是什么。吉涅极力为自己辩解，说罗神父是他从欧洲到中国来时的旅伴，他们是好朋友。这类情况（同许多其他的事一样）在最近也可能发生。

荷兰人在中国京城逗留的时间比马戛尔尼长——有一个月多一点。一个月里除了参加几次庆典，耐心地等待好几个钟头“看御驾经过”并叩头致敬外就无所事事了。尽管他们说“没有任何欧洲人能像他们那样深入皇宫”，中国的新年却并未能使他们的愁眉舒展，他们凌晨 2 时就被叫起来等待皇上经过，但到 3 时却被告知皇上不来了。

在他们驻京期间，只有一件事让他们感到高兴：发现马戛尔尼献给乾隆的马车被弃置在宫里的一个角落里。对英国马车的忽视使他们受到伤害的自尊心得到了一些安慰。

2 月 4 日，在一个宽敞的院子里，在无数人的面前，他们受到了最后的接见。本来就令人丢脸的大礼又加上了当众的凌辱：中国官员很注意大使和梵・布拉姆先生叩头的次数。后者站起来早了一点，他们又强迫他重新开始。并用鞭子进行威胁。

梵・布拉姆最后终于见到了罗神父：“中国官员睁大眼睛看我们是否给他

递纸条。”神父解释说：如果使团直接从欧洲而不是从广州来，他们就可能比较容易同传教士联系。“中国人怕了解中国的人”。到20世纪仍然这样。

2月15日，我们带着极难得到的皇帝诏书离开了北京。

“朕仰承昊载，寅绍丕基。临御六十年来，四海永清，万方向化，德威远播，禔福毕臻……王其祗受，益笃忠贞，保乂尔邦，永副朕眷。”

诏书未能抵达：“执政”已让位于巴达维共和国。

两个使团，两次失败：第一个使团失败时保持了自己的尊严；第二个使团却遭到了羞辱。梵·布拉姆在总结他的旅行时远比他在开始旅行时头脑清醒：“这个民族有着一种完全与世隔绝的生活方式。他们可以放弃一切人为的需要，而我们如无法满足这些需要便会痛苦不堪。你认为中国人见到了每年来自欧洲的技术操作就会醒悟过来？这些珍品都被他们看成是多余的事。”

吉涅认为两个使团都一样有害：“马戛尔尼拒绝低头虽极大地损害了他自己的利益，同时也伤害了一个自以为高于他人的民族的自尊心。”相反，荷兰人答应叩头“像是弥补了英国人的凌辱”，但他们受到的欢迎“同应该受到的并不相符”。所以“在中国人取得经验并懂得自己在政治上之所以能存在下来乃是因为他们国家遥远，在他们懂得对自己过高评价完全是空中楼阁之前派使团去中国本身就是个错误。总有一天那些蔑视外国人，把他们纯粹看成是商人的中国人会承认：被他们如此侮辱的洋人竟那么可怕。而外国一旦同中国交手，很快就会发现这个地处世界另一端的中国从武力上来说竟如此落后。”

第八十三章

戈洛夫金——半途而废的使团

（1805年秋）

不是荷兰，而只有俄国才能在北京同英国人竞争。叶卡捷琳娜二世曾追击逃往中国的原住伏尔加河两岸的鞑靼人，派过一支军队警戒中国边界，并收容被天主教国家驱逐出来的耶稣会教士。她做这些好事时，当然在亚洲暗中有着自己的打算。

当马戛尔尼坐船航向中国时，一个由拉赫曼中尉率领的使团在北海道登陆，想潜入日本，但未成功。伦敦就像圣彼得堡关心马戛尔尼使团一样，仔细地关注着这个规模极小的使团的一举一动。我们还记得松筠在陪马戛尔尼去杭州前刚在蒙古同俄国人进行了一次成功的会谈。

叶卡捷琳娜二世死于1796年，但她的继承人执行相同的政策。亚历山大一世设法同中国不是在边境而是在北京建立关系。沙皇的外交部长，波兰的恰尔托雷斯基[①]亲王助了他一臂之力。他贪婪地阅读了马戛尔尼使团的叙述。俄罗斯帝国是中国的近邻，它不能比遥远的英国还不如。

事情发生在1805年秋天，当时欧洲——包括俄国——正第三次结成联盟来反对法国。指定的使臣是戈洛夫金伯爵，他要一大群随行人员，包括60名卫士和一大队骑兵。波兰的大贵族任·波托茨基伯爵毛遂自荐，提出要以“伽伐尼科学方面的学者”即电子专家的身份陪同前往。恰尔托雷斯基的这位表亲和朋友既聪明又有教养，他像马戛尔尼一样自信能让中国人相信同科学技术先进的俄国交往他们会得到好处。他特别想当戈洛夫金的高级政治顾问——但后者不想听从任何人的意见。波托茨基是否向他建议过读读传教士、斯当东、巴罗等人的著作呢？但戈洛夫金是以法国方式教育大的，他的答复是“天

① 就是在促使作者写作本书的那些著作——特别是斯当东、巴罗、赫脱南的著作里盖有藏书章的那位恰尔托雷斯基。

下任何东西都比不上一位好厨师和美酒”。他打算以华丽的随从、沙皇的威望以及自己的才能来使嘉庆——乾隆的儿子和继承人——赞叹不已。

而波托茨基写道：“全是因为没有阅读马戛尔尼使团的叙述，我们才陷入让我们使团遭受失败的这场误会中去的。戈洛夫金让人在他的马车上写了这样一句话：上帝是仁慈的，前进！然后就带着一列引人注目的轻便队伍上路了。”

三封信

使团向伊尔库茨克前进。它未到喀山，封库伦（乌兰巴托）王①的信就提出把大部分随从留在边界上；另外马上要礼品的清单。戈洛夫金答复说像他这样身份的使臣至少要带250名随员。

使团在色楞格斯克收到了第二封信。库伦王再一次强调：“减少随从人数并送上礼品清单。”戈洛夫金感到震惊，尽量把随从减少90人。在抵达边境前的最后一站特罗伊次克，库伦王的第三封信到了：“使臣若要一睹龙颜，就只能有70人入境。”

波托茨基在给他兄弟的信中指出：“我的所见所闻都证明：由于他们制度的惰性，他们久而久之总会战胜别人的极力反对。”

然而，只要使臣正式答应叩头，就可同意带124人入境。戈洛夫金为取得了进展而得意忘形，就作出了许诺。他不知道库伦王受命让使团在中国新年前随无数朝贡者一起进京。他们在1805年12月18日——即奥斯特里茨战役和普莱斯堡和约之间——在俄国的礼炮声中和中国的鞭炮声中进入中国。

那天数九严寒。热茶一倒出来表面就结起一层冰碴儿。在库伦，王由他的满族办事大臣②伴随着，再一次向戈洛夫金表示急于看到他们进京。他们请他第三天参加御宴。

圣体存在

戈洛夫金由一批威武的俄国和蒙古骑士伴同着来了。库伦王把他带到香

① 以中国皇帝名义统治蒙古的国君。

② 北京派遣到藩部——西藏、蒙古——土王身边的高级官员，执掌实权。

案前对他说："皇上在库伦赐宴，实为皇恩浩荡。你应当拜谢。我对这些点燃的香施礼，你也同我一起施礼。"使臣只肯脱帽。库伦王训斥了他。俄国人回答无法相信这几支蜡烛就是皇上。嗓门越来越高。库伦王动了怒，后来语气又缓和了。大家冷冷地分了手。

两天后重开谈判。但戈洛夫金遇到了障碍："必须满足礼部的要求。它的规定是必须服从的。"库伦王又补充了一句早先使英国人大为惊讶的话："你看，施礼并不是一件国家大事。"当然不是，但却责任重大。若要拒绝，使命便会失败。库伦王说他已向北京汇报情况。在答复到达之前，他什么也不准备谈。这需要 20 天。蒙古包里冷得令人无法忍受。

北京的答复到后，库伦王请使臣重新进行会谈。"我现在执掌着撵走你们的权力。你到你们的皇上面前如何交差呢?""我们的皇上会奖励我们的！你若要撵我们，悉听尊便。"王反驳说："我对你们无法理解。派你们来北京，而你们却想方设法地不去。"

他建议使臣请求皇上宽恕他未在库伦叩头，并写信答应到京后重施大礼。信里要按照中国的修辞习惯强调重复，连续允诺三次。戈洛夫金同意写信，但不愿道歉，并只允诺一次，他回去准备写信。但马上一些骑兵把库伦王和他的将官原先已接受的礼品退回俄国人的营地，并给了他一封信："你们是一群荒唐之徒。请即离开。"戈洛夫金让他冻僵的部队掉转马头，快速奔向俄罗斯。

英国人曾想敞开南方狭窄的门户；他们失败了。俄国人则想推开北方那窄小的门户，他们连试都没能试成。同英国人一样，他们想通过耀武扬威来取得成功。比英国人更傲慢？皇上不让他们入京，以免再把他们从北京撵走。

当时，这次失败并没有改变欧洲的命运。到时候，中国南北两方的闭关自守却会改变世界的命运。

第八十四章

阿美士德——被驱逐的使团

(1816 年—1817 年)

1794 年 12 月，马戛尔尼在一封未公开的信里曾对他的使团作过乐观的结论：使团“使英国商人摆脱了一位丑恶贪婪的总督的专制统治，让他们受到另一位真诚友好的总督的保护……它为两国的友谊、为互相协商与直接接触奠定了基础”。

“直接接触”从长远看难道不是使中国人认识错误的最好方法吗？1795 年 2 月，当荷兰人愤怒地离开北京时，马戛尔尼建议派乔治·斯当东爵士为驻华公使。不幸的是乔治爵士瘫痪了，这计划无法实现。不久乔治爵士就去世了。他的儿子接过了火炬，并采取了毫不妥协的态度。

这期间，英国听从了钱德明神父的意见，设法同天朝保持关系。

乾隆的最后一份诏书

1795 年 12 月底，“锡伦彻斯特”号在黄埔停泊。船上装着许多礼品和信件：有国王给皇上的，有马戛尔尼给总督的，有东印度公司给海关监督的。但英国人不走运：总督已不是长麟，他拒收给他前任的信件和礼品；海关监督回答自己无权同外国人商谈。1793 年秋天在位的人，在信件来往的时间里就已离开了舞台。

国王给皇上的信却一直送到了北京。乾隆在 1796 年 2 月初写了回信：

“天朝抚有万国，琛赆来庭，不贵其物，惟贵其诚。已饬谕疆臣将贡物进收，俾伸虔诚。”

乾隆又谈到了西藏问题。他承认英国人没有损及中国的利益，但又强调这对战争的结局没有影响——中国并不需要英国人：

“彼时曾接大将军奏及，尔国王遣使前赴卫藏投禀，有劝令廓尔喀投顺之语。其时大功业已告成，并未烦尔国兵力。今尔国王表文内，以此事在从前贡使起身之后，未及奏明，想未详悉始末。但尔国王能知大义，恭顺天朝，深堪嘉尚。”

这是老皇上所签发的最后一份诏书：他第二天就按1794年秋天在一份庄严的诏书里所宣布的那样逊位了：

“明岁正届六十年……朕则春秋二十有五，始即位诞膺大宝，迄今八旬开四，康强逢吉，五代同堂……朕于感荷之余，弥深兢业……六十年元旦日食，上元月食……上天垂象，理修省……日月薄蚀，缠度本属有定。数千百年后皆可推算而得……但元旦上元，适值日月亏蚀，实为昊穹示儆之景……明年元旦……不御殿，不受朝贺。”

国家的迷信：在中国的舞台上换了演员。但他们演的还是同一出戏。而对蛮族来说，在这出戏里也有一个下跪的角色可演。

嘉庆是乾隆十五子，他仪表出众，性情温顺，所以博得了父皇的欢心。但从乾隆禅位至1799年老皇上驾崩，他只是表面上得到了值得炫耀的权力。是否从这时起嘉庆就对礼节有了一种病态的爱好呢？或这只是因为缺乏权威而使用的保护自己的武器呢？宫廷生活很快就产生了一种奇怪的狂热气氛。

帝国遭受了种种危机。沿海盗贼横行。白莲教农民起义后又发生了天理教农民起义。闻所未闻的是起义者甚至在宫中找到内应，1813年攻入宫中威胁到皇帝的生命安全①。

更为闻所未闻的是英吉利蛮族竟说要在中国土地上站稳脚跟。以阻止法国人——他们刚侵占了葡萄牙——占领澳门为理由，海军司令德鲁里率当加拉舰队在1808年9月在华人与葡人居民一片嘲骂声中占领了该城。北京作出了强有力的反应，组织了封锁，发出了最后通牒。澳门窒息了：英国人退出了该城。一次无谓的行动吗？比无谓要来得更坏：中国人认为英国人丢了面子；实际上他们使中国人害怕。他们将为此付出沉重的代价。

广州的商业也受到大大小小的冲突的影响，进行得很不顺利。中国比以往任何时候更处在骄傲的自我封闭状态之中。在事实上是这样，在思想上更是这样。

---

① 指嘉庆十八年九月由林清率领的天理教徒由信教的太监接应攻入皇宫之事。——译注

胜者的使团

而战胜了拿破仑后，英国人具有振兴商业的手段和需要。他们想再一次试试高峰外交的运气，23 年的战争不就证明了马戛尔尼奉命去证实的一点：他们的国家是西方第一强国吗？英国内阁向北京宣告法兰西帝国的崩溃。他们得到的回答表明对方毫不在意："尔国远隔重洋……但尔国王能知大义，恭顺天朝，深堪嘉尚。"

怎样才能打破把马戛尔尼拒之门外的那种傲慢的孤立状态呢？英国决定派一个新使团，由贵族院议员、蒙得利尔战役胜利者的侄子和继承人威廉·皮德·阿美士德率领。他不如马戛尔尼经验丰富；但可让最有能力的专家托马斯·斯当东当他的副手，后者从孩提时起就一直在学习中国的语言、历史和种种奥秘。再说他已在那里取得了成就！他已是广州的特别委员会——东印度公司执行机构——的主席。他熟知天朝的一切，从未被它所迷惑。可能他在设法为小时自己从事的流产了的事业报仇。

中国人怕他。当北京获悉他将担任副使，就强硬地提出让他留在广州。他回答说他的国王让他去哪里，他就去哪里。中国人接受了，但从此他们就提高了警惕。

然而，斯当东同意东印度公司的谨慎态度。同马戛尔尼时一样，它也没有在使团中起突出的作用。年初，一份详尽的报告就寄到了伦敦："自从 1813 年的弑君阴谋以来，中国政府变得易怒和脆弱了，它比任何时候都不愿接见外国人，哪怕只是去表示敬意的外国人。某项活动只要略为带点儿指责，就肯定会失败。"要在广州与北京之间固定的联系吗？往北再开放第二个港口吗？斯当东在一个按语里写道："这两点前一个使团提出时已遭拒绝，这次处理时应该特别小心。"

1816 年 2 月 8 日，阿美士德勋爵登上了一艘名叫"阿尔赛斯特"的战舰，他的旅程只有马戛尔尼的一半，于 6 月底到达中国海，在那里同斯当东和使团里的其他"广州人"会合。"几天之后，矫揉造作而语气傲慢的"允许向北直隶湾启航的命令下达了。

叩头或不叩头？

7 月 28 日他们到达北直隶。马上就提出了叩头（在日用英语里既是名词，又是动词）的问题。阿美士德勋爵并无成见，他的顾问却意见分歧。使团的第三把手埃利斯认为叩头只是无关大局的形式，斯当东则持相反的意见。到达天津的第二天，他坚持要把他的主张记入给勋爵的一份报告里："哪怕会导致使命的失败，也完全不应该同意叩头。荷兰的经验不正说明了接受这种羞辱也还是无济于事吗？"

英国的内阁则采取实用主义的态度：派人去北京是为了设法获得某种东西；叩不叩头则要看从中能得到什么好处。东印度公司的领导则建议到广州后再定：既然要让人更尊重英国的荣誉，那就不应该一开始就玷污它。

阿美士德之所以决定拒绝叩头，是因为他很快发觉他的使命是一场力量的较量。陪随使团的中国官员 8 月 4 日一上"阿尔赛斯特"号战舰就冷若冰霜。其中一位叫苏楞额，1793 年在广州当过海关监督。无论提什么要求，都得不到满足，甚至得不到答复。他们对摄政王①的信非常反感，把它退回给使臣，因为信竟以"陛下，我的兄弟……"开头。

阿美士德紧抓住马戛尔尼的先例不放。而中国官员发誓说他们亲眼见到马戛尔尼行了叩头礼。嘉庆的一道诏书上也这样说："尔使臣行礼，悉跪叩如仪。"

在天津，一张供桌上铺着黄绸，点着香。中国人在前面跪下。阿美士德仍然站着，慢慢地脱帽鞠躬。这奇怪的礼节后举行宴请，英国人也得盘腿而坐。中国官员不加掩饰地表示蛮族不会这样坐：不能让他们带着野蛮的样子去见皇上。阿美士德和他的随从答应下跪。马上中国官员请他表演一番。他拒绝了。斯当东想起了孩子的作用，建议让当扈从的阿美士德勋爵的侄子来表演。

过了天津，又从另一方面来施加压力：使臣的随从人员太多了。然而这次只有 75 人，而马戛尔尼却有 95 人。但禁令是皇上自己下的。托马斯·斯当东报告说："上谕是用朱笔批的。"中国官员提出遣返乐师。但已不可能！因

---

① 英王乔治三世陷入精神错乱后，他的长子在 1811 年开始摄政，直至 1820 年其父死后才以乔治四世的名义接位。

为船又出海了。强烈的不满。于是又提出了叩头的问题。中国官员说：皇上不容许任何违反礼仪的行为。阿美士德又采取了马戛尔尼的办法，提出由一位同他级别一样的中国官员在摄政王的像前叩头，同时他也向嘉庆叩头；或者让未来准备派到英国的中国使节向摄政王陛下叩头，中国人怒不可遏。阿美士德勋爵最后回答他可以下跪三次，每次俯首三次——这是托马斯见到他的主人在1793年所施的“得体的礼”。阿美士德拒绝作进一步的让步。

在使团行进的路上，中国人又纠缠不休。有一次下起倾盆大雨，他们竟不让英国人坐轿子，说是“京城近在咫尺，坐轿子会损害皇上的尊严”。三位俄国传教士要求会见使团，他们也被撵走了。接着，他们又揭发东印度公司的两位专员斯当东和埃利斯，说他们是“商人”，没有资格觐见皇上。最后，又传出一条谣言：正在起草的一份诏书说要驱逐使团。一位中国官员拿出一份宫内文件的抄本，肯定马戛尔尼勋爵行了叩头礼。

而嘉庆自己在8月25日的圣旨里却说：“朕以远国小臣，未娴仪度，可以矜恕。”而只要“尽可能做好”就行。他手下的人极力巴结。正是由于这种热情，天朝的行政权力才摆脱了它的主子的控制。

皇上最后把自己的皇舅国公和世泰派来伴同阿美士德。和世泰接见英使臣时态度冷淡，不请他坐下；在谈到马戛尔尼所施的礼节时反驳说：在乾隆年间发生的事在嘉庆年间不再适用。国公怒气冲冲地说：三跪九叩礼一定要行全，否则使团将被赶出去。“嘉庆乃天下之君，世人皆应敬之。”

暴行

队伍在8月28日至29日的夜里到达北京：一切都未事先商定。英国人又脏又累，困惑不解。

中国人让他们直接去紫禁城，几乎已是午夜了。英使要求把他们先带回住处。中国人闪烁其词：国公将要来。阴谋的迹象：在这不适当的时间，高级官员和亲王身穿朝服都来了。戏剧性的情节：“接见提前了；它将马上进行；只有使臣、两位专员和翻译马礼逊可进去。”和世泰突然来到；他劝阿美士德屈从同意叩头。

那时发生了一场令人目瞪口呆的争吵。一群中国官员扑向来者强把他们拉去见皇上。有人推他们；有人硬拽着他们的胳膊往前拉；到处喊成一片。阿美士德抵挡着，借口疲劳、衣冠不整、时间太晚，抗议对使节动武；他说他拒绝叩头，最后要求大家走开。他的抵抗被汇报上去，龙颜大怒，要他立刻离京。就在当夜，使团就不得不走上归途。

无法说的是一个蛮族的使臣竟拒绝叩头。连使臣会有这种念头这一点也说不出口。官方的说法找了另一个把他们赶走的理由。这份诏书是为档案馆写的，供后世了解情况：

> 朕传旨开殿，召见来使。和世泰初次奏称不能快走，俟至门时再请。二次奏称正使病泄，少缓片刻。三次奏称正使病倒，不能进见：即谕以正使回寓赏医调治，令副使进见。四次奏称副使俱病，俟正使痊愈后，一同进见。中国为天下共主，岂有如此侮慢倨傲，甘心忍受之理。是以降旨逐其使臣回国，不治重罪。

准是怕英国人报复才这样做，应该纠正违背礼仪的事。只有无知的夷人才会犯错误，现在把他驱逐出去，但皇恩浩荡，并没有给他们别的惩罚。

相反，国公却受到了处分，是他让皇上遭到了羞辱。随同的官员被革职查办，按习惯做法，谁出了不好的建议就要付出代价：仆人哪能超越主子的意志？这是事后让英国人感到满足的做法。

撤出中国

去的路途很艰苦；归途更是遭了殃：路的情况、中国人经常不知趣、陪同人员公然表示出敌意。甚至发现有人下令让乞丐坐在队伍经过的路上。埃利斯说这些人“到处乱钻，脏不可耐，处于半野蛮状态，身上带臭蒜味，挤着坐在又脏又破的床单上”。

他们走的几乎是马戛尔尼的原路，但主要是走陆路。他们比 1793 年更感到中国人态度傲慢并无法表现自己国家的强盛。微笑政策被斥骂政策所替代。这次“撤出中国”整整花了 4 个月零 8 天。

皇帝给摄政王的信在广州按习惯的隆重方式交给了使团，但并没有开辟新的前景：“嗣后毋庸遣使远来，徒烦跋涉，但能倾心效顺，不必岁时来朝，如称问化也。俾尔永遵，故兹敕谕。”

然而同1794年一样，因为担心产生不良后果，中国人颁布了几个有利于欧洲人经商的地方性法规。埃利斯写道：在黄埔，“阿尔赛斯特号船员高呼三声乌拉，这使使团的所有成员都激动得流出了眼泪”。

在澳门，奇怪的是两广总督让他的部队跨过了隔离半岛的工事，中国士兵竟在1817年1月28日来欢送勋爵动身。

另一个安慰的举动来自特别委员会，就是说来自主张保持尊严的斯当东：“阁下受到的待遇和对方中止谈判的蛮横态度令我们也感受到侮辱。但我们要为后来发出的上谕向大人表示祝贺。这些谕旨表现了后悔之意，一位专制君主能这样完全是出乎意料的事。”他在信的结尾处又说明了自己的主张：在中国，“屈服只能导致耻辱，而只要捍卫的立场是合理的，态度坚决却可以取胜”。

这样的语言，我们在23年后鸦片战争前又将在同一位托马斯·斯当东的嘴里听到。

第八十五章

圣赫勒拿岛上战俘的忠告

（1817年6—7月）

在归程中，阿美士德在圣赫勒拿岛停泊，同马戛尔尼一样。但在两次遣使期间，岛上多了一位不朽的人。

1817年3月，拿破仑就得知使团将要到达。这一消息在他身上又产生了早就存在的对东方的幻想，中国在其中占据了一定的地位。他生性对一切都好奇，8年以前，即1809年，就决定要出版一本中一法一拉丁文词汇。他委托编写这本词典的不是别人，正是我们在广州的观察员、刚出版了《北京之行》一书的路易一克雷蒂安·德·吉涅。

他也没有忘了1811年勒努阿尔·德·桑德一克鲁瓦给他的一篇文章。作者在4年的旅行途中到过广州，在那里遇见了托马斯·斯当东。在文中他建议派一个使团到北京，以“重振法国革命前在那里享有的威信”。使团应“让中国人了解陛下的丰功伟绩；提出不让英国人在中国经商；因为中国政府蔑视经商的民族，使团要由军人和学者组成，这样便能受到较好的接待”。桑德一克鲁瓦说明：俄国使团未被接见乃是因为他们在礼仪上有不恰当的要求。法国使团应经西伯利亚到达北京；考虑到大陆封锁，沙皇不会拒绝他们通过。第二年夏天，不是一个使团，而是帝国的大军进入了俄国。

拿破仑猜到英使会要求见见自己这头被俘的老鹰。他用了3个月来准备这次访问。他读了——或重读了——马戛尔尼使团的纪实①。

阿美士德写道：“我很想去长林波拿巴的寓所表示我的敬意。”根据英国习惯，他一直称囚徒为波拿巴；当他用“皇帝”一词时，总是出自拿破仑的伙伴嘴里并加上了着重号，像是要强调用得不合时宜。

---

① 他的爱尔兰医生奥米拉留下了见证，阿美士德未发表的日记也可作为补充，圣巴巴拉的迈克尔·高尔文先生客气地让我复印了一部分内容。

两位奇人见面了。阿美士德对一位震撼了欧洲的人感到好奇。拿破仑则对某天会让世界震撼的国家感到好奇。

囚徒很快就会养成自言自语的习惯。在接见阿美士德之前，拿破仑已经对中国有了某种看法；他不断地对他的流放伙伴谈起，他梦想天朝压压英国的傲气，替他报仇。从滑铁卢以来才过去了两年零十天——这天是1817年6月28日。拿破仑在寻找纳方西斯[①]之路。而英国人对被他们打垮的这位科西嘉将军的全球性复仇愿望是否在乎呢?

法国皇帝与中国皇帝，并肩战斗

从1817年3月起，拿破仑就怪英国内阁未让阿美士德服从所去国家的习俗——“要么就干脆不派他去那里。”“不管一国的习俗如何，只要该国政府的主要人物都遵守它，外国人入乡随俗就不算丢脸。在意大利，您吻教皇的骡子，但这并不视为卑躬屈膝。阿美士德好像中国最高官员一样对皇帝施礼一点也不会有损名誉。”他指责奥米拉说：“你说他准备像向自己国王那样向皇帝行礼，但你怎么能要求中国人服从英国的礼节呢!”

为了使他的推理更为明确，拿破仑甚至用了粗俗的说法：“如果英国的习俗不是吻国王的手，而是吻他的屁股，是否也要中国皇帝脱裤子呢?”拿破仑一面说一面做动作——并同奥米拉一起哈哈大笑。

当他们由衷地开心了一阵后，拿破仑又说：“如果我要派使节去中国，我就命令他先向中国最高官员打听在皇帝面前应施的礼，如果中国人提出，就让他服从中国的礼节。你们（指英国人）可能因为干这种蠢事而失去中国的友谊以及许多商业上的利益。”在阿美士德抵达前3个月他就这样说了。

夏多勃里昂说：“拿破仑在阿美士德勋爵从中国出使回来时答应接见他……波拿巴不露声色；他的头部就像一尊大理石的雕像，上面的白色因为时间的久远而略微有些发黄。这种表面的平静使人认为他的才华之光已荡然无存。他话说得很慢。有时他目光灼灼，但这种光彩稍纵即逝。”

我们有许多真正的见证而不必拘泥于这位所谓证人的叙述，哪怕他十分有名。《墓畔回忆录》没有说到，但英国的旅游者记录的都是：法国皇帝已被

---

① 纳方西斯，希腊复仇女神。——译注

废黜，却像全盛时的中国皇帝一样注意礼仪，勋爵不得不承认被拿破仑接见同被嘉庆接见一样困难。

他先是遇到了两种相反的意见。圣赫勒拿岛的总督赫德森·罗韦说要陪他同往。拿破仑派人告诉他：要是这样，他就不接见英使。皇帝宁愿放弃一次他期待已久的会见而不愿让这位他恨之入骨的看守闯入他的住宅。赫德森·罗韦希望阿美士德出自对他的尊重会放弃这次接见。事实并非如此。

这次会见的安排十分细致。阿美士德说："6月29日星期天，我在拓殖府接待了来访的贝特朗伯爵。他告诉我皇帝脸部有病还没有好，但他很想在我动身之前见到我（如果这可能的话）。我可以第二天派人去'长林'，那时可以作出最后的答复。""果真星期一来了回答。贝特朗伯爵邀请我和随同我的各位先生第二天3、4点钟之间去见皇帝。"

在会谈时，阿美士德观察了关押囚徒的环境。他很惊讶拿破仑会有这么大的地方。足足可以跑马12英里，而且没有任何英国官员的监督。"波拿巴抱怨他被幽禁而无法活动的说法是毫无根据的。"啊！如果广州的英国商人和官员能享受同样的自由，他们就会把旅居地视为天堂！那就毫无必要派一个使团来为他们争取这些条件了。

使团的医生克拉克·阿贝尔写道："接待仪式很庄重。一位穿着拿破仑家制服的男仆像当年显赫时那样站在门前，像是反映逝去的荣耀的幻影。我们由贝特朗领着，受到蒙托隆的欢迎，阿美士德勋爵马上被领进去见波拿巴。一小时后，轮到埃利斯进去；又过了半小时，使臣的全体随从人员也进去了。"

"我们在他身边围成圆圈，他走来走去，根据我们的专长和在使团中的地位一个个地询问。显然他想取悦大家，而且相当成功。但如果在离开该岛前不知道他事先已让人把使团成员的情况提供他研究的话，我们长时间都会认为他是想在我们每人面前炫耀一下自己的说话艺术。"

阿美士德勋爵单独会见时没有任何别人参加，除了他本人外也没有人介绍过。下面是他说的情况：

"我面前就是这位非凡的人。他上身穿一件绿色礼服，下面是一条白裤子，腿上是丝绸的袜子和带结的鞋子。胳膊下夹着一顶三角帽。胸前佩戴着荣誉军团的勋章。以前我见过有画把他画得有些虚胖；事实上完全不是这样。他有些肥胖，脖子很短；但四肢很匀称，我认为他还能经常进行锻炼。他的目光冷酷敏锐，他说话就活跃起来。谈话主要涉及四个主题：我的经历、中国、在岛上他受到的待遇以及欧洲政治。”

拿破仑教训英国人

谈到中国时，皇帝没有批评阿美士德的做法：“他问到我在北京的情况，打听了鞑靼的礼节。但他并没有像我准备的那样就我屈从的可能性发表任何意见……后来他问我在中国旅行的情况。关于他自己在岛上的命运，他不愿使我们为难，我已经要就使命的失败向政府作出汇报，如再要我额外带口信就太过分了……接着他让人请埃利斯进来……其余的随从人员很快也进入了大厅……他对每人都说话，包括我的侄儿杰弗。他觉得他脸蛋漂亮（原文为法语），问了问他从中国旅行后带些什么东西回家……”

阿美士德原来准备拿破仑会教训他不该拒绝叩头。确实，提供他情况的英国人——从奥米拉开始，还有了解一切的赫德森·罗韦——非常清楚地把这点告诉了他。为什么拿破仑没有对英使说这早已在他的亲信面前重复了多次的话呢？可能是他认为英使已因为使命失败而蒙受了耻辱，所以不愿再使他丢脸。他很了解人，他不怀疑阿美士德已经几乎一字不差地听到了他说的话。这样加上一种体贴的姿态，反倒给英使就国际关系中的教养问题上了一课。

拿破仑对这问题十分重视，在阿美士德勋爵走了几星期之后，他还向奥米拉充分地说了自己的看法：“你们的大臣预见到在礼节问题上会遇到困难，所以在派阿美士德去那里前就同意他尊重当地的做法。似乎他自己也认为应该按当地的习惯做。他是听从了不正确的意见而拒绝这样做的。”

拿破仑除了从阿美士德说自己外还能从谁处了解到这些详情呢？阿美士德事后是否就同他的副手托马斯·斯当东分道扬镳了呢？但也许他只是自己想当然地去理解英使的话。5 年之后，阿美士德给托马斯·斯当东写信说：“我在任何时候，即使在内心深处也没有为听从了您的意见而后悔。您不可能为您预言的实现而比我更为满意了。”

拿破仑把他的批评提高为理论：“把使臣等同于他们君主的想法是完全错误的：由他们签署的协定如无派遣他们的当局批准就不算有效。任何君主从来也不会把使臣当作与他地位平等的人。”“外交官拒绝叩头就是对皇帝不敬。马戛尔尼与阿美士德提出中国国君答应如派使节去英国也要他叩头！中国人拒绝得对。一位中国的使节到伦敦应该向国王施英国大臣或嘉德骑士勋章得主一样的礼。你们使节的要求完全是荒谬的。”

他用专断的语气总结说：“被派到土耳其的勋爵在受苏丹召见时难道可以不穿要求的皮里长袍吗？……一切有理智的英国人应该把拒绝叩头看成是不可原谅的事。”

拿破仑说话的口气就像天子的圣旨。他仔细阅读了马戛尔尼使团的纪实，认真地听了阿美士德的介绍。但他对叩头的看法准确吗？只是礼节要求的屈屈膝盖？他忘了它意味着只有一位皇帝，其他君主都是他的诸侯：对这些诸侯，中央王国的达官贵人是无须叩头的。当然，在传统的中国，叩头是常行的礼节：士兵见了军官，商人见了县令，儿子见了父亲，一家人在死者面前都要叩头。这只仅仅表示尊敬而已。直至今日，尽管有过“解放”“反孔”和其他的文化革命，孩子在春节时还给祖父母叩头。但，叩头是表示中国等级时专用的——还是代表天意捍卫等级的人专用的。它并不是无关紧要只表示敬意的一种姿态，而是小国对大国臣服的确认。我们是否要让自己纠缠到天上的等级制度里去呢？

主张和平的拿破仑对征战者

这就是昔日的教训。对未来则是：“你们说可以用舰队来吓唬中国人，接着强迫中国官员遵守欧洲的礼节？真是疯了！如果你们想刺激一个具有两亿人口的民族①拿起武器，你们真是考虑不周。”

拿破仑很实际，他指出另一条道路是通畅的，特别是对他所说的英国这个“小店主的国家”来说更是如此：“如果当时付给中国最大的官员100万法郎，一切就可解决了。这个使团并不能影响国家的荣誉。应该把它当作一笔商业交易，而不是当作与国家利益直接有关的事情。”

一笔商业交易不直接影响国家利益，只有名誉问题才要紧。不应该把名誉混在一桩商业交易之中。拿破仑真是典型的法国人！他的侄子——称作三世的那位——得到立法议会的支持，为了一封被俾斯麦故意巧妙地篡改了的信件向普鲁士宣了战，但国际贸易却在法国境外发达起来。

---

① 拿破仑低估了中国人的数目，1792年时中国人口为3.3亿，根据1812年的统计，当时已达3.61亿。

拿破仑对在伦敦广为传播的、用武力为英国商业打开中国大门的意见十分恼怒：“要同这个幅员广大、物产丰富的帝国作战将是世上最大的蠢事。可能你们开始会成功，你们会夺取他们的船只，破坏他们的商业。但你们也会让他们明白自己的力量。他们会思考，然后说：建造船只，用火炮把它们装备起来，使我们同他们一样强大。他们会把炮手从法国、美国，甚至从伦敦请来，建造一支舰队，然后把你们战败。”

后来日本人就是这么推理的，而不是中国人。为什么他们违背了拿破仑寄托在他们身上的希望呢？为什么他们至今尚未证明他可能说过的预言：“当中国觉醒时，世界也将为之震撼”呢？

当英使羞愧地返回英国时，拿破仑倒成了和平的捍卫者。他比任何人都明白人们会多么沉醉于武器交锋的声音之中。马戛尔尼曾经庄重地总结说：“我们现时的利益，我们的良知和我们的人性禁止我们去考虑派兵远征中国，除非我们绝对肯定我们的忍耐没有用。”

这种耐心又一次失败了。不耐烦的拿破仑主张更多的耐心，骄傲的拿破仑宣扬卑躬屈膝。出自他的口中，这一教训完全是反其道而用之，所以无法被人接受。阿美士德返回伦敦时还在反复回味着自己遭到的挫折。外交官将不会再遭到第三次失败。应由军人来说话了。

第八十六章

鸦片换茶

（1817年—1840年）

介于外交官可怜地撤出和军人胜利进军之间的是鸦片商的阴险渗透。外交官试图打开中国的大门，但失败了。毒品走私者却从后院进来，一旦到了里面，他们就四通八达了。

开始时，他们追求的目标并不大：填补西方贸易的逆差。中国出口了大量的茶，但什么也不愿买。乾隆不是说过中国什么都不要吗？英国走私者却在中国人中创造了一种需求：一种像茶对欧洲人那样无关紧要的需求，但却不是那样无害了。私下进口鸦片补偿了官方出口的茶。

鸦片毁了中国。它又摧残了个人。它的地下交易破坏了中国的制度，同时它又破坏了东印度公司的商业垄断。

从1813年至1833年，中国的茶叶出口只翻了一番，但它进口的鸦片却是原来的4倍。钱从中国流出以支付腐蚀它的毒药。两条互不通气的线路：皇帝积累卖茶的收入；中国人输出货币以换取毒品。帝国动摇了；鸦片起了作用。当局知道这问题。

1820年，广州总督终于向这一交易开刀了。为什么那么晚呢？可能他以现金或鸦片的方式从中提过成……他下令逮捕了中国的零售商。交易却在远离中国官方耳目的伶仃洋进行得更为兴旺。货物在那里安全地卸下。但总还要从广州转口，因此还要贿赂中国官员。

从1820年起，市场迅速发展：葡萄牙人与英国人之间，还有同“私人”的竞争使烟价下跌；需求量也在增加。一位经销人说：“鸦片就是黄金，我随时随地都出售。”

1832年，最富有的英国“私商”查顿（后来设在香港，现在设在百慕大和新加坡的世界最大的一家贸易公司的创始人）往北去试试运气。他的沿海船速度快，武器好，在福建和浙江沿海隐蔽的小湾里直接出售毒品，他找到了新的顾主。销售额迅速上升了。

马戛尔尼访华后40年，仍是外国的惟一对话者的两广总督在1833年质问大不列颠和爱尔兰的国王，并提出了……人权问题："我在本国禁烟，为何让奸商趋利而害我国民？"这样，这位文官要求一视同仁地对待英国人民和中国人民。如马戛尔尼与阿美士德读了都不会相信自己的眼睛。

稍后，御使袁玉麟给道光的奏折中流露了这种不安："自天朝之始，当未遭此大患。此毒毁民理智，损其肌肤；如蠹之伤我心腑毁我家园。"刘鄂则写道："我吃烟的朋友很多，如求他上瘾吃的一个也没有，都是消遣消遣，就消遣进去了。"

马戛尔尼与阿美士德失败之处，走私者却成功了。说他们走私，这只是表面现象。英国在支持他们。当然不是全国；为了国家的名誉，部分舆论表示了异议："一些人躺着，神色颓唐，脸上露出一丝傻笑。"回答则是：英国商业实行的最高社会准则：个人努力、自由经营；而鸦片则是它的关键。这足以使人停止谈论所有顾虑了。

一向十分谨慎的广州遴选委员会竟这样写："马戛尔尼与阿美士德两个使团的失败会强烈地促使我们懂得通过谈判在中国得不到什么东西。"战争就成了以其他方式表现的外交的继续："中国老百姓受到官吏的压迫，苛捐杂税的盘剥，甚至会赞成用武力的方式来消灭束缚贸易的官僚制度。商务开放就意味着中央王国的灭亡。"外国可按中国人的利益发动对华战争。

正处于鼎盛时期的英国人被濒于灭亡还死要面子的龙的要求激怒了，他们把毒品交易、争取自由的战斗、国家荣誉混为一谈，发动了一部强大的战争机器来反对满清帝国的最后势力。

鸦片侵害了中国的文明：由它激起的这场战争会让中国人相信西方人不是蛮族吗？鸦片使中国人沉睡：以它名义发动的这场战争是否会把中国人唤醒呢？

角逐前的良心

1832年，胡夏米船长负有秘密任务清查马戛尔尼使团在1793年至1794年间观察的中国海防情况是否有效。一群作战用的帆船突然包围了"阿美士德"号三桅战舰，战舰把这些帆船都赶跑了。英国海军就得出了这样的结论："本地全体海军船只不能阻止一艘商船进口。”胡夏米也发现“最好的港口——厦门、宁波——也总是只受到微不足道的炮的掩护，根本无法阻止敌人接近”。中国人的军事组织并未改变，海上入侵对他们来说仍是不可思议的事。皇帝有着10万满人组成的大军用来粉碎内部叛乱。沿海只有当地民兵和一些小堡垒：只够击退海盗的窜犯。

1833年，伦敦废除了东印度公司的专卖权，任命了一名驻广州的英国商务“总监”，并向两广总督派了一名驻广州的外交代表，好像马戛尔尼没有遭到拒绝而得到了他所要求的东西。

内皮尔勋爵在1834年7月抵达广州，他的国书未被接受，并得到撤往澳门的命令。他拒绝了，总督让人封锁英国人。内皮尔开了枪。最后他只得往澳门避难，后得疟疾死在那里。

中国人更坚信西方人是些长驻的人质和“纸老虎”。英国人开始理解马戛尔尼说的“如果忍耐失败的话”，没有一个像样的战争机制“就无法改变任何事情”。马戛尔尼是对的。然而还是准备再忍耐一下，要派第三个使团去北京。这次由托马斯·斯当东率领。后者表示反对，因为英国将会处于劣势。

在这期间，贸易继续进行。取消东印度公司的专卖权使广州的公行不知所措。它告知说：“如果夷人私人经商，怎样才能控制贸易呢?”西方式的个人负责的逻辑——有着1000个头的自由——使中国人大为惊讶。这些同一躯体的脑袋如何对付55间独立的商行和2000名英国的季节性的商人呢？独一无二的公行应该让位于谁也指挥不着并积累起巨大财富的买办中间商了。这样，英国资本主义的飞速发展对中国的资本家也有利。乾隆十分害怕的“奸商”人数大增，占了显要的地位。

皇帝拒绝同西方建立正常的贸易关系，这是否就会使一场侵略对抗不可避免了呢？而在对抗中帝国将被粉碎，中国将被瓜分，因为死死地纠缠于礼节，他是否就成了使王朝垮台和国家没落的千古罪人呢？马戛尔尼正确地预言了整个19世纪的历史：

“中国人已从满清人统治强制他们所处的政治麻木状态中醒悟了过来，他们开始感到自己天生的能量复活了。一次轻微的撞击会在火石上溅出火星并把反抗的烈火燃烧到全国各地。”

面对总是以强国其实它已没有强盛的国力自居且态度傲慢的中央帝国，英国已越来越不耐烦。英国人的活力无法发挥，中国十分虚弱还要毫不妥协，双方都被激怒了。所有的战争总是通过寻找属于先验范围的正当理由来合法化的。对中国人来说，已达到的完美是个正当理由；对英国人来说，可臻完善的进步才是正当理由。两者并不属于同一个思想领域。他们越来往，互相越不能容忍。在这种伤害对方的不理解状态中，两种文明互相撞击，每一方都认为自己是世界第一。

大辩论

鸦片加速了撞击。1836 年，中国的贸易收支第一次出现了赤字；中国进口总额的四分之三都用于毒品。翰林院学士在 1837 年揭露了“岁漏银千万两，荼毒国人益众”。湖广总督向道光皇帝警告说：“若犹泄泄视之，是使数十年后，中原几无可以御敌之兵，且无可以充饷之银。”

社会同国家一样受到了威胁。儒家念念不忘的“治”更加重了对社会解体的忧患。御使袁玉麟还说：“百姓若仍沉湎于毒物，则夫无以训妻，主无以使仆，师无以教学子。民心将毁于一旦。”皇家水师的韩将军私运鸦片，从中提成[①]。广州各大商行原先不愿插手这非法交易，这时也沉溺于这类买卖中了。

“道德主义者”把鸦片视为“邪教”，它“毁我中华”并“把其降为蛮夷之列”。在他们的号召下，另外一些中国人则提出了“政治的”理由：禁烟只是空想；真正的问题所在是银源外流；所以应该对进口鸦片课税，使鸦片贸易合法化，或者内地种烟。面对无法控制的毒品入侵，中国经历了一场激烈的辩论，就像今日席卷美国的这场辩论一样。不同的是现代的贩毒不再装出道貌岸然的样子。

皇帝无所适从，在 1836 年 5 月让讨论此事。“道德主义者”占了上风。1837 年，广东巡抚逮捕了 2000 名零售商，关闭了所有的烟馆。有名的文人林则徐是“道德主义”派的信徒，他说过这段惊人的话：“死刑是对吸烟者非常严酷的惩罚。但是用死刑威胁他，恫吓他除去这种恶习是对的。吸烟之辈陷溺已深，会因戒烟痛苦而拖延到追悔莫及。因此，烟瘾必须由国家帮助来戒绝，

① 指水师副将韩肇庆，《圣武记》说他“专以护私渔利，与洋船约，每万箱许送数百箱与水师报功，甚或以水师船代运进口”。——译注

须开设戒烟院。”

1838 年 12 月，皇帝授林则徐钦差大臣，赴广州，享有全权。他把中国引向了战争。慑服烟民烟商，这就是上面的指示。同夷人作战，那根本不可能。北京的朝廷从未考虑过这政策在外部引起的后果。外面仍然是不存在的。

1839 年 3 月，林则徐一到广州就开始工作。他要求西方人报明有烟实数，然后加以销毁。6 个星期后，他让人在广州对面的虎门滩上当众把 20619 箱鸦片倒入生石灰坑中——共烧毁鸦片两千吨。这些措施给了外国人一个突如其来的打击。但新任的英国领事查理·义律平静地组织抵抗，他设法争取时间以从欧洲和印度请来援军，同时还要处理种种加剧紧张局势的事件。

林写信给维多利亚女王时却抓住了问题的实质：“闻该国禁食鸦片甚严，是因明知鸦片之害也，既不使为害于该国，则他国当不可移害，况中国乎？……外国所必需者，曷可胜数。而外来之物，皆不过以供玩好，可有可无……且闻贵国王所都之噶喇（伦敦）……等处，本皆不产鸦片。惟所辖印度地方……连山栽种……贵国王诚能于此等处拔尽根株，尽锄其地，改种五谷。”

林则徐和伦敦并没有把问题放在同一平面上。林认为问题的实质是一场反毒品的斗争；伦敦却认为这涉及经营和经商自由这一神圣权利问题。

托马斯·斯当东的威信起了作用

1836 年，托马斯·斯当东用一篇短文排除了一场武装冲突。到 1839 年，他的感情演变了，他认为“中国不断向英商挑衅，后者便占了理”。在议会和在私下他多次告诉外交国务大臣帕默斯顿：这时不要采取权宜之计。他说林的行为“粗暴”“卑劣”。在他未发表的回忆录中，他对自己在导致战争的决定中所起的作用感到满意。

经过几次炮战后，1840 年 1 月林则徐不让英国船只进入广州港，并禁止同英国人的一切贸易。在伦敦，以贾丹为首的从事东方贸易的院外活动集团动员起来了。王国的所有工业城市都要求政府采取坚决的行动。听到焚烧鸦片的消息时，帕默斯顿叫嚷说：“给中国一顿痛打，然后我们再解释。”

1840 年 4 月 7 日，托马斯·斯当东爵士又一次在下议院阐述了他的论点：“当然在开始流血之前，我们可以建议中国进行谈判。但我很了解这民族的性格，很了解对这民族进行专制统治的阶级的性格，我肯定：如果我们想获得某种结果，谈判的同时还要使用武力炫耀。

“面对林钦差的过分举动，我会采取当年随同阿美士德勋爵时的相同的做法。中国人曾威胁说如陛下的使节不同意叩头就要怪罪于我，要阻止我回国，甚至要给我上肉刑。我建议阿美士德勋爵拒绝了。我们确是被赶出了北京；但从中国返航时，我们却受到了比荷兰使团多得多的尊重。而这个在马戛尔尼之后去中国的使团却屈膝同意了叩头。一直指导行动的思想就是态度坚决。”

同一天，历史学家麦考利劝告英国人“记住古罗马的先例，他们的公民在世界各地都受到了罗马公民权的保护”。

格莱斯顿谴责了政府和多数派的论据：“在人类历史中，我从未见过如此不正义并故意要使国家蒙受永久耻辱的战争。高傲地飘扬在广州城头的英国国旗只是为保护一桩可耻的交易而升起的。”战争的议案在投票通过时只获得了5票的多数。

英国仍在争论不休：关于鸦片的可恶、关于中国人与英国人的权利以及贸易权等。英国是议会制国家，有一个政府，还有一个反对党。托马斯·斯当东平静地指出：“我主张的政策在第二年反对党掌权后还是一成不变得到了执行。”经过了很短的间隔，全英国都同中国交战了。

第八十七章
耀武扬威

我们现在的对华关系为英国的创造精神提供了很大的活动余地。我们的传教士、商人与士兵以后可以到达至今一直禁止我们去的地方。

托马斯·斯当东，1846 年

1840 年 6 月，一支由 40 艘战舰、4000 士兵组成的舰队从孟加拉抵达广州口外海面。它没有在那里停留很久。舰队司令懿律同马戛尔尼与阿美士德一样想同北京谈判。8 月 11 日，在马戛尔尼登陆 47 年后，他在天津大沽港靠岸，向北京政府转达了伦敦的要求：赔偿销毁的鸦片，但主要是开放港口、签订关税条约、建立一租借地，这些都是马戛尔尼曾提出而遭到拒绝的条件。皇帝作出让步的姿态，指责林则徐，派一个主张毒品合法化的琦善为全权代表。英国人先退回广州，然后再对他们的抱怨正当处理！

西方破门而入

这位善于妥协的魔法师同懿律所达成的协议将被双方所否定。皇帝认为敌人仍然是“纸老虎”。不是有人使他相信“茶叶大益，外夷若不得此即无从为命”吗？

伦敦则要获得更多的好处。濮鼎查代替了懿律。舰队又向北出发。当他们占领了宁波等三座城市后，皇帝才如梦初醒：他任命一位皇侄来阻止夷军。他做了一个梦，说他会取胜：他让士兵只带刀剑。英国人对清军的进攻以杀伤力极强的枪炮回击。三次战斗，三次失败。中国人不理解为什么四千病魔缠身的“洋鬼子”远离他们的基地，竟能击败自己的二万精兵。

英国人知道中国人首先要保卫北京这块空地，就把自己的基地设在舟山群岛。

1842年春，他们沿长江向南京航行。南京是主要经商道路的交叉口，又控制着大运河，即控制着北京的供应。他们要直捣中国的心脏。

中国的武装力量彻底瘫痪了。濮鼎查向中国的将领表演了一下他炮兵的威力，他们一个个目瞪口呆，像是一个世纪之后东条将军遇见广岛的原子弹一样。1842年8月29日，南京条约在英军旗舰“康沃利斯”号上签署。大炮取得了商人与外交官很久以来梦寐以求的东西：开放广州、厦门、福州、宁波和上海五个港口，设立临时代表、固定关税、废除公行、西方官员同天朝官员一视同仁、割让香港等。50年之前，伊拉斯马斯·高厄爵士从朴次茅斯出海时就是想获得这些利益。

鸦片呢？中国人将为1839年销毁的毒品赔偿1500万两银子；不言而喻，鸦片同其他东西一样也是一种商品。托马斯·斯当东后来写道：“1843年4月，我提出若我们官方允许这方面的走私，那就违反了所订的条约，并会在短期内引起新的决裂。但实际上北京却把这种交易合法化了，就这问题进行谈判就是多此一举了。”这样，英国人良心上的不安也就消除了。

由双方同意，通过思想和技术方面的逐渐进步来从事和平合作，这样原可得到的东西能通过战争强加于人吗？门是被部分地打开了，但那是破门而入。马戛尔尼就曾担心过这点。在很长时间里，中国人的惟一的集体愿望是把门关上并把入侵者的手指夹在里面。

三人玩牌

“一旦我们了解中国民众与土地所具有的巨大潜力，就会明白这个民族具备一切震撼世界的条件。如果出现了一位思想开放、决心大胆地同旧传统决裂以让他的人民开始取得西方那样的进步的皇帝时，这种改革的事业就会大步地前进。”古伯察神父在19世纪80年代作出的这一判断同马戛尔尼、同拿破仑在圣赫勒拿岛上作出的判断完全一致。

这位思想开放的皇帝并未出现。满清皇朝面对外国的要求采取了闭关自守的政策，并不断爆发出仇外情绪。“改革的事业”设法直接经过人民来实现；但这种民族主义是用连续革命的阵痛来“唤醒中国”的。从此，这副牌就由三方来玩，它们是：满清王朝与天朝官僚制度紧密结合建立起来的权力、群众中的民族主义和西方。这种可怕的三者结合把中国卡住了。三方中的任何一方都无法充分控制这个国家并把它引向自己所需的道路上去：三者的冲突把这个国家关闭在不发达状态之中。在这个幅员广大的国家里，相反力量间的这种错综复杂的关系就产生了大动乱，而它们的冲击波至今尚未削弱。

面对西方人一再提出的特权要求，中国官僚政权学会了一种新的规则，即消极抵抗。人民学习了解洋人，学会了利用并蔑视他们。道光的继承者咸丰不再宠幸南京的谈判者，希望官僚机构瘫痪。欧洲人却并不感到担忧：他们发现这样有利于采取新的武力行为。

1857 年威胁到洋人利益的骚乱为此提供了借口。1858 年春，一支英法联合舰队出现在天津洋面。北京不加讨论就答应了第二个“不平等条约”：又开放了 11 个港口，海关由一位西方人领导。马戛尔尼没有提出而在皇帝的答复里提到的“第七项要求”终于也得到了满足：天主教和新教的传教士获准在内地传教。他们处于受保护的地位，必要时还受军队的保护。这样他们再也摆脱不了坐军车去或再去中国的指责。后来宗教职务的品级竟同中国官员的级别一致起来，主教与总督同级。钱德明与罗广祥神父提倡的谦恭忍耐早已烟消云散了。

洗劫圆明园

数月之后，北京违反了《天津条约》，几位英法谈判代表受刑遭杀。这下西方军队要打击头部了。1860 年 10 月 13 日，尽管城头军民挥舞着神旗神符，英国人、法国人和美国人还是进入了北京。两种文化的撞击：面对额尔金勋爵和库赞—蒙托邦的装备良好的军队的是一些纸龙，抵挡炮弹的竟是一些符咒。

5 天之后，入侵军队闯进“夏宫”。英法联军洗劫并焚毁了圆明园，特别是众多建筑中有一座由德国耶稣会士建造的模仿凡尔赛的宫殿。马戛尔尼曾枉费心机想在那里显示英国科学的先进。士兵见到抢来的财宝都目瞪口呆，但发现其中有着马戛尔尼留下的大部分礼品，包括天文地理音乐钟和火炮。西方在毁灭东方时也在毁灭西方。更为严重的是长时期地毁灭了能有助于东西双方互相受益的友好交往的可能性。

在整个欧洲都兴高采烈之时，一位逃避另一个帝国流亡在外的西方作家却明白了这辉煌的战绩意味着对文明的亵渎。

“在地球的一隅有过一个世界奇迹：它叫圆明园，一个特等民族的想象力所能创造的一切几乎都集中在那里……用大理石、玉料、青铜和瓷器建起了一个梦一般的世界，外面镶以宝石，裹上丝绸；这里是圣殿，那里是后宫，后面是城堡，放入众神与鬼怪，涂漆上釉，贴金抹粉，请具有诗人气质的建筑师建造一千零一夜里的一千零一个梦境，再加上园林、水池、喷泉、天鹅、白鹮与孔雀，请您想象一下人们幻想中的光辉夺目的桃源世界吧！……

“创造它需要多少代人的辛勤劳动。可以说希腊巴台农神庙、埃及金字塔、罗马的斗兽场和北京的圆明园……

“这一奇迹消失了。

“一天，两个强盗闯进了圆明园。一个大肆抢掠，另一个放火焚烧。同这些连在一起的是让人不得不想起巴台农神庙的额尔金这个名字[①]。额尔金在巴台农神庙开始干的事，他又到圆明园干了。这次他干得更为彻底漂亮，连一点都没有留下。我们所有教堂里的珍宝加在一起也抵不上这个伟大壮丽的东方博物馆。战功赫赫，战果辉煌！胜者之一装满了腰包，另一个装满了他的箱子：他们臂挽着臂欢笑着回到了欧洲。

“我们欧洲人是文明人，我们认为中国人是野蛮人，而这就是文明对野蛮的所作所为。

“在历史上，两个强盗之一就是法兰西，另一个则是英国。但我要抗议！

“法兰西帝国装走了一半的胜利果实，今天它天真地拿出一副物主的架势，成了圆明园的珍宝陈列所。我希望终有一日摆脱了束缚并清除了污垢的法兰西将把这些赃物交还给被掠夺的中国。

“在这之前，历史记下了一次抢掠和两个盗贼。

“我记下了这笔账。

“先生，这就是我对这次远征的赞扬。”

这封罕为人知的信件出自维克多·雨果之手。

---

① 詹姆士·布鲁斯·额尔金，第八代额尔金伯爵，其父正是那位制定并实施掠夺雅典废墟，特别是在巴台农神庙的断墙残垣里发现了珍贵文物的英国驻土耳其大使。

无法愈合的创伤

显然，雨果把圆明园说得过于富丽堂皇，把西方的罪责都推到小拿破仑的身上，夸大了“白人的哭泣声”。罗马遭笃信天主教的查理五世的洗劫，路易十四蹂躏过巴拉提内特，无数的战争中发生过无数这类勒索事件，中国并没有受到特殊的待遇。但雨果却完全意识到在中国人的集体心理上这次创伤的严重性。

这次新的胜利后，又在北京签订了第三个“不平等条约”：香港又扩大了，加上了九龙半岛；外国租界完全自治；西方炮舰可以沿长江而上1000公里。最后，最令人痛苦的一项条款里互相交换常驻代表。叩头就完了！在马戛尔尼提出要求后只用了67年时间，他们就同意了遵守国际惯例。西方人不再是“纳贡的夷人”，并将派外交使团到为此而设立的总理衙门。

这样从一开始就支配中外关系的不平等就取消了。那么为什么中国人把这些用武力强加的条约称为“不平等”条约呢？哪个条约不是不平等的呢？在西方人的思想里，条约消除了力量上的不平等而用一种持久的权利状态来替代，它制止了力量悬殊的战斗的破坏性逻辑而回复到建立平等关系的和平逻辑；相反，在中国人看来，中国与属国之间不平等是天经地义的。他们感到的不平等就是人家把平等强加给他们。命定的附庸同合法的君主平起平坐，这是多么令人气愤的事！

这种变革使中国人的思想难以接受，所以久久不能得到实施。它弄乱了一切对生活的看法。它把理性强加给了中国人。它让中国人放弃了造成幻觉的思想。但它又使他们在灵魂深处受到了伤害——就像一个小朋友想用拳头告诉一个性格孤僻的孩子世界上并不只有他一人那样，中国人只有通过起义、仇外以及内战才能治愈他们受到的创伤。

第八十八章

内 破 裂

(1850年—1911年)

天道不仅由于外来的打击而遭到了动摇，它在满清王朝无法再平衡的民族主义反应的压力下从内部破裂了。

在中国国内侮辱中国人，外夷证明了“天命”已不再授予这王朝。马戛尔尼谈到秘密会社策动的叛乱。这并不是一种新的现象。但在1850年，它的规模空前壮大，这就是太平天国起义。它特别反映了中国的民族主义，但具有时代特征的是这种民族主义开始借助西方的武器——为了更好地同西方作斗争。这次起义的领袖是广东的一个年轻农民洪秀全，他在广州曾同欧洲人有过往来。他从这些接触中记住了两件事情：西方的技术优势和对基督教新教的一些初步概念。尽管方式简单并带有空想的性质，他是把西方思想与中国民族主义结合起来的第一个人。

他宣布自己是“耶稣—基督的弟子”；他的信徒组成了“拜上帝会”，每月祷告两次，遵守十诫，禁止酗酒、吸烟、抽鸦片和赌博。他们主张男女平等，要求均分土地。他们关注由于19世纪人口爆炸加上社会保守所引起的农民日益贫困问题。

1851年，洪自封皇帝，称为“天王”。数百万与满清王朝敌对的中国人追随他。1853年，他攻占了南京。自封的皇帝很快就控制了18个省份中的11个。但他的力量却分裂了。在进攻上海时，他遇到了劲敌：西方人从1861年起向满清王朝提供了武器弹药、顾问与雇佣军，以把清朝从太平军手中解救出来。他们的军事机器把原已被内讧削弱了的人民起义军的进攻粉碎了。“天王”服毒自尽，人们把他碎尸万段。在起义导致的2000万死者中又增加了一名新的殉难者。

慈禧太后

1861年也是咸丰皇帝死的一年。他的儿子，4岁的同治即位。但同治的母亲、贵妃慈禧将在半个世纪里掌权。她聪明，但毫无顾忌，并与乾隆或嘉庆一样坚信满人优于汉人，汉人优于西方人——就像坚信儒家的思想永远适用一样。

但一切已不同于以前了。她也极力要重视军队，建设军火库与轮船，反对腐败，使用西方科技教材和鼓励外语教学。只是她不准备触动体制。这些权宜之计既不能恢复儒家权威，也不能把中国变成现代国家。孔夫子自己就说过："朽木不可雕也。"

强大的天朝官僚制度既挫败了太平军，也挫败了改良派。农民起义尽管没有推翻帝国的统治，但已威胁到官僚—文人—地主集团的利益。接受改革就会让位给已经初露锋芒的新的精英：作为西方人中介的"买办"商人以及1895年到1900年的改革中产生的军人，黄埔军校未来的学生，其中有在日本培养的蒋介石或从法国回国的周恩来。因此要打击一切变动的事物，但又不能就此平息起义的旋风。掌权的官僚阶级还将顽固地生活在梦呓之中。

瓜分

外夷却在继续瓜分中华帝国：1885年法国从他手中夺去了安南，1886年英国夺走了缅甸。7年之后的中日战争更使中国无地自容。那些被称为"矮子"的人①从中国汲取了他们文化中的精华，现在却反过来战胜了这个国家。朝鲜成了中国这个理论上的宗主国和靠着迅速现代化而想成为实际上的宗主国的日本之间不和的原因。1894年9月17日，日本人在鸭绿江口击沉击退了中国的舰队。他们进入清王朝的本土满洲里不到一年后，中国不得不求和。"瓜分"在继续②。

---

① 日本由天皇统治，但从6世纪以来就不再是中国的附庸了。日中关系采取了一种折衷的方式：不是日本天皇而是他的"首相"（征夷大将军）向中国朝廷派遣使节、押运贡品并行叩头礼。

② 朝鲜独立了；台湾和澎湖列岛归日本；旅顺口和满洲里的用益权归俄国；长江流域的贸易归英国；法国有对东京湾沿海各省的干预权；山东归德国。

战争前夕，一艘英国通信舰把日本舰队司令伊东（佑亨）的一封信带给已成为他敌人的当年的同学和朋友——中国统带丁汝昌。这封军人之间的信件十分清楚地说明了日中两国在“剧变的世界”里的反差。这份罕为人知的文件写道：

“贵国目前的处境……源于一种制度。你们指定某人担任一项职务时只考虑他的文学知识。这是几千年来的传统：当贵国与外界隔绝时，这一制度可能是好的。现在它却过时了。在今日的世界里已不可能与世隔绝了。

“您知道30年前日本帝国处于何等艰苦的境地，您也知道我们是如何抛弃旧体制，采取新制度以求摆脱威胁我们的困难。贵国也应采取这种新的生存方式。如能这样，就会一切顺利，否则它就只能灭亡。

“谁想忠诚地为自己的国家效力，谁就不应该让自己被面临的大潮所席卷。最好是改革这个有着光荣历史、幅员广大的世界上最古老的帝国，以使它永远立于不败之地。

“请来我国等待您的祖国要您回去从事维新的时刻吧。”

海战之后，收信人海军提督丁汝昌恭敬地面向北京自尽了。

百日维新，最后的机遇

文人作出了反应：中国必须改变！光绪皇帝在1878年24岁时承继同治登上了帝位。他受到这些文人的影响，设法摆脱他姨母兼继母慈禧的桎梏。他向百姓发出了呼吁：“西方诸国困我天朝，如我国不能效法，则毁之于一旦矣。”

这是满清王朝的最后一次机会。年轻的皇帝在1898年6月11日至9月20日间的100天里孤注一掷，但丧失了这个机遇。他受到彼得大帝与明治的启发，采取了许多改革措施：向国外派送留学生；公开预算；科举时废除八股；在北京创办京师大学堂；设农、工、商、铁路各总局；颁布有关发明与实业的法律；重组衙门；把不用的军队所占土地分给农民；鼓励开办政治性的报纸；帝国所有臣民都有权上书言事等。

皇太后周围的人则对这些接二连三的鬼点子感到气愤。慈禧斥光绪为“痴儿”，并宣布光绪为低能儿，把他关在现在颐和园湖中的一座楼里。他住的那屋子称为“空房”。她下令逮捕和处决了维新派人士。

令人窒息的无窗铁屋

为了挽救王朝，慈禧利用了仇外情绪。她玩弄两面手法，鼓励建立乡团，准备反夷的全国起义。在乡团中一个名叫“义和拳”，即“义和团”的秘密会社发展起来了。百姓中最为落后的那部分人受到文人寡头政治中极端守旧集团的鼓励而起来反抗了。而根据鲁迅的说法，正是这个文人寡头政治使中国成了“绝无窗户”的“一间铁屋子”，“里面有许多熟睡的人们，不久都要闷死了”。

1900 年 6 月，慈禧向夷人开战，并令百姓“啖其肉，寝其皮”。群情愤激之下首先遭殃的是传教士及他们的教徒，还有外交官。但她终究不敌在天津仓促登陆的日本与西方联军。朝廷逃跑了。后来又谈判，但北京已经遭到了劫掠。

西方又一次挽救了被他们破坏的政权，这就把中国禁锢住了——也就使新的革命在这个国家逐渐成熟起来。西方既充满活力，面对能从中取得巨大利益的这个无穷的劳力智力库时也就眼花缭乱。例子呢？“要开发这些资源，就应该像埃及、突尼斯或土耳其那样让欧洲人来管理。”上海法租界的董事长就是这样说的：中国受到的监护还不够……这看法可笑吗？就在同一时代，严复也在考虑“在开始做一二事前”，中国是否应“走印度或波兰的道路[①]”。遭受奴役难道不是他的祖国为达尔文阐述的规律付出的代价吗？

姗姗来迟的改良

串通一气的盗贼最后总会打起架来的。争夺横贯满洲的大铁路的控制权导致了 1904—1905 年的日俄战争。世界惊讶地看到一个亚洲国家竟能在军事上打垮欧洲幅员最为辽阔的国家。

所以，西方人并非是不可战胜的！因袭传统者与进步人士都从自己的家门口发现了进行结构改革的理由：从 1868 年起，“日本帝国”正是借此成了新

① 严复在《原强》中说：“恐未及有为，而已为印度、波兰之续”，并未主张中国走印度、波兰的道路。——译注

的强国。军队重建了：那种“百步穿杨、百发百中”的骑兵射箭表演可以休矣！

但上面进行的革命与下面进行的革命互相竞争着。1906 年、1907 年、1908 年三年都发生了叛乱。慈禧 1908 年死时，“天命”降于一个 3 岁的孩子溥仪之身。他的叔父摄政，并向起义让步，在 1909 年成立了各省的谘议局，1910 年成立资政院。中国是否在向君主立宪制过渡呢？满清王朝遭到越来越多的批评。1911 年 10 月 10 日，几乎纯属偶然，一个阴谋在汉口的法国租界得逞了。驻军投向起义者，革命迅速地蔓延开来。汉人把满人从 1644 年以来强迫他们蓄留的辫子剪了下来，作为解放的象征。

共和国在南京宣告成立。1912 年元月 1 日，新的国家正式产生了。格里历代替了中国的星相历时，孙中山当了总统。2 月 14 日他让位于一名独裁者袁世凯。中国在 4000 年的历史中至今就有过这 45 天的民主。

但无论如何，上天安排的一个时代结束了。马戛尔尼的可悲预言实现了，也许是因为他在 120 年前伸出的手没有被握住的缘故。

结束语[①]

天文地理音乐钟与景泰蓝[②]

夫自由一言，真中国历古圣贤之所深畏。

严复，1895年

在中国，事情当时已到了这种地步：除了极端的行为外其他一切都被排除了。

夏尔·戴高乐，1964年

马戛尔尼献给乾隆的最能说明自己国家现代化程度的礼物是一台"天文地理音乐钟"。作为回赠，乾隆让人给了他几件传统工艺品：玉雕、丝荷包、细铜作胎外填珐琅彩釉称为"景泰蓝"的瓶子。地球仪与景泰蓝：多妙的象征呀！

英国懂得：科学技术的进步、国家的富强都来自贸易。尽管它只有不到1000万的人口，但已表示出胜者的骄傲。它决定在全球扩张。它拥有最大的商船队与最令人生畏的海军舰队；它全力支持本国的探险者与海盗；它扶植世上最为活跃的租船公司；它从法国人手中夺取了加拿大与印度；当它不得不让美国独立时——但还设法留住了那里的顾客——它决心向东南亚与太平洋扩张以弥补这一损失。它懂得统治全球的将是世界上——现在已经发现，今后

① 大家上面读到的马戛尔尼出使过程是我根据常常是未发表过的见证写成的，这些见证给早先的讨论添加了新的内容。下面这几页则性质不同。这篇短文是我积40年对世界上先进国家与第三世界间关系的观察与思考而写出的：这使我倾向于用具有普遍意义的命题来结束一篇专题著作。它不是从局部得出整体，而是试图用我对整体的某种看法来说明一个局部问题。甫斯特尔·德·库朗日〔(1830—1889)，法国历史学家——译注〕与克洛德·贝尔纳〔(1813—1878)，法国生理学家，实验医学的奠基人之一——译注〕可能会说："用毕生的分析作出的一小时的分析。"

② 景泰蓝在法语里译为cloisonné，即"嵌金属丝花纹的珐琅工艺品"，该词原意为"被隔开的"，故作者用它来象征中国。——译注

将互相依赖的世界——最为开放、最为灵活和无处不在的那个社会。

闭关自守

乾隆统治下的中国显然是人类历史上最大的帝国。它的本土被向它进贡并作为它前沿阵地的属国所包围。和睦的中国覆盖了从里海到琉球群岛、从贝加尔湖到孟加拉湾与暹罗湾之间的广大地区。

这辽阔的领土被无法穿越的沙漠与高山以及海盗横行、波涛汹涌的大洋保护着，被万里长城，被无法根除的偏见组成的精神上的长城，被那种认为中央帝国孕育着“天下惟一的文明”的信念保护着。这领土之外的人民则是一些粗野的外夷（除非他们因“向往文明”而来顶礼膜拜）。来自他们的有害东西应该予以抛弃。他们的侨民来中国都包藏着祸心（是否完全错了呢?）应该处处怀疑提防他们。所有不是奉皇上旨意离国的中国人都应退出帝国；从国民责任方面来说他们已经叛国；作为一个中国人他们已经死了。

在内部，中国社会与其说是分成阶级，不如说是分成某些等级。等级间的隔阂并不比中国人与外夷之间的隔阂更好克服。只有通过攻读儒家著作并经过科举考试的核实才能跨越它们。中国社会学家强调这制度的灵活性以及世袭在其中不起作用。但这种读书做官的过程中也包括分隔的规则：官员哪怕出身平民，通过皇帝的授权也变成了这些规则担保人，而皇帝又要对上天负责保证规则的实施，因为他是受天命来保护这些规则的。任何人都摆脱不了这样一个秩序。

当然，中国同从朝鲜到缅甸的属国以及如印度、菲律宾、爪哇等传统顾客一起组成了一个巨大的、自给自足的整体。这个集团虽然在习惯上一成不变，但还是活跃热闹的；它禁止对外贸易，但内部的贸易却很广泛。它组成了布鲁代尔所说的“经济世界”。只是这个经济世界不像英国经济那样发生爆炸，因为它缺少“足够强大的、能使核心升压的外围地区”。中国控制的经济力量因为没有真正的竞争对手，所以必然要接受中国意识形态的左右。巴拉兹指出，在中国只有当政治秩序被严重动摇时才会出现资本主义发展的萌芽。

无论从伦理上还是从政治上看，“隔离群”这个说法在这里并不真正适用。乾隆时的中国实行汉、满、藏、蒙等民族的共处。许多用这四种文字写的

18 世纪时的碑文就可证明这点：这四种文字可占一面，常常还刻着乾隆的手迹。

但中国仍然是一个内部分成等级，四周用墙围住的国家。马戛尔尼使团把一个全球自由来往的社会同一个封闭隔离的社会对立起来了。开放的帝国对封闭的帝国。

双方都断言自己优越。中国认为自己的文化从本质上就高人一筹，并以损害属国或“熟”番的方式加以推广。英国说自己的文化优秀，因为这是现代的，也就是说建立在科学、自由交流思想和精通贸易之道的基础上的文化。两种语言无法沟通。双方都误解，双方都互相瞧不起。

我在本书的前言中提出了这个问题：中国原来领先于其他文明好几个世纪，为什么它会在如此短的时间里失去这种优势呢？马戛尔尼的出使至少作出了两种解释。正当西方各国投向广阔的世界时，中国却闭关自守起来。当欧洲的革新层出不穷时，中国却在顽固地阻止新事物的出现。

相对的静止

孩子们在自动电梯上逆向而上。要是停下来，他们便下来了。要是往上走，他们就停在原处。只有几级一跨地往上爬的人才能慢慢地上升。在人类漫长的队列中，各个国家也是这样：静止不动的国家向下退，不紧不慢地前进的国家停滞不前，只有那些紧跑的国家才会前进。

这种相对的运动与静止，我们只有经过长期的比较才能发现。18 世纪的中国发生过许多事情：一位毕生从事研究这段历史的汉学家在把这个帝国看成停滞不前时可能会感到犹豫不决。相反，一位研究英国文化的学者可能会对同一世纪里英国国力的发展无动于衷，因为他只看到这个国家里的苦难与不足，看到被无情的《圈地法》从自己的土地上赶走的农民，看到那里的破屋、暴乱、咄咄逼人的寡头势力，看到它对美国起义军与对法战争的失败，看到总是低于百分之二的发展速度（这同我们“辉煌的百分之三十”相比实在是微不足道）。

但比较结果却发现英国的农业迅速地完成了现代化，而在同一时期，大多数法国农民像中世纪一样地生活；通过大银行家、大工业和大宗买卖的协同作用，英国不但对其他各洲，就是对欧洲其他各国的领先地位也越来越明显了。

当两条直线越离越远时，开始时几乎发现不了的差距最后也会变得十分巨大。马戛尔尼出使中国是显示出一个正在上升的西方与一个自认为统治世界，实际上已经沉睡不醒的帝国之间日益加大的差距的最佳时刻。

异国趣味的贩卖者

马戛尔尼赴华及其使命的失败孕育着以后两个世纪里的对抗：西方与远东的文化冲突；工业国与第三世界的冲突。

然而马戛尔尼出使时狮子与龙的相遇使过分简单的比较不再适用。中国继续闭关锁国，这从它自己的观点看是合乎逻辑的。而英国想迫使中国开放时却有些前后不一致了。马戛尔尼及其伙伴不承认中国文化的独特之处，这时他们并不比中国人看西方时表现得更为豁达。他们知道要去见一个文化高雅的民族，但他们接近后者时就像那些低级的船长或商人对非洲部落里的人一样。他们有着当时的人——启蒙时期的人——的目光。他们是技术和市场方面的冒险家。他们对善良的野蛮人与异国情调的高雅人一视同仁：都是他们做买卖的对手，是一件商品，一个没有读过并且永远也不会去读亚当·斯密著作的人。他们对去时上船的四位中国人与返回时搭乘的巴布亚人不加任何区分。

英国人像用玻璃饰物引诱黑人那样用机械来引诱这个大孩子，这次他们可能花费了不少金币。诱惑的代价非常昂贵，但做法是一样的。只有一个细节不同，即他们没有能诱惑中国人。东印度公司的一份报告在马戛尔尼动身前告诉他："中国人极端迷信，当然就不容易接受新鲜事物。"这一点在他们到达当地时完全得到了证实。中国人讨厌新鲜事物，这本身就是一种落后的表现：这同时也说明他们拒绝承认各种文化有权表现出差异。

英国人认为他们的权利，也许甚至是他们的义务，在于根据西方制订的规则让中国向国际贸易开放。如果中国拒绝接受欧洲商人的做法，就是中国错了。马戛尔尼的行为就像是一个专贩异国趣味的商人，他除了供给英国人茶叶、丝绸、漆器、瓷器外，还满足他们到远处冒险的梦想，从中得到某种乐趣。他要为了英国的利益得到这种文化的真髓，然后让全欧洲的买主垂涎三尺。遗憾的是他从中国人方面却没有看出丝毫羡慕的表示。"几乎不可能让中国人相信扩大外国商品的进口也是他们的利益所在。”这些可怜的人拒绝贸易带来的好处，当然也就拒绝了以英国为核心的文明所带来的好处！

马戛尔尼的一切做法都在否认中国文化的有效性。拒绝叩头，讨厌盘膝而坐，见到日常生活的场景傲慢地感到可笑，这些意味着：认为不能有几种文明。他像中国人一样具有排他性。只有一种文明，即西方的文明，所有的人都要向这种文明进化。英国不但是这种文明最杰出的代表，同时也是它的动力。这种惟一的、共同的文化就是 WASP 模式，即白人的、盎格鲁—撒克逊人的、基督教新教徒的模式①。在这种模式里，《圣经》掺杂了理性主义，事业心替代了命定论。勋爵的责任就是把这一模式推广到中国。他意识到这个任务要有超人的力量才能完成，并有朝一日要诉诸武力。

19 世纪与 20 世纪的历史就是在这种偏见的基础上发展起来的：先是有色人种遭到欧洲的殖民统治，然后是他们的反抗。这类冲突在双方接触的初期就出现了，但接触本来是应该消除这些冲突的。

在中国的镜子里

至少，这种落在别人身上的骄傲目光将帮助英国人进一步了解自己。对社会与对个人一样，要了解自己必须通过别人。每发现一点差别，就会提出两个问题：“为什么他们是那样的？”然后是：“为什么我不那样？”

英国人在这次旅行中从热情转到蔑视。但回国后，同斯当东爵士一起，马戛尔尼有充分的时间来冷静地考虑他的《纪实》。这本纪实直至 1908 年，特别是到了 1962 年才发表，而且还是部分内容。它提高到人种学与历史哲学的高度来看问题。在书中，马戛尔尼是以看问题准确、目光远大的思想家的形象出现的。中国当代历史学界也正在接受这一看法。

就像托克维尔在美国和居斯蒂纳②在俄国一样，马戛尔尼诚实地指出：“我不能什么都看到，所以我可能搞错；但我介绍的都是我亲眼所见的。”有些事情原来是看不到的，因为当时贴得太近，现在拉开了距离就看清楚了。要

---

① 这几个英文词（white，anglo-saxon，protestant）的词头合起来就组成了 WASP 这个缩写。——译注

② 托克维尔、居斯蒂纳，两位都是法国作家。——译注

了解自己就要通过他人。马戛尔尼与他的同伴用了多年时间来制造这面中国的镜子。当他们把玻璃浸入这任何东西都无法代替的神奇的液体——同现实接触——中去时，背面的锡汞层形成了；镜子把他们自己社会的形象给照了出来。中国教会他们如何去看西方。他们在为中国社会的相反特征感到惊讶时，也在对自己社会的特征进行反思。

在看到中国停滞时，他们也更感觉到自己的运动。英国人在看到中国任何人除了做社会希望他们就地能做的事之外无法从事任何其他事情时就明白了个人积极性的重要。当他们看到中国惟一的人的实体就是整个集体时，就认识到西方人的力量。当他们了解在中国无人能超越规定给他的位置，否则就会影响已定的等级体系时，也就测定了在他们国内竞争所起的作用。他们在猜测商人在那里受到何种程度的蔑视时，也就量出商人对他们来说又是何等的重要。当他们发现这种对停滞的崇拜时，就觉察到自己对新鲜事的何等崇拜。总之，他们更为理解个人主义、竞争与革新就是他们的财富和强盛的动力。

两千年的杰作

那些大的帝国都是由伟大的中央集权者建立的，是他们把那无形的黏土塑造成形的。这些人有尼布甲尼撒①、泽尔士②、查理大帝、彼得大帝、拿破仑、斯大林和毛泽东。这些巨人都制服过起义者，并强制建立了等级森严的组织，这些组织就像风暴都无法摧垮的巨大的金字塔一样，在他们死后长久地保存了下来。但没有一个国家能比孔夫子和秦始皇建造的中华帝国更为巩固了。在这帝国里，一切都为了能持久存在，为了国家的强盛而安排得井井有条。个体的作用越来越小，只有在集体里它才能显得完美，这几乎带有宗教的色彩。每个人都镶嵌在一个等级体系中。所有人都得接受共同的价值，个人意识则被磨得平整光滑。

中间组织——行会、协会、等级、宗族——的存在只是为了巩固总体建筑。它们组成了许多平行而相互封闭的小社会。它们像蜂窝一样互相镶嵌在一

---

① 尼布甲尼撒指尼布甲尼撒二世，新巴比伦王国国王（前604—前562），在位时把版图扩张至叙利亚和巴勒斯坦，奴隶制经济获得显著发展。

② 泽尔士一世，古波斯帝国国王（前486—前465），曾镇压埃及等地的反波斯起义，远征希腊。

起，像金字塔那样外面是一个平整而无法透入的表面，而里面却分割成许多小间。分工既扩大了各个组织的分离，也增加了它们的独立性。这样组成的社会可以无限地分割下去。总体指挥着部分。

在建筑物顶端的是神在这世界里的化身——天子。紧接着是加固金字塔顶端和棱边的大军机处、总督、巡抚和整个文官等级体系：只有他们能用特有的语言来阅读和书写。他们的任务是把皇上的旨意和帝国的价值传达给群众。然后是农民，他们是整体生存所必需的广大群众，是真正的生产者；其他阶级的存在都是为了让他们能生产。再下面是手工业者，对他们的要求是为农民的耕作提供必需的工具。最下面是商人，他们不是生产者，而纯粹是寄生虫。他们靠贸易为生；他们不创造财富①；他们只是靠损害他人来攫取金钱。他们虽然富了，但并不能因此而得到尊重。

中国社会从公元前3世纪直至20世纪就这样以相同的方式重复着。同样的坚如磐石的建筑经受了时间的考验。它几乎不给个人以自由，因为个人被认为不能分辨哪些东西对自己有用。在自由社会里，每个人都是整个人类的体现，个人被认为比集体更了解哪些东西适合于自己；中国社会正与此相反。

接待马戛尔尼的中国人对这种特殊的持久性与使之持久的原则深信不疑。他们知道帝国的稳定要靠坚持不懈的努力遵守及让人遵守已经确定的规则。他们有着世界上（他们的世界上）的一切理由不听这个“大鼻子”来向他们讲故事。乾隆与他的官员们对自己的制度感到骄傲，而且也真有值得骄傲的理由。他们很珍视这一杰作：中央集权的官僚体系在多少世纪以来战胜了众多的历史环境，经历了深刻的变化并永久地存在了下来。

1949年革命所废除的不是马克思主义语言里所说的“封建主义”。封建主义的定义是：个人地位主要是与生俱来而不是获得的，在这种制度下个人对世袭贵族的依赖关系起着主要作用。在中国，世袭贵族在公元前3世纪就已经被废除了②。

一个完全是中央集权的国家出现了：这个国家由可以替换的、领取薪金、大笔一挥就可解职，并从唐朝以来就通过不公开姓名的考试录取的文官以

① 中国直至1986年还同其他社会主义国家一样不把第三产业（服务业、商业）算在国民生产总值内。

② 在这个中央集权的国家里只存在很少的封建成分，如清朝的满洲贵族或公认的孔子后代。

客观的方式、根据每人都要遵循的规则来治理。按照统一的模式组织起来的行政区域代替了根据封建领主弄刀舞枪的本事而划分的面积大小不一的封地。皇帝任命所有的公职人员。他用一套奖惩办法牢牢地控制了束缚全国的网络。他一人集中了所有的权力。

这一体制在中国经受住了考验，并传播到如朝鲜或越南等国家。它甚至成为西方（如路易十五时的法国）设立考试和会考的榜样。它的优点是很明显的。它把比从大西洋到乌拉尔的欧洲更为广阔的一个空间紧密地组织起来了：国防线、道路、驿站、星罗棋布的指挥网络。国家通过大量购买粮食、谷物税、公家囤积等手段来调节市场。中国早就确定了中央集权国家的模式，欧洲国家只是到最近才达到这一水平。

从秦始皇以来，法律、钱币、赋税、度量衡，甚至车轮间的距离都是统一的。必须使用统一的文字，甚至在四周的君主国家——朝鲜、日本、越南——都是如此。中国文化就这样威力无比、持续不断地在20多个世纪里传播开去。一种文化能在那么长的时间里发扬光大，这在人类历史上是独一无二的。

两种优越感的撞击

这种结构有它致命的弱点：它出现时正好西方发现在自己社会里（首先在英国社会里）出现了个人主义带来的强盛苗头。它的发展十分缓慢，经过了若干世纪；但突然之间便取得了丰硕的成果！完善的中央集权模式从一开始构思时就已经十全十美，在2000年里几乎持久不变，但这时突然遇到了新生而活跃，虽不完美但已卓有成效的社会自由的模式。

然而，把“发达”国家与不好意思地称之为“发展中”国家分开的鸿沟是在一个同人类生存的时间相比相当短暂的时期里形成的。西方的航海者入侵时，南美或赤道非洲的最原始的部落只达到欧洲居民在公元前2000年时的水平；中国人则已达到路易十四时法国的水平。这些差距很容易用地理或历史环境来解释：环境促进了居民的发展，放慢了其他一些人的发展速度；导致了一些人的闭关自守，引起了另一些人的种族混合。35个世纪同350万年相比，只有人类存在的千分之一的时间。没有任何理由能为白人对有色人种的种族优越感辩解。

马戛尔尼的伙伴们到达中国时坚信自己比其他欧洲人强。他们回国时又增加了一种新的信念：他们同样也比中国人强。他们看到这个从马可·波罗以来大家都说得天花乱坠的帝国竟是如此的落后。为什么呢？因为它反对进步、反对科学、反对事业精神。相反，他们却发现了自己强大的动力。

马戛尔尼及他的伙伴在激起以后200年里传遍世界的盎格鲁—撒克逊人的优越感中起了很大的作用。为了使他们的报告引起轰动，他们支持了欧洲人优越的信条。这一信条使吞并美洲、非洲、亚洲和大洋洲的无数领土合法化了。儒尔·费里[①]和第三共和国用的也是同一种语言。他们将把“文明”带给“野蛮人”。

殖民矛盾

西方这种把自己几乎看成是救世主的信念使它也充满了矛盾。这样它就成了自己主张和整个欧洲都信奉的，法国革命又使之明确了的普救学说的敌人了。它否认受到奴役的民族享有自由、平等和博爱的权利。这种矛盾是如此深刻，以至西方最后因进行过殖民统治而怨恨自己。在非殖民化时，它本来应该同自己的天性协调起来，但这时它却在鞭挞自己。

被统治的国家从它们的角度看怎么能不为自己的传统遭到西方的粗暴破坏而感到不快呢？它们很骄傲，也有权利感到骄傲：一个不为自己感到骄傲的民族就会失去生存下去的乐趣。特别是像印度或中国这样的国家，它们产生过古老而灿烂的文化。第三世界的人民反抗西方的斗争是一种健康的反应。它的实质是拒绝否认他们地位的外国统治。对一切有能力组成一个国家的民族来说，独立是一个无价之宝。但是，因为独立的需要扎根于激情的深处，非殖民化也导致了一系列错误的观念。

马克思主义者或他们的同情者不仅成功地让愿意相信他们的社会主义国家与第三世界，而且还让西方知识界相信：殖民国家的发展，殖民地的不发达状态都源自前者掠夺了后者。他们忘记了第三世界的贫困在殖民之前早已存在，并在殖民结束后依然存在或是在殖民之后重又产生。欠发达状态，或干脆

① 儒尔·费里（1832—1893年），法兰西第三共和国初期的政治家，曾两次任总理，以实行反教会的教育政策和在扩大法国殖民地方面取得成就闻名。

叫不发达状态是一种持久的、普通的现象。从地球上有了人类后，无知，流行病，奴役（奴隶制、女人的顺从、一部分人对另一部分人的依附），营养不良，对疾病、饥饿与战争的恐惧就是人类的共同命运。不发达并不是一件丢脸的事，倒是要把发达看成是一个奇迹，而且是最近才产生的一个奇迹。

当然，先进文化的入侵使墨守成规的社会失去稳定并最终从内部摧毁这种社会。但是不要在事后回顾时把这些社会理想化。在中国同在非洲、亚洲、美洲或大洋洲的原始社会一样，在西方入侵前曾发生过可怕的灾害：饥饿、麻风病、疟疾、极高的幼儿死亡率、毁伤妇女肢体，更不用说同类相食了……这些并不是发生在殖民之后，而是在殖民之前。殖民反使这些现象减少了。

殖民者并没有把贫困带给殖民地的人民，他们带来的是屈服，这从长远看是无法忍受和使人消沉的。我们在这里又发现了矛盾：这种屈服并不是传递使西方振兴的反应的最好方法。西方不是通过殖民才能传播它的“文明”，而是通过建立这种文明的基础：自由与贸易。

这点千真万确，即使从经济上看殖民也几乎没有使西方得益。西班牙和葡萄牙这两个在15、16世纪最有活力的国家在以后的年代里似乎被它们的殖民地削弱了国力。英国在征服殖民地之前已经相当繁荣；根据今日的计算，它在鼎盛时期的财富只有很小一部分来自它的帝国。1945年后发生了最惊人的经济奇迹的国家如德国、意大利和日本当时并没有殖民地。那些失去了原来与之相依为命的帝国的国家如荷兰、法国和比利时恰巧在他们卸掉包袱后得到了迅速的发展。像瑞士、瑞典等最富有的欧洲国家从未有过殖民地。那是因为贸易能获得巨大利益，而殖民最终却要付出代价。马戛尔尼在18世纪80年代当马德拉总督时已经懂得：印度正在使英国付出更大的代价，而不能获得更多的利益。只有同中国进行三边贸易才能填补这笔逆差。

殖民并不符合西方的本性，而往往是意外困难驱使下产生的结果。除非遇到几乎无人居住的地区，殖民者开始并不打算吞并土地，而只想经商。这应是符合相互利益的。发展中的欧洲需要新的市场。传统社会同意贸易就可达到现代化。同中国尤其如此。建立贸易关系是从16世纪末到19世纪初所有派遣到北京的使团的目标。但满清王朝拒绝开放。武力行为、割让领土、直接治理只是他们拒绝的后果，或者是后来他们无法履行违心的签订的条约的后果。在这之前，为了对付无政府状态，英国已经不得不亲自管理印度。设在这些广阔的帝国边上的商埠这个方式更受到西方的喜爱。但这些帝国的崩溃使西方只得承担起它原先可以避免的直接责任。

谁之过?

当然，殖民导致了无法接受的统治效应。但谁能站出来当原告呢?为什么只有西方坐在被告席上呢?阿拉伯人在欧洲人代替他们之前曾对一大部分非洲领土进行过殖民统治并在那里实施了奴隶制。伊斯兰国家曾用严刑大力让大半个亚洲都改信伊斯兰教。中国在被蒙古人与满洲人攻占之后自己也占领了蒙古和满洲。它兼并了西藏和突厥斯坦①。印度、缅甸和印度支那在受英法殖民统治之前先受到蒙古人或中国人的统治。朝鲜先是受到汉化，后来才是日本化，最后一分为二，一部分苏联化，另一部分美国化。而俄国仍然是一个殖民大国。

殖民者总是夸耀自己担负着传播文化的使命。这种借口对西方来说不是比对其他别人更讲得通吗?它曾带去了医学与卫生，减少了饥饿与死亡率，使生产合理化，总之使一直停滞在不发达状态的传统社会进入到发展的、变化的时代。西方难道比其他总想把自己的影响扩大到外部的任何大国更应受到谴责吗?

它们并不比淹没一个国家的洪水或海潮更应受到谴责。惟一应该坐到被告席上的是这个国家的至高无上的领袖，因为他发现有了对付这些自然现象的机会而拒绝加以利用。乾隆几乎就是这样做的。当时英国人来向他提出了发展的办法，但他却为了维护那个不可变更的秩序轻蔑地加以拒绝。1949 年以后，中国共产党又重复了对“不忠的商人”采取的这种无情做法。

选择运动

中央帝国拒绝了本来可以使它进入国际生产秩序的贸易协定。但它无法使它的臣民不受消费的诱惑。这下中国不是作为一个贸易和工业大国而是作

---

① 突厥斯坦(Turkestan)指中亚北起西伯利亚，南至西藏、印度、阿富汗和伊朗的广大地区，西部为原苏联土库曼、乌兹别克、塔吉克、吉尔吉斯等共和国所在地，东部为中国新疆维吾尔自治区。——译注

为毒品的消费者进入到世界市场。

它在1793年拒绝开放，这就注定了它要遭受以后的侵略；然而它本是可以利用英国的协助使自己得到新生的。这在当时是可行的吗？决定论者会作出否定的回答。然而当我们研究前100年里俄国发生的事情或后100年里日本发生的事情，我们就会作出肯定的回答。一个民族如果领导有方法就能避免衰落并投入进步的行列。

1695年，彼得大帝在亚速城墙下久攻不下，无法击败土耳其人时意识到了自己国家的落后。他决定自己去西方（法国、荷兰、英国）寻找自己缺少的改革办法和技术人员。这位最为专横的暴君在1697年至1698年的出访中竟成了一位谦逊的取经者。回国后，他让贵族与僧侣束手就范，剪去了领导阶层的胡子，缩短了他们的衣服，让他们学习西方，改革军队与税制，设政府各部与上议院，发展教育，采取了有利出口的重商政策并建起了无数的工厂。

1725年他死时遭人憎恶，但他已推动了俄罗斯的现代化。

昔日的附庸竟成了胜者

在19世纪最后30多年中，日本突然崛起，这又一次说明一个民族能够在一代人的时间里从文化的撞击中汲取教训并跨越几个世纪的发展。

日本历来都“从中国取得智慧”。17世纪中期，它专横地拒绝一切外国影响的传入，同世界的惟一接触是每年一次有一艘荷兰船在长崎停泊。

1853年，即马戛尔尼来华后60年，美国分遣舰队指挥官佩里强行驶入东京湾的浦贺港，交给日本政府一份照会。6个月后他又来等待答复：1854年3月，日本签订了神奈川条约，把它的两个港口全年向西方船只开放。1895年，它的舰队与陆军击败了中国。1904年至1905年，这支军队又在远东的陆地与海上消灭了俄国军队。在40年中，明治的日本从孤立中走了出来，昂首阔步地进入到列强的队伍中来了。

日本人曾同西方谈判过，但是为了向西方学习并赶上它，他们装作卑躬屈膝，目的是有朝一日能超过西方。1853年的文化撞击唤醒了他们。经过几年的犹豫，他们向西方最先进的国家派出了使团。日本借鉴了西方的政治、经济和社会组织：英国式的议会制度，法国式的民法与刑法，法国宪兵，普鲁士的军队，特别是在经过一个阶段的统制经济后，又学习了英国式的企业、自由贸易、港口和银行。

是否日本比中国更容易学习西方呢？可能是。中国人坚信自己是完美无缺的。日本人在许多世纪以来已习惯于在借鉴别人的同时又保持自己的个性。从参考中国到参考西方，他们只是改变了学习的模式。他们懂得他们应该仿效别人，否则就会灭亡。

而天朝并不准备去冒这种前途未卜的危险。在19世纪的最后几年，洋务运动借鉴了同明治一样的原则。但从上到下，它遭到了太大的阻力，所以无法成功。

中日战争之后一位中国文人曾说："日本人对西方人深恶痛绝，然而他们仍钻研西学，虽痛心疾首而坚韧不拔。他们深知若不学则无以救国。"严复还哀叹"中国的心志习俗皆不识历史之大潮"。

世界在没有中国的情况下变化着，它想把中国带入自己的圈子；它将会以越来越迫切的方式让中国明白这一点。但中国应该在思想上来个变化，而这只需一次文化革命就够了。

那喀索斯①的悲剧

要向别人学习，中国人应当摆脱千年以来的骄傲情绪。他们经过了两个世纪的悲剧后才习惯了这一想法。但没有迹象说明他们准备这样做。

从1793年至1978年，中国一直想遵循自己的模式。除几次很快就失败了的尝试，它拒绝谦虚地向外国学习。只有中国的文明。一切不好的事都必然来自外部。一切好的东西则来自自己。

直到消灭了"四人帮"，并对毛泽东的遗产提出异议后才能对中国历史的解释开始修正。官方历史学界过了很久才按1978年作出的勇敢抉择精神来重新观察②近两个世纪的历史。甚至在十一届三中全会之后，他们还继续引用毛泽东的话，说"外国资本主义对于中国的社会经济起了很大的分解作用"。他

① 希腊神话中恋上水中自己的倒影而憔悴至死的少年，死后变为水仙花。这词常用来指自恋的男子。——译注

② 一位年轻的历史学家朱雍在1988年写的一篇论文中提出了同以前大量的著作不同的观点，对清朝的闭关锁国政策进行了严厉的批评。

们批评贸易自由，批评世界资本主义市场系统，即开放世界的系统。他们还用马克思主义的辞藻像乾隆与慈禧一样拒绝全球的现实。

他们真变了吗？或者历史又在北京重演？马克思主义同清王朝一样对中国人来说是舶来品——但两者都同样促进了中国的闭关自守。因为在乾隆及其继承者的拒绝中，我们不能忘记时机的作用。当西方敲响中国的大门时，看守这个国家的竟然是一位满清皇帝。而清皇室已经成了中国人的自我崇拜的最虔诚的信徒。他们在鼓吹最最排外的汉化时正是想巩固他们对中国人民的统治：闭关锁国的反应由于这个来自外部的王朝的脆弱而更为强烈了。在对外关门的同时，还要保证这个一成不变的体制能幸存下去：中国人的骄傲同满清政权都从中得到了好处。

满人或马克思主义者（或外族或国际主义者）都比中国人还中国人……无论是乾隆给乔治三世的回信中说的“天朝物产丰盈，无所不有，原不借外夷货物以通有无”，还是一再迫害外国宗教特别是基督教会以免败坏中国民风；无论是慈禧太后在中国被日本挫败之后高喊“谁知倭贼竟敢犯我?”还是毛泽东在俄国专家撤走后宣布“自力更生”或把美国的力量看成是纸老虎，他们都有一种不可动摇的信念：中国可以自给自足。

多少今日的中国知识分子还在对中国自身，对这惟一的自给自足体系表现得忠心耿耿！多少今日的中国知识分子还会像1912年革命时那位一度亲英的奇才一样宣称：“觉彼族三百年之进化，只做到‘利己杀人，寡廉鲜耻’八个字。回观孔孟之道，真量同天地，泽被寰区。”

这种自我陶醉最终只能导致对自我的不理解。如何解释过去一小撮西方兵士在离他们基地两万公里之外竟能把在本土作战的中国军队打得溃不成军？如何解释今天如此沉重的落后包袱呢？多少杰作，多少发明，那样聪明勤劳，那么多的集体智慧！4000年的灿烂文化！革命后获得的40年的新生！世上最一贯正确的领袖与学说！这一切汇集起来，才能达到上一世纪祖先还生活在新石器时代的某个热带共和国居民的生活水平！

受抑制与被解放的兄弟

所有人在法律上与尊严上当然都是平等的。但所有人，特别是所有社会在达到技术、贸易和工业文明方面并不具有相同的才能。有的使财富像喷泉喷水那样源源涌出。有的却不能，或不愿，或不会这样做。对中国人来说，他们并不缺乏个人的才能，而是缺乏文化环境。马戛尔尼的伙伴已经发现在巴达维亚“中国人去那里都是想发财，他们不放过任何能够获利的机会”。“由于辛勤劳动，他们积累了巨大的财富。”他们在澳门也看到了相同的现象。在香港、台湾、新加坡、加利福尼亚，华侨的生产能力很强，以至在同样的40年间，他们的生活水平比在人民中国的兄弟或远亲的高出10倍至20倍，而开始时他们的生活水平是相同的。不论是今天还是昨天，华人一直被列入世界上最大胆的企业家、最精明的金融家和最有才干的商人之中。条件是不要待在中国。

在自然科学范围里，中国国家机器的效率并未受到影响。它在火箭与卫星发射方面取得了杰出的成就，与法国相比，它只用了一半的时间便完成了从原子裂变到热核聚变的过渡。但当我们看到同样的人在40年的市场经济里取得了世界上无与伦比的发展速度，而在计划经济的官僚体制下他们却停滞不前时，我们就应该从中得出结论了。

共产主义制度继承了乾隆时代的官僚体制：反对赢利、反对商人、反对外贸、反对外国人的来到、反对一切不是来自这个制度的创新。居住着华人的那些东南亚小国摆脱了这种控制，便轻松地投入到生产贸易中去了。因为每日同其他民族（日本人、西方人）接触，他们抛弃了中国是惟一的文明国而他人都是蛮夷这千古不变的陈旧观念。

所有国家都有自以为天才第一的倾向。所有民族都有本民族中心主义的影响。巴西中部印第安人中的格族人在人种学家库尔特·安凯尔离开他们时痛哭流涕，因为他们无法想象人在离开他们这个惟一生活还有意思的民族后还能生存下去。但很少有一个民族能像中国人那样把这种想法发展到如此程度。他们今日的落后主要来自他们的优越感。

不发达状态是孤立与停滞结合的产物，人口问题使这种状况更趋严重。发展是向世界开放和不断革新相结合的结果。乾隆与马戛尔尼都自吹代表世界上最强大的民族。尽管英国的力量当时尚处于萌芽状态，但下一世纪的历史却证明了英国有理。

如果使臣以另一种方式提出建议，如果皇上以另一种方式处理这些建议，中国可能不必以世界为之震撼的方式苏醒过来：世界可以使这个国家更有创造力，使它进步得更快。一方面的狂妄自大与另一方面的骄傲自满相对抗，结果是人类失却了难以估量的财富，这些财富只能随同没有发生过的历史永远埋藏在地里。

但是这次失败的会见教训犹在。乾隆与马戛尔尼尚未死去。他们生存在我们中间。他们又在我们身上转世了。他们也许是不朽的。循环无穷的中国呀！……

附　　录

I. 故事人物

1. 欧洲人

阿裨尔（克拉克；生于1780年）：阿美士德使节团的随团医师，写过一本有关这个使节团的书。

德天赐（神父；约1755—1822年）：意大利奥古斯丁教派教士，1784年抵华。因为他是个钟表匠与机械师，所以被马戛尔尼使团的英国人请去圆明园安装赠送的科学仪器。1811年因受迫害离开北京。

亚历山大（威廉；1767—1816年）：使节团的绘图师与画家。后任不列颠博物馆馆长。这次出使中，他画了一批水彩画，并写了一本未发表的日记。

索德超（神父；1728—1805年，死于北京）：葡萄牙耶稣会士，1759年到北京。他是天文学家，1783年任钦天监监正，并是医师与药剂师。不掩饰对英国人的敌对情绪。马戛尔尼拒绝他为使团服务。

阿美士德（威廉—皮特，男爵，后为伯爵；1773—1857年）：七年战争时在加拿大统率英军取胜的陆军元帅阿美士德男爵的侄子。他的名字为纪念保护他伯父的首相老威廉·皮特而取。1816年为乔治三世派去觐见嘉庆皇帝的特使，1817年7月1日在圣赫勒拿岛遇见拿破仑。1826年任印度总督。写过关于出使中国的一本日记（未发表）。

钱德明（神父；1718—1793年，死于北京）：1750年抵华的法国耶稣会教士。数学家、物理学家，法国科学院与英国皇家学会的通讯院士，乾隆的西方语言正式翻译，北京传教士的精神领袖。因病未能见到马戛尔尼勋爵，使团离开后两天死去，留下许多书信，尚未得到充分的研究。

安德逊（爱尼斯）：马戛尔尼的侍从，1795 年把他的笔记与回忆交给出版商库帕斯整理出版。

巴罗（约翰，后为约翰·巴罗爵士，准男爵；1764—1848 年）：原是小托马斯·斯当东的数学辅导教师，使节团的总管。1794 年为乔治·斯当东爵士的图书管理员，1800 年在开普敦当马戛尔尼的秘书。1804 年出版《中国游记》。皇家地理学会创始人之一。著有《邦蒂号的兵变者》（1831 年）。

本松（乔治，中校；约生于 1755 年）：在印度时以上尉身份曾与马戛尔尼共事，后者选他来指挥自己的卫队（20 名炮兵，20 名步兵，10 名轻骑兵）。为了“提高使团的声誉”，马戛尔尼打破晋升惯例使他获得中校职衔。

贝特朗（亨利，将军—伯爵；1773—1844 年）：从征战埃及以来一直忠实地追随拿破仑，并跟他去了圣赫勒拿岛。著有《圣赫勒拿日记》。

夏庞蒂埃—科西尼（前称夏庞蒂埃·德·科西尼；1730—1809 年）：法兰西岛（毛里求斯）的民营企业工程师。在巴达维亚与广州住过数月。对斯当东写的马戛尔尼使节团的纪实写了一本《评论》。

贡斯当（夏尔·德；1762—1833 年）：邦雅曼·贡斯当的堂兄。他第三次赴华旅行时从 1789 年 9 月至 1793 年 1 月住在广州。在巽他海峡同马戛尔尼的舰队交错而过，预言这次出使会失败（拥有的手段与要获得的结果不相称）。

库赞—蒙托邦（夏尔—纪尧姆，将军；1796—1878 年）：1860 年指挥法国部队在天津登陆，并取得了八里桥的胜利。10 月参加了攻占北京的战斗并纵容部队抢劫圆明园的财宝。

恰尔托雷斯基（亚当·泽齐；1770—1861 年）：波兰亲王，波兰被瓜分后被送往彼得堡当人质，同亚历山大大公结识，后者于 1801 年登上皇位，任命他为外交大臣。他组织了戈洛夫金使节团。雅·波托茨基向他汇报情况。

丁维提（詹姆斯，博士；1746—1815 年）：出色的数学家，精于调整科学仪器，很早就在英国各地做报告。马戛尔尼在都柏林遇上他，请他负责安装天文地理音乐表，所以就称他为天文学家。使华结束后到 1805 年在印度继续科学研究工作，回英国时已功成名就。他的日记在 1868 年由他的外孙普鲁福特出版。

敦达斯（亨利，第一位梅尔维尔子爵；1742—1811 年）：1774 年进入议会，小威廉·皮特的朋友，1784 年任印度公司监督委员会委员，1793 年任该委员会主席，1791 年起任内务大臣。他在准备马戛尔尼使华时起决定作用，1794 年任陆军大臣；1804 年任海军大臣。

伊兹（亨利；约 1750—1793 年）：使团的机械师，也是使团第一位死在中国的成员，1793 年 8 月 20 日为他举行了隆重的葬礼。

额尔金（詹姆斯，勋爵；1811—1863年）：其父为英国驻君士坦丁堡大使，把雅典艺术的许多珍品带回伦敦。他1806年指挥英军在天津登陆，10月攻占北京。纵容部下把圆明园洗劫一空。1862年任首任印度总督。

义律（查理；1801—1875年）：林则徐1839年在广州当钦差时英国派驻远东的商务监督。为了避免冲突，建议西方人交出鸦片，这些鸦片7月在虎门海滩上被销毁。他的态度引起了伦敦的强烈反应。

懿律（乔治；1784—1863年）：英国水师提督，1840—1841年指挥远征中国的舰队。1841年由濮鼎查接替。

埃利斯（亨利；1777—1855年）：服务于东印度公司的海军军官。阿美士德勋爵的秘书，居于托马斯之后充1816年使节团三席，写过一本日记。

安特卡斯托（让—安托万，前称安特卡斯托骑士；1739—1793年）：法国舰队司令。1785年指挥印度洋的法国海军，被委任侦察英国在好望角以东的军力。1787年2月在广州曾设法引起中国当局对英国扩张的警惕，在寻找拉佩鲁兹时死于海上。

乔治三世（1738年生于伦敦—1820年死于温莎）：大不列颠与爱尔兰国王（1760—1811年）。试图恢复君权，但他的朋友诺思勋爵的政策引起了北美的起义和英国的失败。他的君主专制的理想随着1782年诺思的倒台也破灭了。他支持马戛尔尼出使，并关注着使团的活动与教训。他于1765年，1788年，1803—1804年几次精神错乱，1810年精神彻底崩溃。1811年，他的儿子——未来的乔治四世——开始摄政。

吉兰（休，大夫；约1745—1798年）：马戛尔尼使节团的医师，选他来华是为了搜集中国的医学、药物与化学方面的情报。留下了有关这些学科的笔记。

戈洛夫金（尤利·亚历山特洛维奇，伯爵）：1805年沙皇亚历山大一世派往中国皇帝处的大使。从库伦（乌兰巴托）折回。

汤光选（1751—1808年死于北京）：北京主教。1784年抵达北京，虽然才疏学浅仍在钦天监任职。

高厄（伊拉斯马斯，爵士；1742—1814年）：舰长，指挥“狮子”号与舰队。1792年8月出发前夕被封为贵族以“提高使团的声誉”。1799年为海军准将，1804年为海军副司令，1809年为海军司令。写有包括出使中国内容的回忆录。

梁栋材（让—约瑟夫，神父；1736年生于奥什—1812年死于北京）：梁栋材侯爵的次子。耶稣会教士，数学家与音乐家。1770年抵达北京，1785年因为身体原因被准许回广州，同各国欧洲人都有来往。1793年回北京后向马戛尔尼勋爵提出要为使团服务，没有成功。1795年荷兰使节德胜来时也如此。留下许多关于1770年后在华传教士生活的很有价值的书信（未发表）。

吉涅（路易—克雷蒂安·德，前称德·吉涅骑士；1759—1845年）："驻华的法国办事员"（1784—1800年）：遣使会在澳门与广州的义务理财人。他仔细关注着马戛尔尼使团的活动；1794—1795年为荷兰使节团的翻译。留下一本叙述他在华生活，特别是关于荷兰使节团的纪实。

安纳（罗伯尔，神父；1762—1797年死于北京）：爱尔兰籍的法国遣使会教士，曾在巴黎学习，1788年11月抵达澳门。他是数学家，1793年6月想搭乘"狮子"号去北京；在天津被拒绝登岸，乘"印度斯坦"号回广州。1794年6月底最终到了北京，在钦天监任职。

希基（托马斯；1741—1824年）：马戛尔尼使节团的绘图师。

霍姆斯（塞缪尔）：大使卫队的士兵。他对出使的叙述在1797年发表。1804年升上士。

赫脱南（汉斯—克利斯蒂安；1765—1847年）：生于莱比锡，1791至1797年为托马斯·斯当东的家庭教师。发表过《中国游记》。

柯西尔斯基（罗穆埃尔德，神父）：波兰天文学家。沙皇的臣民。马戛尔尼使节团在京的最后几天里惟一被允许可以接近使团的传教士。

拉弥额特（路易—弗朗索瓦—玛丽，神父；1761—1831年）：法国遣使会士；1791年10月抵达澳门，1793年6月想同安纳神父一起搭乘"狮子"号到北京；在天津被拒绝登岸，乘"印度斯坦"号回广州。1794年6月底到北京，当上宫廷翻译，1812年成为法国传教会的会长。因遭迫害在1819年逃离北京到了澳门。1825年法国拒绝他回国，写有大量尚未发表的书信，还有一叠关于马戛尔尼使节团的评论。

胡夏米：印度公司的专员，以半公开的方式被派遣乘坐"阿美士德"号侦察中国中部海岸。1832年3月至9月，他毫无困难地进入正式禁止外国船只驶入的厦门、福州、宁波和上海等港口。

罗米（赫德森，爵士；1769—1844年）：圣赫勒拿的总督。负责看管拿破仑。著有《回忆录》。

马戛尔尼（乔治，勋爵；1737年5月14日—1806年5月31日）：先为利萨诺尔男爵，又被封为爱尔兰贵族德尔伏克子爵，巴茨骑士，派去觐见中国皇帝的特别使节。以前曾先后当过驻俄公使、爱尔兰大臣、加勒比海总督、马德拉斯总督。从中国归来后被封为马戛尔尼伯爵，又获英国贵族爵位帕克赫斯特男爵，后出使维罗纳，去见普罗旺斯伯爵（后来的路易十八），最后担任好望角总督。死时无后嗣。留有一本使华日记，还有跨越他整个生涯的《观察报告》、书信与笔记，根据他的意见这些材料大多尚未发表。

马金托什（威廉，船长）：东印度公司的代理人，指挥"印度斯坦"号。他所租用的船同他个人利害关系甚大，在内阁中得到强有力人物的支持。

马克斯威（艾奇逊；约生于1750年）：马戛尔尼勋爵在马德拉斯时的私人秘书。遣华使节团的秘书，从中国返英后被任命为审计法院的稽核。

蒙托朗（夏尔，伯爵；1783—1853年）：帝国的宫廷大臣，将军，随拿破仑去圣赫勒拿岛。皇帝的心腹与遗嘱执行人，发表过《回忆录》与《拿破仑囚禁纪事》。

马礼逊（罗伯特；1782—1834年）：于1807年第一位抵达中国的新教传教士，阿美士德使节团的翻译。用中文发表《圣经》译本与《劝世良言》，后者是一本劝人入教的小册子，对以后太平起义的领袖洪秀全影响很大。在广州死于霍乱。

律芳卑（威廉·约翰，第八代勋爵；1786—1834年）：1833年取消了东印度公司的贸易独占权后任命的英国第一位远东商务监督，1834年7月抵达广州，说要不通过公行直接见总督。两个月后，内皮尔染病，不得不让步，并迁往澳门，死于10月11日。

拿破仑一世（1769年8月15日生于阿雅克修—1821年5月5日死于长林）：法国皇帝，从1815年10月15日起被囚于圣赫勒拿岛。1817年7月1日当阿美士德勋爵从中国回来时，拿破仑接见过他与他的随员。

奥米拉（巴里，爱德华；1786—1836年）：爱尔兰人，拿破仑在圣赫勒拿岛的医生。著有《回忆录》。

潘廷璋（1733年生于热那亚—1812年死于北京）：隶属于法国传教团的意大利耶稣会士，画家。

巴茂正（夏尔，教士；也叫约瑟神父；1738—1804年死于北京）：遣使会士，“未学教士”，但无所不能，在皇宫中主要充任钟表师。

巴瑞施（亨利—威廉，中尉；？—1798年）：马戛尔尼使节团的炮兵军官与测量员。指挥炮兵演习，记录了岘港湾、舟山群岛、长城、香港湾的资料。回国后任印度总督韦尔斯列侯爵的副官，死于海难。

皮隆（让—巴蒂斯特；约1735—约1805年）：法国东印度公司雇佣的法国人；1791年被派往广州清理公司财产，见到马戛尔尼使节团经过。督政府、执政府与第一帝国时为外交部官员。他的笔记在外交部存档。

皮特（威廉二世，威廉·皮特一世次子；1759—1806年）：1781年当上众议员，后为财政大臣，1783年任首相，一直到1801年；1804年至1806年两次出任首相。他整顿了印度局势，改组总督政府，降低茶叶税以制止走私活动。1792年他对东印度公司施加压力，让它帮助敦达斯与马戛尔尼。开始支持法国革命——可削弱对手的实力——但当共和国部队跨越比利时边界后就成了它的死敌，也是拿破仑的死对头。死于任上。

贺清泰（1735年生于法国洛林—1814年死于北京）：耶稣会士，画家与翻译，1793年8月被召到承德，译10月7日交马戛尔尼的第二道敕谕。

波托茨基（雅，伯爵；1760—1815 年）：波兰外交官，受他表弟亚当·泽齐·恰尔托雷斯基亲王之托以科学顾问（实际上是政治顾问）的身份随戈洛夫金去北京。用法语写过论著、回忆录以及寄给他兄弟塞弗兰与 A.J.恰尔托雷斯基亲王的关于出使中国的书信。

濮鼎查（亨利，爵士；1789—1856 年）：英国水师提督，1840 年至 1842 年 8 月指挥鸦片战争第二阶段的战役。他占领了舟山群岛，沿长江而上，攻占南京，并在 1842 年 8 月 29 日强迫签订了第一个“不平等条约”。

普鲁克托（船长）：印度公司代理人，指挥“勉励”号，1793 年 6 月被派去同马戛尔尼的舰队会合。

罗广祥（尼古拉，1754—1801 年）：法国遣使会神父，法国传教会会长。1785 年作为数学家抵达北京。在英国使节团去热河前曾多次前往拜访。他很和蔼、好谈，讨得马戛尔尼与德胜双方的喜欢。1794 年 10 月初，他同贺清泰神父一起翻译了第二道敕谕。留有许多饶有风趣的未发表的书信。

安国宁（安德烈；1729—1796 年死于北京）：1759 年抵达北京的葡萄牙耶稣会神父，数学家、天文学家。钦天监监正，后为监副。

斯科特（威廉，博士）：海军医师与外科大夫，随马戛尔尼使节团访华。

斯当东（乔治—伦纳德；1737—1801 年）：前称乔治爵士，准男爵，蒙彼利埃医学院医学博士，牛津法学博士。他在格林纳达遇见马戛尔尼，随他到印度，因为工作出色获得爵位；后到中国，身份是全权公使，大使的副手与可能的替代者。他 1797 年发表的纪实马上被译成多种语言，在欧洲取得了很大的成功。

斯当东（乔治—托马斯；1781 年 5 月 27 日—1859 年 8 月 10 日）：以上称托马斯，前者的儿子。马戛尔尼勋爵的见习侍童，未来的乔治—托马斯·斯当东爵士，准男爵，印度公司在广州的专员，后升行长，英国首位汉学家，1816 年随阿美士德勋爵使节团到北京。1823 年起为下院议员，他在中英关系的发展中起着权威作用，1840 年主战。留有随马戛尔尼使华日记、随阿美士德使华日记及回忆录，皆未发表。尚有大量未发表的书信与演说。他出版的惟一著作是 1810 年的《大清律例》，是满清刑法的删节译本，附有内容充实的前言。

德胜（伊萨克；1745—1811 年）：原为外科医师，1768 年为荷兰东印度公司的代理人，派驻日本直至 1785 年，在孟加拉到 1792 年。1795 年为荷兰执政派往北京的使节，留有关于出使的一本未发表的日记。

范罢览（安德烈—埃弗拉特；1739—1801 年）：海军军官，1758 年起为荷兰东印度公司代理人。长期住在澳门与广州，直至 1775 年。先在荷兰，后往美国搞农艺。1790 年回广州，组织了荷兰使节团，但他只是第二号人物。1797 年在费城出版《遣使觐见中国皇帝纪实》。

温德（爱德华；约生于1760年）：马戛尔尼母亲家的亲戚。使节团的秘书，留下一本未发表的日记。

2．汉人或鞑靼人

阿桂（1717—1797年）：满人，大学士中资格最老者。钱德明神父说他是“帝国最能干、最得人心的首辅”。马戛尔尼使华时他只是作为顾问而不直接参政。我们拥有的朝廷文书上他的名字常与和珅的签在一起。

安：那不勒斯中国学院里的中国天主教神父，斯当东同意让他搭船从朴次茅斯到澳门。曾教小托马斯·斯当东学习中文。

长麟（约1745—1811年）：满王族，皇亲，1793年初为浙江巡抚，处理马戛尔尼使团可能过境的准备工作。擢两广总督，1793年11月在杭州又遇见马戛尔尼，并陪同前往广东，在英使使华期间他曾写过不少奏折。1794年组织荷兰使节接待事项。因有忤和珅，屡遭贬谪。

慈禧（1835—1908年）：咸丰妃，1856年生子，即后来之同治。1862年同治初年垂帘听政，进行过许多改革。同治卒，她立其4岁之外甥为光绪帝，得以保住权力。灾祸相继不断（1885年的中法之战，1894—1895年的中日之战）。光绪锐意当政改革（百日维新），慈禧称他低能。她专权独行，时而把赌注下在中国的民族主义上，时而又转向同西方合作，目的只有一个：延长满清王朝的统治。

道光（1782—1851年；1820—1851年在位）：嘉庆的儿子与继承人。1837年派林则徐去广州禁烟，被迫进行鸦片战争（1840—1842年），1842年8月28日签订南京条约。他意识到帝国力量削弱，拒绝死后为他立碑。

福长安（约1760—1817年）：满人，福康安弟，1779年为将军（副都统），1789年升大学士，为和珅一手提携，故极亲善。有时被称为“二阁老”或“副中堂”。嘉庆将他同和珅一起问罪，后得救。

福康安（约1750—1796年）：满将军，福长安兄。1773年时佐阿桂征战，1780年起先后任多省都督，镇压有功（台湾、福建……）。英国人谈判马戛尔尼使华时在广州任总督。督师往西藏讨廓尔喀（1791—1792年）。1793年任四川总督。先后在热河与北京见英使，未掩饰其敌意。

光绪（1871—1908年，1876—1908年在位）：同治的表弟，根据他姨母慈禧的意见继承了表兄的皇位；1898年他试图摆脱姨母的控制，使中国走上现代化之路。后被幽禁至死——在慈禧死前几个小时。

郭世勋：广东巡抚；总督缺席时行使总督职能。从1792年9月至1793年11月间他曾向朝廷呈送许多奏折。

和珅（1745—1799年）：原为御前侍卫，后得乾隆宠信，皇帝把他当作自己年轻时爱过的一位不幸妃子投胎再生，很快升为总督，从18世纪70年代起就成了掌管一切的御前大臣。英国人称他为“宰相”或“大阁老”。其权势几乎遍及帝国各地，且贪赃枉法。他拒绝同马戛尔尼进行任何谈判。在乾隆内禅后他又扩大了自己的权力，但只比他的主子多活了10天，嘉庆皇帝赐他自尽。我们所掌握的朝廷文书都有他签字。

和世泰（约生于1775年）：满贵族。公爵，嘉庆皇舅。1816年8月20日至28日负责陪同阿美士德使团。8月29日粗暴地把使节推进觐见处，导致关系破裂。嘉庆褫夺了他的爵位。

洪秀全（约1814—1864年）：广东农民，应试不中，读了马礼逊用中文写的一本关于圣经的小册子，自以为是耶稣的弟弟。他宣扬一种苦行与团体的道德，把农民鼓动起来。1851年自称天王，建号太平天国。控制了18省中的11省。1862年进攻上海，西方遂作出反应支持满清王朝。1864年自尽。

嘉庆（1760—1820年）：乾隆第十五子与继承人。他于1796年父亲内禅后宣布为皇帝，但在其父于1799年死后才真正掌权。他赐死和珅，疏远其亲信。在位期间起义频繁。1812年幸免于难。1805年，1811年，1818年曾对基督徒施行残酷的迫害。在热河（承德）遭雷击而死。从此热河直到圆明园被毁前一直不再作满清皇帝的夏宫。

金简（约1720—1795年）：朝鲜族贵族。1772年任内务总管大臣。1785年监督修葺明陵。负责监督马戛尔尼所献礼品的安放。他曾就马戛尔尼使节团上过若干奏折，有时同徵瑞共同签署。

吉庆：山东巡抚，在马戛尔尼使节团来回经过时上过奏折。

李（雅各，神父）：天主教教士。生于1750年左右，托马斯开玩笑叫他“李子先生”（汉语里“李”的原义）。满人，乔治·斯当东爵士把他从那不勒斯的中国学院请来当翻译，被视为英国人。因为马戛尔尼不接受指定的传教士当翻译，在官方场合就由他单独担任全部口译工作。使节团返英后他留在中国。同英国人保持通信关系直至1802年。

梁肯堂（1715—1802年）：从县令逐级升到总督的典型汉族高级官员，马戛尔尼来时他是直隶总督，在大沽与天津接见英国人。有他签署的1792年12月与1793年夏季的奏章若干。

林则徐（1785—1850年）：杰出的文人，汉族高级官员。在有关鸦片的争论（1837年）中，他是禁烟派。1838年被派往广州根除烟毒。因禁烟有效，英国商务监督义律不得不劝告西方人交出毒品，于1839年7月当众销毁。这一举动导致了鸦片战争与南京条约（1840—1842年）。林被皇帝革职，直到1845年复被起用。1850年，皇帝欲派其赴粤西剿办太平天国早期起义；但林中途病故。

溥仪（1906—1969年；“末代皇帝”，1908—1911年在位）：由慈禧选中继承伯父光绪帝位，1912年退位，但至1924年一直作为“贵宾”住在故宫。

乾隆：清朝第四位皇帝，雍正的四子。生于1711年，1736年登基，1796年内禅。1799年驾崩。

乔人杰（乔大人，约1745—1804年）：汉人，高级公务员，陪送的中国官员。他从1793年7月至1794年1月跟随马戛尔尼。他的地位尚不足以直接向朝廷奏事。最后升至直隶按察使。

松筠（1752—1836年）：蒙古族王公，自1786至1792年任边疆办事大臣。1792年同俄国人签订条约。1793年任大学士，陪同马戛尔尼自北京到杭州。后任广东等多省总督，1810年在广东又见托马斯·斯当东，后者已成东印度公司的专员。

苏楞额（约1745—1828年）：满人，自1793年夏起为粤海关监督。同长麟一起接待马戛尔尼，并组织接待德胜使节团。1816年以工部尚书的身份负责陪同阿美士德使节团，并肯定说见到马戛尔尼行过叩头礼。

同治（1856—1875年，1861—1875年在位）：咸丰之子与继承人。

库伦王：以皇帝名义治理蒙古的蒙古王公（就像西藏的拉萨王一样），他时时受到一位满族办事大臣的控制，后者理论上隶属于他，但实际上却大权在握。挡住了戈洛夫金使节团。

王（神父）：中国神父，同安神父。

王文雄（王大人；约1740—1800年）：汉族官员，副将，从1793年7月至1794年1月陪同使节团。同乔一起每天同马戛尔尼与斯当东接触。皇家档案里未见他的奏折，因为他地位太低，不能向朝廷直接上折。死于征剿叛乱军中。

咸丰（1831—1861年，1851—1861年在位）：道光之子与继承人。在他统治期间仇外情绪得以滋长，这就导致了第一个天津条约（1858年）。西方第二次军事介入（1859—1860年）与攻占北京（1860年）后的第二个天津条约。咸丰时太平天国运动高涨。贵妃慈禧1856年生一子，即后来的同治皇帝。

伊龄阿：工部侍郎，金简的副手，1793年8月的奏折中有他的副署。

徵瑞（约1733—1815年）：满人，长芦盐政，从天津上岸直到承德一路负责陪同马戛尔尼的钦差。任务完成得不好。有他1793年5月至10月的奏事若干。使节团回国后，他仕途有升有降，最后任工部侍郎。

周（保罗，神父）：中国天主教教士，约生于1750年。由乔治·斯当东爵士在那不勒斯的中国学院聘为翻译。在澳门他因害怕遭受迫害而中止合同，离开使节团。曾教托马斯·斯当东中文。

Ⅱ. 原始资料

1. 未发表的中国档案

未发表的大内档案（以下用 AIGC 代替）。奏折原件上有乾隆的朱批，都保存在北京故宫的皇史宬。这些文件有皇帝亲签的上谕，有以皇帝名义由内阁撰拟下达给高级官员的文书，或这些高级官员给皇帝的题本。有关马戛尔尼使节团的档案包括 1792 年 10 月 20 日至 1796 年 2 月 5 日间的 420 页手稿。明清档案馆的领导同意让我们照了缩微胶卷。

2. 未发表的英语档案

印度事务所图书档案馆，伦敦。

——商行驻外办事处的档案，G/12/90：凯恩卡特使华档案，印度事务所，中国，凯恩卡特（以下用 IOCC 表示）

G/12/91—93：马戛尔尼使华档案。印度事务所，中国，马戛尔尼（以下用 IOCM 表示）

G/12/196—198：阿美士德使华档案。印度事务所，中国，阿美士德（以下用 IOCA 表示）

不列颠图书馆，手稿部（以下用 BL 表示）

——亚历山大（W），马戛尔尼勋爵使华纪实，1792—1794 乘“印度斯坦”号随同马戛尔尼勋爵大使赴中国首都北京谒见中国皇帝旅行日记，Mss Add.35 174

——高厄（E.爵士），英舰“狮子”号日志，1792 年 10 月 1 日至 1794 年 9 月 7 日，Mss Add.21 106

公共档案馆，丘市（以下用 PR 表示）

——殖民部文件 77/29，马戛尔尼勋爵向亨利·敦达斯与伊拉斯马斯·高厄的通信。

威尔康姆历史医学协会，伦敦（以下用 WI 表示）

——马戛尔尼（勋爵），伦敦到中国旅行记事（未发表的 1792 年 9 月 11 日至 1793 年 6

月15日海上旅行亲笔日记）

康奈尔大学，纽约州，伊萨卡市

——华生资料馆中国部，马戛尔尼文件（21卷，以下用CUMP表示）马戛尔尼通信（10卷，以下用CUMC表示）

东方图书馆，东京（以下用TB表示）

——马戛尔尼勋爵：1792、1793、1794年出使日记（三卷）

——马戛尔尼勋爵使华期间书信备查簿，1792—1794年杜克大学，美国北卡罗来纳州达勒姆市（以下用DU表示）

——斯当东（乔治—托马斯）——日记，1793年8月30日—1794年2月1日

——通信，1798—1811年

斯当东（爵士，乔治—托马斯），只印若干份私下散发的文章（以下用TS表示）

——中国杂记，伦敦，1823年

——先考乔治—伦纳德·斯当东爵士的生活与家庭回忆录（乔治—托马斯·斯当东爵士搜集），1828年，伦敦

——1816年英国使节团赴北京活动记事，伦敦，1824年

——乔治—托马斯·斯当东爵士社会活动大事记，伦敦，1856年

皇家地理学会，伦敦（以下用RGS表示）

——斯蒂芬·埃尔斯，1793年，东印度旅行日记与马戛尔尼使节团赴北京朝廷历史记事

北爱尔兰公共档案馆，贝尔法斯特（以下用PRONI表示）

——马戛尔尼文件（D572，6—19）

国立图书馆，都柏林（以下用NLD表示）

——温德（E），文件：巴西、特里斯坦—达库尼亚群岛与东印度游记，1793年，手稿：87 99

威特沃特斯兰德大学，约翰内斯堡

——马戛尔尼伯爵文件集（安娜·M·坎宁安编排的目录）。这部分资料共有617份文件，主要涉及1795至1798年这段时期。两份文件（第15、16号）谈到马戛尔尼使节团。第22、28、45号文件强调了开普敦对东印度公司的战略地位。

私人藏品

——阿美士德（威廉—皮特，勋爵），使华记，未发表的亲笔日记。得到藏品主人迈克尔·高尔文的同意得以查阅与引用。

3. 未发表的法国档案

国家档案局（以下用AN表示）

——海军部B4 163：

——有关舰队司令德斯坦伯爵攻克格林纳达的马戛尔尼的文件与报告

——马戛尔尼1779年秋被关押在法国时写的书信以及有关他的信件

——海军部C[1]5：凯尔加利奥指挥官给克娄巴特拉号舰长库尔松的信，澳门，1817年12月8日。

——殖民地部远东使命栏：

——法国印度公司代理人J—B.皮隆的信件（1792—1794年，1804年）

——法国驻京传教会会长罗广祥神父的信，1788年11月16日。

——法国东印度公司的信件，8AQ349：J.B.皮隆的书信，1794年。

外交部档案（以下用AMAE表示）

——政治信件：

俄国：博赛侯爵给舒瓦瑟公爵的有关马戛尔尼的密码电报，3/VII，27/XI，3和23/XII/17 66

英国：第582卷，280—282页，宣布马戛尔尼使节团于1792年9月出发。

——回忆录与文件：

亚洲17：佚名，20/VII/1801，从北京写给一位在广州的人，谈到马戛尔尼使节团后的中英关系。

亚洲19：小德金未发表的书信，1787—1791年

亚洲21：P.德·梁栋材给范罢览的信，时间（写错3）是1793年9月。

L—F.—M.拉弥额特神父：中国回忆录，澳门，无日期（1821年或1822年）

R.P.里什内遣使会赴华传教录，30/VII/1817

中国17：耶稣会神父约瑟夫·德·梁栋材关于1795年荷兰使节团的信。

法兰西学院图书馆（以下用B.I.F表示）

——贝尔坦先生的通信，手稿1515与1517：耶稣会神父钱德明的信（1774年9月20日与10月1日；1789年10月10日；1790年8月20日与9月24日）。

遣使会档案，巴黎塞夫勒街（以下用AL表示）

——从1784年至1810年间曾在中国居住过的遣使会传教士的通信：吉德明、安纳（罗伯尔）、拉弥额特（路易—弗郎索瓦—玛丽）、里什内（让—弗郎索瓦）、罗广样等神父的信件。

——北京传教会圣会传教士的通信（1806—1850年）（精装三册）

——关于英国使节团的笔记，佚名（显然是由拉弥额特神父在1807年写的），兼评斯当东关于马戛尔尼使节团的纪实一书（卡斯特拉译）

——夏多勃里昂（弗郎索瓦—勒内）从巴黎给拉弥额特神父的信，1823年6月24日。

——布干维尔号大副关于拉弥额特神父的笔记，澳门，1825年1月1日。

耶稣会档案，法国外省，尚蒂伊（以下用ASJ表示）

——梁栋材神父给家里的信（1767—1786年）

——《耶稣会士书简集》的未发表的补篇（1762—1808年）

——圣彼得堡耶稣会士的未发表的日记，1805—1807年，布鲁蒂耶遗赠，第134册。

期刊：

《法兰西信使报》，1779年9、10月

4．其他未发表的原始资料

德胜（伊萨克）：北京旅行日记，从荷兰语译出的法译手抄本，不列颠图书馆，Mss Add.18 102号。

范罢览（安德烈·埃弗拉特）：中国游记，巴黎国家档案局，殖民地部F3 108—111，莫罗·德·圣梅里遗赠，法语手稿四。

5．已发表的中国原始资料

中国档案馆的领导曾在一份名叫《掌故丛编》（北京，1928—1929）（以下用ZGCB表示）的简报上刊登过某些有关马戛尔尼使节团的文件。

另外，乾隆时代的历史在《清实录》里非常扼要地介绍过。

最后，某些中文文件（有些与上面的文件不同，有些相同）在巴克斯与濮兰德合著的《清室外记》（伦敦，Heinemann出版社，1914年）一书中用英语发表过。

6．已发表的英国原始资料

阿裨尔（克拉克）：

——《1816和1817年在中国内地旅行记事》，伦敦，Longman & Hurst出版社，1818年，420页，1971年纽约再版。

安德逊（爱尼斯）：

——《英使访华录，1792，1793与1794年》，伦敦，J.Debrett出版社，1795年，278页。

——《马戛尔尼勋爵访华纪实》Denné Le Jeune出版社的法译本（巴黎，1797年），附“狮子”号航行日记（1793年8月5日至10月28日）；由G.Manceron和Aubier—

Montaigne 1978 年再版。
巴罗（约翰）：
——《中国游记》，伦敦，Cadell & Davis 出版社，1804 年，632 页。
——《交趾支那之行》，伦敦，Cadell & Davis 出版社，1806 年，447 页。
——《关于马戛尔尼伯爵的一些故事及未刊文稿选》，伦敦，Cadell 出版社，1807 年，二卷。
——《自传体回忆录》，伦敦，John Murray 出版社，1847 年，515 页。
——《交趾支那之行》，J.卡斯特拉法译本，巴黎，Buisson 出版社，1806 年，二卷。
——《中国游记》，J.卡斯特拉法译本，巴黎，Buisson 出版社，1805 年，三卷。
——《中国游记》，J.B.J.布雷东法译本，巴黎，“轻便旅行丛书”，Vve Lepetit 出版社，1807 年，六卷本。
克莱默一平（J.—L.）：
——《使华记》，Longman 出版社，伦敦，1962 年，398 页。
丁维提（詹姆斯），见普鲁福特—贾尔丹。
埃利斯（亨利）：
——《上一个访华使团活动记》，伦敦，Murray 出版社，1817 年，528 页。
吉兰（休）：
——《观察记》，见克莱默一平。
霍姆斯（塞缪尔）：
——《马戛尔尼勋爵使华团随团护卫塞缪尔·霍姆斯上士的日记》，伦敦，Bulmer & C° 出版社，1798 年，256 页。
——《中国与鞑靼游记》，法译本，Delance & Lesueur 出版社，巴黎，1805 年，二卷。
马戛尔尼（勋爵），见克莱默一平，H.罗宾斯和未发表的原始资料。
马礼逊（罗伯特）：
——《1816 年英国政府遣使中国朝廷大事记》，伦敦，Hatchard 文子出版社，1820 年，96 页。
奥米拉（巴里）：
——《流放中的拿破仑，或圣赫勒那岛的回声》。巴泰勒米译自英语，巴黎，1822 年，二卷。
普鲁福特—贾尔丹（W）：
——《詹姆斯·丁维提传记体回忆录》，利物浦，Howell 出版社，1868 年，138 页。
罗宾斯（海伦）：
——《我们的首位遣华使节》，伦敦，John Murray 出版社，1908 年，679 页。

斯当东（乔治—伦纳德，爵士）：
——《英使谒见乾隆纪实》，伦敦，Stockdale 出版社，1797 年，477 页。
——《中国与鞑靼内地记游》，J.卡斯特拉译，巴黎，Buisson 出版社，1798 年，四卷。
——《中国与鞑靼游记》，J.B.J.布雷东译，巴黎，“轻便旅行丛书”，Vve Lepetit 出版社，1804 年，六卷。
斯当东（乔治—托马斯，爵士）：
——《大清律例》，乔治—斯当东译自中文，1810 年，581 页。（1966 年台北成文出版社重印）
温特伯塞（W）：
——《从历史、地理与哲学角度看中华帝国》里有对马戛尔尼使节团的大量描写。伦敦，Ridgeway & Buttom 出版社，1795 年，445 +114 页。
期刊：
——《汉萨特议会辩论集》，1791—1793 年，1806 年，1840 年。
——《爱丁堡评论》。
——《绅士杂志》，1787 年，1794 年。
——《季刊》，1810—1820 年。
——《伦敦时报》，1797—1818 年。
——《中国丛报》，1832—1841 年。

7. 已发表的法国原始资料

夏庞蒂埃·科西尼（或德·科西尼，J.-F.）：
——《广东省会广州之行，对马戛尔尼勋爵与范罢览公民中国之行的评论》，巴黎，André 出版社，1799 年，607 页。
小德金：
——《北京、马尼拉与毛里求斯游记》，巴黎，皇家印刷厂，1808 年，三卷。
古伯察（埃瓦里斯特，神父）：
——《鞑靼、西藏、中国游记》，巴黎，1850 年，1925—1928 年，Plon 出版社再版，四卷。
朗格莱（L.-M.）：
——《评英法对华政治与经济关系》，收入塞缪尔·霍姆斯的《中国与鞑靼游记》，Delance 出版社，1805 年，XII—XLV 页。

勒努阿尔·德·桑德—克鲁瓦（费利克斯）：
——《1803至1807年东印度、菲律宾、中国的贸易与政治之行》，巴黎，皇家印刷厂，1810年。
维莱尔（J.–B.伯爵）：
——《回忆与通信》，巴黎，Perrin出版社，1888年，五卷。

8．其他已发表的原始资料

赫脱南（汉斯—克利斯蒂安）：
——《英使访华记》，柏林，Vossicher书店，1797年版；温克勒法译本，巴黎，Pillot出版社，1800年。
——还有《中国游记》，收入“旅行丛书”，巴黎，Vve Lepetit出版社，1804年，258页。
波托茨基（扬）：
——《论1805—1806年远征中国》，收入科特维奇的《扬·波托茨基及其中国之行》，1935年。
——法语版：《高加索与中国游记，回忆与通信，1797—1798年，1805—1806年》，巴黎，Fayard出版社，1980年，251页。
范罢览（安德烈—埃弗拉特）：
——《1794和1795年荷兰东印度公司遣使谒见中国皇帝纪实》，同莫罗·德·圣梅里合作用法语出版，费城，1797年。

Ⅲ．参考书目

1．欧洲征服世界

布鲁代尔（费尔南）：《十五至十八世纪的物质文明、经济与资本主义》，巴黎，Armand Colin出版社，1979年，三卷。
布里格斯（阿萨）：《1783—1867：改良的时代》，伦敦，Longman，Green & C°出版社，1959年，547页。
伯克（埃德蒙）：《论同殖民地和解的方法》，1775年，107页。
肖努（皮埃尔）：《启蒙时期的欧洲文化》，巴黎，Arthaud出版社，1971年，664页。

克鲁泽（弗朗索瓦）：《最初的实业家》，剑桥，剑桥大学出版社，1985 年，229 页。
德戴扬（夏尔）：《从萨朗特归来，或伏尔泰在英国》，巴黎，Nizet 出版社，1988 年，278 页。
德利（约翰 W.）：《查尔斯—詹姆斯·福克斯》，伦敦，1972 年，454 页。《威廉·皮特》，伦敦，B.T.Batsford 出版社，1962 年，160 页。
埃文斯（埃里克，J.）：《现代国家的形成，早期工业化英国（1783—1870）》，伦敦，Longman 出版社，1983 年。
弗珀（霍尔登）：《亨利·敦达斯，第一代梅尔维尔子爵，1742—1811》，伦敦，牛津大学出版社，1931 年，331 页。
古贝尔（P），德尼（M.）：《1789 年，法国人有发言权了》，巴黎，Julliard 出版社，1964 年，270 页。
哈修（文森特·T·）：《第二英帝国的建立——1763—1793》，伦敦，Longman 出版社，1964 年，二卷。
阿扎尔（保尔）：《十八世纪的欧洲思想》，巴黎，Boivin 出版社，1946 年，二卷。《欧洲意识的危机，1680—1715》，巴黎，Boivin 出版社，1935 年，316 页。
兰森（G.A.）：《1697—1875 年俄国向日本的攻势》，普林斯顿，普林斯顿大学出版社，1959 年，553 页。
莱赛（让）：《托马斯·潘恩》，巴黎，Perrin 出版社，1987 年，262 页。
芒图（保尔）：《十八世纪的工业革命》，巴黎，Genin 出版社，1959 年，510 页。
马里昂斯特拉（爱丽丝）：《建立美国国家的神话》，巴黎，Maspéro 出版社，1976 年，377 页。
马克思（罗兰）：《英国工业革命：从开始到 1850 年》，巴黎，Armand Colin 出版社，1920 年，311 页。
莫基尔（乔尔）：《工业革命的经济》，埃文斯顿，西北大学出版社，1985 年，240 页。
穆尼埃（R），拉布罗斯（E）：《十八世纪各国文化通史》，巴黎，法国大学出版社，1963 年。
帕尔默（R.R.）：《1789 年，争取自由平等的革命》，巴黎，Calmann—Lévy 出版社，1968 年，317 页。
菲利普斯（C.H.）：《东印度公司，1784—1834 年》，曼彻斯特，曼彻斯特大学出版社，1940 年，374 页。
雷列（罗宾）：《小比特》，伦敦，Cassell 出版社，1978 年，390 页。
赖曼斯马（J.C.）：《荷兰早期资本主义中的宗教因素，1550—1650 年》，海牙/巴黎，Mouton 出版社，1967 年，98 页。

里乌（让一皮埃尔）：《工业革命，1780—1850年》，巴黎，Seuil 出版社，1971年，251页。
罗雄（A.M.de）：《马达加斯加与东印度之行》，1792年本再版，纽约，Johnson 出版社，1971年，475页。
洛伯克（彼得）：《利萨诺尔的马戛尔尼，1737—1806》，传记，贝尔法斯特，阿尔斯特历史基金会出版，1983年，376页。
施内伯（罗伯尔）：《十九世纪各国文化通史》，巴黎，法国大学出版社，1961年，645页。
斯密（亚当）：《国富论》，伦敦，1776年。
泰纳（伊波利特）：《当代法国的由来》（1876—1894年），1986年重版，巴黎，R.Laffont 出版社，二卷。
扬（阿瑟）：《法国游记》（1787，1788，1789），H.赛译成法语，1976年重版，巴黎，A.Colin 出版社，三卷，7+1283页。

2.中国历史

巴拉兹（艾蒂安）：《天朝官僚体系》，巴黎，Gallimard 出版社，1968年，318页。
巴尔（E）：《中国人在中国》，巴黎，Armand Colin 出版社，1904年（第四版），357页。
巴斯蒂特（M.），比昂科（L.），卡达尔（C.），范德美施（L.）：《我们对中国了解些什么呢?》，《精神》杂志，1972年11月。
贝热尔（玛丽一克莱尔）：《中国资产阶级的黄金时代》，巴黎，Flammarion 出版社，1986年，371页。《1949年至今的中华人民共和国》，巴黎，Armand Colin 出版社，1987年，283页。
贝瓦尔（勒内·德）：《佛教的存在》，巴黎，Gallimard 出版社，1987年，816页。
比昂科（吕西安）：《中国革命的由来》，巴黎，N.R.F.出版社，1969年，384页。
卡达尔（C）与中岛（M.）：《中国之战略或龙之蜕变》，巴黎，Autrement 出版社，1986年，233页。
沙博尼埃（让）：《无城墙的中国》，巴黎，Fayard 出版社，1988年，294页。
谢诺（J）与巴斯蒂特（M.）：《中国的历史》，巴黎，Hatier 出版社，1969年，1977年，四卷。
科恩（保尔·A·）：《十九世纪中国的改良运动》，剑桥，哈佛大学东亚研究中心，1976年，396页。
科莫（夏尔）：《满清统治下中国的日常生活》，巴黎，Hachette 出版社，1970年，320页。

孔子：《论语》，里克曼译，巴黎，N.R.F.出版社，1987 年，169 页。
德海涅（约瑟夫）：《一个困难的问题：汉语中上帝的名字》，第三届国际汉学学术讨论会论文集，尚蒂伊，1980 年，巴黎，Belles Lettres 出版社，1983 年，13—44 页。
迪朗（皮埃尔一亨利）：《文人与权力：中华帝国时期的一桩文字狱——“南山集”事件（1711—1713年）》，巴黎，社会科学高等研究学院，1988 年（未正式发表的论文）。
埃利阿斯贝格（达尼埃尔）：《中国民间年画》，《法国远东学院手册》，第三十五卷，巴黎，1978 年，131 页。
埃利塞夫（V.与 D.）：《古代中国文明》，巴黎，Arthaud 出版社，1979 年，629 页 +134 页插图。
埃利塞夫（达尼埃尔）：《中国皇帝时代的妇女》，巴黎，Stock 出版社，1988 年，313 页。
艾田蒲：《我们了解中国吗?》，巴黎，N.R.F.出版社，《思想》丛书，1965 年，183 页。
《孔子》，巴黎，Gallimard 出版社，1956 年，320 页（1985 年再版）。
《我四十年来信奉的毛主义》，巴黎，Gallimard 出版社，1976 年，471 页。
《新西游记》，巴黎，Gallimard 出版社，1958 年，391 页。
费正清（约翰·金）：《清史文献引论》，剑桥，哈佛大学东亚研究中心，哈佛大学出版社，1965 年，二卷。
《中国人的世界秩序》，剑桥，哈佛大学出版社，1968 年，288 页。
《坎布里奇大学编的中国史》（第十卷），坎布里奇，马萨诸塞州，坎布里奇大学出版社，1978 年。
《伟大的中国革命（1800—1985）》，伦敦，Chatto & Wondus 出版社，1987 年，396 页。《伟大的中国革命》，巴黎，1989 年，548 页。
费正清（J.K.）与赖绍华（E.O.）：《东亚，近代的变化》，波士顿，Houghton Mifflin 出版社，1965 年，955 页。
《中国，传统与改革》，悉尼，Allen & Unwin 出版社，1979 年，552 页。
费正清（J.K.）与邓嗣禹：《清朝纳贡制度》，《哈佛亚洲研究杂志》，剑桥，1941年，135—246页。
费尔沃克（艾伯特）：《十八世纪中国的国家与社会：鼎盛时期的中国》，密歇根大学中国研究中心，芝加哥，密歇根大学出版社，1976 年，120 页。
热尔内（雅克）：《中国社会》，巴黎，Armond Colin 出版社，1972 年（1987 年，第二版修订本，699 页）。《十六、十七世纪中国的集会结社》，巴黎，法兰西学院，铭文及纯文学研究院，1986 年，12 页。
《现代中国与传统的中国》，载于《中国研究》，第四卷，第一期，1985 年，7—13 页。
傅路德（L.C.）：《乾隆朝的文字狱》，纽约，Parangon Book 出版社，1966 年，275 页

(1935 年的再印本)。
葛兰言（马赛尔）：《中国的文明》，巴黎，1928 年，Albin Michel 出版社，1968 年再版，507 页。
《中国的思想》，巴黎，1934 年，Albin Michel 出版社，1968 年再版，568 页。
《中国人的宗教》，巴黎，法国大学出版社，1951 年，175 页。
格鲁塞（R.）与德尼凯（G.）：《亚洲的面貌》，巴黎，Payot 出版社，1955 年，466 页。
戴逸：《简明清史》，第一卷，北京，1980 年。
霍尔丹（夏洛蒂）：《中国最后一位伟大的太后》，伦敦，Constable & C 出版社，1965 年，252 页。法译本：《慈禧，中国的最后一位太后》，巴黎，Fayard 出版社，1965 年。
斯文赫定：《热河：帝王之都》，G.纳什译，伦敦，Kegan，Trench，Trubner 出版有限公司，1932 年，278 页。
瓦赞（多米尼克）：《中医史》，巴黎，Payot 出版社“小图书馆丛书”，1988 年，293 页。
何炳棣：《中国人口研究》，剑桥，哈佛大学出版社，1959 年，296 页。
《中华帝国成功之路》，纽约，哥伦比亚大学出版社，1980 年，386 页。
谢宝倬：《1644 至 1911 年的中国政治》，纽约，《八角丛书》，重印本，1966 年，414 页。
乌瓦尔（皮埃尔）：《十九世纪中国科学的发展》，载于《世界史杂志》，第七卷，第一期，1962 年，68—95 页。
恒慕义：《清代名人传略》，原版：华盛顿政府印书馆，1943 年；台北成文书局，1970 年重印，1103 页。
卡恩（哈罗德）：《皇帝眼中的君主制度》，坎布里奇，坎布里奇大学出版社，1971 年，309 页。
拉尔（克洛德）：《中国人》，巴黎，Lidis 出版社，1982 年，673 页。《通天之路，中国传统医学》，巴黎，Desclée De Brouwer 出版社，1987 年，160 页。
莱斯（西蒙）：《中国皮影》，巴黎，Robert Laffont 出版社，1978 年，309 页。《破碎的形象》，巴黎，Laffont 出版社，1976 年，199 页。《燃烧的森林》，巴黎，Hermann 出版社，1983 年，231 页。